"当代地理科学译丛"编委会

（按汉语拼音音序排列）

蔡运龙　柴彦威　樊　杰　顾朝林
胡天新　李　平　李秀彬　梁进社
刘宝元　刘卫东　汤茂林　唐晓峰
田文祝　王　铮　张春梅　周尚意

当代地理科学译丛·大学教材系列

当代地理学要义
——概念、思维与方法

〔英〕萨拉·L. 霍洛韦　斯蒂芬·P. 赖斯　吉尔·瓦伦丁 编
黄润华　孙　颖 译

商务印书馆
创于1897　The Commercial Press

Sarah L. Holloway, Stephen P. Rice and Gill Valentine

KEY CONCEPTS IN GEOGRAPHY

© Sarah L. Holloway, Stephen P. Rice and Gill Valentine 2003 Editorial arrangement

© Mike Heffernan 2003 Chapter 1

© Keith Richards 2003 Chapter 2

© Ron Johnston 2003 Chapter 3

© Alison Blunt 2003 Chapter 4

© Nigel Thrift 2003 Chapter 5

© Martin Kent 2003 Chapter 6

© John B. Thornes 2003 Chapter 7

© Peter J. Taylor 2003 Chapter 8

© Noel Castree 2003 Chapter 9

© Ken Gregory 2003 Chapter 10

© Tim Burt 2003 Chapter 11

© Andrew Herod 2003 Chapter 12

© Cindi Katz 2003 Chapter 13

© Barbara A. Kennedy Chapter 14

© Nick Spedding 2003 Chapter 15

© Ian G. Simmons 2003 Chapter 16

© Karen M. Morin 2003 Chapter 17

English language edition published by Sage Publications of London, Thousand Oaks and New Delhi, 2003

(中文版经作者授权,根据英国塞奇出版公司2003年版译出)

"当代地理科学译丛"
序　　言

对国外学术名著的移译无疑是中国现代学术的源泉之一,说此事是为学的一种基本途径当不为过。地理学界也不例外,中国现代地理学直接就是通过译介西方地理学著作而发轫的,其发展也离不开国外地理学不断涌现的思想财富和学术营养。感谢商务印书馆,她有全国唯一的地理学专门编辑室,义不容辞地担当着这一重要任务,翻译出版的国外地理学名著已蔚为大观,并将继续弘扬这一光荣传统。但鉴于以往译本多以单行本印行,或纳入"汉译世界学术名著丛书"之类,难以自成体系,地理学界同人呼吁建立一套相对独立的丛书,以便相得益彰,集其大成,利于全面、完整地研读查考;而商务印书馆也早就希望搭建一个这样的平台,双方一拍即合,这就成为这套丛书的缘起。

为什么定位在"当代"呢? 可以说出很多理由,例如,当代著作与我们现在面临的问题关联最紧,国外当代地理学思想和实践既传承历史又日新月异,中国地理学者最需要了解国外最新学术动态,如此等等。至于如何界定"当代",我们则无意陷入史学断代的严格考证中,只是想尽量介绍"新颖""重要"者而已。编委会很郑重地讨论过这套丛书的宗旨和侧重点,当然不可避免见仁见智,主要有以下基本想法:兼顾人文地理学和自然地理学,优先介绍最重要的学科和流派,理论和应用皆得而兼,借此丛书为搭建和完善中国地理学的理论体系助一臂之力。比较认同的宗旨是:选取有代表性的、高层次的、理论性强的学术著作,兼顾各分支学科的最新学术进展和实践应用,组成"学术专著系列";同时,推出若干在国外大学地理教学中影响较大、经久不衰且不断更新的教材,组成"大学教材系列",以为国内地理学界提供参考。

由于诸多限制,本译丛当然不可能把符合上述宗旨的国外地理学名著包揽无遗,也难于把已翻译出版者再版纳入。所以,真要做到"集其大成""自成体系",还必须触类旁通,与已有中文版本和将有的其他译本联系起来。对此,这里很难有一个完整的清单,姑且择其大端聊作"引得"(index)。商务印书馆已出版了哈特向著《地理学性质的透视》、哈维著《地理学中的解释》、詹姆斯著《地理学思想史》、哈特向著《地理学的性质》、阿努钦著《地理学的理论问题》、邦奇著《理论地理学》、约翰斯顿著《地理学与地理学家》和《哲学与人文地理学》、威尔逊著《地理学与环境》、伊萨钦柯著《今日地理学》、索恰瓦著《地理系统学说导论》、阿尔曼德著《景观科学》、丽丝著《自然资源:分配、经济学与政策》、萨乌什金著《经济地理学》、约翰斯顿主编的《人文地理学辞典》等,都可算"当代地理学"名著;国内其他出版社在这方面也颇有贡献,特别值得一提的是学苑出版社出版的《重新发现地理学：与科学和社会的新关联》。

当然，此类译著也会良莠不齐，还需读者判断。更重要的是国情不同，区域性最强的地理学最忌食洋不化，把龙种搞成跳蚤，学界同人当知需"去粗取精，去伪存真，由此及彼，由表及里"。

说到这里，作为一套丛书的序言可以打住了，但还有些相关的话无处可说又不得不说，不妨借机一吐。

时下浮躁之风如瘟疫蔓延，学界亦概不能免。其表现之一是夜郎自大，"国际领先""世界一流""首先发现""独特创造""重大突破"之类的溢美之词过多，往往言过其实；如有一个参照系，此类评价当可以客观一些，适度一些，本译丛或许就提供了医治这种自闭症和自恋狂的一个参照。表现之二是狐假虎威，捡得一星半点儿洋货，自诩国际大师真传，于是"言必称希腊"，以致经常搞出一些不中不洋、不伦不类的概念来，正所谓"创新不够，新词来凑"；大家识别这种把戏的最好办法之一，也是此种食洋不化症患者自治的最好药方之一，就是多读国外名著，尤其是新著，本译丛无疑为此提供了方便。

时下搞翻译是一件苦差事，需要语言和专业的学养自不待言，那实在是要面寒窗坐冷板凳才行的。而且，既然浮躁风行，急功近利者众，凡稍微有点儿地位的学术机构，都不看重译事，既不看作科研成果，也不视为教学成果。译者的收获，看得见的大概只有一点儿稿费了，但以实惠的观点看，挣这种钱实在是捡了芝麻丢了西瓜。然而，依然有真学者愿付出这种牺牲，一个很简单的想法是：戒除浮躁之风，从我做起。为此，我们向参与本丛书的所有译者致敬。

蔡运龙

2003 年 8 月 27 日

于北大蓝旗营寓所

译 序

北大的同事黄润华教授接受商务印书馆的邀请，承担翻译 Key Concepts in Geography（中译名为《当代地理学要义——概念、思维与方法》）一书的任务。他翻译出一部分后，即将译稿传给我，使我可以先睹为快，我们不时通过电话交谈，说说彼此的看法。于是，他向我提出为此书中译本写序的要求，我说可以试试。待全书译完后，我感到该书涉及的范围很广，其难度远远超过我的知识范围，就想打退堂鼓。但是，黄润华教授敦促再三，我只好勉为其难，就我之所能，谈谈对本书的认识。

首先，谈谈书中的时空结合问题。

本书的英文版是英国十几位和美国几位较为年轻的地理学家合作写成的。他们是在二战后，在地理学科学化、数量化和信息化的大变革中成长起来的。他们所面临的世界正处于经济与社会大发展的过程中，全球化与城市化迅速发展，同时环境污染与生态恶化日趋严重。这种情况对地理学也是一种严重的挑战。几经曲折，地理学终于实现了新的跃进。本书英文版的作者们不是按照地理学各分支学科来介绍其变化与成就，而是通过地理学一些基本概念的变化和人们对其的重新认识来评述本学科的进展。这对我国地理学的发展将会发挥重要的借鉴作用。

下面，我想从空间、地方、时间与景观这些概念谈谈阅读本书后的认识。

传统上认为地理科学的特点就是对空间的研究。康德就把地理学视为空间科学，把历史学视为时间科学，而时间与空间是相分离的。自然地理学把空间观点和空间分析作为信条，所以自然地理学家关注的是一个地区内各种现象的空间格局。当代环境问题出现以后，鉴于人类与环境关系重要性的提高和环境管理的需要，自然地理学的核心由区域转向过程和时间。这样，自然地理学与新近发展起来的环境科学之间就有了颇深的交叉，有些人甚至认为，环境科学就是没有空间分析的自然地理学。但是，自然地理学是一个综合的客体，它所研究的，首先是在景观单位——生态系统——尺度上，在分析、评价和制图上离不开区域，而且生态学的发展也在向具有空间特点的生物地理学渗透，使自然地理学出现"空间的重新觉醒"。这样，在自然地理学中出现了空间描述与分析和过程与时间的结合。

本书在讨论地方的概念时提到，哈特向在《地理学的性质》一书中将学科分成"类别性""时序性"和"独特性"三类。第一类只选取现实世界中某一个主要方面进行详尽研究，如研究经济的经济学和研究化学元素的化学，研究随着时间推移而发生变化的历史学和地质学。而地理学是注重真实世界特定地方多种不同过程和事件的综合性科学。因为任何两个地方的组成要素不会按照相同方式相互关联,所以地方研究的是唯一性而不是普遍性,是差异性而不是共性。但是,在地理学"科学和数量革命"的浪潮中,新一代地理学家要运用数学和统计学方法,使地理学变成一门科学,努力去研究可验证的理论和规律。他们不再寻找个性化的、不同的、特殊的东西,而是试图像物理学那样去发现相似性、普遍性和模型,使地理学成为"一门将控制地球表面某些特征的空间分布规律用公式进行表达的科学"。

对这种观念提出质疑的首先是人本主义地理学家,他们认为空间科学是"非人文的",把人"当作只不过是地图上的点或者方程式中的整数",忽视了人类生存中主观的、定性的和情感的方面,从而成了"没有人的地理学"。另一批反对派是左翼激进派,他们认为空间科学没有解决真实世界迫在眉睫的问题,如贫穷、饥荒和环境退化等,只是保守地维持现状。他们认为地理学应该努力改变世界。另外,他们还认为人本主义对地方感的关注是值得的,但其局限性在于地方依赖感和地方体验只是一些细枝末节。他们认为应当对全球化经济发展中地方之间相互联系与依赖正在加强的状况及其后果有所认识。然而,激进派在看到地方联系与依赖加强中的共性时,却未能充分认识地方的差异性。

经过现实世界的变化过程,人本主义与激进派不同观点的二元论使研究者认识到,空间科学论者并未看到"地方的末日到来"。但是,在客观世界全球化进程中,原来那种离散而独特的、唯一性的马赛克式的地方,虽然在相互联系中存在某些共性,但仍然未失去其特性,使地方成为全球化相互依赖网络中的"切换点"和节点。

上述自然地理学和人文地理学的大变革,使传统的空间概念发生变化,使空间与时间相互渗透。地理学的空间特性虽然没有改变,但要从时空相互渗透中去看空间。

其次,还是谈时空的结合,但是谈的是书中所述的自然地理学与人文地理学中两种时空的结合。

本书第七章、第八章分别介绍了自然地理学与人文地理学中时间因素的作用与特点。第七章的标题是:"时间:环境系统的变化与稳定性"。相对而言,环境系统是比较稳定的,变化比较缓慢,虽然有周期性的时间变化,但周期比较长;当然也有些变化较快,甚至是突发性的,如灾害性天气和地震等。但对人文地理学来说,人类活动都是随时间而不停地发展与变化着,因此,它与地理环境的关系也是不停地变化着。在发展和变化过程中,总是因为人与环境关系中的动力与形式的不同而呈现出阶段性的特点。这一点在第八章("时间:从霸权的变化到日常生活")中得到体现。作者在这一章中首先明确指出人文地理学中的时间概念有两种方式:一种是物理维度,这种模型称为动态模型;第二种是社会变化,侧重于社会过程。时间与空间的关系是会变化的,例如,两个城市之间会因交通改进节省了时间而使空间距离"缩小",出现空间的"时间收敛"。城市中的交通高峰就是时空轨迹收敛所造成的时空人口的集中。因此,人文地理学中出现了把空间与时间和经济必要性与文化表达两方面连接起来的时间地理学。

历史学家布劳德尔界定了三类社会时间——短期的、中期的和长期的。沃勒斯坦通过把空间尺度添加到每个时间跨度上而增加了一个地理成分。沃勒斯坦在布劳德尔通过事件、事变、特定时刻和偶然事件所产生的短期历史时间与地缘政治空间的相互联系中创造了短期地缘政治时空。布劳德尔的第二个时段注重趋势和周期，沃勒斯坦把意识形态空间——例如冷战把世界划分为东方和西方——加入其中，创造了周期性的意识形态时空。布劳德尔的第三个时段是社会长期缓慢的日常运动的结构时间，沃勒斯坦称它是通过核心—边缘结构促使边界扩张而形成。

今天，联系经济、社会与文化的全球化的时空研究已成为各相关学科关注的主题，人们给这个时代冠以各种名称：后殖民主义、后工业主义、后福特主义、后发展、后马克思主义、后结构主义……这些都标志着时空的阶段性，使人文地理学的时空结构系统中时间具有重要含义。

第三，谈谈书中的景观概念。本书用三章篇幅（第十五章至第十七章），从三个不同侧面讨论景观与环境，可见本书将景观放在很重要的地位。第十五章重点放在生物物理过程和生物物理形态上，一开头就把景观定义为"组成地球表面某部分的物体的组合"。自然地理学主要研究景观的"自然"要素：地形、土壤、植被覆盖、动物生活和气象气候等可观测状况。传统景观定义所优先考虑的是外观并强调其整体景色。然而20世纪下半叶自然地理学的发展扩大了这个概念的范围，把塑造地表形状的各种生物物理过程结合进来，从而对景观的理解倾向于把形态与过程、描述与解释、综合与分析结合起来。在这方面，戴维斯对"地理循环"的研究集中于地形和景观，就是我们现在所称的地貌学。其后的索尔，在其《景观形态学》著作中分出自然景观与人文景观之间的差别。20世纪中叶以后，因为"对数量化有一种近乎新教徒般的狂热"，所以"景观是数量化的第一个受害者"。直到20世纪90年代以后，以科学与过程为一方，以景观与环境为另一方的共同结合，才使景观研究得以复兴。此外，视频技术（遥感、数字化高程模型与地理信息系统）的应用、景观三维透视、对景观不同特征的研究可以帮助对景观过程类型的识别，特别是环境变化和自然保护对景观研究必须采取整体性的方法。

第十六章重点放在自然资源与社会发展方面。本章的讨论围绕着地球的生物组分和物理组分，以及人类思想与行动的社会问题和哲学问题。人类已经基本上改变了地球的生物成分与物理成分。人类导致的变化可以用他们获得体力以外的能源种类划分为不同时代：采猎时代、以太阳能为动力的农业时代、以化石燃料为动力的工业时代和"后工业"时代。对于这些变化而言，至关重要的是技术的作用。在不同的时代，在技术的作用下，世界因分成不同阶层与群团、集团而分裂，又因交通、贸易、信息等各种交流而联合。在这种情况下，无论对社会还是对自然界，控制都变得很重要，尤其是当结合各种手段对自然界的一部分进行改造，把一种文化形象赋予它的时候，更是如此。对此，我们无法避免面对这样的概念，即在我们对环境的行为中，通常都有一种"应该"：有种种正当的方式对待地球上的其他部分。这就涉及道德问题。

第十七章的重点放在对世界的描述与解释上。文化地理学家在采用景观一词时倾向于强调自然界可视性的一面,即景观作为能够被"一览无遗"的空间知识的一种特别视觉形式。景观具有物质和观念两个维度,即景观具有自然的、物质的形式和形态,其本身又是生活关系的代表。因此,景观不仅是一种"事物",而且也必须被看作一种意识形态的或象征主义的过程,具有积极地形成人与人之间、人与其他物质世界之间关系的力量。因为景观是社会的产物,是人们——尤其是优势族群——基于自己的世界观以及与他人的关系对景观如何创造、表述与解释的结果。在这种意义上,最近的景观研究包括一种确实无疑地属于政治方面的要素,体现在意识形态的社会结构(权力、思想与价值)之中。在对景观的多重解释引起的争辩中,唯物主义派提出"描述与现实"不应有多重解释。同时女性主义者对景观研究中的大男子主义提出了挑战。

景观一词在我国已被广泛应用,但多注重其形象方面。景观设计已成为一种时尚的专业与行业。但是,对景观的深入研究还较匮乏,特别是与景观关系最为紧密的地理学却没有把它摆在应有地位予以深入探索。

综上所述,本书虽然是对地理学一些重要概念的阐述与探讨,但实质上反映了西方——特别是20世纪后期的英国——地理学在科学化、数量化与信息化过程中,以及在解决环境污染、生态破坏问题,面临全球化、区域化、城市化挑战中走过的曲折道路与取得的成就。对于我国地理学来说,这些经验和教训是值得借鉴的,特别是在我国地理学几乎全部投身于应用高潮中的当下。在这种学科发展背景下,我们应当顾及自己经验的总结,同时关注国际地理学的进展,这样才能使我国的地理学取得新的发展。有鉴于此,是为之序。

王恩涌

2007年11月

于中关园

内 容 简 介

本书详细阐释了地理学思想和地理学思维至关重要的概念和术语：空间、时间、地方、尺度和景观。全书共十七章，分为两部分：第一部分讲述地理学传统，共四章；第二部分详述地理学的基本概念，前面八章(第五章至第十二章)各以两章篇幅阐述空间、时间、地方和尺度四个基本概念，每个概念各由一位自然地理学家和一位人文地理学家撰写，接下来的两章分别为社会结构(第十三章)和自然系统(第十四章)，最后三章标题均为"景观与环境"，在不同副标题下分别讲述生物物理过程与生物物理形态(第十五章)、自然资源与社会发展(第十六章)和对世界的描述与解释(第十七章)。每一章均包括五个方面的内容：精确定义、各种不同见解概要、约5 000字的实质性内容、实例和为进一步阅读所作的评注。十七位作者中，除三位美国学者和一位加拿大学者外，其余均为英国学者。其中既有著作等身的资深教授，如罗恩·约翰斯顿［著作近500篇(部)，被英国同行称为"写作机器"］；也有一批地理学家新秀，如艾莉森·布伦特、芭芭拉·肯尼迪和尼克·斯佩丁等。从作者的构成和出版年份看，本书所表述的思想，基本反映了英美地理学界对这些概念的最新见解。从字面上看，书中所述概念尽人皆知，但其中许多术语和内容是国内学界不甚熟悉的，值得我们研究和借鉴。本书可作为高校研究生和高年级本科生的教材，也可供广大地理工作者研读。

目　　录

作者简介
序　言
致　谢

第一篇　地理学的传统：源与流 ……………………………………………… 1
  第一章　地理学史 ………………………………………………………………… 3
　　　　　迈克·赫弗南
  第二章　地理学与自然科学传统 ……………………………………………… 20
　　　　　基思·理查兹
  第三章　地理学与社会科学传统 ……………………………………………… 41
　　　　　罗恩·约翰斯顿
  第四章　地理学与人文科学传统 ……………………………………………… 58
　　　　　艾利森·布伦特

第二篇　基本概念 ……………………………………………………………… 75
  第五章　空间：人文地理学的基本材料 ……………………………………… 77
　　　　　奈杰尔·思里夫特
  第六章　空间：自然地理学为空间腾出地盘 ………………………………… 87
　　　　　马丁·肯特
  第七章　时间：环境系统的变化与稳定性 …………………………………… 105
　　　　　约翰·B. 索恩斯
  第八章　时间：从霸权的变化到日常生活 …………………………………… 121
　　　　　彼得·J. 泰勒
  第九章　地方：相互依存世界中的联系与界限 ……………………………… 132
　　　　　诺埃尔·卡斯特里
  第十章　地方：可持续自然环境的管理 ……………………………………… 150
　　　　　肯·格雷戈里

第十一章 尺度:自然地理学中的尺度放大与缩小 ············· 167
　　　　　 蒂姆·伯特

第十二章 尺度:本土性与全球性 ························· 182
　　　　　 安德鲁·赫罗德

第十三章 社会结构:对社会、身份、权力和对抗的思考 ······· 196
　　　　　 辛迪·卡茨

第十四章 自然系统:环境系统与循环 ····················· 210
　　　　　 芭芭拉·A. 肯尼迪

第十五章 景观与环境:生物物理过程、生物物理形态 ········ 221
　　　　　 尼克·斯佩丁

第十六章 景观与环境:自然资源与社会发展 ··············· 239
　　　　　 伊恩·G. 西蒙斯

第十七章 景观与环境:对世界的描述与解释 ··············· 249
　　　　　 卡伦·M. 莫林

主题词对照表 ··· 261
译者后记 ··· 270

作者简介

艾利森·布伦特(Alison Blunt)是伦敦大学玛丽女皇学院地理系讲师。她的研究兴趣包括家乡与身份地理学、帝国旅行与家庭生活文化以及女性主义和后殖民时代地理学。她是《旅行、性别与帝国主义：玛丽·金斯利与西非》(*Travel, Gender, and Imperialism: Mary Kinsley and West Africa*, Guilford, 1994)的作者，《持不同政见者地理学：激进思想与实践导论》(*Dissident Geography: An Introduction to Radical Ideas and Practice*, Prentice Hall, 2000)的合著者[与简·威尔斯(Jane Wills)合著]，《书写妇女与空间：殖民与后殖民时代地理学》(*Writing Women and Space: Colonial and Postcolonial Geographies*, Guilford, 1994)[与吉利恩·罗斯(Gillian Rose)合编]和《后殖民时代地理学》(*Postcolonial Geographies*, Continuum, 2002)的合作编者[与谢里尔·麦克尤恩(Cheryl McEwan)合编]。她目前正在写作一本有关英裔印度妇女和印度、英国以及澳大利亚家庭空间政治的著作。

蒂姆·伯特(Tim Burt)是达勒姆大学哈特菲尔德学院地理系教授和系主任。他拥有剑桥大学、卡尔顿大学(渥太华)和布里斯托尔大学的学位，原先在哈德斯菲尔德理工学院和牛津大学工作，1996年转到达勒姆大学。他主要的研究兴趣是水文学和地貌学。

诺埃尔·卡斯特里(Noel Castree)是曼彻斯特大学人文地理学副教授(Reader)。他的研究兴趣是环境变化的政治经济学，尤其偏重于马克思主义理论。他是《再造现实：千禧年的自然界》(*Remaking Reality: Nature at the Millennium*, Routledge, 1998)的合著者[与布鲁斯·布朗(Bruce Braun)合著]，和《社会化的自然界》(*Social Nature*, Blackwell, 2001)的合著者(与布鲁斯·布朗合著)。目前他正在研究在"新"人类遗传学中经济与文化价值如何构建的问题。

肯·格雷戈里(Ken Gregory)1992年至1998年任伦敦大学戈德史密斯学院学监，现为伦敦大学退休教授、南安普敦大学访问教授。他的研究兴趣是河道变化与管理、古水文学和自然地理学的发展。

迈克·赫弗南(Mike Heffernan)是诺丁汉大学地理学院历史地理学教授和系主任。他的研究兴趣在19世纪至20世纪欧洲和北美的历史地理学、文化地理学和政治地理学以及同一时期的地理学史。

安德鲁·赫罗德(Andrew Herod)是佐治亚大学地理学教授。他在关于全球化和工会主义地理学问题方面的著作相当丰富。他是《劳工地理学：工人与资本主义景观》(*Labor Geographies: Workers and Landscapes of Capitalism*, Guilford Press, 2001)的作者,《组织景观：对工会主义的地理展望》(*Organizing the Landscape: Geographical Perspectives on Labor Unionism*, University of Minnesota Press, 1998)的编者,《一个难以驾驭的世界？全球化、管辖与地理学》(*An Unruly World? Globalization, Governance and Geography*, Routledge, 1998)的合作编者[与吉尔瑞尔德·欧·图特黑尔和苏珊·罗伯茨(Geariód Ó Tuathail and Susan Roberts)合编]。他最近的《权力地理学：尺度安排》(*Geographies of Power: Placing Scale*, Blackwell, 2002)一书是和赖特(Wright)合编的。

罗恩·约翰斯顿(Ron Johnston)是布里斯托尔大学地理科学学院教授,先前任职于莫纳什大学和坎特伯雷大学、谢菲尔德大学和埃塞克斯大学。他是《地理学和地理学家：1945年以来的英美人文地理学》(*Geography and Geographers: Anglo-American Human Geography since 1945*, 第5版)的作者和《人文地理学词典》(*The Dictionary of Human Geography*, 第4版, Blackwell, 2000)的合作编者。1999年他被遴选为英国科学院院士并荣获沃特林·卢德(Vautrin Lud)奖。

辛迪·卡茨(Cindi Katz)在纽约城市大学研究生院任教,担任该院环境心理学课程计划主任。她是《完整循环：妇女终身地理学》(*Full Circles: Geographies of Women over the Live Course*, Routledge)和即将出版的《分崩离析的发展：全球经济重构与社会再生产的奋斗》(*Disintegrating Developments: Global Economic Restructuring and the Struggle over Social Reproduction*)的合著者[贾尼丝·蒙克(Janice Monk)合著]。

芭芭拉·A. 肯尼迪(Barbara A. Kennedy)是剑桥大学和不列颠哥伦比亚大学研究河流地貌的地貌学家。她对发展有关地形的思想特别感兴趣。她自1979年以来担任牛津大学讲师。

马丁·肯特(Martin Kent)是普利茅斯大学植物地理学教授。他在植物生态学和植物地理学领域著作丰富。他和科克尔博士合著的《植被描述与分析：实践方法》(*Vegetation Description and Analysis: A Practical Approach*, Wiley, 1992)一书读者众多,目前正在修订中。当前的研究兴趣包括植物群落边界分析、外赫布里底群岛沿海沙质低地植被、植被埋藏、德文郡和康沃尔郡碳质页岩草地与贫瘠沼泽植被,以及(西班牙东部)马略卡供水与旅游发展的关系问题。

卡伦·M. 莫林(Karen M. Morin)是宾夕法尼亚大学(巴克内尔)地理学副教授。迄今她的大部分工作集中在19世纪美国和英国帝国主义、游记以及两性关系三者之间的关系。目前她正在进行研究的若干项目把后殖民主义和美国历史地理学联系起来。

基思·理查兹(Keith Richards)毕业于剑桥大学地理系,现任该系教授,曾任该系主任和斯科特极地研究所所长。他是河流地貌学家,研究兴趣包括各种环境中的河道形态和过程、河流系统建模、河流管理、河流与泛滥平原恢复、泛滥平原环境中水文过程与生态过程之间的关系等。他还对水文过程、流域产沙与搬运过程、冰缘环境冰川水文学与河流过程、地理学和环境科学理论与方法论感兴趣。他曾任英国地貌学研究组织秘书和主席。

伊恩·G. 西蒙斯(Ian G. Simmons)于2001年从达勒姆大学地理系退休,在那里他愉快地回忆起他在该系曾担任过本书编者之一的一年级导师。他的学术工作集中在英格兰史前文化对沼泽地发育的小尺度效应、一万年来人类造成的大尺度变化对全球的影响,以及我们对二者的看法。

尼克·斯佩丁(Nick Spedding)在爱丁堡大学完成其博士学业,现任阿伯丁大学地理与环境系讲师。他任教的专修科目包括冰川水文学与地貌学、景观发育与历史、自然地理学理论与方法论。

彼得·J. 泰勒(Peter J. Taylor)是拉夫伯勒大学的地理学教授。最近的著作有《现代世界运行方式:从世界霸权到世界僵局》(*The Way the Modern World Works: World Hegemony to World Impasse*, Wiley, 1996)、《现代性:地理历史解读》(*Modernities: A Geohistorical Interpretation*, Polity and University of Minnesota Press, 1999)和《政治地理学:世界经济、民族国与地域性》(*Political Geography: World-Economy, Nation-State and Locality*, 4th edn, Prentice Hall, 2000)。目前研究兴趣集中在世界城市之间的关系。他还担任弗吉尼亚工学院大都会研究所副所长,而且是在拉夫伯勒大学和弗吉尼亚工学院之外运作的全球化与世界城市(GaWC)研究小组与网络的创始人。

约翰·B. 索恩斯(John B. Thornes)在伦敦大学国王学院自然地理学研究所任研究员。曾担任伦敦大学国王学院和皇家霍洛韦学院地理系主任、布里斯托尔大学地理系主任、伦敦大学玛丽女皇学院荣誉董事、英国地理学会前主席、皇家地理学会副主席和英国地貌学研究组织主席。他主要研究半干旱地貌学,最近研究南非木本植被对草地的入侵。

奈杰尔·思里夫特(Nigel Thrift)是以其对国际金融、时间和抽象理论的研究著称的地理学家。他曾担任布里斯托尔大学地理科学学院院长和大学研究评估委员会主席,该委员会关心其成果的推广。他目前最重要的研究是对移动通信可能产生的社会与文化影响的关切。他对将会产生地理学新形式的新含义尤其感兴趣。

序　言

给地理学的核心下定义比我们预料的困难得多。社会学家有社会,生物学家有生物,经济学家有经济,而物理学家有物质和能量。然而地理学的核心为何物？地理学的基本概念是什么？对公众而言,答案常常是地图,或许是对其他地方风物的百科知识,从世界最长的河流到远方国家首都的名称之类。虽然在智力竞赛中此类知识对你很有用,在"谁想当百万富翁?"之类的节目中可能帮你赚一笔可观的钱,但是不大可能提供相关知识帮你回答大学考试的问题。大学地理学所研究的对象远远超出地图、事实和数字,虽然这些知识当然也是必需的。

这样,在大学攻读地理学的许多学生不得不向家人和朋友解释说,不,他们并非花费大量时间学习世界最高的山脉或把海岸线染成蓝色。他们学习的是有关地球的知识,关于人类与地球的关系,关于人与其他人的关系——我们所知随时间与空间而变化的一切。地理学这样的定义并不能引出一个位居该专业核心的、可鉴定的清晰概念,好比对过去的研究成为历史学的中心或者研究元素和化合物是化学的中心那样清晰的概念。地理学不是具有集中的有组织的一个概念,而是有许多个。作为研究地理学的人员——这里包括受雇在本专业工作的人员和我们所教的本科生——我们可以从地理学此类定义上退一步,识别处在本专业中心的许多概念。其中最关键的是空间、地方、景观、环境、系统、尺度和时间。

本书的目的是帮助你了解地理学专业中这些概念的使用(和滥用)。把这些概念叫作我们专业的核心,有可能使那些不抱怀疑态度的读者认为这些都是严格界定的理论概念。有些场合下情况确实如此。例如,卡斯特里(见第九章)提供了多种方法的富有洞察力的评述,对人文地理学中的地方进行了概念化的论述。他在这样做的时候,揭示了地方是一个十分理论化的概念,虽然(这点很重要)也是饱受争议的概念。但是,在其他场合,这些概念只是含蓄地设定而不是界定的,或者仅仅是零星地思考过(例如,见肯特撰写的第六章有关自然地理学中空间概念的论述)。当我们邀请一些作者撰写这些章节时,有些人唯恐避之不及,另有些人则回答说他们乐意迎接这种挑战,对这些一直存在于他们工作中一些带根本性的、只可意会不可言传的问题进行思考。

在把本书题名为"当代地理学要义"(*Key Concepts in Geography*)并如我们过去所做的那样列出这些基本概念的时候,你不要受我们欺骗,认为我们对这些概念的选择要么不是不言而喻的,就是毫无问题的。大多数地理学家会同意,我们所选择的这些概念对地理学是重要的,虽然有人会质疑其中有些概念在他们工作中的实用性,也有人会提出他们认为还要包括的其他概念。这些选择有些已部分地归入本书所包括的其他分析中，但是事实上我们所选择的这些篇章仍然难免以偏概全，这也反映了我们大家所从事工作和学习的专业有争议的性质（见第一章至第四章）。

如果需要这些概念的过渡性与不稳定性的更多证据，从各章之间互相重叠的程度和有时互相矛盾的情况就可以看到。对此进行更深入的思考，我们可以看到一个概念的终结与另一个概念的开始并无系统的阐释。例如，在人文地理学中，泰勒（Taylor）（第八章）令人信服地认为，在阐释空间的时候，你不能离开空间来思考时间。思里夫特（Thrift）（第五章）也谈到空间和影像，这分别是卡斯特里（Castree）（第九章）和莫林（Morin）（第十七章）两章的话题。而且，这些作者对这些概念并不总是有着同样的感受，这也表明这些概念是不稳定的、不受限制的，和地理学本身一样，是开放的、过渡性的和灵活的。这不是什么了不得的问题，反而是使地理学成为充满活力又令人神往的学科之魅力所在。

这些位居地理学核心的概念对所有本科学位课程都是重要的。我们决定把本学科的两个方面结合起来，在同一本书中讨论人文地理学家和自然地理学家对这些基本概念的理解。从一个层面上看，这是一种处于实际的考虑，因为它把一个学习人文地理学与自然地理学本科生所需要的一切方法结合到一卷之中。然而，我们并未就此止步。地理学家经常听到一种呼声，要使我们的学科成为自然科学与社会科学（而且在较小程度上与人文科学）之间独特的桥梁，由此给我们带来对人类与环境相互作用的无与伦比的洞察力。而我们又常常把人文地理学和自然地理学两方面内容强行加入本科教育单元中，以求给你提供一种全面的地理教育。但是，并没有几个学院派地理学家在其研究中致力于自然地理学与人文地理学的结合。因此，就给地理系的学生和教师留下钻研本学科"另一方"的余地。

本书试图在考虑我们的基本概念时把双方结合起来，以求编写出对所有研究地理学的人，无论是一年级学生还是学术界人士都有用的教材。但是，目光敏锐的读者将会看到，本书中人文地理学和自然地理学仍然是分开叙述的，因为我们对每个概念都提供两章篇幅，双方各给一章。书中没有综合地反映在人文地理学和自然地理学中对这些概念不同的处理。虽然有些概念对双方而言显而易见是理论化的（如时间和空间），但是有些概念在一方面比另一方面明晰得多（如空间和系统），因为这些概念时而流行时而淡出学术界。

这些篇章中令人瞩目之处在于我们引用和补充其他专业的程度。为了弄清楚我们对这些概念处理的来龙去脉，本书的第一篇（"地理学的传统：源与流"）追溯了地理学的起源及其在不同时间与地点同自然科学、社会科学和人文科学传统相互作用的方式。这几章表现了地理学与范围日益增多的专业（从化学到文艺评论）思想双向交流的程度。第二篇（"基本概念"）中有些章节表明这些学科交叉如何影响着地理学家对他们自己的基本概念的理解——例如，随着生态学的进展正在重新唤起自然地理学对空间的兴趣，以及文化研究中的一些想法正在帮助我们重新思考文化地理学中景观的概念。

学科间联系明显的活力,以及学科间明显的张力,可能使某些人宣称地理学的终结。然而,这样的声明可能为时过早。通读本书将会表明,人文地理学与自然地理学内部及其相互联系之间,由于双方的思想交流与改进,二者确实有着共同的思路。例如,我们可以参阅理查兹(Richards)(第二章)对把科学作为实证主义的揭露,参阅他把科学工作作为一种多刻面过程的性质,而这种观点在对自然界、环境与社会的研究中都是很中肯的,还可以参阅第十五章和第十七章关于索尔对景观的开创性工作的持久影响。这些相似之处有时还不如我们的分歧那样明显,这一事实只不过强化了本学科的重要性。地理学在各种传统的交叉点上确实占据着独特的地位,而由于(而不是不顾)我们的分歧,这种常常令人尴尬的地位却给我们带来独特的洞察力。

对地理学的这种激情促成了本书的出版。本书旨在对地理学曾经(同时也对)被自然科学、社会科学与人文科学塑造的方式提供一种能为人们所理解的介绍,并介绍本学科的一些核心概念。各章均由该领域的专家编写:他们所从事的不同主题,以及各自的写作风格,在他们所选择撰写的各章中都显而易见。有些作者选择了对形形色色的地理学家对某种概念或传统想法进行历史的回顾,以今天思想明显的多样化结束。另一些作者则侧重于更现代的某些问题,分析当前著作中相互争鸣的流派并鉴别前进的新途径。有些篇章看起来是中立的,有些则明显地更具辩论性。

读者不应把这些篇章看成是了解地理学基本概念的途径。在任何情况下都不要指望、开始阅读你所喜爱的某一章,你就会立即成为某个概念的专家。虽然我们的确旨在对这些问题给读者提供一种通情达理的介绍,但是所用的资料对知识的要求还是很高的,需要读者的努力。作者的平均年龄(45岁)表明,了解这些篇章只是一种过程的开始而不是结束。因此我们在每一章末尾都附加一段进一步阅读的文献。这些段落作为课文的解释引导读者去浏览文献,让读者把曾经激起你们兴趣的主题或对立的主题探究到底。正是这样,而且只有这样,读者才能真正攻读地理学的学位。

萨拉·L.霍洛韦　斯蒂芬·P.赖斯　吉尔·瓦伦丁

致 谢

感谢塞奇(Sage)的罗伯特·罗杰克(Robert Rojek)委托我们编写本书,并对编辑事务提供帮助。马克·希格纳(Mark Szgner)为本书重绘了众多插图,令我们永志不忘。

承蒙下列单位慨允引用他们的材料,分别是:岛屿出版社(Island Press)的图7.3和图7.4,牛津大学出版社(Oxford University Press)的图7.5,美国气象协会(AMS)的图14.1,布莱克韦尔出版社(Blackwell Publishing)的图15.1(Sugden,1970),以及美国国防部(Ministry of Defence)的图17.2。

我们为获得引用版权材料的允诺业已作了最大努力。如有任何疏漏,请版权持有者赐告我们的疏忽。

第一篇 地理学的传统：源与流

第一章　地理学史
第二章　地理学与自然科学传统
第三章　地理学与社会科学传统
第四章　地理学与人文科学传统

第一章 地理学史

迈克·赫弗南(Mike Heffernan)

本章内容界定

学界并没有一部统一的"地理学"史,只有林林总总、令人眼花缭乱的不同版本,彼此差异很大,而且往往是百家争鸣。因为地理学本身就处在不断变化之中:从现代早期(early-modern)的航海,到18世纪启蒙运动的地理探险,再到19世纪晚期的"新"地理学,直至两次世界大战之间的区域地理学。本文所述的种种——就像所有其他地理学史一样——只不过反映了作者的偏好。

一、导论

"地理学"一词看似简单,却包含着一个十分古老、格外复杂、争议很大的知识领域。今天并没有一个单一的、一元化的地理学科,也很难辨明它的过去。因此,并没有一部统一的"地理学"史,只有林林总总、令人眼花缭乱、往往大相径庭的版本。自然地理学家理所当然地认为自己的工作方法与人文地理学家有着截然不同的历史传统,而这种粗略地用二元论划分的、双方所持的观点也有着各自的历史轨迹(见 Glacken, 1967; Chorley et al., 1964; Bec-kinsale and Chorley, 1991; Livingstone, 1992)。

迄今为止,地理学史都是以一种狭隘的、非批判性的方式编写的,而且通常被用以证明当前各种地理学支持者的活动和观点都是合理的。本专业的过去表现为一种知识上的空白,被外部的经济、社会、政治和文化势力封锁。然而,近年来地理学史呈现为一种自以为是的、自私的和技术性的形式。许多学者(有些就职于地理系,有些在历史系或科学史系)借鉴科学史的技艺、方法和思想,揭示了不同历史条件下不同国家的各种地理学。现在我们有了一个历史研究的实体,研究大学、学会和中小学以及在更广的文化与政治舞台上地理学的发展。这种研究侧重于欧洲和北美,并把知识脉络延伸到地图学史(后者见 Harley, 2001)。要概括这种研究并非易事,下文仅是一种粗糙的、从16世纪到20世纪中叶按年代顺序排列的简明地理学史。

二、从航海术到地理探险：现代地理学发端

地中海、阿拉伯、中国和印度的古典文明提供了许多地理学与地图学的实践,后来被欧洲地理学家采用(Harley and Woodward,1987;1992—1994)。这就是说,现代地理学的发端可上溯到西欧的哥伦布时代。16世纪经历了影响深远的经济、社会和政治动乱,这与欧洲势力扩张越过该大陆原来就脆弱的边界有直接的关系。到了17世纪,新的大西洋商业贸易系统已经牢固地建立起来,把西欧正在出现的资本主义国家同资源似乎无限的美洲"新大陆"联结了起来。这种扩张究竟是由于内部从封建主义向资本主义的转变所造成的(现代早期欧洲多数历史学家所主张),还是这种扩张促进了经济和社会的转型(修正主义历史学家所坚持),这是一个"先有鸡还是先有蛋"的问题,近年来引起了广泛的辩论(Blaut,1993;Diamond,1997)。我们有把握说的是,现代早期造船术、航海术与航海的创新不断扩大了欧洲人旅行与贸易的范围,特别是围绕大西洋的彼岸,这些活动改变了欧洲人对广阔世界的感性认识以及他们的自我形象(Livingstone,1992:32-62)。

现代早期的地理学——伊娃·泰勒(Eva Taylor,1956)纪念性地称之为"发现未知的艺术"——牢固地扎根于远距离商业实践,它既包括航海与制图两方面的技术和数学技艺,又包括文学与描述方面的技艺,它报道了遥远地区无数的动植物区系、景观、资源和人民(早期报道见Taylor,1930,1934)。基于法国资料绘制的图1.1表明,整个16世纪对欧洲以外世界的地理描述越来越普遍——这也成了欧洲日益增多的图书馆的精神食粮,这些图书馆还是日益壮大的欧洲测绘队伍所编绘的地图档案的主要陈列室(见Konvitz,1987;Buisseret,1992;Brotton,1997)。有了日益丰富的地理事实(推测性的虚构内容也随意地穿插其中)的武装,欧洲规模较大的大学开始开设专业地理学课程和进行相关的研究,包括地图绘制、航海术和制图学(见Bowen,1987;Cormack,1997)。

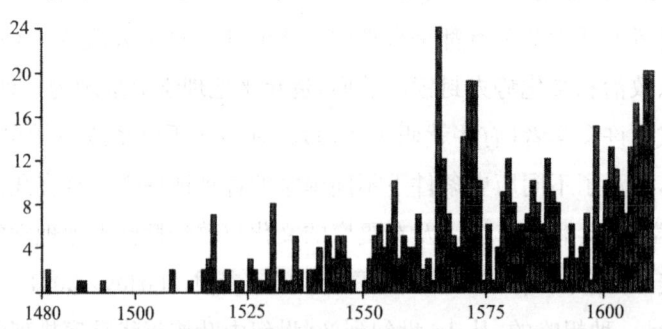

图1.1　1481—1609年法国出版欧洲以外地区有关地理描述的书籍

资料来源:Atkinson(1927,1936)。

17世纪——科学革命的时代——在新立足点的基础上建立了现代科学的认识论,在遍及欧洲的宗教与政治冲突中打下了现代高等教育基本结构和制度的基础。尽管一般认为那不过是有助于科学发现的一种实用性导航技艺,但毕竟被17世纪地震般的政治与宗教动乱转化为早期的地理科学(Livingstone,1988、1990、1992:62-101)。欧洲大学教学计划中地理学的地位开始反映了它作为一种知识分子竞技场的状态,他们可以在那里辩论重大的道德、哲学与宗教问题(Withers and Mayhew,2002)。到了18世纪初期到中叶的几十年间——欧洲人启蒙的年代——仍在形成中的地理科学进一步卷入道德与哲学的争论,特别是热衷于讨论欧洲内外人类发展的哲学以及世界上不同社会、不同文化与不同文明的相对价值(见 Bloc,1981;Livingstone,1992:102-138;Livingstone and Withers,1999;Mayhew,2000)。与此同时,把旅行作为一种教育活动的兴趣,从欧洲贵族传播到城市资产阶级新贵阶层。由此出现了富有而有教养的欧洲男女对他们挚爱的旧世界——地中海腹地的"豪华游"(Chard and Langdon,1996;Chard,1999)。

　　部分地由于这种进展,"地理学就是导航"的简单想法让位给一种新的表述:地理学就是探险。的确,这是重点的转移而不是根本的转型,但它反映了并产生了一种全新的地理语言和表述。虽然科学发现也许或多或少是航海侥幸的副产品,但人们把这样的发现视为一种有目的、有意识、有计划和深思熟虑的科学探险的目标,这种科学探险在地图学与航海技术以及现代民族国①大量资源的支持下,在19世纪中蓬勃开展起来(见 Sobel,1996;Edney,1997;Burnett,2000)。戴维·斯托达特(David Stoddart,1986:29)断言:"把地理学作为一种知识活动和其他知识分支区分开来的是一套态度、方法、技术和问题,所有这些都是18世纪末在欧洲发展起来的。"斯托达特还在其他地方(Stoddart,1986:33)更明确地谈及新地理探险的出发点。他还断言,1769年,詹姆斯·库克(James Cook)首次驶入太平洋是现代地理学发展的真正转折点,而不是因为库克的航行打开了澳洲大陆之门,以其独特的动植物区系吸引了欧洲人的目光。斯托达特还认为,库克的探险与上几代探险家不同,他的探险有着特别的科学目标,是在一批杰出的国际专家陪同下完成的。

　　地理学是现代初期因航海探险发展起来的这种想法,不应视为商业投机转向客观科学研究的一种进步或高尚的演化。哥伦布和库克都是受到欧洲民族国的资助,希图通过他们的航行开发可能发现的资源。不管科学国际主义者(scientific internationalism)如何巧辩,库克的探险还是反映了与早先航海者追求同样的宗主国目的。不能认为现代早期航海家狂热的投机行动和他们的编年史作者们就比后代探险家和他们的捉刀人白日梦般的幻想更无稽(见 Heffernan,2001)。作为一种航海与制图活动的地理学并没有被作为一种有组织科学事业的地理学所代,这种科学事业是以对不同地区人类与环境特征的详细评价为基础的;更确切地说,

---

① 译注:nation-states,民族国,指单一民族国家。

这种活动获得了新的内涵和新的科学语言,这种语言能够表述这些地理发现。

普鲁士博学的亚历山大·洪堡(Alexander von Humboldt)可能是新启蒙地理学最后的例子,他出生于库克等探险家测绘其穿越太平洋海图之际。洪堡是一位成瘾的探险家和多产作家,也是一个复杂的人物:一个原型的、理性的现代国际科学家,他的思想又是18世纪晚期欧洲盛行的浪漫主义与德国古典主义所塑造的。他的旅行,尤其是在南美洲的旅行,是在渴望发现自然界内部作用并进行归类的激励下进行的,在他发表的许多著作中,特别是在19世纪中叶发表的多卷本《宇宙》(*Cosmos*)中,寻求建立一种能够同时分析自然界与人类社会的、系统的地理科学,并力图描述和阐释全世界所有区域(Godlewska,1999b;Buttimer,2001)。在他雄心勃勃的学科建立计划方面,唯一堪与他匹敌的是几乎与他同时代的德国人卡尔·李特尔(Carl Ritter),一位出身低微但更加矢志不渝的作者,其未完成的19卷本《地球》(*Erdkunde*)也是出版于19世纪中叶,这部巨著虽然反映了作者的基督教世界观,但也是在创建一门统一的世界地理学的同样目标激励下创造的,尽管他对世界的分析仅止步于非洲和亚洲。

三、探险制度化:地理协会

在此关头,欧洲探险的动力依然是依靠参与者的个人资源。但是,到了19世纪末,在资助地理探险活动的国家部门内外,开始出现了新的机构。1782年,琼-尼古拉斯·布阿奇(Jean-Nicolas Buache)被任命为法国路易十六的宫廷地理学家,在国王的许可下,他试图创建一个地理协会,以协调法国的地理探险,但未获成功(Lejeune,1993:21-22)。在此创意失败的刺激下,伦敦一批学者和商人在约瑟夫·班克斯(Joseph Banks,英国皇家学会主席和库克太平洋探险老兵)和市长拉姆斯·伦尼尔(Lames Rennell,东印度公司首席测量员)领导下,于1788年成立了发现非洲内陆促进协会(Association for Promoting the Discovery of the Interior Parts of Africa)。随后几十年内,非洲协会资助了若干支先锋性探险队,包括芒戈·帕克(Mungo Park)、休·克拉珀顿(Hugh Clapperton)和戈登·莱恩(Gordon Laing)等探险队(Heffernan,2001)。

法国大革命和拿破仑战争终止了这种最佳形式的启蒙性地理调查(Godlewska,1999a),但是对具有重要战略意义的地图学和大地测量给予了新的动力。到了1815年,几乎欧洲每个大城市都有了一些富有的、受过教育的和有丰富旅行经验的退伍兵,他们就是首批地理协会——这个现代专业模块——的天然客户。此类协会中最早的当数巴黎地理协会,它于1821年7月召开了会员大会。217个首批会员中有五分之一出生在法国以外,包括洪堡和康拉德·马尔特-布龙(Conrad Malte-Brun),后者是丹麦难民,出任该学会第一任秘书长(Fierro,1983;Lejeune,1993)。随后在地图学家海因里希·伯格豪斯(Heinrich Berghaus)的鼓动下,1928年4月柏林建立了第二个较小的地理协会,首批会员只有53人,包括洪堡和李特尔在内,后者成为学会的首任主席(Lenz,1978)。

1830年在威廉六世授权下伦敦成立的皇家地理学会(Royal Geographical Society, RGS)标志着一个重要开端。此前伦敦业已存在若干个致力于野外工作和旅行的学会，包括研究自然历史的林奈学会(成立于1788年)、巴勒斯坦协会(1804年)、地质学会(1807年)、动物学会(1826年)和雷利俱乐部(1826年)①，雷利俱乐部是一个聚餐俱乐部，其全体成员声称访问过已知世界的每个地方。皇家地理学会是为那些对旅行探险感兴趣的人提供一个更清纯的伦敦活动中心。即使在它成立之初，其规模就远远超过巴黎和柏林的对手。460名创始会员中包括探险家和随笔作者约翰·巴罗(John Barrow)与澳大利亚植物区系先锋学者罗伯特·布朗(Robert Brown)。在一年之内，它就接管了雷利俱乐部、非洲协会和巴勒斯坦协会，事实上垄断了英国的探险事务(Brown, 1980)。

随后几十年间，皇家地理学会作为世界探险核心的崇高地位日益增强。到了1850年，其会员人数达到了800人(2倍于柏林，8倍于人数骤减的巴黎地理协会)，1870年会员更达到2 400人。多数会员是业余的学者，但许多著名科学家也名列其中，包括年轻的查尔斯·达尔文(Charles Darwin)，他于1838年完成了贝尔格号航行以后被选为会员。19世纪中叶皇家地理学会的权威人物是罗德里克·默奇森(Roderick Murchison)爵士，他先后三次担任学会主席：1843—1845年、1851—1853年和1862—1871年。他是一个天才的政论家和企业家，作为英国商业和军事扩张的先驱致力于地理探险(Stafford, 1989)。当其他学会忙于为成功完成某些航行之后的授奖授励时，皇家地理学会却利用其丰富的资源，提供资金，设定精确的目标，出借装备，并对随之发生的争论作出仲裁，对探险活动在事前提供大量资助。学会还通过1854年创刊的《旅行家须知》(Hints to Travellers)提供一般性建议(Driver, 2001: 49-67)，并建立了可能是世界上最大的私立地图库。

皇家地理学会的成功反映了英国业余自然科学(amateur natural science)的力量、国家中上层阶级(他们是会员的主体)财富的强大，以及庞大的船队与海外帝国给予英国未来探险家的信心(Stoddart, 1986: 59-76)。皇家地理学会专注于探险和发现，发扬了一种盛行于海外的"英雄主义"激情，在英国新闻界热情鼓吹下，举国上下感同身受。探险者正是维多利亚社会理想的阳刚英雄(女性地理学家的概念在词语上似乎与此矛盾)，为了科学与民族的更大的荣誉，他无私地使自己与遥远地区的"土著"环境与敌意相抗衡。非洲在公众想象中和对"黑大陆"的探险中似乎特别大，尤其是对尼罗河源的探寻，成为社会活动的兴奋点和大众的焦点。那时所有非洲大探险家——伯顿(Burton)、斯皮克(Speke)、利文斯通(Livingstone)、斯坦利(Stanley)——尽管他们与皇家地理学会的关系并非总是那样融洽，但都在某种程度上受其资助(Driver, 2001: 117-145)。当非洲地图上的空白被一一补足的时候，没有哪个组织能比皇家地理学会更愉快地享受这种光荣，同时，该学会还总是把焦点转向新的区域。到了19世纪末20

---

① 译注：沃尔特·雷利(Raleigh, Walter)，1554—1618年，英国探险家，美洲殖民者。

世纪初,在克莱门茨·马卡姆(Clements Markham)爵士和柯曾(Curzon)勋爵的有力影响下,人们的注意力主要转向中亚、两极冰帽和对喜马拉雅高山攀登的挑战。

皇家地理学会非凡的成功引发了巴黎和柏林同类活动的浪潮,1850年以后,在德·克拉斯鲁普-劳巴特侯爵(Marquis de Chasseloup-Laubat,拿破仑三世前海军与殖民部长)和海因里希·巴斯(Heinrich Barth,德国非洲探险者领导人)的指导下,两处地理协会迅速扩展。欧洲各地和北美洲、南美洲的新城市也纷纷建立地理协会(图1.2)。

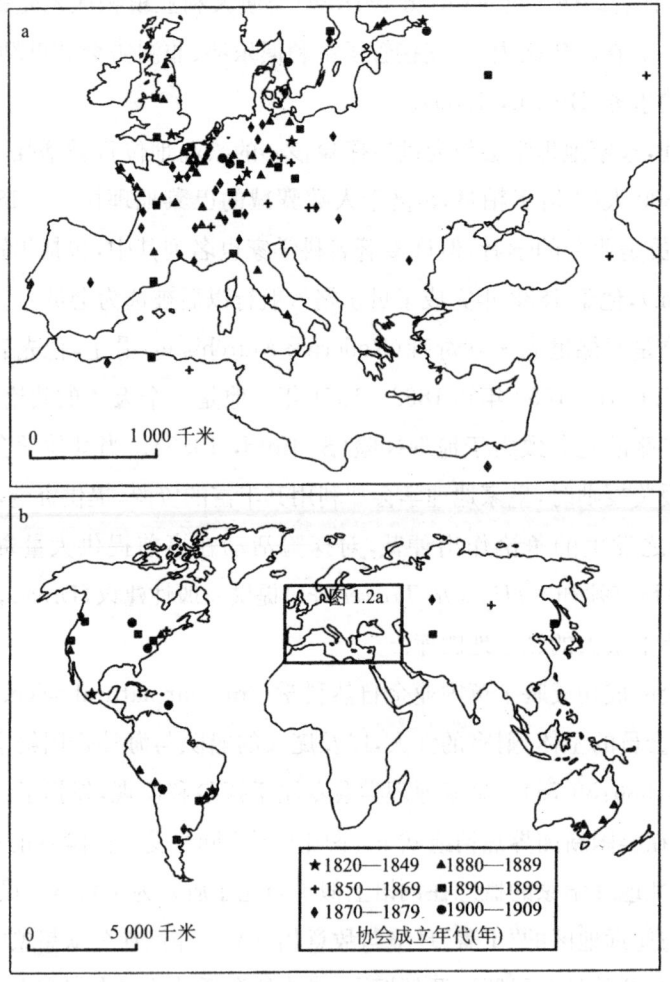

图1.2 欧洲和欧洲以外地区的地理协会,按建立日期编绘。

资料来源:Kolm(1909)。

四、帝国科学:探险,"新"地理学与现代帝国主义

本专业于19世纪中叶因地理协会的推动所产生的景象完美地表现了欧洲帝国思想日益

高涨的野心(Bell et al.，1994、2001)。探险与发现"英雄"时代的航海与制图技术为欧洲向美洲、亚洲和非洲推行军事上和商业上的殖民铺平了道路。当然，主要的地理"工具"就是地图。地理学家和地图学家把自然与人文景观的巨大复杂性展示到一幅单独影像上，给欧洲帝国计划提供了最具潜力而颇具争议的手段。欧洲人对美洲、非洲、亚洲和太平洋海岸线的探险和制图，以及随后对这些地区广阔内陆的地形测绘，不言而喻就是一种帝国权威的实践。利用现代三角学和大地测量学技术对迄今"未知"(就是为欧洲人所未知)地区进行制图，既是依靠训练有素的人员和利用当时工艺水平的装备所进行的科学活动，也是一种具有明显战略用途的据为己有的政治行动(Edney，1997；Burnett，2000；Harley，2001)。

1870年普(鲁士)法(兰西)战争后欧洲力量均衡的转移意外地给予地理学强有力的推动。欧洲以外殖民地的迅速扩张被认定为重申欧洲内部国家力量受威胁或脆弱性的一种方式，19世纪最后几十年的特征是各宗主国势力为了同对手争夺更多实际的和想象的利益而进行殖民扩张的浪潮(尤其是所谓的"对非洲的争夺")。对土地狂暴的攫取加强了地理学和地图学的实际应用。到了19世纪末，欧洲宗主国的扩展达到了"高潮"，地理学成了"所有宗主国科学中无可争议的王后……是正式和非正式国家知识领域中不可或缺的部分"(Richards，1993：13；又见Said，1978、1993)。在德国，建立了19个新的地理学会(societies)，包括在原先属于法国的梅斯(1878年)和斯特拉斯堡(1897年)的地理协会(associations)。在法国，有27个地理协会，几乎每个城市都有一个，在法属阿尔及利亚不少于4个。法国许多省级地理协会致力于商业地理学研究和力图促进与法兰西帝国的贸易联系(Schneider，1990)。在这方面，全世界地理学者有三分之一以法国为基地(图1.3)。在世纪末的这种地理学狂热中，英国也绝未能免俗，皇家地理学会仍然是世界上最大和最富有的地理学会。19世纪晚期在英国建立了几个省级学会，较著名的是在爱丁堡(皇家苏格兰地理学会)和曼彻斯特建立的学会(均建立于1884年)，但是，与欧洲大陆各国不一样，英国皇家地理学会仍旧主导着英国的地理学运动(MacKenzie，1994)。

在新一代平民教育改革家的支持下，中小学和大学中开始出现"新"地理学，在这方面，德国和法国起着带头作用。19世纪德国大学系统经历了重大改革(部分是基于洪堡——柏林大学建筑学家亚历山大的兄弟——的思想)，地理学业已在大学和中学教育中处于有力地位。巴黎那些支持殖民扩展作为国家新生途径的共和政治家，也相信法国必须向德国学习，彻底改革中学和大学教育体系，灌输自1870年以来法兰西军队就似乎非常缺乏的爱国主义价值观念。他们精心制定了一份地理学课程表作为实现这个体系的关键。这些课程在教育下一代关于他们的民族对更广阔世界的作用与责任的同时，也将向他们介绍法兰西得到的"回报"是多么美好、丰厚而多样。法国大学要训练下一代地理教师，为此在1880年代和1890年代任命了十几个新的系主任(Bloc，1974)。渴望保持本专业领先核心地位的德国在教育改革方面也作出了相似的反应。

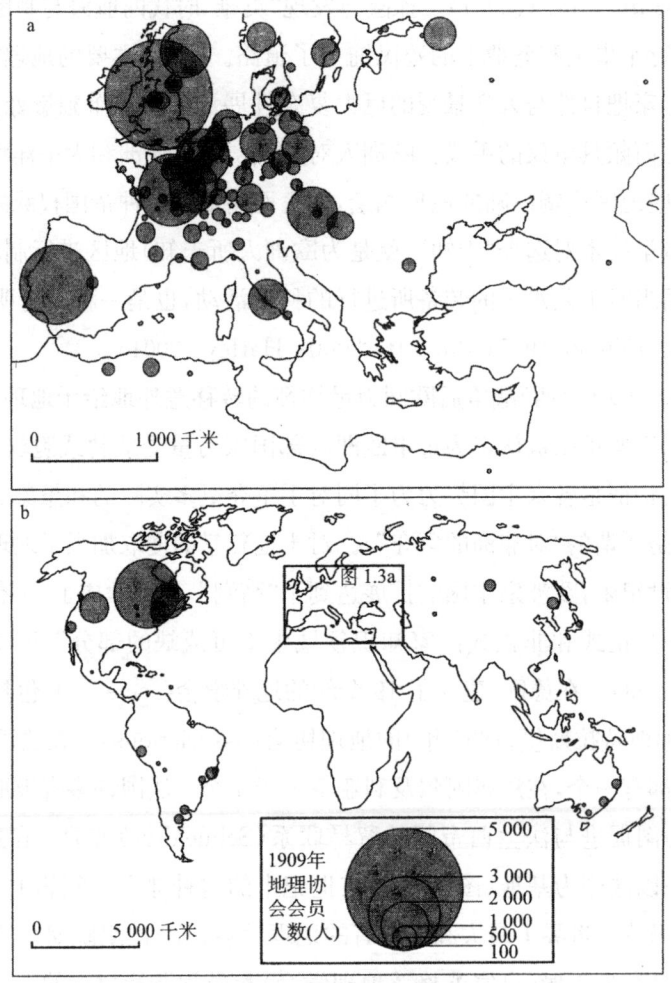

图 1.3　19 世纪末欧洲和非欧洲地理协会的规模

资料来源：Kolm(1909)。

高度独立的英国大学开始抵制皇家地理学会无所作为的倾向,早在 1833 年就在伦敦大学学院设立地理学系主任的职位[由当时皇家地理学会主席麦科诺基(Maconochie)充任],但迅即卸任,直至 1893 年牛津大学授予哈尔福德·麦金德(Halford Mackinder)副教授[①]一职(皇家地理学会部分资助)时,才有了全职的大学地理系主任职位(Stoddart,1986:41-127)。皇家地理学会和新的地理协会(Geographical Association,创建于 1893 年以促进学校地理教育)一起努力工作以改变态势。探险家、殖民行政官和皇家地理学会要员哈里·H. 约翰斯顿(Harry H. Johnston)爵士主张,地理学应该成为学校的必修课,因为只有通过详细的地理描

---

① 译注:事实上英国大学没有副教授职称,在教授之下、高级讲师之上设有 reader 职称,并不完全等同于中、美等国大学的副教授。唯此词尚无相应的中文译名,只得从权暂称之为副教授。

述,加上可信的、定期更新的地形图和专题地图,那些当权者才能够知道、了解并充分掌握某个地区的情况(Heffernan,1996:520)。人们渴望了解全球人类社会和环境的特征并将其分类,他认为,地理学把世界划分为不同区域,把世界上正在浮现的真实信息分门别类地加以整理,这就为此提供了一种解决方式。通过地理学至少能把世界形象化和概念化为一个整体。

中小学和高校"新"地理学的帝国科学性质毫不亚于其探险者前辈,只需看一眼该时期的教科书就一目了然了(Hudson,1977)。科学地理学的主要代表——最著名的是牛津的麦金德和莱比锡的弗里德里希·拉采尔(Friedrich Ratzel)——不仅试图解释世界上的人文和自然现象,而且要为欧洲的帝权辩护(Heffernan,2000a)。尤其是拉采尔,深受达尔文著作的影响,坚称(正如地理学界内外许多所谓"社会达尔文主义者"所做的那样)"自然选择"的原理同样地适用于自然界、社会和政治领域(Stoddart,1986:158-179;Bassin,1987)。民族国和物种一样,也为空间和资源而斗争,"最适者"能够把他们的意志强加给较不幸运的"种族"。对当时许多地理学家而言,包括那些成就了杰出的美国地理学的人,如埃尔斯沃思·亨廷顿(Ellsworth Huntington)和埃伦·丘吉尔·森普尔(Ellen Churchill Semple),一些人对另一些人的统治,若不是上天注定,就是环境造就的种族特性使然。在不同民族的特性受环境决定这种思想的基础上,一个"科学种族主义"新学派弥散到19世纪末20世纪初的地理学理论中。这种理论认为,欧洲扩张性的帝国"种族"和美洲的欧洲殖民社会得益于独特的气候与环境状况,这些有利条件造就了有力的扩张性的文明。而外围殖民地十分不同的气候和环境则形成了劣等的社会与较弱的文明,需要一个有秩序的仁慈的欧洲(Peet,1985)。

这些可憎的思想反映了一种占优势的正统,但同时也激起了热烈的辩论。尽管环境决定论和科学种族主义常常互相强化,但也可能互相矛盾。有些种族论者假定,各"种族"均被固定在一个不变的"天然"级序,这个级序就是从不同起点出发的截然不同的发育系列中当前的表现(多元发生论)。"外部"环境因素对这种先天的种族系统影响不大。这种论调预示着永远需要有一些在智力上和种族上优秀的帝国统治者的存在,以便管理殖民地那些不可救药的劣等人及其环境(Livingstone,1992:216-260)。许多环境决定论者强调气候与自然地理因素对社会和经济进步压倒一切的重要性以及人性根本上的一致性(单元发生论),企图把问题集中于通过对自然界明智的干预达到人类发展的可能性。如果科学上先进的欧洲能够克服殖民地挑战性环境的不利方面,疏干瘟疫丛生的沼泽,灌溉不毛的沙漠,则不仅能改善殖民地经济的生产力,而且随着时间的推移,将改善当地社会与文化的性质。这样,环境与道德的"改善"就会紧密地相互联系,而且二者均有赖于一种"优秀的"外来力量的"仁慈的"干预。最后,如能配合明智的文化与教育政策,殖民地人民就会控制好他们自己的资源,管理好他们自己的事务。

再者,还应该强调,19世纪末地理学还孵化出与上述那些讨论截然不同的观点,特别是俄国和法国无政府主义者的领导者彼特·克罗帕特金(Petr Kropotkin)与埃莉斯·雷克勒斯(Elisée Reclus)激进的无政府主义思想。对克罗帕特金和雷克勒斯而言,新的地理科学意味着人类社会与自然界免受阶级与民族主义政治毒害而达到新的和谐的途径(Blunt and Wills,2000)。

五、新世界:地理学与 20 世纪初的危机

20 世纪之初掀起了一场关于"大国"前途的充满焦虑的辩论。许多人认为 1900 年标志着世界历史的转折点,是欧洲持续扩张 400 年的终结。世界地图上未探查过和未被认领的"空白"空间在迅速减少,或者看来是如此,"世界封闭"(global closure)之意呼之欲出,各种版本"循环终结"(法语 fin de siècle)的悲歌处处可闻。1890 年代初,德国地貌学家阿伯瑞彻特·彭克(Albrecht Penck)为了解释其新编 1∶100 万世界地图,用全球性停业的概念来论证其灵光一现却可悲的无说服力的模式(Heffernan,2002)。同时,1983 年,美国历史学家弗雷德里克·杰克逊·特纳(Frederick Jackson Turner)在芝加哥(为纪念哥伦布到美洲航行 400 周年而举办的)哥伦比亚博览会发表了著名演说,提出新建立的横贯大陆的美国,需要在传统的内陆之外,特别是在太平洋,寻求新的帝国边界。1904 年,麦金德在皇家地理学会发表演说,论述海事的、贸易帝国的"哥伦布时代"可能结束和 20 世纪有内聚力的、基于陆地的、靠铁路联系在一起的帝国(如美国)占优势的世界秩序的出现。麦金德把欧亚大陆的巨大领域——地球上最大的地域——称之为"历史的地理枢纽",并坚称谁能控制这个广阔区域的无限资源,谁就将主宰未来世纪的世界事务。麦金德暗示,因为新帝国的边界将横跨全球,因此,他所描绘的"封闭"系统将极其危险(关于特纳和麦金德的比较,可见 Kearns,1984)。

第一次世界大战爆发,第一次真正的全球性冲突证实了上述种种忧虑。尽管战争在西线达到了凶残的顶峰,但后来麦金德坚称战争的确是从领土斗争中爆发的,他在 1904 年就预见到了这一点。德国的全球性霸权定位是基于获胜思想的,那正是拉采尔曾著名地称之为东方的"生存空间"(德文 Lebensraum),以牺牲俄罗斯(麦金德现在称之为"世界岛"的"腹地")为代价(Mackinder,1919)。麦金德并没有被邀请充当 1919 年在巴黎谈判和平条约的英国代表团的顾问(他对此相当失望),但其他国家最主要的地理学家显然都介入了重绘战后世界政治地图的工作。所有参战国较大的地理协会均被各国的情报部门激活(不只是由于他们广泛的地图收藏),为他们的军需官提供了大量新的地理信息和地图。在美国,美国地理协会主席伊赛亚·鲍曼(Isaiah Bowman),在和谈时是伍德罗·威尔逊(Woodrow Wilson)总统的重要顾问,并招募了许多美国的主要地理学家[包括威廉姆·莫里斯·戴维斯(William Morris Davis)和森普尔],进行所谓的住房调查以帮助美国制定战后的欧洲和其他地区的政策。鲍曼还编写了主要的地理教科书《新世界》(The New World)(1921 年)。几位法国地理学家在保罗·维达尔·白兰士(Paul Vidal de la Blache)领导下也完成了相同的工作,在战争及和谈期间作为咨询委员会(Comité d'Études)的成员为法国政府提供咨询。至于皇家地理学会,也明显介入了此类工作,作为首都"计算中心"为海军与战争办公室(Naval and War Office)提供情报服务

(Heffernan，2002b）。

在这些国家中，地理学从第一次世界大战大屠杀中声名鹊起。一流学校和大学中新的地理学教职随之而来，尤其是在英国，地理教学仍然落后于欧洲大陆，原先执教大学地理课程只有一位讲师。英国第一批授予学位的地理学院系正是在战争中建立（1917年在利物浦，1918年在LSE和Aberystwyth①），或在战后立即建立的（1918年在伦敦大学学院和在剑桥，1923年在曼彻斯特，1924年在谢菲尔德）（Stoddart，1986：45-46）。虽然皇家地理学会曾指导英国大学最初地理学职位的任命，但随后该专业的发展却削弱了学会对地理学发展日程的控制。英国大学地理学家渴望发展更严密的、科学的地理学以便同其他国家的发展匹敌，于1933年成立了自己独立的组织英国地理学家协会（Institute of British Geographers，IBG），该协会直到最近才与皇家地理学会合并。

在第一次世界大战的几年中，1914年以前出现的"新"地理学已经发展为一门复杂而通俗的学科，在各级教育系统中都很突出。大学里产生了众多的二级学科，其中许多延续至今，唯二次大战之间有两种倾向值得一提。其一是坚信地理学应该是一门综合性的区域科学。人们一再指出，在分析某个特定区域时自然地理和人文地理永远应该结合起来，同时在其他方面又出现了一种关于区域的较含糊而未充分展开的概念，成为二次大战之间地理学单独的、最重要的贡献，尤其是在英法两国。区域的重要性不难解释。对于1918年以后成名的地理学家而言，传统的民族国是一种令人怀疑的实体，是19世纪声名狼藉的民族主义的焦点和动力，这种民族主义在1914—1918年的灾难中达到了顶峰。不管是亚民族的还是超民族的区域，都为今后提供了一些根本不同的可供选择的政府形式。法国地理学派（直至1918年维达尔·白兰士去世前受其控制并在战后受其学生们控制）把区域视为本学科安身立命之本。与法国地理学家以装配线效率生产的无数区域论文并列的，还有维达尔主义者们提供的自下而上发展地方政府（部分基于1910年以来维达尔·白兰士自己的推荐）和自下而上形成一体化欧洲政府的各种方案[其中最具预见性的方案来自艾伯特·德曼杰恩（Albert Demangeon）]。同样的理想激励着英国地理学家，包括A. J. 赫伯森（A. J. Herbertson）、C. B. 福西特（C. B. Fawcett）、L. 达德利·斯坦普（L. Dudley Stamp）和H. J. 弗勒（H. J. Fleure），其中大多数人受到苏格兰自然科学家、规划师和博学者帕特里克·格迪斯（Patrick Geddes）的影响（Livingstone，1992：260-303；Heffernan，1998：98-106，128-131）。同样的思想也影响着其他国家，主要是对德国有影响，也影响着美国。美国的卡尔·索尔（Carl Sauer）在伯克利建立了人文地理学派，颂扬历史与地理的独立原则与不同区域独特性质的思想（见第十五章和十七章有关索尔工作重要性的论述）。

其二，迥异的趋势与法西斯意大利和纳粹德国有关。那里新一代科学地理学家企图重新

---

① 译注：LSE即伦敦政治与经济学院；Aberystwyth市位于威尔士西海岸。

开始使他们的专业成为一门明显的政治科学,致力于质疑 1918 年以后在巴黎建立的地缘政治秩序。意大利和德国的地缘政治运动[由乔治·罗尔特(Giorgio Roletto)和卡尔·豪斯霍弗(Karl Haushofer)所发起并与两种期刊《地缘政治学》(*Geopolitica*)和《地缘政治学杂志》(*Zeitschrift für Geopolitica*)有关]极其相似,包括刊登大胆的宣传性黑白地图以及强力抨击性时评文章的强烈倾向。尽管他们都有着明显的民族主义立场,但两国的地缘政治运动都设想着未来欧洲一体化的前景,虽然与英法区域地理学家所提出的设想相去甚远。意大利地缘政治理论家对政府政策的影响有限,他们的德国同行对纳粹计划的影响更小,尽管豪斯霍弗与希特勒的主要助手鲁道夫·赫斯(Rudolf Hess)之间有着亲密的关系。豪斯霍弗及其同事对种族的核心问题几乎无话可说,这一点比其他任何方面更限制了他们对希特勒及其纳粹理论家的吸引力(Heffernan, 1998: 131-149; Dodds and Atkinson, 2000)。

　　第二次世界大战导致了意大利和德国地缘政治运动的终结(同时也带来了政治地理学暂时的崩溃,而且不只是在这两国)。在两次世界大战之间区域地理传统延续到 1945 年以后的同时,它也经受着新发展带来日益增大的压力,尤其是 1960 年代和 1970 年代美国和英国倡导的对数量地理学形式的探求带来的压力(见第三章)。尽管区域地理学的兴起是出自一种实际的关切,把区域视为政府和行政机关的替代层次,但两次大战之间区域主义的排他性,专注于地方的独特性,使区域地理学尴尬地厕身于把地理学视为一种探求规律的"空间科学"的新理念之旁。促使战后年代地理学强劲地发展的,不是古老的区域主义的历史形式,而是新的、更有活力的、科学的区域科学和地理学研究与教学的许多其他分支(Johnston, 1997)。

六、结语

　　以上概述纯属个人看法,不能视为看问题的出发点或革命性变化的起点。此处所罗列各种事件的大致顺序——从现代早期的航海,到启蒙运动的探求,到 19 世纪晚期的"新"地理学,以及两次大战之间的区域地理学——代表了一种增长的过程而不是一种替代;一些传统出现的过程和后续的发展相重叠并贯穿于其中,描绘出日益复杂的图景。从这些事件的描述中不可能提炼出一个总是激励着地理学探求的核心主题,但有一件事很清楚:不管把地理学定义为大学的一个学科还是学校的一门课程,或者是一个广泛辩论的论坛,它总是作为一种不确定的和流动的状态而存在。虽然有人悲叹这是本专业的短处,但它也许同样是一个长处:概念上一致性的欠缺曾是本专业的一大强项。如果能把最近几十年的发展作为指导,这似乎是一种注定将要持续下去的"地理学传统"。

本章小结

- 具有欺骗性的简单词语"地理学"涵盖了一个十分古老、格外复杂、深受争议的知识科目。今天并没有单一的、统一的地理学专业,过去也难以洞悉像地理学这样的一种事物。
- 我们可以大略地描绘种种事件的顺序:从现代早期的航海术到启蒙运动的探求,再到19世纪晚期的"新"地理学,直至两次大战之间的区域地理学。
- 从这些事件的描述中不可能提炼出一个总是激励着地理学探求的核心主题。这可视为本学科的短处,也可视为其长处。

进一步阅读文献

有关地理学史的文献多而杂。最好的起点是大卫·利文斯通的《地理学的传统:一项有争议事业历史中的事件》(David Livingstone 1992. *The Geographical Tradition: Episodes in the History of a Contested Enterprise*),它在广义的知识和哲学意义方面非常出色。戴维·斯托达特的《论地理学及其历史》(David Stoddart 1986. *On Geography and its History*)为地理学在自然科学中的位置提供了令人鼓舞的辩护。罗伯特·梅休的《启蒙运动地理学:1650—1850年英国地理学的政治语言》(Robert Mayhew 2000. *Enlightenment Geography: The Political Languages of British Geography 1650—1850*)和安妮·戈德卢斯卡的《未装订的地理学:从卡西尼到洪堡的法国地理科学》(Anne Godlewska 1999. *Geography Unbound: French Geographic Science from Cassini to Humboldt*)对启蒙运动有着不同的视角,但非常有效地纵览了英国和法国的经验。利文斯通和查尔斯·威瑟斯主编的文集《地理学与启蒙运动》(David Livingstone and Charles Withers 1999. *Geography and Enlightenment*)包含了一篇有用的导论性论文和论述一些专题的有力篇章。戈德卢斯卡和尼尔·史密斯的《地理学与帝国》(Anne Godlewska and Neil Smith 1994. *Geography and Empire*)是一本值得称赞的文集,从总体上论述帝国的主题,对19世纪和20世纪初期的情况,可以用莫拉格·贝尔等的论文集《地理学与帝国主义,1820—1940年》(Morag Bell *et al.* 1994. *Geography and Imperialism, 1820—1940*)作为补充。弗利克斯·德赖弗的《地理学斗士:探险文化与帝国》(Felix Driver 2001. *Geography Militant: Cultures of Exploration and Empire*)是对19世纪进行的闪光的、具有高度想象力的研究。

注:上述文献详见本章参考文献。

参考文献

Atkinson, G. (1927) *La Littérature géographique française de la Renaissance: Répertoire bibliographique*. Paris: Auguste Picard.

Atkinson, G. (1936) *Supplément au Répertoire bibliographique se rapportant à la Littérature géographique française de la Renaissance*. Paris: Auguste Picard.

Bassin, M. (1987) 'Imperialism and the nation-state in Friedrich Ratzel's political geography', *Progress in Human Geography*, 11: 473-495.

Beckinsale, R. and Chorley, R. (1991) *The History of the Study of Land Forms, or The Development of Geomorphology. Vol. III. Historicaland Regional Geomorphology, 1890—1950*. London: Routedge.

Bell, M., Butlin, R. and Heffernan, M. (eds)(1994) *Geography and Imperialism, 1820—1940*. Manchester: Manchester University Press.

Blaut, J. (1993) *The Colonizer's Model of the World: Geographical Diffusionism and Eurocentric History*. London: Guilford.

Blunt, A. and Wills, J. (2000) *Dissident Geographies: An Introduction to Radical Ideas and Practice*. London: Prentice Hall.

Bowen, M. (1981) *Empiricism and Geographical Thought: From Francis Bacon to Alexander von Humboldt*. Cambridge: Cambridge University Press.

Broc, N. (1974) 'L'établissement de la géographie en France: diffusion, institutions, projets (1870—1890)', *Annales de Géographie*, 83: 545-568.

Broc, N. (1981) *La Géographie des Philosophes: Géographes et Voyageurs français au XVIIIe siècle*. Paris: Éditions Ophrys.

Brotton, J. (1997) *Trading Territories: Mapping the Early-Modern World*. London: Verso.

Brown, E. (ed.)(1980) *Geography Yesterday and Tomorrow*. Oxford: Oxford University Press.

Buisseret, D. (ed.) (1992) *Monarchs, Ministers and Maps: The Emergence of Cartography as a Tool of Government in Early-Modern Europe*. Chicago, IL: University of Chicago Press.

Burnett, D. (2000) *Masters of all they Surveyed: Exploration, Geography, and a British El Dorado*. Chicago, IL: University of Chicago Press.

Buttimer, A. (2001) 'Beyond Humboldtian science and Goethe's way of science: challenges of Alexander von Humboldt's geography', *Erdkunde*, 55: 105-120.

Chard, C. (1999) *Pleasure and Guilt on the Grand Tour. Travel Writing and Imaginative Geography, 1600—1830*. Manchester: Manchester University Press.

Chard, C. and Langdon, H. (eds.) (1996) *Transports: Travel, Pleasure and Imaginative Geography, 1600—1830*. New Haven, CT: Yale University Press.

Chorley, R., Beckinsale, R. and Dunn, A. (1964) *The History of the Study of Land forms, or The Development of Geomorphology. Vol. I. Geomorphology before Davis*. London: Methuen.

Chorley, R., Beckinsale, R. and Dunn, A. (1973) *The History of the Study of Land forms, or The Development of Geomorphology. Vol. II. The Life and Works of William Morris Davis*. London: Methuen.

Cormack, L. (1997) *Charting an Empire: Geography and the English Universities 1580―1620*. Chicago, IL: University of Chicago Press.

Diamond, J. (1997) *Guns, Germs and Steel: The Fates of Human Societies*. London: Jonathan Cape.

Dodds, K. and Atkinson, A. (eds.) (2000) *Geopolitical Traditions: A Century of Geopolitical Thought*. London: Routledge.

Driver, F. (1992) 'Geography's empire: histories of geographical knowledge', *Environment and Planning D: Society and Space*, 10: 23-40.

Driver, F. (2001) *Geography Militant: Cultures of Exploration and Empire*. Oxford: Blackwell.

Edney, M. (1997) *Mapping an Empire: The Geographical Construction of British India, 1765―1843*. Chicago, IL: University of Chicago Press.

Fierro, A. (1983) *La Société de Géographie de Paris (1826―1946)*. Geneva and Paris: Librairie Groz and Librairie H. Champion.

Glacken, C. (1967) *Traces on the Rhodian Shore: Nature and Culture in Western Thought from Ancient Times to the End of the Eighteenth Century*. Berkeley and Los Angeles, CA: University of California Press.

Godlewska, A. (1999a) *Geography Unbound: French Geographic Science from Cassini to Humboldt*. Chicago, IL: University of Chicago Press.

Godlewska, A. (1999b) 'From Enlightenment vision to modern science: Humboldt's visual thinking', in D. Livingstone and C. Withers (eds.) *Geography and Enlightenment*. Chicago, IL: University of Chicago Press, pp. 236-275.

Godlewska, A. and Smith, N. (eds.) (1994) *Geography and Empire*. Oxford: Blackwell.

Harley, J. (ed. P. Laxton) (2001) *The New Nature of Maps: Essays in the History of Cartography*. Baltimore, MD: Johns Hopkins University Press.

Harley, J. and Woodward, D. (eds.) (1987) *The History of Cartography. Vol. I. Cartography in Prehistoric, Ancient, and Medieval Europe and the Mediterranean*. Chicago, IL: University of Chicago Press.

Harley, J. and Woodward, D. (eds.) (1992―1994) *The History of Cartography. Vol. II. Book 1. Cartography in the Traditional Islamic and South Asian Societies. Book 2. Cartography in the Traditional East and Southeast Asian Societies*. Chicago, IL: University of Chicago Press.

Heffernan, M. (1996) 'Geography, cartography and military intelligence: the Royal Geographical Society and the First World War', *Transactions, Institute of British Geographers*, 21: 504-533.

Heffernan, M. (1998) *The Meaning of Europe: Geography and Geopolitics*. London: Arnold.

Heffernan, M. (2000a) 'Fin de siècle, fin du monde: on the origins of European geopolitics, 1890—1920', in K. Dodds and D. Atkinson(eds.) *Geopolitical Traditions: A Century of Geopolitical Thought*. London: Routledge, pp. 27-51.

Heffernan, M. (2000b) 'Mars and Minerva: centes of geographical calculation in an age of total war', *Erdkunde*, 54:320-333.

Heffernan, M. (2001) '"A dream as frail as those of ancient Time": the in-credible geographies of Timbuctoo', *Environment and Planning D: Society and Space*, 19:203-225.

Heffernan, M. (2002) 'The politics of the map in the early 20th century', *Cartography and Geographical Information Systems*, 29:207-226.

Hudson, B. (1977) 'The new geography and the new imperialism', *Antipode*, 9:12-19.

Johnston, R. (1997) *Geography and Geographers: Anglo-Amrican Human Geography Since 1945*. London: Arnold.

Kearns, G. (1984) 'Closed space and political practice: Frederick Jackson Turner and Halford Mackinder', *Environment and Planning D: Society and Space*, 22:23-34.

Kolm, G. (1909) 'Geographische Gessellschaften, Zeitschriften, Kongresse und Austellungen', *Geographisches Jahrbuch*, 19:403-413.

Konvitz, J. (1987) *Cartography in France, 1660—1848: Science, Engineering and Statecraft*. Chicago, IL: University of Chicago Press.

Lejeune, D. (1993) *Les Sociétés de Géographie en France et l'Expansion coloniale au XIXe siècle*. Paris: Albin Michel.

Lenz, K. (1978) 'The Berlin Geographical Society 1828—1978', *Geographical Journal*, 144:218-222.

Livingstone, D. (1988) 'Science, magic and religion: a contextual reassessment of geography in the sixteenth and seventeenth centuries', *History of Science*, 26: 269-294.

Livingstone, D. (1990) 'Geography, tradition and the scientific revolution: an interpretative essay', *Transactions, Institute of British Geographers*, 15:359-373.

Livingstone, D. (1992) *The Geographical Tradition: Episodes in the History of a Contested Enterprise*. Oxford: Blackwell.

Livingstone, D. and Withers, C. (1999) *Geography and Enlightenment*. Chicago, IL: The University of Chicago Press.

MacKenzie, J. (1994) 'The provincial geographical societies in Britain, 1884—1894', in M. Bell et al. (eds.) *Geography and Imperialism, 1820—1940*. Manchester: Manchester University Press, pp. 31-43.

Mackinder, H. (1919) *Democratic Ideals and Realities: A Study in the Politics of Reconstruction*. London.

Mayhew, R. (2000) *Enlightenment Geography: The Political Languages of British Geography 1650—1850*. Basingstoke: Macmillan.

Peet, R. (1985) 'The social origins of environmental determinism', *Annals of the Association of American Geographers*, 75:309-333.

Richards, T. (1993)*The Imperial Archive: Knowledge and the Fantasy of Empire*. London: Verso.

Said, E. (1978)*Orientalism*. London: Routledge.

Said, E. (1993)*Culture and Imperialism*. London: Jonathan Cape.

Schneider, W. (1990)'Geographical reform and municipal imperialism in France, 1870—1880', in J. MacKenzie(ed.) *Imperialism and the Natural World*. Manchester: Manchester University Press, pp. 90-117.

Sobel, D. (1996)*Longitude: The True Story of a Lone Genius who Solved the Greatest Scientific Problem of his Time*. London: Fourth Estate.

Stafford, R. (1989)*Scientist of Empire: Sir Roderick Murchison, Scientific Exploration and Victorian Imperialism. Cambridge :Cambridge University Press*.

Stoddart, D. (1986)*On Geography and its History*. Oxford: Blackwell.

Taylor, E. (1930)*Tudor Geography 1485—1583*. London:Methuen.

Taylor, E. (1934)*Late Tudor and Early Stuart Geography 1583—1650*. London:Methuen.

Taylor, E. (1956)*The Haven-Finding Art: A History of Navigation from Odysseus to Captain Cook*. London: Hollis & Carter.

Withers, C. and Mayhew, R. (2002)'Rethinking "disciplinary" history: geography in British universities, c. 1580—1887', *Transactions, Institute of British Geographers*, 27: 11-29.

第二章 地理学与自然科学传统

基思·理查兹(Keith Richards)

本章内容界定

自然科学为许多学科提供了一种功能上的榜样,但这是一种有争议的榜样。自然科学中有些成就是千百年长期孕育的产物,所采用的方法及其赖以支撑的哲学框架亦已因新出现的知识而改变。因此,除了多元论之外并不存在什么单一的传统。在这种"传统"之中,地理学从观察、测量、各种实验、理论改进和试验中汲取了丰富的方法。这些各异的又紧密相连的实践是真正的科学遗产,也是地理学能够对其做出贡献又能从中汲取营养的遗产。

一、导论

本章从考察自然科学与地理学的某些相似性与差异性的角度,探究二者的原理和方法之间的关系。自然科学为揭示世界本质提供了强有力的程序,这使我们在了解世界许多问题的时候做得很成功。本章的基本论点是:自然科学赖以立足的所谓科学方法本身其实只不过是一种模式,随着知识与理解力的增进,那些科学方法程序的平衡已经改变,而且还可能变成一种特别的研究成果。有许多例子说明这一点,但我们强调,气体定律(the Gas Laws)和生态水文学(eco-hydrology)所研究的一个问题是两个特例。科学方法具有多方面的传统而不只是单一的"传统"。这一点对地理学辩论的引导具有多方面含义,此类辩论中一些想当然的传统有时可能被误解,在支持反对数量化的立场时尤其如此。这还意味着,对自然主义——应用于范围广大的科学(包括环境科学和社会科学)研究的一种普通方法论——而言,存在着明显的可能性,因为自然科学方法程序多元化的性质在此类科学中有着许多极其相似之处。

本章从强调假定存在着单一传统的危险性开始,然后回顾识别可研究的问题作为科学地解决问题开端的重要性,继而详细考虑科学实践的各方面。我们强调,适合当前理解状况的实用研究程序构成了一种更重要的传统或传承,而不是附属于某种方法论(如实证主义)意义上过度简化了的标签。本章所评述的科学程序包括观察和测量、实验,以及提出并验证假设、验证各种规律和指标后面的机理等理论问题,以回应与之抗衡的理论的挑战。结论部分强调了这些程序所展示的多元化的重要性,并提出自然主义的主张和科学方法的"推理批判"模型。

二、有争议的历史

在对地理学与自然科学某些关系的评论中，一开始就探索两个难题是有益的。其一是关于方法论的任何讨论都充满困难，因为所用术语是如此变化不定。这种不稳定性既可能造成混乱，又可能使人上当。当参与者无意地接受不同意义时就造成前者；当有意地，甚至为了政治目的而选择某种特定意义以支持某种立场或动机时就造成后者。第二个难题之所以产生，是因为有些传统常常不是乍看起来的那样。这些传统常常变得较摩登（一个审慎使用的词汇），而不是"传统"一词使用的含义，具有一种代理制政治的历史，而且在内容上也不固定，不同参与者也会采用不同的形式。鉴于此，在地理学中讨论任何"传统"都可能像走在流沙上那样既危险又令人捉摸不定，同时还很可能揭示出本学科内部的紧张状态和分歧。

有人可能从质疑什么是"科学"的确实含义开始——即使这样也会变成一个不好直接回答的问题。在英语语言中，科学一词通常假定是指自然科学（以致英国一位前教育部长试图否认一个全国性研究基金机构"社会科学研究理事会"的名称）。但在法语中 la science 和德语中 wissenschaft 具有广泛得多的含义。即使我们考虑一种语言学的含义，并考察一下英语中被称为"科学"的这个东西的历史，它的性质似乎也随时间而发生了明显的变化。伍尔加（Woolgar，1988）找到了三个词语，尽管这些词语还不难进行细分和修饰。一个是"业余"科学时期，这时医生和教士起着自然历史学家的重要作用，这是 18 世纪和 19 世纪的显著特征，此后当科学进入发展中的大学时，在性质上越来越变得具有"学术性"。然后，20 世纪中叶，当政府、工业界和军事界主宰着科学日程时，它变得"职业化"起来。科学的目的已经改变了，其社会学性质已经改变了，因此不仅难以追究个别"传统"的来源，而且这样的追究也是很不适当的。还有一种含义就是任何重大的科学发现，尤其是那些在重要阶段所展现的发现（诸如气体定律），很可能受到当时科学所从事和实践的、不断变化着的科学含义的影响。最后，对科学传统有一种我们应该认识的编史工作，在地貌学中，我们用"戴维斯主义者"或"吉尔伯特主义者"来标志全部的方法，用一些历史性人物方便地作为全部"传统"的象征性代表，其中有些传统重新出现时他们自己也可能认不出来了（例如 Sack，1992）。这样的象征性标志还使我们得到历史变化步伐的印象，这些变化本来是渐进的，并且有着多重起源（考虑一下华莱士、达尔文和进化论）。这样，由于这些理由，我们应该从怀疑论的观点开始看问题，我们可能指称的任何方法论"传统"本身都是一种选择，而不是一种特定状况；是一个图样，而不是现实。

三、科学与解决问题

现在更正式地研究定义问题，科学可能定义为"……系统的与明确表述的知识；有关这方面的事务;控制此类事务的原理;此类知识的任何分支"[《牛津英语词典》(*Oxford English Dictionary*)]。据此,地貌学有无自然科学传统就几乎没有什么关系;它本身就是一门科学(如果我们认为我们的专业是以这样一种系统方法进行研究有关知识并使之系统化,那么它至少就是一门科学)。也许关于科学正式定义的有意思之处就在于它几乎立即引出方法——科学作为一种活动或实体似乎不是用"它是什么",而是用"它怎么做"来定义的。

然而,在详细论述科学方法之前,还要评述一项至关重要的特征,就是"问题"(problem)或"疑问"(question)的科学含义。这本身就是科学方法应用的早期状态,尽管人们常常没有如此明确地看待这个问题。但是如同伯德(Bird,1989:2)注意到的那样,科学是一种解决问题的活动,"科学方法从某种问题开始:我们甚至可以说问题导向就是科学研究存在的理由。问题的确认乃是科学工作中十分重要的部分,而且常常是十分困难的劳心之举"。任何一个想提出一项研究计划的人都要明白引文中最后一句话的重要性。找到一个有兴趣乃至有价值的一般研究领域并不难,但是很难把这种兴趣转变为一套可以进行研究的问题。这就是问题表述的精髓,也是使科学成为如此成功的事业之所在。

下面举例说明把一般事务转化为可研究问题的困难:欧洲以至全球许多河谷平原森林的衰退。河流的渠道化和流量管理把这些河流与泛滥平原相隔离,导致洪水频率、河道迁移速率以及泛滥平原沉积物含水层充水的速率都降低了。这些变化又导致河边木本树种繁殖机会降低、生境损失和生物多样性降低。我们可能需要先提出的一个问题是:"社会能充分重视泛滥平原的天然功能,希望扭转这些倾向吗?"从某种意义上说,这个问题已经有了答案,因为社会已经建立了能够监测这种衰退的机构,而且有关这种倾向的现有知识就是部分答案。但是,可能需要进行社会学研究以建立一种概念,把这个一般性"问题"置于环境科学日程上较高的地位。在这方面,问题必须转化为更专门的、可研究的问题,其答案有助于解释河流与泛滥平原的变化和所观测到的生态系统健康受损之间的关系。例如,我们可以提出这些问题:"受控流量状况下高流量出现的时间是否不再同种子繁殖的时间同步?";"洪水和地下水补给减少是否妨碍树苗的着生和生长?";或者"树苗的生长是否受泛滥平原地下水位下降速率的影响?"。然后我们就可以提出各种策略试图回答我们提出的问题,例如,我们可以部署一套科学方法,包括观察、测量、试验和建立理论。下面讨论科学方法的时候,我们将回到这个例子,利用后三个问题作为一个案例,看看这些方法是怎样帮助解决问题的。

在题材性质相同的条件下,地理学常常有别于现代自然科学的一个方面,是它提出问题的方式。地理学关心在无约束的社会空间和环境空间以各种尺度展示的现象。自然科学的题材常常局限在实验室中,从而,就有一种提出此类问题的传统,即如果已知的方法既可用在这样的背景下,又能够提供答案,则这些问题是可以回答的。因此,科学真正成功的部分取决于其提出"好问题"(反对"坏问题")的特有传统。从概率论应用中可以找到这样的例子。我们可以问:"在两个以上生日相同的人群中,需要多少人才能有人得到较好的而不是同等的机会?"这是一个"提得不好的问题",除非我们提供许多假设和条件,否则不能回答。如果我们假设每个人的生日都可能是一年 365 天中的任一天,一个人的生日对任何一个人都没有影响,则答案是只需 23 人就够了。这好像是一个令人吃惊的、相当小的数字。的确,一位电视名人有一次曾当场向 100 名观众提问,有谁和他生日相同,回答是"没有",他不相信这个答案。然而,事实上他后来提出的另一个问题。他的新问题是"需要多少个和我生日相同的人才能得到较好的而不是相同的机会?"答案实际上是 253(Grimmett,私人通信)。

对自然科学而言常常也确实是这样,在一些研究"计划"(programme)中,一系列此类问题或疑问是以一种有计划的、系统的,甚至是进化的方式提出来的。有人认为地理学也是在这方面从自然科学分离出来的,因为似乎不甚可能发展这种系统方法来鉴定和规划那些明确提出的、容易处理的研究问题。斯托达特(Stoddart,1987)出于对把一种显然过于显浅的方法用于鉴定这些问题的关切,呼吁地理学应重新发现重大问题。但是,也许这部分是地理学作为一门"开放系统"科学的性质,它在不可控的自然界和社会中运作,从中难以界定那些有计划的、可回答的问题;它可能部分地反映了地理学另一种传统,即发现的传统——它可能需要计划,但也必须有运气。尽管有这些原因,本专业的从业者必须面对这样的可能性,即由于迄今它可能反映了系统的问题表述与解决问题缺乏一致的含义,这也可能是部分的失败。

四、科学实践面面观

从上文可以看出,可以毫不诧异地在某种意义上说,科学方法本身也是不稳定的(例如,科学作为一项活动,其本质是否有着历史上的偶然性)。这种不稳定性有几种原因,对特定的科学活动而言,这些原因既有外部的,也有内部的。外部原因与科学活动的社会背景有关;随着科学、技术与社会形成一个统一的领域(Latour,1987),随着因它们之间的反馈而出现的变化,科学议程被不断变化的政治、工业和商业议程驱动。不稳定的内部原因是由手头的科学问题所提出的疑问部分地得到了解答,从而需要改变所采用的方法。因此,我们对一个问题的了解可能会改变我们的看法:能够更多地了解些什么和用什么手段获得这些附加的知识(Richards,1996)。这意味着在存在论[①](关注现象与存在的本性)和认识论(关注获得有关知识的手段)之间存在着一种独立性。这些事物之间并无线性联系,相反,存在着随时间变化的螺旋。因为知识的获得可能改变我们存在论的世界观,我们所采用的方法也可能因之改变。这种情况意味着不能把科学方法视为一套标准化的规则,它只不过或多或少是指导我们如何解决问题的临时性模式。因此,"这种"科学方法只不过是对这种方法最好的,或者只不过是一

---

① 译注:ontology,原译为本体论,目前普遍认同的定义是:"本体是共同概念模型的、明确的形式化说明"。现在大多数意见认为应译为"存在论"。见《中国科技术语》,2007 年第 2 期。

种最适当、最有用的描述,从中可以在特定的时间或在研究问题的特定阶段获得可靠的科学知识。所以,科学方法作为一种模式,就像其他任何模式一样,是要受到批评、检验和重建的。

如果对科学方法持这种看法,则有关实证主义、苛刻的唯理论和现实主义之争就可能不像对方法论贡献的考虑那么重要,这些在方法论上的贡献在实践范围内已被科学家利用,因此也被地理学家利用。这些实践如果不是科学传统,也是永恒的科学遗产,考虑它们在地理调查中的作用也是恰当的。专栏2.1非常广泛地指出一些对科学实践(尤其是对与存在论和认识论传统有关的科学实践)产生贡献的类型。任何科学研究的开始阶段,我们都可能会把一种实证论的核心贡献应用到科学实践范围内:它对可观测量(*observables*)的高度重视。这种贡献反映了实证主义的存在论表现,它主张科学应该通过观察或测量的手段,只研究那些能够被"描述"的现象(Hacking,1983),把科学与关心信念问题的形而上学区别开来。不过,这并不意味着实证主义是唯一与数量化有关的理论,数量化是地理学研讨中经常出现的一种错误假设。这种错误也许反映了"量度"的实施业已影响了更细致的"观察"过程的程度。但在实证主义以其可观的多样性作为一个稻草人用以支持反数量化的立场时,它也可能以一种专业策略的形式出现。持反数量化立场的人在许多研究工作的某个阶段,不但把数量化简化为数值资料,而且在用这些数据和工具进行分析的时候,又无视其潜在价值,二者都使"实证主义"过分简单化。

专栏2.1 哲学体系与科学方法之间的一般关系

实证主义	描述:观察与测量(Auguste Comte,1798—1857)。
逻辑经验主义	介入:实验、永恒关联定律(David Hume,1711—1776)。
批判唯理论	理论化:提出假设、试验、验证、篡改、推敲(Karl Popper,1902—1994)。
现实主义	揭示隐藏的结构和机制(Roy Bhaskar,1944—;Andrew Sayer)。
(后)现代科学	感知反映着观察者的观点;测不准原理(Albert Einstein,1879—1955;Werner Heisenberg,1901—1976);观察与介入的极限;非线性系统的无序行为;初始状态的敏感性。
理性批判?	

五、描述:观察与测量

因此,如果我们回到有关树苗生长的问题,我们可以从对河岸和泛滥平原(野外)环境的观察开始。我们可能已经注意到,我们所感兴趣的山地河流中,春季高水位时期水电大坝放水的时候,放水时间、水量和持续时间均与天然水流的历史状况完全不同;我们也可能注意到,每年与天然高水位时期同步在河岸栽种树木现在进行得太快了。我们还可能观察到,在有水坝斑块的地方,细粒泥沙沉积在沙洲上面种子的萌发和幼苗的最初生长往往偏爱出现在这些地方(图2.1),这表明泛滥平原基质的物理性质、水文状况与某些树种群落之间的关系。然后(而且只有然后,在我们观察到和考虑过之后)我们可能采取某些措施,例如,安装一些仪器监测泛滥平原的地下水位以证实其水分状况与现在受控的流量起伏亦步亦趋(图2.2)。这些观察和

图 2.1　实例:法国东南部德龙河(Drome)辫状河道上杨树(*Populus nigra*)幼苗和以沙砾为主的细粒沉积物组成的斑块

照片由弗朗辛·休斯(Francine Hughes)提供。

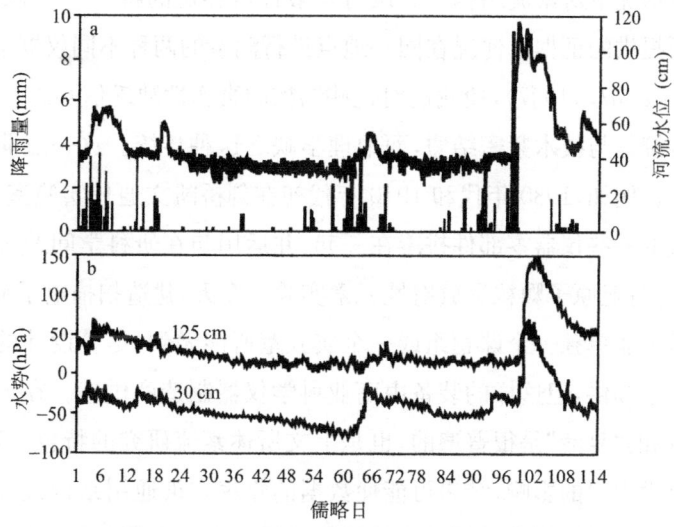

图 2.2　a. 英国剑桥郡圣艾夫斯(St Ives)附近乌斯河(Ouse)的降雨量和水位数据;b. 水位记录仪附近泛滥平原地表下两个深度(30 cm 和 125 cm)的水势数据。在 30 cm 深度上,水势一般为负值,但降雨时和雨后,尤其是第 100 儒略日以后为正值。在 125 cm 深度上,水势为正值,表明地下水位一般高于张力计;在 104 儒略日前后,水势与 125 cm 深度以下相等,反映着洪水的出现

测量并不总能回答我们的问题。实际上,它们常常提出新的问题。不过,这些观察和测量向我们提供有关一些模式的信息,引发有关隐含的结构、机制和过程的概念,使我们在进行新的观察和测量之前能够建立理论。当然,从我们的所见中抽象出一种模式有时是困难的,因为在一个无约束领域中存在着许多相互矛盾的证据,而且其中有些效应被其他效应抵消了。因此建立理论是困难的,但是我们不仅可以通过"描述",而且可以用下文讨论的实验操作通过"介入"帮助自己解决这个问题。

在考虑测量问题的同时又产生若干问题,即分辨率、仪器设备、准确度和精密度、维度等问题,这些问题对自然科学和地理学的对比而言,都是相互联系的。科学上的简化论者(reductionist)[①]倾向于把科学推向研究越来越小尺度的、要求观察测量技术分辨率越来越高的现象。与此相联系的是把观察中视觉的感知和开发一些仪器帮助"观看"这些现象置于首要地位。哈金(Hacking,1983)对"描述"世界上这些过程的含义为我们对其本性的评估提供了极好的说明。我们不能"看见"人的细胞,但我们有细胞形状和结构的理论模型,因此,它是作为一种理论上的实体而不是能够直接观察的实体而产生的。生物学理论所预测的细胞形状和结构同形形色色的显微镜设计体现的光学和物理学理论所揭示的细胞形象是相符的,这就能够让我们信服它是"真实的"。在研究河流中流速变化时也产生同样的问题。这里,在测量流速时,当我们所关心的问题由时间平均流速转向紊流结构的时候,需要以 10—20 Hz 的频率测量流速的变化,传统的螺旋桨式或杯式电动机械流量计就被电磁式和声学多普勒流量计取代。但是,问题在于还没有特定情况下对紊流结构——没有一般性可界定的特征——的理论描述,无法据以评估这些仪器所提供的证据。何况在同一地点进行测量的两种不同仪器会得到不同时间结构的数据(Richards et al.,1997),使我们对这些结构的真实性缺乏信心。

自然科学的传统是与技术紧密结盟,而地理学缺乏这种传统。这一点业已在不同时间用不同方式得到证明。例如,1930 年代和 1940 年代初在剑桥凯文迪什实验室工作的那些人,擅长把其他实验弃置的一些仪器零部件拼凑在一起,并运用与在研科学问题理论知识有关的技术构造实用技艺,进行亚原子颗粒和放射性元素实验。今天,建造扫描电子显微镜或扫描隧道显微镜所需的技术远非单独一个课题组或一个实验室所能做到,尽管设计的细节要由打算使用这些设备的科学家提供,但这样的装备由商业科学仪器制造商供应。在地理研究的测量实践中,这种仪器使用的"复活"是很普遍的,也是上文所述紊流研究的特色。这里,制造商的设计方案经常不受科学用户的影响,结果可能使数据的收集在被通用结构设计方案所损害的特定研究情况下进行。这些仪器中最明显的就是传感器探头的物理性质(形状和大小)和建立在电子回路中的信号调节器和滤波器的性质。对紊流最好的、最"科学的"研究曾经是寻求深入了解这些因素对数据收集的影响,以及必要时重新设计那些仪器。

[①] 译注:reductionism 亦称作还原论或归纳主义。

在科学上，测量通常要提供其精密度和准确度（图 2.3），直到最近这一点在地理文献的突破中才受到更多的尊重。这部分是由于很少有一个变量"真实"数值的独立证据，因此难以确定精密度和准确度。设想用（点）雨量计和（全面布设的）降雨雷达对降雨的测量；要用前者的测量值校正后者，在得到一个"真实"数值之前就需要进行大量的采样作业。尽管如此，使用摄影测量法产生数字化地形模型（Digital Terrain Models，DTMs）已经导致对精密度和准确度的重视。由于 DTM 提供有关地球表面地形的三维信息，所以它也是很有意义的。早期的数量化地形学使用一维指数描绘地形形态，例如相对的地势高低和水系密度等。这些早期的方法为不精密地和一般化地定性描述地形（如描述"起伏的地景"）提供了一种亟须的替代方法。但是，把一个三维实体（地景）压扁成一维尺度损失了大量信息，而且这些一维变量被证明同样是不精密和不十分准确的。测量河流流速的例子也把吸引力导向许多地理学测量中的维度变化问题。在利用电动机械流速仪测量一个方向（主流方向）时间平均流速的地方，以高频率进行测量的现代仪器还测量两个或三个正交的方向。这就意味着不会因为其他两个方向的流速被合并为单个速度组分而损失测量的精密度和准确度。所以，这个例子说明地理学接受新技术的严峻形势，新技术使得地理学更接近自然科学传统规范。

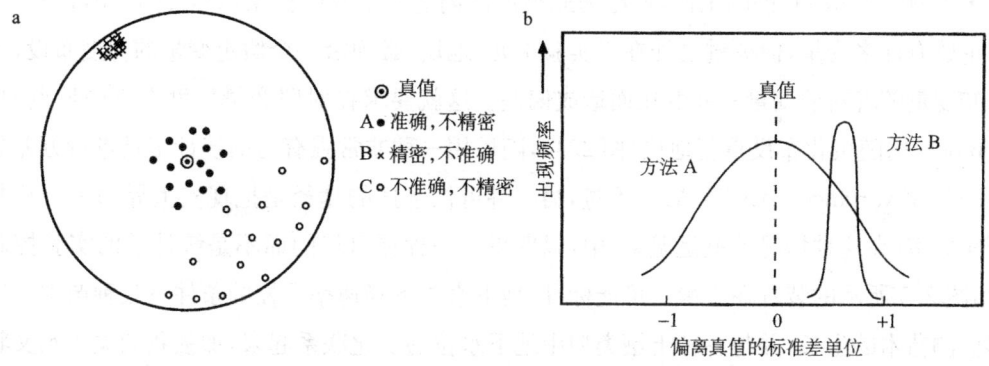

图 2.3 图示准确度和精密度的概念。a. 箭靶例子。图中牛眼为真值；图例 A 表示准确（围绕真值散布）但不精密（变异性高）。b. 用假象的频度分布表示上述概念。此处测量方法 A 给出准确但不精密的数值分布，而方法 B 给出精密但不准确的数值分布

六、介入：实验

我们用"介入"（Hacking，1983）表示"实验"——对世界的控制、简化和操纵——使我们能够对这个世界一部分的模式看得更清楚。物理学上一个实验的典型表述是对最终整理为气体定律的模式的揭示：

$$pV/T = nR$$

式中 p 是压力，V 是体积，T 是温度，n 是分子数目（原子和分子的数目），R 是气体常数。如果

把一定量的某种气体在固定体积的容器中加热,压力就按该气体常数所代表的特定速率增加。在这样的实验中,温度和压力的测量就会确定休谟主义的"永恒关联定律",这是从实验测量中产生的一种经验性概括。这是实验化学的一个经典例子,虽然其历史历经两个世纪,从1643年托里切利(Torricelli)发明水银气压计,经过罗伯特·波义耳(Robert Boyle)和雅克·查尔斯(Jacques Charles)的实验,直到阿伏伽德罗常数(基于1860年之前不被人接受的一条原理)的确定。该定律十分强有力,虽然它是在实验室受控条件下产生的,但能让我们说明不受控世界的变化;如果没有这条定律,就难以解释大气圈中绝热空气的运动,而气象学也变得内容贫乏。

回到泛滥平原生态学的例子,我们已经观察和测量了河岸木本树种更新使水文状况改变的某些效应,这里我们可以设想一种"介入"来更严格地评估我们的直觉。这可能包括野外实验;我们可以围封泛滥平原上一些斑块(以免受动物干扰),在各种不同但仔细控制的情况下种植树木。因为每块场地都将经历性质上有些不同的状况——例如,在土壤和沉积物方面或在种床业已存在竞争性物种的情况下,此类实验需要有重复,以对这些可能的外部影响采用统计学对照。进行这样的重复需要细致的设计,农业科学和生态学遵循罗纳德·费希尔(Ronald Fisher,1890—1962)开创的工作,业已为此类设计创造了很好的框架(Underwood,1997)。尽管本论题有许多变量,但关键之处在于实验单元(地块)必须沿一个假定变量的梯度布设,以避免未知变量随着对照变量一起变化而造成偏差。这就要求在对照变量梯度上不同地点的"组团"(block)内随机化布设重复地块(图2.4),随后用一种非常强有力的统计工具进行方差分析(analysis of variance,ANOVA)。不过,另一种可供选择的途径是把现实世界的一个片断提取到实验室(在这种情况下就是温室)中,以期得到一种更自然的而不是统计学的实验控制形式,用图2.5所示的装置在土壤尽可能标准、地下水位下降速率受控的条件下栽种苗木。这就能够监测苗木的生长,并与各种土壤类型中地下水位的变化联系起来,加强我们关于水文状况与土壤水分变化对不同树种更新表现的影响的结论。图2.6表示此类实验的一些结果,反映

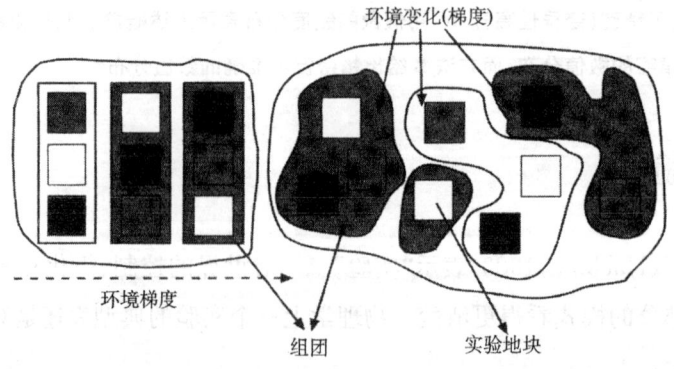

图2.4 地块实验示例。左图为环境梯度较平缓的案例,沿梯度按一定距离划定组团,其中随机选定地块。右图中三个"组团"是具有典型性质的实际斑块,其中地块随机布设

的是赤杨(*Alnus incana*)幼苗在两种基质(一种粉粒质细沙和一种砾质粗沙)和不同地下水位下降速率下的不同生长情况。

图 2.5 "根足虫"——基部与水位可控的中央水槽相连的充土管。
生长在管中的幼苗表示地下各种地下水位下降处理的效应

照片由弗朗辛·休斯提供。

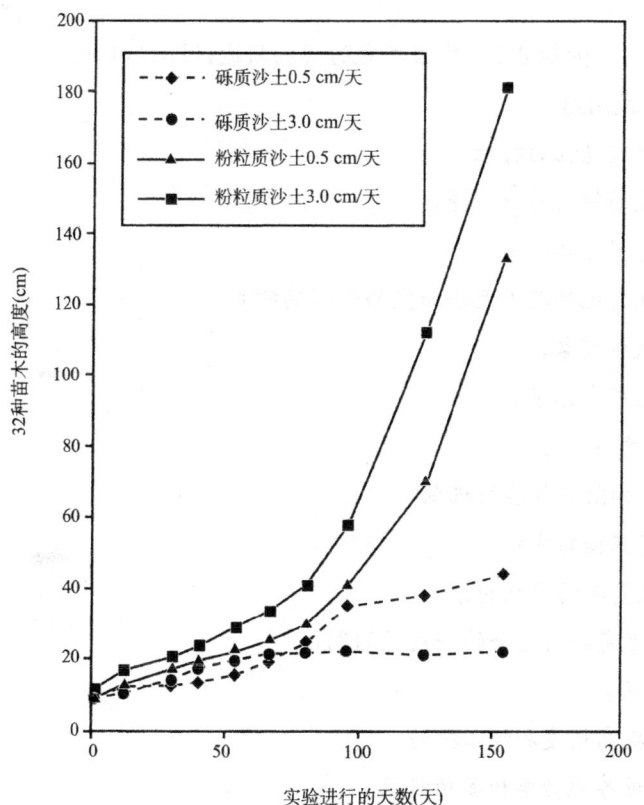

图 2.6 在图 2.5 所示装置中两种土壤和两种地下水位下降速率下生长实验的平均苗高

回到关于传统稳定性的怀疑论观点，值得注意的是"实验"的概念本身是高度可变的（如同上述差异很大的统计学和自然生态学实验所显示的那样）。专栏 2.2 清楚地表明，实验有着各种类型，目的各异。哈里（Harré,1981）用波义耳气体定律"对空气压缩—膨胀弹力的测量"作为"用归纳法发现定律形式"实践的例子，并认定这是构成科学方法形式问题的一种实验。但是，有些实验更多地是为了验证（改善）一种技术，而不是为了发现世界的某种性质，甚至更引人注目地，其他实验是为了"发现已知效应后面的机制"。后一类实验，由于它似乎与可观察的实体没有联系，并不是真正的实证主义方法。因此，把进行实验的要求视为实证主义存在论的标志是几乎不能接受的。实验还包括各种各样的问卷和访谈，只要这些问卷和访谈是经严格设计来研究特定问题的，同时采样和偏差等问题也要给予适当的考虑（见 Pawson，1989。因此，实验活动的传统就像科学本身那样是多种多样的。不过，实验并非总能解释为什么事物的行为中出现一些规律，这就是为什么对特定问题的科学研究必须既接受其存在论，又接受其认识论，因为科学研究揭示一些信息，结果使我们得到对世界更深的认识。这就是理论（专栏 2.1）进入构成科学活动实践领域的地方，也是波珀（Popper）批判的唯理论、哈里与巴斯卡（Bhaskar）的现实主义和主观主义"分手"的地方。科学显然不光是研究可观察的问题。

专栏 2.2　哈里界定的实验用途（Harré,1981）

A. 用作方法的形式问题：
1. 揭示自然出现过程的特性。
2. 对分庭抗礼的假设作出抉择。
3. 用归纳法得出定律的形式。
4. 作为模拟在其他情况下无法研究的过程的模式。
5. 开拓一种随机现象。
6. 提供零结果或负结果。

B. 在理论内容开发方面：
7. 通过寻找已知效应背后的机制。
8. 用提供已有证据的方式。
9. 通过对显然简单的现象的分解。
10. 通过外观上变种内隐含的一致性的阐述。

C. 在技术开发方面：
11. 在操作中提高精度和细心操作。
12. 展示仪器设备的功率和多功能性。

地理学中常用的实验方法是宏观与微观研究相结合，这通常是研究工作的不同阶段，但不一定以一种前后相连的方式进行——常常往返于这两种模式之间。宏观研究是经验性的和具体的，常常需要收集大样本以便展示现象的变异性以及对特定案例做详细研究时所能代表的程度。相反，微观研究是抽象的和理论的，包括小样本和寻求查明宏观研究所揭示的产生这种格局背后的因果机制。随机性抽样的住户问卷和对关键答卷者的半组织性访谈就是对这两个要素的简明例子。另一种例子是对小集水区排水中溶质浓度的监测，结合对山坡土壤间隙水中矿物质稳定场的分析，借以解释坡地排水化学的变化。然而，这就像经验性证据和理论分析的结合一样，理论分析是诸如气体随压力和温度而变化的行为之类的物理学问题（专栏 2.2 中的 A1、B10 和 B7）的特征。因此地理学和自然科学传统之间并无天壤之别。

地理研究的微观方面常常引向案例研究。这样的小样本研究依然能够得出一般性结论，因为研究的目的是了解现象背后的机制和使之理论化，并观察这些现象如何在某一地点引发一些可观察的事件。案例研究需要弄清事情的来龙去脉——一些特定的机制与所研究地点特殊情况相作用造成可观察的事件，为我们提供了自然界运行方式的线索。一个例子是 1850 年以后观察到的美国西北部南普拉特河（South Platte River）河道格局变化的事件：河流上游水库蓄水以后，河流从辫状水系变成了曲流的形式。流量控制降低了年平均洪水位时河流的动力。曲流与辫状水系的阈限值出现在河流动力大约为 50 Wm^{-2} 时，但南普拉特河筑坝后在年平均洪水位时下降到大约 2.5 Wm^{-2}。因此，1850 年以后的情况导致辫状水系变成更稳定的曲流。在这种特殊情况下关于河道格局一般性陈述的行文就类似于自然科学中的转化定律模型（converting law model），所发生的事件可用一般性陈述（转化定律）和特殊陈述（起始状况）相结合来说明。因此，地理学中还是处处出现自然科学传统的回声。事实上，许多科学活动需要限定对一般性陈述（定律）能够应用和能被界定的环境。对用以研究气体行为的实验装置更是如此。基于地方的案例研究对地理学来说就像实验室对于科学一样。唯一的问题是地理学家能否既充分又必须详细地描述野外地区开放系统的特性，以说明在这种情况下特殊机制或结构所产生的事件，并使其他地理学家能重复其案例研究中的结论。

七、理论：假设的提出、证实与证伪

理论化进入科学过程的一种途径是通过我们对观察、测量和实验的控制。波珀的批判唯理论（专栏 2.1）否认归纳法优越论（inductivism）[①]，并断定观察之类的方法都是理论的重负。我们并非随机地进行观察，然后按照一些事后的逻辑把这些观察组织起来。在初始阶段逻辑是灵活的，因为我们在理论上的成见必然决定我们选择观察的目标、选择测量什么和怎样测

---

① 译注：归纳法优越论认为归纳法优于演绎法，而且认为科学研究的正确方法就是归纳法。

量、选择实验的设计,通过这些实验我们收集从中可能归纳出结论的数据。何况,实验是根据一种(理论化的)目的建立的,其中之一可能常常用以验证假设,而假设本身已被构建为理论考虑的结果。无论如何,这样的实验在逻辑上不能用以证明或检验假设,因为总是有这样的可能性,即可以进行与迄今被经验证据支持的理论或模式相左的更多观察。但是,陈述一旦被反驳,就不能"没有被反驳"(un-disproved),因此,这些实验就被设计成"伪造"一种假设(表2.1)。在上文提及的随机小片样地实验中(图2.4)——实验结果用方差分析进行研究——这一点是通过规定一项零假设得到的,例如,"水分有效性对赤杨苗木生长速率没有影响",然后想办法反驳这一点,借以接受影响确实存在这个逻辑选项。

表 2.1　Ⅰ型与Ⅱ型误差及其含义的表现

对污染检验中的Ⅰ型误差可能导致继续采样和控制,但这意味着对环境无害。药品检验中的Ⅱ型误差可能造成有害药品的上市。Ⅱ型误差常常更严重,但对Ⅰ型误差给予了更多的注意。		
统计学检验结果是为了	零假设(H_0)为(我们所未知)	
	真	假
拒绝 H_0	Ⅰ型误差:拒绝真实的零假设(危险性:错误地接受并不污染的工业排放)	正确结论:拒绝错误的 H_0
接受 H_0	正确结论:接受真实的 H_0	Ⅱ型误差:接受假定零假设(危险性:错误地接受一种无副作用的药品并使其上市)

如果接受了一项零假设,就意味着产生其逻辑选项的模型是错误的,这就促使理论的更新。如果零假设不被接受,事情也没有完结,因为必须设计新的假设和实验,以证明对模型更严格的检验。例如,在温度与压力使气体液化的条件下用实验检验气体定律的极限。安德伍德(Underwood,1997:19)注意到,图2.7所示的循环永无停息:

> 一旦启动了这个程序你就无法脱身,直至你死亡或者改变研究领域为止……重新考量、新颖的检验、更严格的实验分析都是研究框架的一部分。没有哪一种研究——无论是拒绝还是保留某些零假设——能够宣布问题得到了解决。

此处对严格实验分析的引述是想提醒读者,所有书籍(包括安德伍德的著作)都是为了实验设计的微妙要求而编写的,以保证合乎逻辑的假设验证,因而处处是圈套:例如,无客观意义的预测、缺乏重复性、伪重复性(pseudo-replication)、Ⅰ型和Ⅱ型误差(表2.1)、缺乏实验能力、与误差偏离值(error variance)相互作用效应的融合、时间数据的自相关等,不一而足。重新考虑一下图2.6,这些实验数据似乎颇有说服力,但后来生长的差异部分地取决于时间系列上较早出现的、可能是异常的原因,同时还有基质与地下水位下降相互作用的效应。所有这些问题都意味着实验检验必须基于对背后的理论以及容许产生可检验的假设的逻辑含义的清楚了解。实验绝不是纯经验主义的,它取决于理论的深度与谨慎的逻辑。但其反面也是正确的;理论也需要对照经验证据来评价,以展示其可供世人借鉴的价值。从这些关于野外科学实验设计的书籍中吸取教训是一种极其艰巨的过程,在地理学某些领域中,应用必要的精密性的传统已被摈弃。

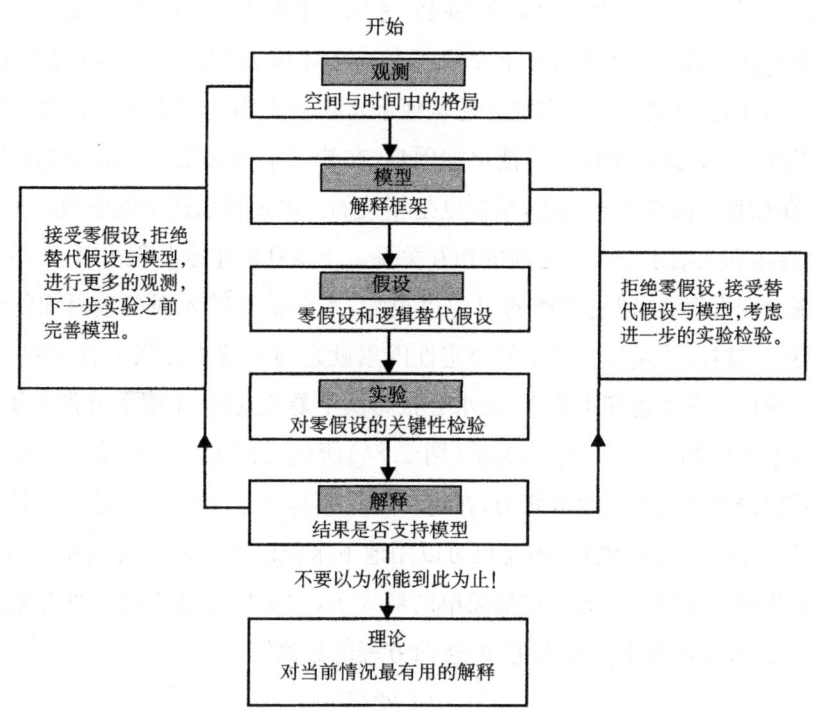

图 2.7 科学方法的假设—检验模型,表示其无休止"循环"的特性以及在反证过程中零假设的重要作用

八、理论:规律性后面的机制

由于在实验上展示出某些现象,就产生了理论的第二项作用——例如,在体积固定的气体中(至少是在控制所限定的范围内),温度与压力之间存在着一种简单的关系——然后就产生了自然界"为何"和"如何"设计这种模式的问题。这是一种对解释性说明而不仅是描述的要求。要回答此类问题,就需要研究观察不到的机制的理论途径(专栏 2.1 中的"现实主义")。在气体定律的具体情况下,对规律性的理论解释是由气体的动力学理论提供的。气体所施加的压力是气体分子对容器壁的撞击造成的,加热气体使分子运动速率增加,这就是 1743 年丹尼尔·伯努利(Daniel Bernoulli)建议的要旨,最后通过詹姆斯·克拉克·马克斯韦尔(James

Clerk Maxwell)、路德维希·博茨曼(Ludwig Boltzmann)在 1860 年至 1880 年间的工作定量化。在互联网搜索引擎上键入"气体定律说明",就会找到若干个"虚拟实验室"实验,除了显示由实验得出的经验性规律外,还很好地展示出产生这种规律的机制。然而,这种规律性很容易因体积和温度二者同时变化而改变,因此规律性的揭示以及由此引起的理论化,均取决于实验设计的技巧。

那么,这一点和泛滥平原生态问题有关吗? 考虑一下图 2.6,稍加思考就揭示出幼苗生长速率很可能并不真正取决于地下水位下降的速率。这对其他事物是一种替代变量,尤其是当地下水位快速下降时,幼苗的生长取决于它从地下水位以上不饱和带土壤孔隙中吸取水分的能力。显然当地下水位迅速下降时可能更加困难,在地下水位深度和上面不饱和带水分状况之间,如果不存在直接因果联系的话,至少也是相关的。决定植物从土壤中吸取水分的是传输速率、根部渗透压和土壤水分张力之间的相互关系。土壤孔隙中水分很少时,土壤颗粒所保持水膜的表面张力变得很高,即使蒸腾的引力也很大,水分扩散进入根部也因细胞壁失效而受阻,使植物萎蔫。这样,决定生长速率的决定性因素就是与土壤水分张力有关的、通过根部施加的限制性渗透压。在不饱和土壤中,在水分张力低于萎蔫点时,土壤水分张力使植物不能吸取水分,这取决于土壤的水分—张力关系(图 2.8a)所代表的土壤水分特性以及地下水位高度。"真正的"控制变量是土壤水分张力,在这种情况下地下水位深度只是一个替身。水分张力当然可用张力计(图 2.8b)测量,但是也可以用地下水位以上和以下的饱和—不饱和土壤水分动力学数字化模型做理论预测。在最简单的形式下,这类模型是土柱一维有限差的近似值(图 2.9),它是在深度 h 处土—水流速(v)达西方程的数值解:

$$v = -k(\partial \Phi / \partial h)$$

式中 k 是水力传导度,与土壤水分张力有关,因而与水分含量有关(图 2.8a);Φ 是土水势(地下水位之下水分受压时为正值,在地下水位以上存在张力时为负值)。连续性方程同样需要说明模型中每个箱中水分的通量和储量。现在此类以理论为基础的模型十分复杂,能处理三维的流动和多种土壤类型。但是,其使用经常暴露出知识上的缺陷,例如,关于大孔隙效应造成流速高于达西定律预期值的问题,或关于植物根从不同深度储库吸水效应的问题。因此,以理论为基础的模型在探究现有知识的极限方面同样起着重要作用。

九、理论:区分的标准与对真实性断言的证实

科学研究的一个重要问题是确定何种理论最接近于对在研问题的一种"真实的"说明(注意:不是特指某种"真实的说明")[①]。这就是为什么经验主义研究尽管与理论联系紧密,但仍

---

① 原文为"...being a 'true' account...(note: not 'the *true account*'.)"。

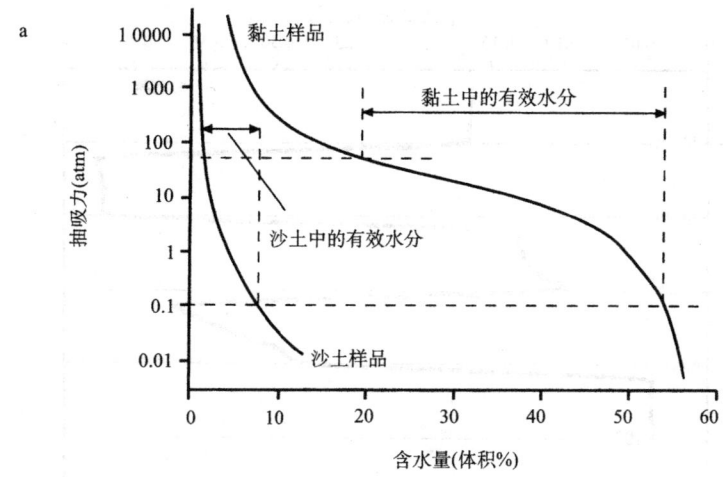

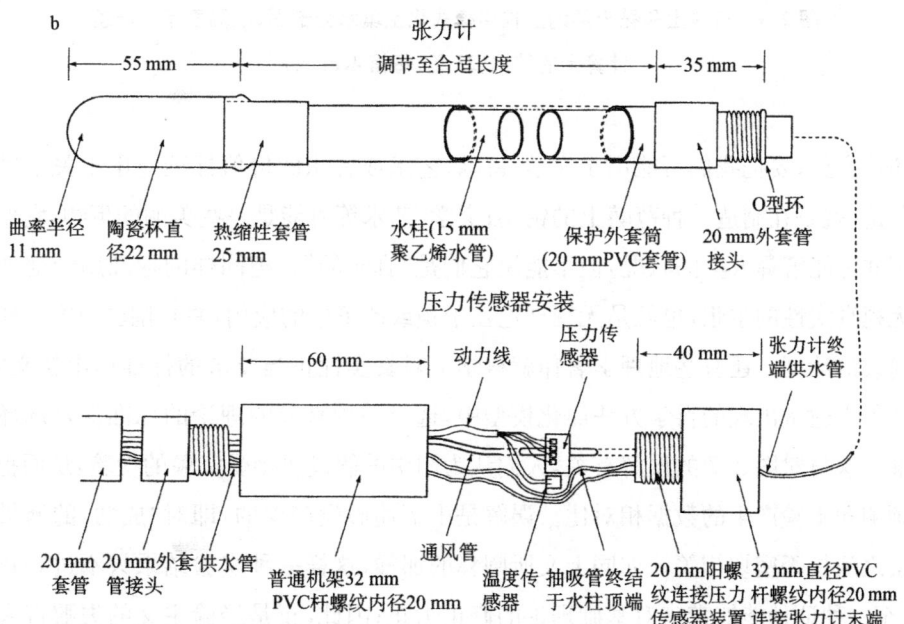

图 2.8 a. 沙土和黏土典型土壤水分特性曲线(张力—水分曲线),表示对植物有效水分的不同数量,按植物能从土壤孔隙中吸取水分的抽吸力范围划定;b. 基于压力传感器的张力计典型设计,用以测量仪器中水分通过孔隙末端被抽吸与土壤水势达到平衡时的抽吸力。这种仪器的设计是使水分充满到表面并与连续数据记录仪相连接

然构成科学的重要组成部分。在地理学某些领域,现在大概有这样一种观点,认为理论本身可能存在着某种目的,还有一种与此相关的观点,认为一切说明同样有效。然而,这种观点是充满危险的;必然存在着确定一门记述性科学可信赖程度的某些标准,如同菲利普斯(Phillips, 1992:114)所注意到的那样,"骗子的故事是条理清晰而有说服力的"。更能说明问题的是,菲

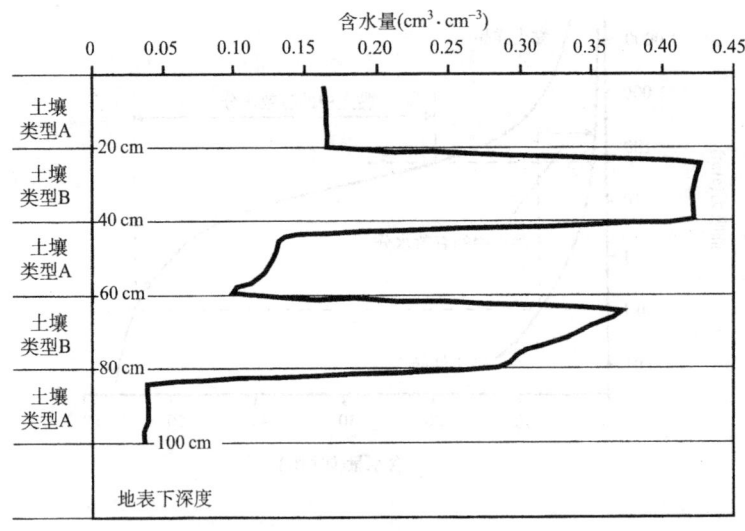

图 2.9 有沙土和黏土层的土柱中模式化土壤水分剖面,左侧表示有限差计算上的结构(25 箱,每箱 4cm 深)

利普斯还注意到,要把我们可能用于文学、诗歌、艺术或音乐的价值标准应用于关于世界的理论上的争论,就是在制造一种范畴上的错误;文学、艺术等可能是一些美丽的事物,它们可能有启迪作用并可能解释人类的状况,但不能说它们是"真实的"。把同样的标准用于地理学的理论化并无视真实性的主张,也就是无视理论在干预或政策中的应用,并且削弱研究工作可能产生的任何政治计划。还有些地理学著作就科学上对真实性正当要求的标准提出狭义的解释;在地理文献中通常出现的科学方法简化模型中,选择一种喜爱的理论的标准就是选择预测成功的标准。这与对图 2.7 的误解有关,人们认为图中的假设要接受实验的检验,从而把从假设得出的预测和实验产生的数据相对比。误解是由下述假设产生的,即对"成功"的衡量要看预测与观察之间是否密切相关。如同上文所阐释的那样,这样一种实验结果只不过导致另一种实验,直至一种证伪能够带来对基础理论的修正为止;因此,正是经验主义的失败带来成功理论的发展。波珀主义者[①]对实验成功含义的修正意味着对某种理论真实性的主张,在科学上(正如它在其他知识分支上那样)是一种更加微妙和复杂的过程。

菲利普斯(Phillips,1992)在讨论社会科学定量化研究中主张对知识的需求时,提供了一些用以检验假设、模型或理论正确性或接近真实的有价值的见解。这是对自然主义社会科学(即其存在论和认识论与自然科学相同的社会科学;又见第三章)所谓"虚假威胁"持久辩论的一部分。对于成功的预测(如上文所述,它仅给出一种正确性的错觉),除了常规理论以外,还

---

① 译注:波珀,英国哲学家,代表作有 *The Logic of Scientific Discovery*(1931)和 *The Open Society and Its Enemies*(1945)。

有若干做法可以帮助我们区别一些理论孰优孰劣。第一种做法是对理论解释能力的判断。这就提出了解释与预测之间的不对称性问题,正如任何统计学预测模型在经济学或水文学中所展示的那样,解释的能力并不意味着预测的能力。所以,对旨在提供解释的理论的预测检验生来就是自相矛盾的,而且还需要某些东西。当然,解释的质量难以衡量,但在这方面有两种标准帮助我们:结构支持(structural corroboration)和参考充分(referential adequacy)。前者需要理论各部分互相支持,后者需要理论提出一些有关其他相关现象的新概念。理查兹(Richards,1996)描述了一个地质学方面的例子,包括冰川的表面融化、水量平衡、冰川下水文、水化学和基板水压等,把这一切结合起来对冰川及其排水系统季节性发育理论提供支持。作为新的理论上的衔接而开展的该项研究本身得到了确认并提出了附加的实验。但是,单凭这些解释的质量并不能对理论提供可信的根据,还必须得到更熟悉的策略的补充:倍增重复(multiplicative replication)和寻求反证(search for negative evidence)。前者包括产生可比性结果的重复实验,还常常包括所进行附加实验的其他结果。这和自然科学实践相一致,当出现意外的新结果时科学界就试图将其重复。诸如虚假地声称在室温下已经做到原子聚变之类的不合理事件就是通过这种程序发现的。当然,寻求反证恰恰是波珀的理想。因此,尽管社会科学在证明知识正确性的程序方面似乎不够严谨、杂乱无章和欠缺精确,但自然科学过分简单化区分的理由,不真实地强调预测的成功,同样存在不足之处。所有科学为了解释世界上隐藏的复杂秘密而奋斗时,需要反复评估的方法,在这方面有许多共同之处,其中一门科学的传统也就是许多门科学的传统。

十、结语

这样,我们就进入了这场讨论,如同物理学家多年来为了阐明气体行为时所做的那样,通过一条惯例之链,从观察开始,经过测量、提出假设与实验,到理论的与实体的分析,进入包括水文学和生态学在内的有关学科间研究的实例。科学需要这种广泛的实践,地理学研究同样依靠广泛的实践,而且在某些情况下要制定自己的与自然科学相平行的策略(例如基于野外的案例研究代替实验室研究)。气体定律的历史表明,现在唯一具有意义和价值的科学传统是方法的多元性,这正是自然科学实践的标志,它所赋予的灵活性、创新精神与力量导致极大的成功。如同专栏 2.1 有害地表明的那样,现在出现了一种(后)现代科学,其简单化的实证主义传统几乎是完全不恰当的。粒子物理学和天文学关于基本粒子和重力波的理论化远远超越了观察的极限(但试图解决那个问题);科学广泛地解决具有明显随机结果但有确定性内部结构的非线性动力学过程;而自然科学则由于量子力学解和"薛定谔的猫"[①],必须研究观察者与被观察对象之间有问题的关系。因此,某些地理学著作中,作为反数量化目的一部分的假实证主义科学(straw positivistic science),其负面说明既是一种时代错误,也是不精确的。

地理学和地理研究最好采纳自然科学几百年来为揭示世界本质而发展起来的多元论和认识论之类的传统。而且,正如科学产生新知识和理解时发展了各种实践与程序一样,在某个研究项目内,在作为附加的探索性研究的各种可用的实践,与既定研究领域中关于机制的更发达的理论化之间的竞争中,存在着一种连续的运动。所有这一切都意味着"自然主义"无须担忧被自然科学视为一种帝国主义者的方法欺诈,而是应该担忧被视为广义"科学"的、合乎逻辑的、严格的研究可能的程序与实践的正常套路。再者,如同专栏 2.1 的推断,我们目前所需的是一种合理批评的新传统以适应现代物理科学、自然科学、环境科学或社会科学研究的多样性。

本章小结

- 传统很少像人们所宣称的那样。
- 科学的本性随时间而变化,因此难以选择一种"传统"。
- 科学是对问题和解决问题的关切,因此研究程序中一个重要的早期阶段就是鉴定可研究的问题。
- "这种"科学方法本身是一种模式,科学研究的程序业已发展为知识,理解也已得到发展。
- 起初,程序被要求"代表"世界——通过观察与测量。
- 然后,可能在某种形式的实验中,必须通过控制、简化和管理世界的一部分,借以鉴定行为的规律性。这可能需要精心设计的野外实验和实验室操作。气体定律和种苗生长速率随水文学控制而变化的温室实验,就是此类产生规律性信息的实验。
- 应使用一些实验来进行理论证伪,这需要提出理论、假设—检验和使用零假设,作为对由此理论产生的逻辑假设的一种可证伪的手段。
- 一旦揭示了某些规律性,就需要通过提出其背后机制的理论对其进行解释。
- 为了评估几种相匹敌的理论孰优孰劣,必须有一套理论与实践的程序(除了基于预测的常规途径以外)。
- 所用这些程序均被地理学采用,或是直接采用,或是以一种适宜接受的形式采用。
- 因此,地理学业已随意使用标志自然科学特征的同一种多元主义方法论,但事实上这在许多

---

① 译注:薛定谔的猫(Schrödinger's cat)是薛定谔于 1935 年提出的量子理论重叠性原理的著名解释,它论证了微观世界里量子理论所告诉我们的物质的特性与行为和我们在宏观世界里所观察到的物质的特性与行为之间存在明显的冲突。

科学领域(物理科学、自然科学、环境科学和社会科学)是共同的。

进一步阅读文献

伯德在《变化中的地理学界》(Bird 1989. *The Changing World of Geography*)一书中对地理学思想和方法提供了一种公允的一般性介绍。哈里的《伟大的科学实验》(Harré 1981. *Great Scientific Experiments*)一书中可以找到对科学多样性及其事件的有趣展示。菲利普斯的《社会科学家的动物寓言集》(Phillips 1992. *The Social Scientist's Bestiary*)是针对反对自然主义社会科学的出色分析(和揭露)。理查兹(Richards,1996)在罗兹和索恩(Rhoads and Thorn)主编实用的文选中讨论了案例研究的作用及其方法论上的重要性。萨克(Sack,1992)的论文中可以找到自然地理学编史工作的有趣例子,她在文中讨论了关于戴维斯主义地貌学与吉尔伯特主义地貌学的辩论。在伍尔加的《科学:就是思想》(Woolgar 1988. *Science: The Very Idea*)一书中可以找到对科学和科学活动以及科学与社会关系的可读性的说明。

注:上述文献详见本章参考文献。

参考文献

Bird, J. (1989) *The Changing Worlds of Geography: A Critical Guide to Concepts and Methods*. Oxford: Oxford University Press.

Davidson, D. A. (1978) *Science for Physical Geographers*. London: Edward Arnold.

Hacking, I. (1983) *Representing and Intervening*. Cambridge: Cambridge University Press.

Harré, R. (1981) *Great Scientific Experiments*. Oxford: Oxford University Press.

Latour, B. (1987) *Science in Action: How to Follow Scientists and Engineers through Society*. Cambridge, MA: Harvard University Press.

Pawson, R. (1989) *A Measure for Measures: A Manifesto for Empirical Sociology*. London: Routledge.

Phillips, D. C. (1992) *The Social Scientist's Bestiary: A Guide to Fabled Threats to, and Defences of, Naturalistic Social Sciences*. Oxford: Pergamon Press.

Richards, K. S. (1996) 'Samples and cases: generalisation and explanation in geomorphology', in B. L. Rhoads and C. E. Thorn (eds.) *The Scientific Nature of Geomorphology*. Chichester: Wiley, pp. 171-190.

Richards, K. S., Brooks, S. M., Clifford, N. J., Harris, T. R. J. and Lane, S. N. (1997) 'Theory, measurement and testing in "real" geomorphology and physical geography', in D. R. Stoddart (ed.) *Process and Form in Geomorphology*. London: Routledge, pp. 265-292.

Richards, K. S., Hughes, F. M. R., El-hames, A. S., Harris, T., Pautou, G., Peiry, J. -L. and Girel, J. (1996)'Integrated field, laboratory and numerical investigations of hydrological influences on the establishment of riparian tree species', in M. G. Anderson et al., (eds.) *Floodplain Processess*. Chichester: Wiley, pp. 611-635.

Sack, D. (1992)'New wine in old bottles: the historiography of a paradigm change', *Geomorphology*, 5: 251-263.

Stoddart, D. R. (1987)'To claim the high ground: geography for the end of the century', *Transactions, Institute of British Geographers*, 12: 327-336.

Underwood, A. J. (1997)*Experiments in Ecology: Their Logical Design and Interpretation Using Analysis of Variance*. Cambridge: Cambridge University Press.

Woolgar, S. (1988)*Science: The Very Idea*. Chichester: Ellis Horwood.

第三章　地理学与社会科学传统

罗恩·约翰斯顿(Ron Johnston)

本章内容界定

社会科学研究人类社会和人类活动。它包括像社会学、经济学和政治学这样的学科。战后时期该领域应用科学分析方法解决真实世界的问题，得到了迅速的发展。1970年代以前罕有人文地理学家认为自己的研究领域属于社会科学，但是现在许多人改变了看法。起初这种改变和对"科学"方法与实证主义存在论有关，但今天很多把自己视为社会科学家的地理学家向这种科学正统提出挑战，并接近更多样化的理论和方法领域，包括马克思主义、女性主义和后现代主义。

一、导论

在20世纪，地理学在总体上，特别是人文地理学，已经与主要学术生活部门一起进入各大学之中。1970年代以前，罕有人文地理学家认为自己的专业属于社会科学，20年以后，他们中的大多数改变了看法。这种转变既不是"自然的"，也不一定是明显的，而是该学科的身份与"社会科学"想把地理学家纳入其轨道的意愿之间的矛盾造成的。本章跟踪那些矛盾中的某些部分，以及与之有关的地理学的变化，着重英国的情况，并兼顾北美[1]。

二、地理学的起源

既是一种知识又是一项实践活动的地理学，有着悠久的历史(Livingstone, 1992)。16世纪晚期古代英国大学里就讲授地理学资料(Cormack, 1997; Withers, 2002; Withers and Mayhew, 2002)，19世纪初美国若干高等学校也讲授地理学(Koelsch, 2002)。但是直至20世纪初，这两个国家的地理学才被承认为职业学科的一部分——有了独立的大学地理系和地理学位。到了二次大战前英国几乎每所大学都有地理系(以及表示该学科状态的教授)，但规模大多较小，每年毕业生不多，教员不足5名(Johnston, 2003a)；而美国主要大学很快就都有了地理系。

英国大学建立地理系最初的压力来自皇家地理学会（1830年建立），它主要关心的问题是宣扬英帝国主义及相关的公民观念（Ploszajska,1999;Driver,2001;有关美国早期的地理学，见Schulten,2001），注意的焦点是剑桥和牛津。其他地方对地理教育的需求来自多方面，有些大学地理学的引进与主要资助者的愿望有关，另一些大学地理学课程来自经济学家，他们要求讲授商业地理学（Chisholm,1886;Wise,1975;Barnes,2001a）[2]。事实上，第一位持有地理学教授职位的是莱德（Lyde,一位古典学者和无数教科书的作者，其作品行销400万册以上），他在伦敦大学学院经济系授课[3]。其他地方独立的地理学出现在地质系，从事当代景观的研究。而在多数大学里，设立地理学位的基本原因是训练学生将来到本国公立中小学校进行本学科的教学。通过这些途径可知，地理学是由具有各种背景的个人建立的，他们中的多数——尤其是讲授人文地理学的那些人——是文科毕业生[4]。美国并无核心团体向大学施压引进地理学课程和地理系，所建立的那些地理系反映了当地的需求——多数地理系是从聘任地理学家为地质学或经济学的学生讲授地理课程开始。

英国——如同德国一样——在促进地理学发展方面，中学与大学之间存在着十分强大的共生关系（Schelhas and Hönsch,2002）：中学为大学提供学生，他们大学毕业后多数成为中小学教师。这种共生关系因地理联合会的工作得到加强，该联合会成立于1893年，致力于促进各种水平的地理教育，尤其着重学校的地理教育。该联合会仍然是一个极其重要的压力集团（Balchin,1993），若非这个团体（长期由几个资深会员带头），英国大学的地理学就不会发展成像今天这样大的一个学科。在这方面，美国的情况有所不同，虽然早期在一些州的"正规学校"里有训练一些地理教师的压力，但是本科目并未列入中学课程，因此大学年报里也少有地理学的消息[5]。教授们只有在内容广泛的课程表内开设有吸引力、有兴趣的课程才能吸引学生的注意，而在英国则有更专业的荣誉学位；事实上，现在美国的情况仍然是只有很少本科生进入大学主修地理学。

20世纪上半叶地理学的实践反映了它的起源。地质学的根基是自然地理学——尤其是地貌学发展的基础，如受到哈佛地质学家威廉·莫里斯·戴维斯（William Morris Davis）的影响（Chorley et al.,1973）。那些经济学界人士鼓励对经济活动——农业、工业和贸易[6]——格局的兴趣，而与其他学科[诸如英国阿伯雷斯威斯（Aberystwyth）和贝尔法斯特（Belfast）十分强大的人类学]的联系产生了较不发达的学会的工作。这种情况又因那时大英帝国许多国家大学里地理系的创建得到加强，在那些大学里地理学由移居国外的英国学者任教（许多人有定期合约），他们对当地进行研究，二次大战期间许多英国地理学家基于自己的经验还发展了区域研究的兴趣。

这些观点各异的学者却分享着对自然环境与人类活动之间关系的关切。其中许多学者认为环境对人类活动有着决定性影响；另有越来越多的学者认为虽然环境对人类活动有强烈的限制，但最终的决定因素乃是人类的自由意志。但是，无论采取何种立场，结果是相同的：一块块具有独特环境特征和人为活动地区的马赛克。这样的地区(areas)就是区域(regions),一个个具有独特景观(既有自然的也有人文的),有别于其相邻的地区。地理学家用他们的专业知识来鉴别和描述这些地区(在各种不同尺度上和采用一系列标准,见第一章)。区域是一个核心地理概念;划分区域——主要靠地图对比方法——占据着本学科方法论的核心;研究区域是地理训练的最终目的(直至1960年代,英国许多荣誉学位课程,特别是在最后一年,以区域课程为主)[7]。

三、社会科学的起源

地理学这门学科的定位意味着它和社会科学没有什么联系。20世纪上半叶本学科在多数大学中设立的只有经济地理,但其理论方法和地理学家所关心的问题之间并没有多少联系。新古典经济学寻求通过演绎模型的构建来说明市场操作:地理学家对经济活动的模式进行制图,并将其与自然环境联系起来。地理学家在其研究和教学中并不利用专业经济学家的工具,罕有例外[如罗斯特瑞恩(Rawstron)2002年表明的那样]——即便像英国最强大的地理系身居伦敦经济与政治学院(The London School of Economics and Politics Science, LSE)也是如此——(见Barnes,2001a,论英美经济地理学史)。

第二次世界大战之前大学中其他社会科学也只是初露头角,只有人类学牢牢地扎了根,这反映了大英帝国的作用以及其了解并"改善""本民族"生活的愿望[8]。事实上,20世纪地理学在英国科学界的制度化远在社会学和政治学之前。例如,皇家地理学会成立于1830年,英国地理学家协会(Institute of British Geographer)成立于1933年[9],而政治学研究会(Political Studies Association)成立于1950年,英国社会学联合会(British Sociological Association)成立于1951年。1950年代中期英国大学中只有两个社会学系,十年之后16所大学的54个社会学者中,有16人属于LSE[10]。

因此,1950年代地理学家与人类学家之间有一些联系,少数地理学家和经济学家有联系,但地理系大都游离于社会科学之外,而不是占据文科与理科的结合点,把人类在其环境中活动的研究通过区域这个焦点结合起来。按照那时著作被广泛引用的地理学家(Hartshorne①,1939)的观点,地理学的科学近邻是历史学。这两个学科都采用"例外论者"(exceptionalist)的途径:历史学家研究特定的时期,而地理学家研究特定的地方。两个学科通过对可利用资料的综合对他们研究的时期/地方提供解释性说明:二者都避免一般化;而二者又走到了一起——特别是在英国,围绕着一位学者H. C. 达比(H. C. Darby)——在历史地理研究中——发展了一种强大的传统(Prince,2000)。

---

① 译注:新华通讯社(2003年)译作哈茨霍恩,唯原有地理学文献中已译为哈特向。

随后——自1950年代中期以来——情况发生了变化。为什么？第一个原因是社会科学的迅速发展，这反映了社会科学理解的实用性和使用价值。随着国家成为经济的主角和管理者，在战时尤其是这样，而且随着个体商业在经营上更专业化，所有权和经营管理由个人和家族转向公司股东，经济变得日益重要。例如，战时各国政府中经济曾扮演主要角色，战后仍然保持重要地位，这时得到扩张的国家在和平时期的经济管理方面起着更广泛的作用。

　　在日益庞大的国家机构内经济学家的作用也在增强，由于为弱势群体提供经济与社会保障的福利国家增多了，它们通过普及教育和扩大大学教育为未来投资，重新分配财富以产生一个更平等的社会——这个时代的主导思想力量。在这方面社会学家也扮演重要角色，为"社会行政"与"社会政策"等更实用的专业提供知识基础，同时也通过他们关于阶级核心概念的重要性对鼓吹建立一个重新分配的国家的那些人提供知识基础。

　　政治科学作为植根于历史和哲学而出现的一门独立学科，其实用性在于实现了了解国家机器工作方式与国家官僚制度——公共行政部门（全国性和地方性）有效运作的愿望。随着全球化进程加速，连带着政治上的紧张和冲突，以及因东西方思想上的鸿沟所激发的冷战，国际关系研究的重要性增加了。

　　因此，1950年代以来，社会科学这三门学科——经济学、社会学和政治学——成为科学界的主要组成部分。然而，当人们的兴趣从"原始"社会转向"现代"社会，对前者研究的促进因素随着非殖民化而降低时，人类学未能以上述学科同样的步伐发展。与社会科学搭界的其他学科在科学上的重要性也同样增加了——特别是心理学，该学科在广泛的背景中了解和控制人的行为。

　　来自使用者和潜在的学生对社会科学的这种需求，促使它在大学中的成长——虽然在英格兰古老的机构中成长得比其他地方缓慢[例如，牛津大学只是最近才建立社会学系，还没有单独的政治学系。不过，1940年代纳菲尔德（Nuffield）学院的这些学科就建立了培养研究生的研究中心]。LSE成为英国社会科学教学与研究的主要中心，处于那些领域的先锋地位达半个世纪之久[11]。而且，1960年代初期英国所有新大学都大量投资于那些社会科学核心学科[12]。到了1960年代中期英国建立社会科学研究理事会（Social Science Research Council）的时候，这些新学科也成为培养研究生与获得科研资助的核心学科。

四、迟到的相会：人文地理与社会科学

　　当这一切在进行的时候，地理学在哪里？它对战时的努力和战后萌发对社会科学专门知识的需求做出了什么贡献？对于前者，地理学家介入了一系列收集情报和储备军需品的活动——其中大多数与制作地图和航空像片解译以及编写可能发生军事行动的国家的手册有关（Balchin，1987；Clout，2003）。美国地理学家阿克曼（Ackerman）断言，在这方面地理学家所做

贡献的质量不高，这导致他从事改变本学科性质的活动(Ackerman,1945、1958)。但是地理学家在战后重建与建设福利国家中又做得怎样呢？

地理学家的一个潜在领域是日益增长的城乡规划(美国称为城市与区域规划)活动。例如，为了保证战时有适当的粮食供应，对最有效地利用土地有过日益增长的关切。随后，注意力转向有效地分配经济活动的要求，而不是让其过分地集中于某些地区，那样做容易使这些地区在战时遭到空袭。保护高质量农田、防止城市蔓延、减少集中在某些地区、有效地分配城市内的土地利用(特别是通过城市交通系统)，这些需求刺激了规划法律的制定。这就是1940年代后期英国的立法，包括全国性规划(把1930年代的区域政策制定成法律以处理工业"萧条"地区的问题)，以及为所有地方政府的需要在全国性框架内制定地方性规划。

地理学家关于区域的知识与专业技能能够为制定全国性与地方性土地利用规划提供信息——1930年代LSE达德利·斯坦普(Dudley Stamp)组织了一个重大的土地利用调查(Land Utilization Survey)项目(20世纪上半叶最大的地理学"研究项目")，提供了有价值的信息和此类数据的收集作业的样板(Stamp,1946)。但是地理学家只能是数据收集者和展示者吗？从1930年代起，英国首批城市地理学家之一的罗伯特·迪金森(Robert Dickinson)就主张地理学家的注意力不要集中于"形式上的区域"(formal regions)(主要由其自然特性划定的景观镶嵌图)，而要注意"功能区"(functional regions)，即城市和市镇的辅助区域(tributary areas)，是城镇中存在社会组织的基本结构单元。他主张应该重构地方政府以适应这种功能组织的模式，城市内的规划应该承认城市的"自然区"。1947年他基于美国、欧洲以及英国的资料出版了一本主要著作——《城市区域与行政区划》，倡导这些目标。该书前言中称，城市区域是"内在的空间面貌或规划所必依的社会地理结构"，他出版此书"……无关乎规划，所关心的是内在的空间面貌或规划所必依的社会地理结构"(Dickinson,1947:xiii)。到了1950年代末，许多地理学毕业生进入规划行业，虽然有些身居领导岗位(Willetts,1987)，但是多数人停留在数据收集者和展示者的水平："勇敢的新世界"中空间规划的领导岗位是向建筑师、土地测量员和工程师提供的(Hall,2003)。

地理学家是否错过了这班船？一套新学科业已出现，而他们大都被拒之门外——尽管有少数人看到了潜力而加盟这个新学科，改弦更张[13]。在1950年代和1960年代，新一代地理学家寻求把他们的学科重新定位到社会科学方面。最初的推动力出现在美国——许多英国地理学家来此攻读研究生和从事其他工作，1960年代初把新思想带回英国(Johnston,1977a)。区域地理的"例外论"被抛弃了——因为只提供"纯粹的描述"——而新出现的社会科学受到称赞，至少部分是因为其途径与方法更接近自然科学而不是人文科学。这种新途径的推行在许多中心实际上同时出现。尽管各小组迅速建立了联系的网络，但马丁和詹姆斯(Martin and James,1993:372)仍称之为自然发生的过程。

此项新工作在三方面特别吸引战后一代学者：

1. 它对科学严密性的关切。当代地理学实践多被描绘成理论薄弱、缺乏与两门"自然科学"有关的客观中立的方法。谢弗（Schaefer，1953）发表了一篇对"哈特向正统论"（Hartshornian Orthodoxy）严厉谴责的批判文章，断言地理学家应该着重于识别支撑着空间布局的规律。这包括采纳假说—演绎的"科学方法"，哈维（Harvey，1969）对科学哲学的先锋性研究《地理学中的解释》充分地探讨了这一点。该书结语指出"通过我们的理论你将会了解我们"（Harvey，1969：486）：解释和预测将是人文地理研究的目标。

2. 一种论点：数量方法构成了这种对信息（包括地理信息）进行描述与分析严密方法的必要成分。尽管并非这个辩题所有的早期倡导者都将其与关于"科学方法"的哲学主张直接联系起来。有些人只不过把标准统计方法的采用视为数据使用的正确途径（如在格雷戈里1962年的《统计方法与地理学》一书中）。为了严密性，地理学家必须定量化。

3. 一种认识：严密地获得的研究结果能够应用于广泛的"现实世界"的问题。许多地理学家担心他们的学科在决策者中并没有获得它应有的地位（Coppock，1974；Steel，1974）。社会科学各学科更具影响力，因为它们采取与"科学方法"和"定量化"有关的更严密的途径解决问题。地理学家应该提高他们在创建空间秩序（spatial order）方面的专业技能——随着空间规划的发展而日益需要——但应该像科学家（越来越多的自然地理学家也成为科学家）那样做到这一点。

在这个意义上，地理学家应该真正关心什么问题？被此论题吸引的人们为了得到启发而去查阅（过去的和现在的）文献。他们发现在空间组织的一般概念上，这就是人类活动在空间上有序的安排。其中最令人鼓舞的是德国地理学家沃尔特·克里斯塔勒（Walter Christaller，1966）的工作，他在1930年代初期为了理解聚落的模式发展了中心地理论。对于购物和取得服务而往返于商店和办公室的人，要尽量节省时间和费用：所需设施应该尽可能靠近其住处并群集一处，以便他们在同一地点尽可能多地购买到一切。商家则希望尽量缩短其周转期——使人们在他们的商店和办公室里尽可能多地消费，并尽可能地减少运输。这样，一个有效的服务业分布就既有利于商家，又有利于顾客。克里斯塔勒表明，这就造成服务中心在平面上呈六角形分布，较小的中心（在较少服务的条件下）嵌套在较大的市场区域内——尽管这种安排的细节取决于其目的是尽量减少聚落的数目还是尽量减少道路的总长度（有关中心地理论及其早期影响，见Berry，1967；Barnes，2001b）。

其他著作——均出自非地理学家之手——同样令人鼓舞。经济学家，例如胡佛（Hoover）、帕兰德（Palander）、廖什（Lösch）和韦伯（Weber）等提出，制造业的设置应该尽可能减少其投入成本（其中主要因素是原料从各产地运输到工厂的费用），以及产品销售的费用（把出厂的货物运送到市场）：费用最低设置为其目的，而这可以构建为一种空间经济模型。19世纪德国一位地主——经济学家杜能（von Thünen）为农业生产配置提出了同样的模型，提出一种各种农业生产活动与把产品运送到市场的费用相一致的分区格局。在此基础上经济学家提出了城市内部土地利用同样的分区组织,它应当与土地价值格局有关。

空间格局的工作被有关人流、物流和信息流的研究补充。此类模型的构建同样基于最省力原理(principle of least effort):人们希望尽量减少其出行费用。人们用类推法接受牛顿的重力模式,出发点和目的地的距离越大,它们之间的运动就越大,但随着二者的距离加大,其运动会减小。把各种格局和流的模式汇聚到一起就开创了一门新学科——区域科学,尽管它未能达到其创始人沃尔特·艾萨德(Walter Isard)所追求的状态。这些区位—配置模式综合了各种区位和各种流,提出了设施的最佳区位和它们之间有效的各种流。

地理学家——尤其是第二次世界大战后培养的那些——被这些模式吸引。他们将其作为能够被检验的假设的基础,用严密的基于数量化方法的表面区位决策在经济上是合理的,新设施和道路规划能够以此类模式为基础。此外,他们还重新发现了芝加哥大学社会学家和其他学者[迪金森(Dickinson)于1930年代首先注意到他们]开发的有关"自然区域"中城市内部空间组织的模式,以及建立在空间信息流上面的选举行为模式。这些都被汇编到一些有创见、有影响的教科书里,既讨论这种格局,也讨论分析这些格局的模式——例如,哈格特的《人文地理学中的区位分析》(Haggett 1965. *Locational Analysis in Human Geography*),乔利和哈格特的《地理学模型》(Chorley and Haggett 1967. *Models in Geography*),莫里尔的《社会的空间组织》(Morrill 1970. *The Spatial Organization of Society*)和埃布勒、亚当斯、古尔德的《空间组织》(Abler, Adams and Gould 1971. *Spatial Organization*)等。这些书以不同方式强调此前沃森(Watson,1965)所宣布的主题——"地理学是有关距离的学科"。考克斯(Cox,1976)表明,这个新定向把地理学的兴趣引向了当代社会科学:在前工业化社会,社会与自然的关系主要是对区域格局的影响;而在工业社会,社会间和社会内部的水平关系则是突出的——他们的研究包括正在加入社会科学的地理学。

在随后的20年中,在这方沃土上的工作大量增加,应用并修正着"经典模式",发展着用以分析空间组织的统计学和数学程序,探究着"科学方法"背后的哲学(实证主义:Harvey,1969),并坚称他们的模式可以用于城市与区域规划(Wilson,1974)。实质性的兴趣在增长:一位瑞典地理学家托斯腾·哈格斯特朗(Torsten Hägerstrand,1968)开发了被广泛用于变化格局(特别是疾病扩散)的空间扩展与扩散的模式;一个"行为地理学"分支得到了发展,以进行人类空间行为的研究,并通过问卷与类似工具获得数据的分析进行决策(Johnston,2003b)。

五、获得承认

因此,尽管人文地理学的发展和那些寻求保持现状的人不无龃龉,尤其是在区域地理学和历史地理学方面,但是,1950年代至1970年代间人文地理学还是进行了实质性改造(Johnston,1997a)。这样,这个经过改造的学科就把自己作为一门社会科学而呈现出来,以其着重于区位和地方研究的特点(把本学科确定为空间科学或区位分析),要求在社会科学活动领域有一个明确的位置。但是要进入1960年代后期英国新建的大学为时已晚,唯有苏塞克斯(Sussex)大学在地理学方面有一个(较小的)实质性开端,1970年代初期兰开斯特(Lancaster)大学又建立了一个(因为地理系能吸引学生)。英国皇家地理学会通过资助团体建立新的地理学机构促进地理学发展的意图未获成功;它对该学科的主张与那时的科学气氛格格不入(Johnston,2003a)。另有少数几所大学[东安格利亚(East Anglia)、兰开斯特、斯特灵(Stirling)和阿尔斯特(Ulster)]在多学科的环境学院里有地理学家任教,但人文地理学家较之他们的自然地理学家同行(他们同样受上文列举的"科学方法"三种特性的诱导,而改造了他们在本专业中的角色)仍居少数。

社会科学研究理事会(Social Science Research Council,SSRC)成立的时候地理学同样被排除在外。有一群人对此颇有争议,提出一个基于"新"地理学的案例(一些地理系主任和其他企图维持现状而不与社会科学认同的人士对此有不同看法)。研究会接受了这种意见,但地理学不像创建时那些学科那样,在SSRC内未能建立单独的委员会,而是与规划结合在一起(Chisholm,2001)。在这种状态下,案例的主要作者出版了宣扬本学科新观点的几本书(Chisholm and Manners,1973;Chisholm and Rodgers,1973;Chisholm,1971、1975)。美国人也做了同样的尝试,使地理学两个专门委员会既在美国的主要研究机构(NAS-NRC,1965)内也在社会科学界(Taaffe,1970)得到承认;这些进展又在随后30年间进一步通过维持与增强其地位的尝试而得到支持(NRC,1997)。即便如此,几家带研究生院的地理系在20世纪的后30年里停办了(包括享有很高声望的机构如芝加哥大学、密歇根大学和宾夕法尼亚大学,加上哥伦比亚大学、西北大学和耶鲁大学),到20世纪末,该国常青藤大学中只剩下一所——达特茅斯(Dartmouth)学院——还存在地理系。基奥施(Keolsch,2000:270)对此作如下表述:"主要私立大学中地理学的停办发出一个强有力的信号,即地理学不再得到传统上培养国家经济决策者和文化与政治精英机构的科学行政官的重视。"

地理学虽然得到了社会科学的承认,但是仍然被认为处于科学生活某些方面的边缘。几乎每个国家都有一个或几个国家级科学院,即由全国主要学者选举产生的团体。英国的两个主要团体是皇家学会(Royal Society,为自然科学而设)和为人文与社会科学的大不列颠科学院(British Academy)。迄今只有3位地理学家被选入皇家学会[弗勒(Fleure)、伍德里奇(Wooldridge)和莱因德(Rhind)]。直至1977年历史地理学家克利福德·达比(Clifford Darby)才当选为大不列颠科学院院士,此前还没有一位地理学家成为该科学院成员,而今天则有了大约20位地理学院士。美国与此相当的两所机构,其一是美国科学院,现有约1 854名院士,其中地理学家9名(还有已身故的5名前院士);而在其理事会中只有1名地理学家——布赖恩·贝里(Brian Berry)[还有一位海外成员是尼日利亚地理学家埃金·马博冈吉(Akin Mabogunje)]。其二是美国文理科学院(American Academy of Arts and Sciences),目前有 3 700 名成员，其中有 6 名地理学家。

六、发展成熟

但事物发展从不止步。20 世纪后 30 年社会科学变化迅速，地理学家亦随之变化。他们在过去大大忽略了的核心学科中找到了动力，例如，在经济学中既可以探索福利的途径(Chsiholm,1966)，又可以探索马克思主义途径[Harvey,1973、1982；这些书籍中的第一本《社会正义与城市》(Social Justice and the City)在增强新的学科重点方面，对英美人文地理学极具影响力]；包括芝加哥学派在内的社会学者，应用原先被地理学家确认并接受的更多样的方法研究广泛得多的课题(如 Jackson and Smith,1984 令人信服地指出的那样)；以及一系列多学科的途径——例如世界系统分析——提供的可以精心构思一个空间视角的新舞台。

与此同时，以其"概念上的严密性"(Davies,1972)受到许多人欢迎的数量化与实证主义"革命"本身遭到了攻击。地理学家把一切决策降低为经济标准，服从关于成本最低化、利润最大化和距离最小化等永恒不变的"规律"，人们断言这样做就忽略了(甚至贬低了)人员培训与行为中文化与个性的作用。他们指出，把那些"规律"视为空间规划的基础，只不过是现状的翻版——资本主义支配一切。同时他们通过假设一些通用的行为模式支持那些另辟蹊径的人。

从这些辩论中产生了三方面的工作。其一受马克思主义激励(常称为激进的)，不仅从这种视角加上空间维数来探讨经济的运作方式(特别是 Harvey,1982 和 Smith,1984)，而且还从阶级斗争角度进行探讨，这是马克思主义经济分析的支撑点，也是社会与经济科学文献主要领域的中心。对于这样的工作，实证主义的"科学方法"并不相干，因为它假定作出经济决策的情况恒定不变，而对于马克思主义学者来说，持续变化才是准则。在供选择的方法中，最流行的(无论明确的还是含蓄的)是批判的现实主义(Sayer,1984)。它承认资本主义内部有其运行的一般(或内在)倾向，但这些倾向是由视情况作出决定的个人行为而实现的——如同马西(Massey,1984)对英国经济活动不断变化的地理情况所作的经典研究表明的那样。由于他们所作的决定改变了背景情况——马西将其比喻为新一轮决策在区位活动地图上拼贴出一个新层面——随后偶然发生的情况(在这种情况下要作出进一步的决策)也必须改变。而且，随着决策者从先前的决策过程中以及决策的结果中吸取了经验教训，他们本身也在改变。在结构与行动方式之间，或背景情况与决策者之间，存在着不断的相互作用，吉登斯(Giddens,1984)名之为结构化[①]，这是对社会学理论的重大贡献，在地理学家中间也有着深远影响。因此，现实主义者就有可能解释为何一个事件会出现——例如，为什么一家工厂会坐落在一个特定的地点——但这不是一般性区位规律的例子：这只是当决策者在受到特定形势制约(他们知道些

---

① 译注：原文为 structuration，译者认为应为 structuralization。

什么;他们认为竞争对手会做些什么;他们怎样利用那些知识,等等),要对情况作出反应以满足某些要求(如为了赢利)的情况下,对特定事件所作的解释。

第二方面特别接近社会学方面的工作,尤其是其他学科也关注的关于性别的工作和女性主义学术的增长。争论的核心是个人在社会上占据多个位置而不只是阶级地位,后者是马克思主义分析的核心。女性地理学家断言地理学不仅是男性占优势的学科,而且它所关心的问题也反映了男性的地位(Rose,1993)。妇女居于从属和被忽视的地位,而她们的目标是既要消除那种忽视,又要表明社会上性别的区分不能使之变为一种等级地位。由此出现了对"地位"(positionality)的更广泛的关切,它不仅涵盖社会上性别的区别,还包括个人身份赖以维系的道德标准、种族与民族标准,以及性别导向标准和其他标准——诸如生活在后殖民社会状况那些人的地位。因此,甚至在性别上也必须细分,例如,承认白人和黑人妇女之间、发达国家和发展中国家妇女之间、信仰不同宗教妇女之间在地位上(与政治上)的差别,等等(McDowell,1993)。无论是实证主义的空间科学还是马克思主义分析的抽象理论化,都不会承认这样的区分和那些阶层中——以及像多种族城市中许多杂居人群中——人们的地位。这需要旨在通过移情作用①来理解的各种解释性方法论,这些方法论可以通过其他社会科学所发展的各种方法获取——例如,参与者的观察、焦点问题小组、深入访谈、查阅档案资料(小说、日记、传记、美术作品、地景与宅景等)——这些方法给出了了解人们如何解释他们在世界上的位置,以及他们如何采取相应行动的途径。这就是1990年代次级学科激进派地缘政治学处于萌芽状态时的案例,该学科通过与国际关系上平行发展的联系,试图领会政治思想家和政治家开发与传播用以安排行动的世界意念地图有多么大的影响力(Dodds and Atkinson,2000)。

这种工作大多与所谓的后现代主义(这又是社会科学在经济学以外的主要进展)有关,而且二者的联系在某种情况下较之其他学科更为明确。这方面的工作主张无绝对真理可言,因此也没有既能对行动(政治行动或其他方面的行动)提供解释又能进行指导的宏伟理论。真理是人们行动所遵循的信仰,因此有多重真理——虽然能够在道义上评价相互匹敌的真理的"价值"(Smith,2000),但没有任何一种能自称居于首位而超乎其他之上。人们从他人学习真理——直接或经间接来源(如书本)。这种学习取决于环境,因为在大多数情况下生活相对地在空间上制约着人们的生存,他们学习的地方是家庭、邻里、工作单位、参加的正式组织等。承认背景的作用把地方带回许多人文地理研究的舞台中心,这里所说的地方不是原先区域传统上将其按环境面貌来定义,而是以一种更可塑性的方式来定义:地方可以形成、再造和消退;地方之间还可能相互重叠——或者各地可能画地为牢并进行防御(见第九章)。

对地方兴趣的复活,以及学科内部重点从地方向外转移,也是第三方面的特点之一。在正

---

① 译注:移情作用(empathy),又称神入,是指设身处地地承担他人的思想情感,或把自己的情感移置到外在的天地万物身上去,觉得天地万物也有同样的情感。当自己心花怒放之时,似乎天地万物都在欢笑,当自己苦闷悲哀之时,似乎春花秋月也在悲愁。

在成长的文化研究领域中,地理学家扮演着主角,文化研究以一种研究人类在环境中行为的新途径把人文科学和社会科学的学者联结到一起(对地理学与人文科学的讨论见第四章)。他们的研究涵盖了行为的许多方面,包括个体的微观尺度,寻求理解支持行动的意图——其中许多是日常生活过程中从未得到记录的(见第五章)。他们还重新思考了人与自然的关系,打破了长期被认为相对立的双方人为的界限(Whatmore,2002)。这又是在为解决行动的疑问探求新的方法,包括把地方作为他们的舞台:的确,在人文科学中像识别"空间禀赋"(spatial turn)这样的概念正是地理学对文化的贡献(Anderson *et al*.,2002);其他地理学家继续以较"传统的"方法探讨人类与其环境的相互作用(Turner,2002)。

七、结语:人文地理学——终究是社会科学

因此,地理学进入社会科学较晚,当人文地理学家寻求加盟其中的时候,他们发现已经被排除在外。作为一种反应,当他们改造他们的学科时,必须强烈声明他们的学科正在发生变化,现在已经明显地是一门社会科学。为了做到这一点,他们加强了社会科学一个特殊方面,赋予经济作为人类行动决定因素的优先地位,并强调起决定性作用的力量(组织与流)的空间行为模式。他们这种策略取得了一定的成功。他们开展了一系列工作,虽然在过去40年间已有所改变,但至今依然很有说服力。严密的定量数据分析仍然是所谓的空间分析传统的核心(Johnston,2003a),但是大部分基于由过分简单化原则产生的理想化空间模式业已遭到扬弃——有意思的是,它们却被1990年代的经济学派在一种"新经济地理学"中所接受,而地理学家(有些人除外)宣称他们在20年前就已否认了这种模式(Clark *et al*.,2000)[14]。

空间分析学者所使用的技术日益复杂化,日益依赖先进技术,和他们相比肩的其他地理学家则在社会科学中发现了解释与理解的广阔途径。有些地理学家采用了一些不同于原先空间分析所依赖的实证主义解释方法:其他地理学家则认为解释不可行,只有理解才是可能的。他们和迥异于空间分析的社会科学领域相互影响,赢得了社会的承认,把他们视为交叉学科的同仁。

"地位"(positionality)对学术生活而言就像在社会上一切领域中那样重要。大学教师本人是在理解与变革社会的总目标下,在他们自己的环境中——他们自己的"地方",通过特别的途径培养的。地理学家有其集体的"地方"——一种以地方、空间、环境与尺度等基本概念为中心的观念(Massey *et al*.,1999)——他们发扬这些观念,而学科内部不同专业的地理学家所侧重的概念有所不同。在上述基础上,有些人立足于"实地"(例如在研究生院),他们与其他社会科学家相互作用,把个别观念带入共同分享的主题中。参与者之间相互作用所产生的总体大于各部分之和,产生了对人类社会具有复合新视角以及如何对其进行研究的团体。至少在最近30年内,人文地理学家已经在很大程度上放弃了其学科建立在自然科学坚实基础上的出

身,参与到这些谈判之中。

本章小结

- 20 世纪中地理学已经从文理科的交界位置上发展起来,牢固地打下了作为一门社会科学的基础。
- 第二次世界大战后社会科学(经济学、社会学和政治学)得到了迅速的发展,因为这些学科恰当地理解了正在形成的全球经济与不断变化的社会及政治的关系。
- 1950 年代和 1960 年代新一代人文地理学家寻求把学科重新定位为社会科学。
- 这些地理学家关心科学的严密性,采用定量方法分析空间格局,并开发了空间组织模式。
- 后来,这种科学正统遭到挑战,现在自认为是社会科学家的人文地理学家提出了更加多样化的理论与方法,包括马克思主义、女性主义和后现代主义。

进一步阅读文献

要纵览地理学史,可阅读马丁和詹姆斯的《所有可能的世界》(Martin and James 1993. *All Possible Worlds*),利文斯通的《地理学的传统》(Livingstone 1992. *The Geography Tradition*),约翰斯顿的《地理学与地理学家:1945 年以来的英美人文地理学》(Johnston 1997a. *Geography and Geographers: Anglo-American Human Geography since 1945*)和邓巴主编的文集《地理学:1870 年以来的学科分支、专业与主题》(Dunbar 2002. *Geography: Discipline, Profession and Subject since 1870*)。许多论文和约翰斯顿的著作《人文地理学词典》(Johnston 2002. *The Dictionary of Human Geography*)描述了本学科各方面的性质,并简明地解释了本学科的术语。阿格纽等的《人文地理学:基本文选》(Agnew *et al*. 1996. *Human Geography: An Essential Anthology*)是一本有关材料实用的文选。

注:上述文献详见本章参考文献。

注释

[1] 本章对英国人文地理学高度浓缩的介绍部分地反映了我本人的知识,部分地反映了卷帙浩繁的论述美国地理学史的文献。当然,并不存在一个统一的地理学科;它在各国——甚至各大学——如何发展反映了当地的情况与特色。

[2] 奇泽姆的书有 20 种不同版本,最后一版出版于 1980 年,由斯坦普爵士改写。

[3] 1830 年代该学院曾有过一任较早期的地理系主任,由亚历山大·麦科诺基(Alexander Maconochie)担任

(Ward,1960)。

[4] 当然曾有过例外:牛津大学第一任教授[1933年任命的梅森(Mason)]就没有经过正规科学训练。

[5] 20世纪初美国一流地理学家之———马克·杰斐逊(Mark Jefferson)——就职于一所"普通中学"。见马丁(Martin,1968)。

[6] 直至1960年代晚期墨尔本大学仍有两个地理系。较老的一个是商学院的经济地理系;另一个是文学院建立于1960年代初期的地理系。

[7] 1959年至1962年,我作为本科生,一年级所有课程均属必修;没有一门课程是区域定向的。二年级包括有关英国和爱尔兰的必修课和一门选修课——我选了印度地理。最后一年除了论文以外,还有一门必修课(法国地理与德国地理)、一门大选修课(我选了应用地理学)和一门小选修课(我选了东南亚区域地理)。此外,毕业考试有两篇论文(地图解译——使用法国和德国地图,还有一篇一般性论文),对这两篇论文没有相应课程。自然地理学中有一些部门课程(systematic courses),但人文地理学中没有(如没有城市地理学或工业地理学)。

[8] 有关文集的历史,见库珀(Kuper,1996)。有关地理学与人类学项目——他称之为"欧洲项目、世界项目"的那些项目——的联系,见泰勒(Taylor,1993)。

[9] 皇家地理学会是一个一般性学会,旨在在各色人等中推进地理学的研究;而地理协会则侧重于学校地理教育。不列颠地理学家协会(1995年与皇家地理学会合并)是一个主要由大学教师和研究生等研究人员组成的学术性协会。在美国与之相当的组织是美国地理学会(National Geographical Society)、美国地理教育理事会(National Council for Geographical Education)和美国地理学家协会(Association of American Geographers)[1940年代与职业地理学家联合会(Association of Professional Geographers)合并]。

[10] 这方面美国的进展较早,例如,1920年代芝加哥就有一个非常强大的社会学系。

[11] 有意思的是,1887年创建牛津大学地理学院的麦金德爵士,他在20世纪初从事政治与外交生涯之前,是LSE的院长。

[12] 这些大学是东安格利亚(East Anglia)、埃塞克斯(Essex)、肯特(Kent)、兰开斯特(Lancaster)、斯特灵(Stirling)、苏塞克斯(Sussex)、阿尔斯特(Ulster)、沃里克(Warwick)和约克(York)。

[13] 社会学与若干地理学家的情况尤其如此——如斯旺西的比尔·威廉斯(Bill Williams)、肯特的雷·帕尔(Ray Pahl)和斯特灵的邓肯·蒂姆(Duncan Timms)——他们被任命为该专业的主任。

[14] 在美国,一份谋求增强地理学在本国研究结构中地位的调查报告——《重新发现地理学》(*Rediscovering Geography*)(NRC,1997)①——几乎完全偏重于空间分析方法,无论在人文地理学还是在自然地理学中都是如此,明确认为这是促进本学科发展的最后途径(见Johnston,1997b,2000)。

参考文献

Abler, R. F., Adams, J. S. and Gould, P. R. (1971) *Spatial Organization: The Geographer's View of the*

---

① 译注:该书中译本已由学苑出版社于2002年出版。

World. Englewood Cliffs, NJ: Prentice Hall.

Ackerman, E. A. (1945)'Geographic training, wartime research, and immediate professional objectives', *Annals of the Association of American Geographers*, 35: 121-143.

Ackerman, E. A. (1958)*Geography as a Fundamental Research Discipline. Research Paper 53*. Chicago, IL: Department of Geography, University of Chicago.

Agnew, J., Livingstone, D. N. and Rogers, A. (eds.)(1996) *Human Geography: An Essential Anthology*. Oxford: Blackwell.

Anderson, K., Domosh, M., Pile, S. and Thrift, N. J. (eds.)(2002) *Handbook of Cultural Geography*. London: Sage.

Balchin, W. G. V. (1987)'United Kingdom geographers in the Second World War', *The Geographical Journal*, 153: 159-180.

Balchin, W. G. V. (1993)*The Geographical Association: The First Hundred Years, 1893—1993*. Sheffield: The Geographical Association.

Barnes, T. J. (2001a)'In the beginning was economic geography: a science studies approach to disciplinary history', *Progress in Human Geography*, 25: 521-544.

Barnes, T. J. (2001b)'Lives lived and lives told: biographies of geography's quantitative revolution', *Environment and Planning D: Society and Space*, 19: 409-429.

Berry, B. J. L. (1967)*The Geography of Market Centers and Retail Distribution*. Englewood Cliffs, NJ: Prentice Hall.

Chisholm, G. G. (1886)*Handbook of Commercial Geography*. London: Longman.

Chisholm, M. (1966)*Geography and Economics*. London: Bell.

Chisholm, M. (1971)*Research in Human Geography*. London: Heinemann.

Chisholm, M. (1975)*Human Geography: Evolution or Revolution*. London: Penguin Books.

Chisholm, M. (2001)'Human geography joins the Social Science Research Council: personal recollections', *Area*, 33: 428-430.

Chisholm, M. and Manners, G. (eds.)(1973)*Spatial Policy Problems of the British Economy*. Cambridge: Cambridge University Press.

Chisholm, M. and Rodgers, B. (eds.) (1973)*Studies in Human Geography*. London: Heinemann.

Chorley, R. J., Beckinsale, R. P. and Dunn, A. J. (1973)*The History of the Study of Land forms. Volume Ⅱ. The Life and Work of William Morris Davis*. London: Methuen.

Chorley, R. J. and Haggett, P. (eds.)(1967)*Models in Geography*. London: Methuen.

Christaller, W. (1966)*Central Places in Southern Germany* (trans. C. W. Baskin from 1933 original in German). Englewood Cliffs, NJ: Prentice Hall.

Clark, G. L., Feldman, M. P. and Gertler, M. S. (eds.)(2000)*The Oxford Handbook of Economic Geography*. Oxford: Oxford University Press.

Clout, H. (2003)'Place description, regional geography and area studies: the chorological inheritance', in R.

J. Johnston and M. Williams (eds.)*A Century of British Geography*. Oxford: Oxford University Press.

Coppock, J. T. (1974) 'Geography and public policy: challenges, opportunities and implications', *Transactions, Institute of British Geographers*, 63: 1-16.

Cormack, L. (1997)*Charting an Empire: Geography at the English Universities, 1580—1620*. Chicago, IL: University of Chicago Press.

Cox, K. R. (1976)'American geography: social science emergent', *Social Science Quarterly*, 57: 182-207.

Davies, W. K. D. (1972)'The conceptual revolution in geography', in W. K. D. Davies(ed.) *The Conceptual Revolution in Geography*. London: University of London Press, pp. 9-17.

Dickinson, R. E. (1947)*City Region and Regionalism*. London: Routledge & Kegan Paul.

Dodds, K. J. and Atkinson, D. (eds.) (2000)*Geopolitical Traditions: A Century of Geopolitical Thought*. London: Routledge.

Driver, F. (2001)*Geography Militant: Cultures of Exploration in an Age of Empire*. Oxford: Blackwell.

Dunbar, G. S. (ed.)(2002)*Geography: Discipline, Profession and Subject since 1870*. Amsterdam: Kluwer.

Giddens, A. (1984)*The Constitution of Society*. Cambridge: Polity Press.

Gregory, S. (1962)*Statistical Methods and the Geographer*. London: Longman.

Hägerstrand, T. (1968)*Innovation Diffusion as a Spatial Process*. Chicago, IL: University of Chicago Press.

Haggett, P. (1965)*Locational Analysis in Human Geography*. London: Edward Arnold.

Hall, P. (2003)'Geographers and the urban century', in R. J. Johnston and M. Williams(eds.) *A Century of British Geography*. Oxford: Oxford University Press.

Hartshorne, R. (1939)*The Nature of Geography*. Lancaster, PA: Association of American Geographers.

Harvey, D. (1969)*Explanation in Geography*. London: Edward Arnold.

Harvey, D. (1973)*Social Justice and the City*. London: Edward Arnold.

Harvey, D. (1982)*The Limits to Capital*. Oxford: Blackwell.

Jackson, P. and Smith, S. J. (1984)*Exploring Social Geography*. London: Allen & Unwin.

Johnston, R. J. (1997a)*Geography and Geographers: Anglo-American Human Geography since 1945*. London: Arnold.

Johnston, R. J. (1997b) 'Where's my bit gone? Reflections on *Rediscovering Geography*', *Urban Geography*, 18: 353-359.

Johnston, R. J. (2000)'Intellectual respectability and disciplinary transformation? Radical geography and the institutionalisation of geography in the USA since 1945', *Environment and Planning A*, 32: 971-990.

Johnston, R. J. (2003a)'The institutionalisation of geography as an academic discipline', in R. J. Johnston and M. Williams (eds.) *A Century of British Geography*. Oxford: Oxford University Press.

Johnston, R. J. (2003b)'Order in space: geography as a discipline in distance', in R. J. Johnston and M. Williams(eds.)*A Century of British Geography*. Oxford: Oxford University Press.

Johnston, R. J., Gregory, D., Pratt, G. and Watts, M. (eds.) (2000)*The Dictionary of Human Geography* (4th edn). Oxford: Blackwell.

Koelsch, W. (2002)'Academic geography, American style: an institutional perspective', in G. S. Dunbar (ed.)*Geography: Discipline, Profession and Subject since 1870: An International Survey*. Dordrecht: Kluwer, pp. 281-316.

Kuper, A. (1996)*Anthropology and Anthropologists*. London: Routledge.

Livingstone, D. N. (1992)*The Geographical Tradition: Episodes in the History of a Contested Enterprise*. Oxford: Blackwell.

Martin, G. J. (1968)*Mark Jefferson: Geographer*. Ypsilanti, MI: Eastern Michigan University Press.

Martin, G. J. and James, P. E. (1993)*All Possible Worlds: A History of Geographical Ideas*. New York, NY: Wiley.

Massey, D. (1984) *Spatial Divisions of Labour: Social Structures and the Geography of Production*. London: Macmillan.

Massey, D., Allen J. and Sarre, P. (eds.)(1999)*Human Geography Today*. Cambridge: Polity Press.

McDowell, L. (1993)'Space, place and gender relations(two parts)', *Progress in Human Geography*, 17: 157-79 and 305-318.

Morrill, R. L. (1970)*The Spatial Organization of Society*. Belmont, CA: Wadsworth.

NAS-NRC(1965)*The Science of Geography*. Washington, DC: NAS-NRC.

NRC(1997)*Rediscovering Geography*. Washington, DC: NRC.

Ploszajska, T. (1999) *Geographical Education, Empire and Citizenship: Geographical Teaching and Learning in English Schools*. London: Historical Geography Research Group of the Royal Geographical Society.

Prince, H. C. (2000)*Geographers Engaged in Historical Geography in British Higher Education 1931—1991. Historical Geography Research Series* 36. London: Historical Geography Research Group of the Royal Geographical Society.

Rawstron, E. M. (2002)'Textbooks that moved a generation', *Progress in Human Geography*, 26: 831-836.

Rose, G. (1993)*Feminism and Geography*. Cambridge: Polity Press.

Sayer, A. (1984)*Method in Social Science: A Realist Approach*. London: Hutchinson.

Schaefer, F. K. (1953)'Exceptionalism in geography: a methodological examination', *Annals of the Association of American Geographers*, 43: 226-249.

Schelhas, B. and Hönsch, I. (2002)'History of German geography: worldwide reputation, and strategies of nationalisation and institutionalisation', in G. S. Dunbar (ed.) *Geography: Discipline, Profession and Subject Since 1870: An International Survey*. Dordrecht: Kluwer, pp. 9-44.

Schulten, S. (2001)*The Geographical Imagination in America, 1880—1950*. Chicago, IL: University of Chicago Press.

Smith, D. M. (2000)*Moral Geographies: Ethics in a World of Difference*. Edinburgh: Edinburgh University Press.

Smith, N. (1984)*Uneven Development: Nature, Capital and the Production of Space*. Oxford: Blackwell.

Stamp, L. D. (1946)*The Land of Britain: Its Use and Misuse*. London: Longman.

Steel, R. W. (1974)'The Third World: geography in practice', *Geography*, 59: 189-197.

Taaffe, E. J. (1970)*Geography*. Englewood Cliffs, NJ: Prentice Hall.

Taylor, P. J. (1982)'A materialist framework for human geography', *Transactions, Institute of British Geographers*, 7: 15-34.

Taylor, P. J. (1993)'Full circle, or a new meaning for the global?' in R. J. Johnston (ed.)*The Challenge for Geography: A Changing Word, A Changing Discipline*. Oxford: Blackwell, pp. 181-197.

Turner, B. L. (2002) Contested identities: human-environment geography and disciplinary implications in a restructuring academy', *Annals of the Association of American Geographers*, 92: 52-74.

Ward, R. G. (1960)'Captain Alexander Maconochie, R. N., 1787—1860', *The Geographical Journal*, 126: 459-468.

Watson, J. W. (1955)'Geography: a discipline in distance', *Scottish Geographical Magazine*, 71: 1-13.

Whatmore, S. (2002)*Hybrid Geographies*. London: Sage.

Willetts, E. C. (1987)'Geographers and their involvement in planning', in R. W. Steel (ed.)*British Geography 1918—1945*. Cambridge: Cambridge University Press, pp. 100-116.

Wilson, A. G. (1974)*Urban and Regional Models in Geography and Planning*. Chichester: Wiley.

Wise, M. J. (1975)'A university teacher of geography', *Transactions, Institute of British Geographers*, 66: 1-16.

Withers, C. W. J. (2002)'A partial biography: the formalization and institutionalization of geography in Britain since 1887', in G. S. Dunbar(ed.)*From Traveller to Scientist: The Professionalization and Institutionalization of Geography in Europe and North America Since 1870*. Amsterdam: Kluwer, pp. 79-119.

Withers, C. W. J. and Mayhew, R. J. (2002)'Rethinking "disciplinary" history: geography in British universities, 1580—1887', *Transactions, Institute of British Geographers*, 27: 11-29.

第四章 地理学与人文科学传统

艾利森·布伦特（Alison Blunt）

本章内容界定

人文科学包含对人的创造性、知识、信仰、思想和经验的研究。这样的工作激发了范围广阔的人文地理学、文化地理学和历史地理学的研究。与此同时，关于空间、地方和想象地理学（imaginative geographies）的思想也激发了人文科学的工作。本章探讨地理学与这些人文科学之间的创造性接口。

一、导论

地理学与人文科学亲密无间，虽然这种亲密关系只是最近才被地理学家和在其他学科工作的学者在理论上与实践上明确地揭示出来。"人文科学"一词是指对人的生活和更广泛的对人类的研究，通常联系到特定的主题、使用特定的途径与方法（关于"人类"与相关词语更详细的介绍，见 Williams，1976）。人文科学范围内的主题通常（但并非唯一）包括文学研究、语言、历史、艺术、哲学、考古学与文化研究。人文科学范围内的研究，通常是在历史和当代背景中，在精神与物质两个领域内，关心人的创造性、解释、概念、价值与经验。与其把人文科学和社会科学视为彼此差别明显的学科，不如认为它们之间存在着一系列接口。事实上，人文地理学多样化的传统与方法在这些接口上造就了广阔的科研与教学范围，在人文科学与社会科学之间以及这两门学科内部，形成了维系各种资料来源、方法和思想的建设性联系。1989 年丹尼斯·科斯格罗夫（Denis Cosgrove）写道："人文地理学作为人文科学的思想未成熟，亦未充分展开。"此后情况发生了很大变化。

在科斯格罗夫提出此种看法的年代——以及在很大程度上在他本人对视觉影像、图像学与景观研究的激励下——人文地理学作为一门人文科学的思想业已在前所未有的程度上扎下了根。虽然早先在地理学与人文科学之间建立创造性联系的尝试早就有先行者（尤其是在索尔关于前现代文化景观的著作中），但是通常归功于 1970 年代人本主义地理学家的工作。D. W. 迈尼希（D. W. Meinig，1983：315）对此作如下解释：

虽然我们早就有了"人文地理学",但从来就没有一门明确的"人本主义地理学"①,在作为一个地球人意味着什么的问题上,以这样一种自觉的干劲,把映象、实物、人类体验与人类表述同人本主义地理学这个特殊知识领域联系起来。

(关于人本主义地理学的回顾,参见 Cloke et al., 1991)。人本主义地理学家著书立说、反对实证主义空间科学与结构马克思主义(structural Marxism)的时候(见第三章),寻求一种完全人性的主题取代"理性经济人",其思想、经验、价值、情感、力量与创造性使它在较广的人性范畴内鹤立鸡群(在人本主义著作中通常用宾格的他"him",见下文)。例如,戴维·利(David Ley)和马文·赛明斯②要求"人把所有片断归复原处,包括心脏乃至灵魂,连同感觉和思想,连同某种长期的也许是先验意义的外表"(Marwyn Samuels, 1978:2-3)。同时,人本主义地理学家声称人之所以成为人,部分是因其对地方有一种强烈的、感官的、常常是充满热情的依附之情。正如段义孚(Yi-Fu Tuan,1976:269)所述:

> 区区一个空间如何变成人类的一方热土是人本主义地理学家的任务;它要求人们对经验的性质、与自然事物情感联系的质量,以及在建立地方身份时概念与符号的作用等方面产生独特的人本主义兴趣。

人本主义地理学家的工作把人类体验推向前台,提出地方意识以反对空间科学的抽象化,这些工作产生了深远的影响。人本主义地理学和马克思主义地理学的工作与正在出现的文化研究学科一起,为文化地理学的复兴(尤其是 1980 年代以来)奠定了重要基础(Jackson, 1989; Cook et al., 2000)。但人本主义地理学的许多评论不仅将其有限的事务集中在人本主义方面,而且集中在人本主义思想本身。关于人本主义,斯蒂芬·丹尼尔斯(Stephen Daniels, 1985:150)写道:"大多数人本主义地理学家对待艺术,尤其是对艺术形式的忽视那种天真的做法,表明他们对人本主义,特别是对文学艺术与历史方面实际知识的贫乏。"人本主义地理学不仅在理论上与方法论上十分缺乏与其他人本主义研究的结合——尤其是在人本主义地理研究与文学方面,更令人惊异的是对视觉艺术的忽视,而且人本主义地理学在寻求实际生活与想象中对文学与视觉影像的理解方面,对其他学者的贡献甚微。至于更广泛的人本主义,吉莉恩·罗斯(Gillian Rose,1993)批评人本主义地理学的男性化,对男性主题给予特权而毫不质疑其首要地位。罗斯特别表明,人本主义地理学家是如何赞誉家庭作为有真正意义与有价值的地点的,但他未能分析家庭是一个由各种各样不平等权力关系形成的有性别的地方。女性主义者的这种批评表明理解人类主观性的性别动力是何等重要,后殖民时代地理学的工作同样批评人文地理学和人本主义地理学中的种族中心论——常常是明显的白人中心论——说法中的"人"[有关假定的白透明度(assumed transparency of whiteness)的争议,详见 Bonnett, 1999;

---

① 译注:humanistic geography,本书译为"人本主义地理学",也有其他国内学者译为"人文主义地理学"。
② 译注:这是他本人使用的中文名字,故不译为塞缪尔斯。

关于后殖民时代地理学,详见 Blunt and McEwan,2002]。

部分是因人本主义地理学的批评而出现的文化地理学家与历史地理学家目前致力于以更严格、更多样的方式研究人本主义。文化地理学家与历史地理学家(以及许多既是文化地理学家又是历史地理学家的学者)和进行人本主义研究的其他学者,根据后结构主义、女性主义和后殖民主义理论,开展了更严格的、更理论化的研究工作。对于人本主义本身的复杂性,在身份政治(politics of identity)的层面上以及在道德与种族考虑的层面上(二者是了解人类世界极其重要的部分)得到了更深的认识与审视(Proctor and Smith, 1999; Smith, 2000)。同时,不是把空间视为人类生活与体验的容器,或者赞美地方意识和个人的地方感,而是越来越深切地把空间和地方理解为各种势力关系调和的产物(见第五章和第九章)。人本主义与其他学科的学者空前明晰地用空间的思想方法进行思考与写作,最引人注目的是用想象地理学和多重的与相互竞争的身份空间(spaces of identity)的思想方法,常常通过迁移率、位置、边界土地、空间影像、流亡者和家等方面来表述空间影像。下文从地理学与人文科学的三个主要界面更详尽地讨论这几点:地理学、行文与写作,地理学、景观与视觉艺术,地理学、具体化与表述。

二、地理学、行文与写作

如果"地理学"意味着"描述世界",地理学家就是以世界为对象,对世界进行思考并以不同方式进行写作。地理学家不仅日益将其注意力转向"写作"以及被写作的"世界",而且使表述更加政治化与诗歌化(Barnes and Duncan, 1992; Duncan and Ley, 1993; Barnes and Gregory,1997)。对许多人本主义地理学家而言,对"地理学与文学"的研究为理解人类对地方的依恋和感知提供了一种途径(Tuan,1978; Pocock, 1981; Mallory and Simpson-Houseley, 1978)。段义孚写道(Yi-Fu Tuan,1978:205):

> 文学艺术以三种主要途径为地理学服务。文学艺术就像对人类体验与关系实验的可能模式一样,它提供这样的线索:一个地理学家在进行研究时可能寻求什么(例如,社会空间)。文学艺术作为一种人工产物,它揭示了一种文化对环境的理解与价值……最后,文学艺术作为一种求得主观与客观平衡的雄心勃勃的尝试,它是地理综合的一种模式。

马洛里和辛普森-豪斯利(Mallory and Simpson-Houseley,1987:xiii)在试图培养地理学与文学之间"学科的结合"时,希望"沟通地理学家真实的描述与作家在想象中翱翔之间的鸿沟,由此对世界——地理学与文学意义上的世界——给出一个较统一的形状"。但是在这两例中,地理学与文学研究——有时似乎在"真实性"与"想象"之间求得平衡——在很大程度停留在彼此分离上。虽然文学(尤其是小说)为地理分析提供了新的来源,但是分析本身常常仍然是社会科学的,未把注意力放在文学理论与文学批评上。地理学家不去研究文学的形式、惯例和语言,而是经常认为"文学就是感知"(Pocock,1981:15)。正如丹尼尔斯(Daniels,1985:149)所述,"对人文学者而言,要从语言中提取一个艺术家对感知的见解(这种见解就体现在语言中),就是自相矛盾地贬低艺术家的人性"。

地理学与文学这种早期的邂逅还导致对地理写作本身日益增强的意识。许多地理学家强调生动的、引人入胜的描述的重要性,对地方赋予人的意义、价值与体验的理解。例如,皮尔斯·刘易斯(Pierce Lewis)在感性而形象的散文中这样描述他对密歇根沙丘的爱(1985:468;又见Meinig,1983):

> 我对密歇根沙丘的爱恋……与强烈的直觉有着极大的关系:从密歇根湖吹来十月秋风的气味,扬沙打在光腿上的感觉,沙丘顶部吹起的沙羽与瓦蓝的天空相映成趣,密歇根湖低沉的咆哮传向远方的彼岸,朦胧的泡沫有如白玉。当我搜尽枯肠试图重现我的感觉时,我才知道为何印象派画家对景观做如是的描绘——不是一笔一画地描绘,而是用一些片断的颜色、飞溅的颜料、被棱镜分散的光束去涂抹。人们要感受而不是去分析那些景观。我刻骨铭心地热爱那些大沙丘。很久以后我还在心灵深处热爱着它们。

和如此"浓墨重彩"的描述一样,对创造性的地理著作更密切的关注也采取一种更加试验性的形式,冈纳·奥尔森(Gunnar Olsson,1980、1981)的著作最好地表明了这一点,他把注意力集中于语言与含义之间的错位。虽然这样的试验性著作显示了含义的不稳定性和含混性,但省略了实验的创造性则因其难以理解而受到批评。正如丹尼尔斯(Daniels,1985:148)所述:"你无须作为语言学清教徒就可以得出这样的结论,即人本主义地理学家并不比一些实证主义地理学家进行数量运算或代数运算活跃时期的文学风格更有理由。"

1980年代晚期以来,许多地理学家更直接和更全面地与文学理论相衔接,并发展了一种对行文、语言、阅读与写作更具批判性的理解(Brosseau,1994;Sharp,2000)。文化地理学家常常受到后结构主义的激励——尤其是用推理分析(discourse analysis)和解构(deconstruction)的措辞,更全面地把他们的兴趣转向政见的陈述。文化地理学家不是把对世界的没有疑问的陈述或者仅从感受的角度对文章内容进行分析,而是对他们所描写与阅读的内容和背景提出更关键性的问题。许多地理学家还发展了一种对主题更为隐喻性的理解,如同詹姆斯(James)和南希·邓肯(Nancy Duncan)所表明的那样,把景观作为不仅仅是"文学作品"而是作为课文来阅读(Dancan and Duncan,1988;Duncan,1990)。地理学家还开始分析范围广泛得多的著作,包括游记(Blunt,1994;Duncan and Gregory,1999)、旅行指南(Gilbert,1999;Howell,2001)、地理学教科书(Polszajska,2000)、童话故事(Phillips,1997、2001)、通信、回忆录和日记(Blunt,2000a;Gowans,2001),以及小说(Sharp,1994;Brosseau,1995)。一个关键论题是试图从想象和实际内容以及从写作本身的形式两方面探讨写作的地理学。例如,可以把日记视为"空间故事"(spatial stories),它不仅从事件发生的时间方面而且从空间方面进行描述，而游记在其记述家庭内外空间的活动方面生来就是属于地理学的。这些有关写作的地理学著作大部分受到后殖民主义和女性主义的影响，从性别与种族方面以及较小程度上在阶级与性特征方面质疑同一性。最为重要的是，地理学家越来越认识到，文学作品——以及更广义的表述——是处于权力关系链之中的。

当地理学家越来越受到人本主义工作激励的时候，许多文学理论家业已在探讨通过文学作品产生的想象地理学。也许这方面最著名的是文学批评家与后殖民主义理论家爱德华·赛德(Edward Said)在东方学研究中关于"自我"和"另类"的想象地理学的描写(Said,1995;有关想象地理学和赛德的工作，详见 Gregory,1995;Rose,1995;Driver,1999)。赛德表明了权力、知识与陈述之间通过对奇异东方的文字与视觉描述的相互影响。赛德集中研究了游记、随笔与小说之类的文本之后，认为东方主义产生了把殖民地人民和地方视为劣等的、不合理的与"另类的""有别于"强盛的、合理的西方"自我"的认识。如他所表明的那样，此类文学作品及其帮助形成的想象地理学，对宗主国统治的实践与合法化产生了实质性结果。赛德最近撰写了他早年在耶路撒冷、开罗、黎巴嫩和美国生活的回忆录。地理学位居其回忆录的中心，他很切题地将回忆录题为"来自地方"(Said 1999. *Out of Place*)。他解释道："在我回忆录的中心，和语言在一起的，正是地理学——尤其是以一种出发、到达、告别、离乡背井、乡愁、思乡、行李与旅行本身的替代形式。"(Said, 1999：xvi)想象地理学与实体地理学(material geography)无疑是解释性文本与文学作品的中心，不仅在地理学科之内是这样，远在该学科之外也是这样。

三、地理学、景观与视觉艺术

虽然人本主义地理学家把文学视为描述人类感情、经验与地方意识的重要来源，但他们对视觉艺术的注意却远远不够(Daniels,1985)。最近，文化地理学家越来越认识到影像、视觉图像与"凝视"[①]——换言之，观看与观察——和空间是与生俱来的。对凝视空间性的解释意味着对观察所发生的空间以及对观察对象的重视；用审视钻研的眼光思考观察者与被观察对象之间的距离；寻求将凝视定位和具体化并挑战客观超脱的要求；分析圈定被观察对象范围的各种策略(实际操作详见 Rose,2001)。地理学家一贯对世界的视觉表述感兴趣，特别是通过地图与制图的表述。许多地理学家现在不是从实证主义角度把地图视为现实的客观反映，而是主张所有地图都是知识的社会结构形式，是不完整的、被注入了各种含义的，并因各种权力关系而定型(Harley,1988;Wood,1994)。例如，地理学家研究过地图编制和使用的方法，这不仅是宗主国势力的目标，也是殖民时期之后抵抗组织的目标[有关澳大利亚土著居民"逆向制图

---

① 译注：the gaze，亦作注视或关注，是指观察家(通常为男性)对地区和人口的监视、检查及分析。通常与认为这些观察家可以提供对世界的权威的、客观的、价值观自由描述的观点有关。当与殖民主义相联系时，该词被称之为帝国注视(据《城市社会地理学导论》，商务印书馆，2005年，第383页)。

学"(counter-cartography)的例子,见 Jacobs,1996]。戴维·平德(David Pinder,1996)在其有关城市的先锋派工作中,在某种程度上不仅推翻了地图学的常规,而且推翻了城市规划与设计的常规,对城市空间作为人类自由与创造性空间进行乌托邦式重新制图作了探讨。此类批判性、解释性而且常常是解构性的地图解读,与人本主义著作中的影像分析与校勘密切相关。

许多文化地理学家有别于人文地理学中对景观的文字描述,他们把景观作为一种"观看的方式"进行研究,并在绘画与摄影中以及在较小程度上在电影中对景观进行分析(Cosgrove and Daniels, 1988; Ryan, 1997; Nash, 1999a; Schwartz and Ryan, 2003)。如同科斯格罗夫和杰克逊(Cosgrove and Jackson,1987:96)所解释的那样,"景观概念本身就是一种复杂的文化结构",而且与权力关系紧密相关。科斯格罗夫(Cosgrove,1985)把"景观的概念"追溯到文艺复兴时代的景观绘画和财产所有权,认为景观的视觉描述——因空间的几何表示法而彻底改变——是与权力集团的利益捆绑在一起的。地理学家研究景观的图像资料,包括研究景观本身的象征性意义,在社会与政治背景中分析景观的象征性标志,如纪念碑与地名之类(Cosgrove and Daniels,1988;Johnson,1995;Nash,1999b)。地理学家还研究景观概念与民族和帝国的想象地理学及实体地理学紧密捆绑在一起的方式。例如,戴维·马特勒斯(David Matless,1998;又见 Daniels,1993)在对 19 世纪初期到现在的景观与英国风格的研究中,对广泛的视觉与文字资料进行分析。他侧重于关于民族、公民与传统的争论,阐明英国风格的概念是如何直接与景观概念捆绑在一起的。其他研究工作阐明了此类英国风格的概念和景观如何对帝国空间具有深远影响。凯瑟琳·纳什在她关于绘画的独特风格与观察景观的讨论中解释道(Katherine Nash,1999a:220;又见 Seymour,2000):

> 英国景观美学的优越性意识与一种更广泛的确定性有关,即确认英国方式是行事的最佳方式,是他们对其他人民和其他地方自然的优越性与权威性的最佳方式。景观概念包含在多种方式中,其中欧洲人在帝国贸易与殖民方面的扩张是自然的和合法的。

许多女性主义者辩称,景观的概念以及更广泛的影像地理分析,完全是从理论和实践两方面产生的。罗斯既批评"社会科学"的男性主义,也批评"美学"的男性主义,后者主张"对一个神秘而严酷的世界的全面敏感性"(Rose,1993:61)。罗斯着重研究了"新"文化地理学家的工作,认为有一种不稳定的紧张关系,存在于对景观的愉悦与对景观的认识之间,也存在于女性"自然"与男性"文化"反复出现的深刻性别差异之间。如她所述:"景观中的愉悦常常被视为对科学凝视的一种威胁,人们主张地理学家不应让自己因其所见而上当。"(Rose,1993:72)女性主义地理学家主张,不仅关于景观的影像、视觉陈述、"凝视"与概念是和空间与生俱来的,而且它们在很大程度上也是有性别的(但常得不到承认)。罗斯(Rose,1993:109)指出,"文化地理知识的好色之徒"是男性主义者和异性恋者,以一种窥视癖、遥控式的、脱离现实的方式凝视女性化的景观,致使他自己凝视的特异性既无标志又不可见。纳什反对这种男权主义者的凝视,她研究过景观、身体和现代爱尔兰民族中性别和有性特征的相互作用(Nash,1994、1996),而罗斯最近写过有关19世纪和20世纪初期妇女的照片和妇女拍摄的照片的文章(Rose,1997、2000)。

我要对比两张更细致地表现凝视的性别地理学的图像。二者均出自1857年,都是通过英国人的眼睛描绘家庭、民族和帝国的空间。第一张是乔治·埃尔加·希克斯(George Elgar Hicks)绘制的一幅图画,题为"古老英格兰的原动力"(图4.1)。该画表现一家人,站在家庭与外部世界之间的门槛上。这幅画及其题目以明晰的形象化语言表现出英国的民族特性,即力量与工作的中心是男人。但是这种形象化的、男性的和工人阶级的民族特性也有赖于女性专心于家务。画面上男人和他的妻儿站在一起,通过门槛可以看到整洁有序的家。当男人从家

图4.1 "古老英格兰的原动力",作者乔治·埃尔加·希克斯,1857年

资料来源:不详(可能为私人收藏品)。

中凝视远方并无视其妻子与观赏者的凝视时,他的妻子充满爱意地仰望着他。尽管画面上男人并未回馈这种凝视,但我们作为这幅画的观赏者,也在田园牧歌式与家庭气氛的意义上把这个家庭视为一个整体。这幅维多利亚中期的绘画是一种公私空间以及白种人异性恋者性别等级的经典陈述,这种等级关系正是空间与社会的划分之所赖。

现在把希克斯的画作与1857年的另一幅图像进行对比(图4.2)。这是一幅卡通画,题为"叛军如何入侵英国人的家庭",故事发生在印度,在一次要推翻英国统治的起义开始之时(这次"叛乱"的详情,见 Blunt,2000a、2000b)。希克斯的画作通过那个门槛为我们提供了一个平静而整洁有序的家庭一瞥,而这幅图像表现了家庭是面临危险与暴力的地方。一位英国妇人位于画面中央,怀抱一个婴儿,另一个孩子在一旁玩耍,家庭平静的气氛被两个印度叛军的入侵打破。这两个男子的暴力举止只是一种标志,说明这个家庭是在印度而不是在英国。叛军好像是要破坏这个毫无防御能力的妇女、她的孩子们以及这个家庭。而且躺椅上盒子标签的"英国"字样表明该民族与帝国力量的脆弱性。不在场的英国丈夫和父亲——只出现在墙上肖像中——不可能保护他的妻子和家庭。对于希克斯用一个站在家庭与外部世界之间的门槛上的家庭使民族特性具体化的画,这幅图像是一种强烈的对照。它表现叛乱时对家庭、民族与帝国生活的威胁,以英国妇孺的脆弱性表示这种威胁的严重性。两幅图像都表明在民族与帝国含义上家庭在政治上的重要性,这两幅图像还表明民族与帝国身份形成的性别主题与空间。如果像希克斯的画作所表明的那样,"古老英国的原动力"因男性力量与女性专心于家庭而具体化,而卡通画则表明这样的原动力——以及"古老英国"本身的安全与身份——正在被撕碎。

图 4.2 "叛军如何入侵英国人的家庭",1857 年

资料来源:不详。

虽然现在地理学家以更加挑剔的方式研究视觉影像,但许多艺术史学家和电影理论家已经开始把视觉影像的空间性(spatiality)作为他们工作的中心。在寻求使旁观者与凝视的性别空间性的形象化与使事件融入背景方面,女性主义者的工作别具影响力。作为此类工作的一个例子,格丽塞尔达·波洛克(Griselda Pollock,1988)以明晰的空间方法剖析了两幅女性印象派画家的画。她把焦点放在19世纪晚期巴黎两位画家伯锡·莫里索特(Berthe Morisot)和玛丽·卡萨特(Maary Cassatt)的作品上,从相联系的三方面探讨了她们艺术中的空间。首先,她谈到她们画作中所表现的空间,常常是内部的、家庭的空间。然后,探讨了她们画作中的空间等级,表明那些空间是如何被阳台或栏杆分隔开,使空间带有性别的标志,并把画家与观众置于与画作主题非常接近的地位。最后,她从一个妇女在何处和在何等程度上能够绘画两方面研究了所表现的社会空间。她引述了另一位19世纪巴黎艺术家玛丽·巴斯克杰夫(Marie Baskirteff)的日记,这位艺术家写道,她在独立性和灵活性方面的欠缺限制了她的工作:

> 我所渴望得到的是独自前行、独来独往的自由……在艺术商店停留和观看的自由,进入教堂和博物馆的自由、夜晚徘徊在古老街道的自由;那就是我所渴望得到的;那就是无此则不成为真正艺术家的那种自由。你是否能够想象,当我作为一个女伴的时候,当我为了去卢浮宫,我必须等待我的马车、我的女伴、我的家人的时候,我能从所见所闻中得到很多好处吗?

想象地理学和实体地理学不仅在地理学科内,而且远在学科之外,也同样清楚地集中于解释景观和视觉艺术。

四、地理学、具体化与可操作性

现代地理学家的工作不像人本主义地理学家那样赞美人类的创造力与个人特性,他们致力于更苛刻地从质疑政治身份与政治交叉点两方面研究身份问题(Rose,1995)。此类工作中最近的重要主题是以具体化语言对身份有所了解和进行解释(Butler,1999;Longhurst,2000;McDowell,1999;Valentine,2001)。具体化的概念,不仅对身份的研究,而且更广泛地对知识的增进也具有重要意义。许多学者反对非具体化对客观性的要求,主张知识本身应该是具体的。詹姆斯·邓肯(James Duncan)和德里克·格雷戈里(Derek Gregory,1999)论证说,在更专门的地理知识层面,研究旅行的著作不应仅仅停留在逐字逐句的描述上,应该同时着重旅行本身的具体实践,费利克斯·德赖弗(Felix Driver,2001)称野外工作和探险也需要视为具体实践而不单是视为文本来阅读。约翰·怀利(John Wylie,2002a)在复述一个著名的故事时,从他们对极地景观,特别是对冰雪具体了解的角度,研究了斯科特(Scott)和阿蒙森(Amundsen)的南极探险。怀利在对比英国人和挪威人与南极冰的遭遇时,他表明了景观本身是如何造就南极各地不同的活动性的。在别处,怀利(Wylie,2002a)讨论了斯科特和阿蒙森极地探险中各种住宿与活动的模式。怀利注意到他们的"肉体感觉和情感"(Wylie,2002b:263),他生动地描述了作为一项具体实践的探险,如下面段落所示:

> 帐篷中的每一夜,都要用硫酸锌和可卡因处理因与明亮景观亲昵而致盲的双眼,然后钻进睡袋和茶叶中。冰冷的双脚和双手在一系列拙笨的拥抱中,放在同伴温暖的胸脯和肚皮上,身体器官不大可能作这样安排。最重要的是,南极要求身体的边缘部分必须得到精确的安顿和细心维护。

关于具体实践的思想常常与关于性能和表述行为(performativity)的思想紧密相连,如同对城市工作场所的地理研究(McDowell,1997)和对男同性恋与女同性恋的地理研究(Bell and Valentine,1995)所表明的那样。地理学的具体化与表述行为研究对关于地理学与人本主义的思考提供了重要的新途径。同时,此类研究还体现了一个最富建设性的界面,联结起社会科学与基于人本主义的地理学途径、方法与分析,借此就能把访谈、民族学研究及专题小组讨论与不同来源和实践的文本及音像分析结合起来。地理学家已经开始研究文学和视觉艺术以外的文化形式与实践,包括一些创造性领域,如舞蹈、戏剧和音乐(Leyshon *et al.*,1998;Thrift,1997、1999)。地理学家和许多从事艺术与人本主义工作的人还十分注意展示与演出的空间,包括画廊、博物馆、音乐厅和晚间俱乐部内外的空间。这种对空间、具体化与表述行为的关键性参与背后,是日益增长的对文化实践以及文化形式、人工制品、文本与图像的兴趣。这种兴趣的多样性反映在《文化地理》[*Cultural Geographies*,前身为《适居地》(*Ecumene*)]期刊每一期的版面上,该期刊致力于"文化地理实践"的研究,它"提供一个地方,让艺术、市民与政策领域内的实践能够告知并联系到本期刊对文化地理的关注"。在文化地理中常常与这种不断增长的兴趣联系在一起的,是对清楚地说明和探讨感觉地理学和情感地理学(sensual and emotional geographies)的关切。虽然人本主义地理学家寻求有思想、有感情的人的主题取代"理性的经济人",忽略了人与人之间的不平等,现在许多人文地理学家以具体的、有感觉和感情的语言探讨身份政治。在转向因研究具体化与表述行为而提出的某些理论与方法论上的挑战之前,我想讨论一下在文化实践方面与感觉地理学方面的两个例子。

第一个例子涉及发生在画廊空间以外的一件艺术品,与声音、影像、运动和具体化有关。戴维·平德(David Pinder,2001:2)在研究艺术家珍妮特·卡迪夫(Janet Cardiff)在伦敦东区创作的音响步道(audio walk)时,表明"艺术品完全发生在大街上,通过它具体的设定找到其含义。实质上它是由参与者表演的或者共同创作的"。虽然该艺术品是"一种高度专门的体验,依步行者个人的情调、景况、事件以及身份而不同",但它仍对城市本身提出一些更广泛的问题。正如平德所称,该音响步道"对如何解读与体现城市环境、对如何使城市记忆与城市空间相交融、对通过城市时空构筑城市本身的意义,提出了一些关键性问题"。伊恩·库克(Ian

Cook,2000)针对与此类似的关于具体承诺与履行的主题,不过是在不同的情况下以及在画廊内和远离画廊的空间中,对被称为"交换价值"的谢利·萨克(Shelley Sack)的艺术装置进行讨论。库克写道:

> 它们在你的脸上。香蕉皮。晾干、腌制、染黑、压平、缝在板上、展开、绷紧、镶框。就在你的脸上。难闻、艳丽。你不能远离,走得太远。如果你要让耳机一直开着,就是面板和框架下面金属匣中安装的那些东西,那个号码为 E49047 的东西。

库克对这段文字作如下解释:E49047 就是标明圣卢西亚(St. Lucia)出口香蕉的蕉农维塔利斯·伊曼纽尔(Vitalis Emmanuel)身份的号码,这个号码贴在香蕉包装箱上销往全世界。有些香蕉在诺丁汉被分发给当地人,他们当场食用后交还香蕉皮。这些香蕉皮构成该装置的基础,下面金属匣子里的磁带播放 20 个蕉农包括伊曼纽尔的声音。库克(Cook,2000:342)根据连接的创造性与集体创造性之间的关系描述了这个装置,例如:

> 萨克,帮助她在诺丁汉散发那些香蕉的人,帮助晾干、腌制和把那些香蕉皮钉在面板上的人,20 个圣卢西亚蕉农,以及所有那些人——政治家、商人、分支机构官员等——帮助她找到他们的人。此外,还有为改变生产者与消费者之间的关系而发起一场运动的代表小组。

此类联系不仅延伸到空间上,还创建了"一个反映的空间、一个概率的空间,其中这些联系能够看得到,感觉得到,想得出。"

如这两个例子所示,关于具体化和表述行为以及文化实践与感觉地理学的思想,正在激发大量多样而令人兴奋的地理工作。这些思想还提出了一些重要的理论上与实践上的挑战。在人本主义地理学领域内工作的地理学家,其中心任务是通过更全面更直接地参与方法论的辩论,在实践中检验他们自己的研究工作。奈杰尔·思里夫特(Nigel Thrift,1999)关于非代表性理论(non-representational theory)——以及把这种思想付诸实践的挑战——在这个意义上是十分重要的。思里夫特(Thrift,1999:318)坚称文化地理学"常常似乎把代表性作为其受伤害的中心问题",并提出关于舞蹈和其他具体化实践的"非代表性理论"。如纳什(Nash,2000:656)所述:"思里夫特鼓吹惯常的、背离解构代表性(deconstructing representations)的微观地理学(microgeographies),去探索非代表性"。纳什以对"从女性主义和对个人主义与一般性君主主题方面后退"的某种谨慎的态度结束了她对"表述行为"的评论(Nash,2000:662)。人本主义地理学的反响对今天基于人本主义的地理研究依然是重要而具有争议的。

五、结语

科斯格罗夫(Cosgrove,1989)曾悲叹地理学作为一门人本主义学科的思想仍未得到充分发展与成熟，此后情况发生了很大变化。从1970年代人本主义地理学家的工作出发，经过1980年代以来文化地理的复兴，地理学作为一门人本主义学科的思想已经较深地扎下了根。本章的三部分表明了在对文本（text）与文学，景观与视觉艺术，以及具体化与表述行为的地理研究中不同的思想、来源与方法。在每一种情况下，随着今天地理学家以更关键、更多样的方式参与人本主义研究，出现了若干重大课题。首先，文化地理学家和历史地理学家发展了与人本主义其他方面研究更紧密的联系，尤其是与文学和视觉艺术有关的研究，最近在较低程度上与舞蹈、戏剧和音乐有关的研究。其次，对人本主义本身的复杂性，在身份政治与正在构想的人道主义地理学（humane geography）的意义上也有了较深刻的认识与识别。最后，对空间与地方充满动力的生产日益得到批判性的理解。在人本主义其他学科中，关于身份的空间性和地方政治的地理学思想变得越来越重要。在人本主义依然鼓舞着充满活力的地理研究的同时，今天在鼓励与链接人本主义其他研究方面，地理学的关切仍然日显重要。

本章小结

- 由于1970年代人本主义地理学家以及1980年代以来文化地理学家的工作，基于人本主义的地理学研究日显重要。
- 在人本主义其他学科工作的学者比过去任何时候都更加与地理学思想相衔接。
- 基于人本主义的地理学工作的例子包括历史与文化的研究，以及对文学、视觉艺术和其他文化形式的研究与实践。
- 在人本主义传统下工作的地理学家提出了有关空间的生产、表征的政治策略以及知识形象化与身份的关键性问题。

进一步阅读文献

最好从一些早期人本主义地理学著作开始：利和赛明斯主编的文集《人本主义地理学：展望与问题》（Ley and Samuels 1978. *Humanistic Geography: Prospects and Problems*）、丹尼尔斯（Daniels, 1985）对人本主义地理学的批评和科斯格罗夫（Cosgrove, 1989）把地理学作为一门人文科学看待的重要性的争论。两本文集——巴恩斯和邓肯（Barnes and Duncan, 1992）与邓肯和利（Duncan and Ley, 1993）——以及夏普（Sharp, 2000）发表在《区域》（*Area*）上的论文，对进一步了解地理学的内容和著述都是一些好的起点。要进一步了解地理学、景观和视觉艺术，可阅读科斯格罗夫（Cosgrove, 1985）发表在《议事录》（*Transactions*）、马特勒斯（Matless, 1998）发表在《景观与英国性》（*Landscape and Englishness*）和纳什（Nash, 1996）发表在《性别》（*Gender*）上的论文。然后阅读纳什（Nash, 2000）对地理学、具体化和表述行为的评述和平德(Pinder,2001)对城市中具体化地理学的研究,以及库克(Cook,2000)关于展示"交换价值"的论文。还可在《文化地理》期刊定期栏目"文化地理学实践"中阅读其他文章。

注:上述文献详见本章参考文献。

参考文献

Anderson, K., Domosh, M., Pile, S. and Thrift, N. (eds.)(2002) *Handbook of Cultural Geography*. London: Sage.

Barnes, T. and Duncan, J. (eds.) (1992) *Writing Worlds: Discourse, Text and Metaphor in the Representation of Landscape*. London: Routledge.

Barnes, T. and Gregory, D. (eds.)(1997) *Reading Human Geography: The Poetics and Politics of Inquiry*. London: Arnold.

Bell, D. and Valentine, G. (eds.)(1995) *Mapping Desire: Geographies of Sexualities*. London: Routledge.

Blunt, A. (1994) *Travel, Gender and Imperialism: Mary Kingsley and West Africa*. New York, NY: Guilford.

Blunt, A. (2000a) 'Spatial stories under siege: British women writing from Lucknow in 1857', *Gender, Place and Culture*, 7: 229-246.

Blunt, A. (2000b) 'Embodying war: British women and domestic defilement in the Indian "mutiny", 1857-8', *Journal of Historical Geography*, 26: 403-428.

Blunt, A. and McEwan, C. (eds.)(2002) *Postcolonial Geographies*. London: Continuum.

Bonnett, A. (1999) *White Identities*. Harlow: Prentice Hall.

Brosseau, M. (1994) 'Geography's literature', *Progress in Human Geography*, 18: 333-353.

Brosseau, M. (1995) 'The city in textual form: *Manhattan Transfer's* New York', *Ecumene*, 2: 89-114.

Butler, R. (1999) 'The body', in P. Cloke et al. (eds.) *Introducing Human Geographies*. London: Arnold: 238-45.

Cloke, P., Philo, C. and Sadler, D. (1991) *Approaching Human Geography*. London: Paul Chapman.

Cook, I. (2000) 'Social sculpture and connective aesthetics: Shelley Sacks's "Exchange values"', *Ecumene*, 7: 337-343.

Cook, I, Crouch, D., Naylor, S. and Ryan, J. (eds.)(2000) *Cultural Turns/Geographical Turns*. London: Prentice Hall.

Cosgrove, D. (1985) 'Prospect, perspective and the evolution of the landscape idea', *Transactions of the Institute of British Geographers*, 10: 45-62.

Cosgrove, D. (1989) 'Geography is everywhere: culture and symbolism in human landscapes', in D. Gregory and R. Walford (eds.) *Horizons in Human Geography*. Basingstoke: Macmillan: 118-135.

Cosgrove, D. and Daniels, S. (eds.) (1988) *The Iconography of Landscape*. Cambridge: Cambridge University Press.

Cosgrove, D. and Jackson, P. (1987) 'New directions in cultural geography', *Area*, 19: 95-101.

Crang, M. (1998) *Cultural Geography*. London: Routledge.

Daniels, S. (1985) 'Arguments for a humanistic geography', in R. J. Johnston (ed.) *The Future of Geography*. London: Methuen: 143-158.

Daniels, S. (1993) *Fields of Vision: Landscape Imagery and National Identity in England and the United States*. Cambridge: Polity Press.

Driver, F. (1999) 'Imaginative geographies', in P. Cloke *et al.* (eds.) *Introducing Human Geographies*. London: Arnold: 209-16.

Driver, F. (2001) *Geography Militant: Cultures of Exploration and Empire*. Oxford: Blackwell.

Duncan, J. (1990) *The City as Text: The Politics of Landscape Interpretation in the Kandyan Kingdom*. Cambridge: Cambridge University Press.

Duncan, J. and Duncan, N. (1988) '(Re)reading the landscape?', *Environment and Planning D: Society and Space*, 6: 117-126.

Duncan, J. and Gregory, D. (eds.) (1999) *Writes of Passage: Reading Travel Writing*. London: Routledge.

Duncan, J. and Ley, D. (eds.) (1993) *Place/Culture/Representation*. London: Routledge.

Gilbert, D. (1999) 'London in all its glory—or how to enjoy London: guidebook representations of imperial London', *Journal of Historical Geography*, 25: 279-297.

Gowans, G. (2001) 'Gender, imperialism and domesticity: British women repatriated from India, 1940—1947', *Gender, Place and Culture*, 8: 255-269.

Gregory, D. (1995) 'Imaginative geographies', *Progress in Human Geography*, 19: 447-485.

Harley, B. (1988) 'Maps, knowledge and power', in D. Cosgrove and S. Daniels (eds.) *The Iconography of Landscape*. Cambridge: Cambridge University Press: 277-312.

Howell, P. (2001) 'Sex and the city of bachelors: popular masculinity and public space in nineteenth-century England and America', *Ecumene*, 8: 20-50.

Jackson, P. (1989) *Maps of Meaning: An Introduction to Cultural Geography*. London: Unwin Hyman.

Jacobs, J. (1996) *Edge of Empire: Postcolonialism and the City*. London: Routledge.

Johnson, N. (1995) 'Cast in stone: monuments, geography and nationalism', *Environment and Planning D: Society and Space*, 13: 51-65.

Lewis, P. (1985) 'Beyond description', *Annals of the Association of American Geographers*, 75: 465-477.

Ley, D. and Samuels, M. (eds.) (1978) *Humanistic Geography: Prospects and Problems*. London: Croom Helm.

Leyshon, A., Matless, D. and Revill, G. (eds.) (1998) *The Place of Music*. New York, NY: Guilford.

Longhurst, R. (2000) *Bodies. Exploring Fluid Boundaries*. London: Routledge.

Malbon, B. (1999) *Clubbing. Dancing. Ecstasy. Vitality*. London: Routledge.

Mallory, W. E. and Simpson-Housley, P. (eds.)(1987)*Geography and Literature: A Meeting of the Disciplines*. Syracuse, NY: Syracuse University Press.

Matless, D. (1998)*Landscape and Englishness*. London: Reaktion.

McDowell, L. (1997)*Capital Culture: Gender at Work in the City*. Oxford: Blackwell.

McDowell, L. (1999)*Gender, Identity and Place: Understanding Feminist Geographies*. Cambridge: Polity Press.

Meinig, D. W. (1983) 'Geography as an art', *Annals of the Association of American Geographers*, 8: 314-328.

Nash, C. (1994)'Remapping the body/land: new cartographies of identity, gender, and landscape in Ireland', in A. Blunt and G. Rose (eds.)*Writing Women and Space: Colonial and Postcolonial Geographies*. New York, NY: Guilford: 227-250.

Nash, C. (1996) 'Reclaiming vision: looking at landscape and the body', *Gender, Place and Culture*, 3: 149-169.

Nash, C. (1999a) 'Landscapes', in P. Cloke *et al.* (eds.) *Introducing Human Geographies*. London: Arnold: 217-225.

Nash, C. (1999b)'Irish placenames: post-colonia locations', *Transactions of the Institute of British Geographers*, 24: 457-480.

Nash, C. (2000)'Performativity in practice: some recent work in cultural geography', *Progress in Human Geography*, 24: 653-664.

Olsson, G. (1980)*Birds in Egg/Eggs in Bird*. London: Pion.

Olsson, G. (1981)'On yearning for home: an epistemological view of ontological transformations', in D. Pocock(ed.)*Humanistic Geography and Literature*. London: Groom Helm: 121-9.

Phillips, R. (1997)*Mapping Men and Empire: A Geography of Adventure*. London: Routledge.

Phillips, R. (2001)'Politics of reading: decolonizing children's geographies', *Ecumene*, 8: 125-150.

Pinder, D. (1996)'Subverting cartography: the situationists and maps of the city', *Environment and Planning A*, 28: 405-427.

Pinder, D. (2001)'Ghostly footsteps: voices, memories and walks in the city', *Ecumene*, 8: 1-19.

Ploszajska, T. (2000)'Historiographies of geography and empire', in B. Graham and C. Nash(eds.)*Modern Historical Geographies*. Harlow: Longman: 121-145.

Pocock, D. (ed.)(1981)*Humanistic Geography and Literature*. London: Groom Helm.

Pollock, G. (1988)*Vision and Difference: Femininity, Feminism and the Histories of Art*. London: Routledge.

Proctor, J. and Smith, D. (eds.)(1999)*Geography and Ethics: Journeys in a Moral Terrain*. London: Routledge.

Rose, G. (1993)*Feminism and Geography*. Cambridge: Polity Press.

Rose, G. (1995)'Place and identity: a sense of place', in D. Massey and P. Jess(eds.) *A Place in the World?*

Oxford: Oxford University Press: 87-132.

Rose, G. (1997) 'Engendering the slum: photography in East London in the 1930s', *Gender, Place and Culture*, 4: 277-300.

Rose, G. (2000) 'Practising photography: an archive, a study, some photographs and a researcher', *Journal of Historical Geography*, 26: 555-571.

Rose, G. (2001) *Visual Methodologies*. London: Sage.

Ryan, J. (1997) *Picturing Empire*. London: Reaktion.

Said, E. (1995, first published 1978) *Orientalism*. London: Penguin Books.

Said, E. (1999) *Out of Place: A Memoir*. London: Granta.

Schwartz, J. and Ryan, J. (eds.) (2003) *Picturing Place: Photography and the Geographical Imagination*. London: IB Tauris.

Seymour, S. (2000) 'Historical geographies of landscape', in B. Graham and C. Nash (eds.) *Modern Historical Geographies*. Harlow: Longman: 193-217.

Sharp, J. (1994) 'A topology of "post" nationality: (re)mapping identity in the *Satanic Verses*', *Ecumene*, 1: 65-76.

Sharp, J. (2000) 'Towards a critical analysis of fictive geographies', *Area*, 32: 327-334.

Smith, D. (2000) *Moral Geographies: Ethics in a World of Difference*. Edinburgh: Edinburgh University Press.

Thrift, N. (1997) 'The still point: resistance, expressive embodiment and dance', in S. Pile and M. Keith (eds.) *Geographies of Resistance*. London: Routledge: 124-151.

Thrift, N. (1999) 'Steps to an ecology of place', in D. Massey *et al.* (eds.) *Human Geography Today*. Cambridge: Polity Press: 295-322.

Tuan, Y.-F. (1976) 'Humanistic geography', *Annals of the Association of American Geographers*, 66: 266-276.

Tuan, Y.-F. (1978) 'Literature and geography: implications for geographical research', in D. Ley and M. Samuels (eds.) *Humanistic Geography: Prospects and Problems*. London: Croom Helm: 194-206.

Valentine, G. (2001) *Social Geographies: Space and Society*. Harlow: Pearson.

Williams, R. (1976) *Keywords: A Vocabulary of Culture and Society*. London: Fontana.

Woods, D. (1994) *The Power of Maps*. New York, NY: Guilford.

Wylie, J. (2002a) 'Earthly poles: the Antarctic voyages of Scott and Amundsen', in A. Blunt and C. McEwan (eds.) *Postcolonial Geographies*. London: Continuum: 169-183.

Wylie, J. (2002b) 'Becoming-icy: Scott and Amundsen's South Polar voyages, 1910-1913', *Cultural Geographies*, 9: 249-265.

第二篇　基本概念

第五章　　空间:人文地理学的基本材料
第六章　　空间:自然地理学为空间腾出地盘
第七章　　时间:环境系统的变化与稳定性
第八章　　时间:从霸权的变化到日常生活
第九章　　地方:相互依存世界中的联系与界限
第十章　　地方:可持续自然环境的管理
第十一章　尺度:自然地理学中的尺度放大与缩小
第十二章　尺度:本土性与全球性
第十三章　社会结构:对社会、身份、权力和对抗的思考
第十四章　自然系统:环境系统与循环
第十五章　景观与环境:生物物理过程、生物物理形态
第十六章　景观与环境:自然资源与社会发展
第十七章　景观与环境:对世界的描述与解释

第五章 空间：人文地理学的基本材料

奈杰尔·思里夫特(Nigel Thrift)

本章内容界定

空间如同"社会"和"自然"等词汇一样，不是常识上人类与社会活动的外部背景。相反，空间是一系列问题丛生的临时性安排，它把事物分隔开又连接起来成为各种各样的集体，而这些集体被缓慢地提供各种手段，使之得以持久与持续。

一、导论

"空间"常被认为是地理学的基本材料。的确，它是如此基本，以至于著名人类学家爱德华·霍尔(Edward Hall)曾经把它和性相比拟："它就在那里，但我们并不谈论它。如果我们要谈论，当然就别指望从专业上或严肃地来谈论"（引自 Barcan and Buchanan, 1999:7）。事实上，人们不难证明，当人们对"地理学研究的核心是什么"这个问题提出挑战时，大部分时间里多数地理学家的确会相当尴尬，不过他们依然坚持本学科的重要性。他们辩称，如果没有空间，这就有点儿像没有性一样，我们就不能存在。那么所有这些都是大多数人在学术上的伪善吗？不完全是这样。毋宁说这是与描述学科信息媒体某些方面的极端困难有关。

上述对空间主题的简介旨在告诉你空间是什么以及我们作为人文地理学家为何必须对其进行研究（见第六章有关空间与自然地理学的论述）。我们将尽可能直截了当地做到这一点，但指出下述这一点也很重要，即地理学家关于空间所遇到的问题之一，是有时问题本应十分直截了当，但情况却常常不是那样——毕竟，我们大家都会不时遇到从 A 到 B 的困难。

当然，即使时至今日，有些地理学家仍然坚信，应当有可能以简单方式来解释空间之类的概念，让你能够立即理解所发生的一切。但是此类头脑简单的方法日益被理解为更像一种孤注一掷的尝试的一部分，试图通过这样的方法来降低这个世界的丰富多彩与奇妙的复杂性。这些方法模拟那几个享有特权的人的可预测的世界，他们能够用他们所希望的方法把事物揭示出来(Latour, 1997)。相反，在这点上，当我确实试图清楚地描写关于空间的概念时，你不要认为事情就到此为止了。你确实需要勤于读书勤于思考，以便真正开始理解空间对我们一生的影响——以及我们能够改变那种理解的方法，以便得到新的空间，如同我们将要看到的那样。

人们曾用许多方式描述空间。例如,在哲学或物理学等学科中,评述各种空间概念的书籍汗牛充栋(例如 Crang and Thrift,2000)。但是现在我希望尽量远离这些说法,尽管它们会大量出现在我所必须讲述的问题中。更确切地说,我要讲的是当代地理学对空间的想法。那可能会占据大量篇幅,因此我必须把这些想法浓缩为一种便于处理的形式。这样做可能使有些人认为是不能容忍的简单化,即认为现在人文地理学家所讲的主要是四种不同的空间。无论各种文章对这些空间类型的说法如何不同,但这些文章都有着共同的雄心:摒弃任何先入为主的空间概念,其中事物被嵌入这样一种空间概念中,即空间精确地通过在或多或少有组织的循环中相遇的事物的力量而经历着不断的构建。这是一种空间相关观(relational view of space),即不把空间视为承载世界进展的容器,而看成是那些进展的副产品。首先,我将人为地把这四种空间区分开,但是我要在结论中指出,今天地理学令人兴奋之处,是我们正在学会如何把它们联合在一起,这种联合开始产生出乎意料的洞察力。

二、第一空间:经验性诠释

当谈及把事物归拢到一起时,让我们从空间的经验性诠释开始。只需思索几分钟就可以开始罗列出我们的空间赖以维持的一切事物——房舍、小汽车、各种汽车、刀叉、办公室、自行车、计算机、衣物和干衣机、电影、火车、电视、花园小径——但是由于这些事物通常是如此平凡,我们往往未加注意。因此我们常常忘记了我们的日常生活结构取得了何等非凡的成就。的确,直到最近地理学家才开始系统地思考那些在很大程度上把我们培养成现在这个样子的粗陋的课文、手段和训练[1]。此处仅举一例说明我们每天都在确认的空间类型:测量的空间。我们是如此习惯于观看以米和千米表示的路标,或者查阅地图寻找地址、计算我们的路程有多远,以至于忘记了这些常规的实践是何等非凡的历史成就。这些东西的出现绝非一日之功,而是渐进的标准化与协同研究的对象,历经几个世纪才得以置于空间之中。而且此类事物还需海量的投资。它们需要研制专门化设备,能够在相同地点测量相同的事物,今天基于卫星的全球定位系统(Global Positioning System,GPS)就是其顶峰。它们需要一整套测量的知识,其本身必须能用仪器设备、书籍和期刊传遍全世界。最近,它们需要无休止地打搅各种委员会,这些委员会能够同意同样的测量方法以同样的方式应用于不同的地方,然后相互结合起来。它们要求付出大量劳力。终究世界上许多测量空间的方法都是未经平等协商而是被英制征服而强制推行的。不过必须理解人类进行空间测量所做的努力,这种努力已经进入了制造测量过的空间,进入了常常是使这种空间成为可能的近乎荒唐的冒险性计划。例如,让我们有点儿敬畏地记住法兰西第一共和国产生新测量单位——米的尝试(Guedj,2001;Alder,2002)。在1792年至1799年之间,天文学家皮埃尔·梅钱恩(Pierre Mérchain)和琼-巴普蒂斯特·德兰博(Jean-Baptiste Delambre)从法国的这头走到那头,测量巴黎经线的长度,以便确定标准米的准确长度,该长度被国民大会公布为四分之一经线的一千万分之一。这项事业不同凡响,包括拖拉着大批装备翻山越岭,它为我们今天如此熟悉的十进位米制打下了基础[2]。

关于当前的时间问题值得注意的是这样一种方法,其中经验性空间结构目前正在经历着另一次跃进。19世纪晚期曾有过一次广泛的时间标准化。受交通运输提速和更精确计时仪器的驱动,许多国家对共同的时间标准(以格林尼治子午线为基础)以及一套环球时区达成一致,每个时区内取统一的时间。现在随着21世纪的开始,在空间方面正在发生类似的情况。出于当代军事后勤学的需要,以及用更精确的新方法[尤其是全球定位系统、地理信息系统(Geographic Informatiom System,GIS)和射频鉴定器(Radio Frequency Identification,RFID)三者相结合]进行空间配准的需要,很快就有可能用一些测量标准(我们业已看到,其中有些在19世纪已经制定)测定一切事物——是的,一切事物——的位置。通过因这些技术(以及采用这些技术的行政系统)使之成为可能的空间标准化,地球上每个目标和所发生的每项活动将(至少原则上)可能被精确定位。将来的结果是我们将生活在一个不间断地联系着的世界上,将有可能连续地跟踪和追溯大多数目标和活动,持续地把时间和空间调整为实时,产生一个现在称之为基本信息、沟通和高级感情沟通的东西(Katz and Aakhus,2002)。军事后勤工业中业已存在无数高级感情沟通的事例,这种工业必须不断调整交货程序,但我们日常生活中这也正在成为普通的情况——例如,我们使用手机连续发送图文信息来调整与友人的会晤。

三、第二空间:开敞空间

我们需要对空间进行思考的第二种方法就是把它作为一系列细心建立的联系,通过这些联系我们得知世界相互影响是什么。这些联系由一些通道组成,这些通道通常在常规的、巡回的基础上把一些通常看来不甚相干的事物联系到一起:它们能够从办公室工作者在各办公室之间的运动一直延伸到这些办公室工作者本人安排的运动——贸易、旅行,甚至军队的运动;它们能够从几个有点儿醉醺醺的青少年徜徉于本尼多姆(Benidorm)①一带的酒吧一直延伸到包括这些青少年在内的全球游客流的运动;它们能够自囚犯在其囚室每24小时只有1小时放风极其有限的运动一直延伸到巨大的国家执法机构的执法以及按照日益国际化的标准进行惩罚。诸如此类。对这样一个基于物流、人流、信息流和货币流的世界进行思考,已经日益吸引地理学家的注意,因为随着世界日益被这些流牢固地交织到一起(这是一种有时被称为全球化的倾向),它们的存在就日益明显了。

问题是这些通道难以用概念来表现。我们能将它们制成地图,把它们罗列出来,用文字写

---

① 译注:西班牙地中海沿岸的度假胜地。

出来,用能够使这些通道本身达到有序状态的一切关键手段。但是我们如何能够更进一小步,创造一些代表性空间,使这些空间仍然带有通常意义上的有序状态而又能进行深入的剖析呢?长期以来地理学的成规是模仿标准方法,据之把人类社会组织起来并在各区域周围划分界线,假定这些区域包含大多数独特活动的类型而且各区域之间相互起作用。地理学家一旦划分了界线并对这些大的地块给予标注,他们就认为这些地块就是产生特征性力量或权力的原因。例如,我们可能说这个相互作用的地块是一个资本主义空间或帝国主义空间、一个新自由主义者空间或从属空间、一个市镇空间或社区空间,而且这个地块具有独特的固有品质。这种区划策略显然是有用的,它抓住并保持了这个世界的特色。能否不要这种区划值得怀疑。但是它始终是一种近似,存在着某些严重缺陷,其中最明显的是倾向假定界限就等于原因,以及倾向冻结常常是高度动态的状况。因此地理学家对此类陈述越来越不耐烦,这不完全是由于它们是错误的,而是由于它们似乎与论点相去甚远。

因此,时下地理学家倾向于寻找能更好地了解世界的表示法。方法之一就是分解这些连在一起的空间,使之成为更小的次级空间,这些次级空间通常具有某些相同的品质,但仍然具有只有在该尺度上(有关尺度又见第十二章)才起作用(或起更强作用)的其他品质。尽管这种处置模式由于存在着创建新地块,或者使权力从一个地块转移到另一个地块的可能性,因而具有稍微不同的形式,但它是否比继续使用对相互作用的地块划分界线并进行标注的方法更好,这一点是值得怀疑的。因此许多地理学家现在尝试另一种方法。他们不是试图在各种流周围划分界线,而是提出问题"如果我们把世界看成是由各种流组成的,并试图改变我们的思维模式以适应那种看法,那将会怎样?"(Urry,2000:23)这个问题不易回答,但我们现在看到了一整套方法,正在试图开始把运动看成起点而不是终点,并且强调固执的财产概念的移动特性。例如,有一种所谓行为主体—网络(actor-network)理论,它试图描绘出行为主体就是网络本身的那种循环;事物一起通过网络运动具有力量(包括那些形成稳定空间的力量),而当它们没有连网的时候就不具备这种力量。有一种关于商品链的研究,试图在地图上绘出商品如何沿着跨越世界的路径而汇聚到一起。女性主义理论家像卢丝·伊里加里(Luce Irigaray)和伊丽莎白·格罗斯(Elizabeth Grosz)等做过一些工作,寻找一些空间形象,能够表达建立不寻常的、更流畅空间的雄心。正在出现一种更豪华的词汇表以配合这些方面的雄心:事件以及结构、航线以及线路、转化与生成以及系统与存在——这一切都意味着从集装箱式的思维束缚中把思想解放出来。

反过来,正在构筑各种分异的新空间,对于时而快速时而和谐的各种生活方式的试验,提出一套关于可能是何种空间的问题而不是给出确定的答案。正如格罗斯(Grosz,2001:130)所提出的:"空间的功能怎能有别于其一贯起作用的方式?以另一种方式居住的可能性是什么?另一种方式扩展的可能性是什么?生活关系亲疏不同的可能性是什么?"全世界的地理学家如今都在研究并参与能够开始回答这些问题的空间试验。这些试验范围深远广阔,从重做我们叫作与"原始"有关的那种试验,到与日常生活有所不同的那种试验,直到试图建立一个新型地球的那种试验(Blunt and Wills,2000)。因此,谁也不太清楚他们在做什么。

四、第三空间:图像空间

第三类空间由可称为图画或图像的东西组成,由于世界魔术般变出来的所有联系,后一称谓或许更好。在过去,提及图像的时候很可能想象出一幅正规图画的概念。但今天,图像呈现各种形状和大小——从图画到照片、从肖像到明信片、从宗教偶像到草原景观,从美术拼贴到摹仿作品、从最简单的图解到最复杂的动画片(关于地理学家如何和为何要研究图像,又见第四章和第十七章)。图像是空间的关键元素,这一点是确定无疑的,因为正是通过这些图像,我们才能牢记周围的空间并想象它们未来会发生什么变化。这一点甚至更加重要,因为我们日益生活在这样的世界上,其中像新闻之类事物的画面可能就像事物本身那样重要,甚至更加重要,或者可能在很大程度上就是事物的组成部分(如商标或媒体名人)。图像之所以具有强大渗透力的部分原因,是我们今天生活在这样的世界上,到处是各种屏幕,连续不断地生产着图像大餐。今天这些屏幕是如此无孔不入,以至于我几乎不理会其存在(McCarthy,2001)。因此,我们发现电视屏幕的普及不仅在家里,而且遍及酒吧、机场、商店、大商场和写字楼,在收拾房间、办公室、书房和卧室时也会发现到处是电脑屏幕,而且在机场、车站以及网吧中,供公众使用的屏幕也日益增多。50年来屏幕的异常增殖产生了一个格外豪华的图像王国,改变着我们对空间的看法。

这种变化能够联系到另一种情形,其中我们对图像空间的想法正在改变。在过去,某种图像常常创造出与其相似的空间。例如,某种空间对称性观念帮助产生了帕拉第奥式(Palladian)的景观[①],而某种现代主义的敏感性则帮助产生那种布局严谨而带有禁欲主义建筑风格的景观,至今在许多城市居住区中仍能找到。但是图像的大量增加使得直截了当地解读这样的空间图像日益困难。它还显示出图像中一个迄今常被忽视的问题:它们是复杂的斡旋过程的结果,而斡旋本身是有内涵的。例如,布鲁诺·拉图尔(Bruno Latour,1998)表明,像宗教画之类的作品如何能够包含各种媒介,其中每一种都可能是空间意义上的载体——清漆、经销商、赞助人、助理、地图、测量仪器、图表、海图、天使、圣徒、礼拜者——其中每一种都有自己复杂的相互交织的地理学。这样的例子还表明,对于一个包含在图像中的世界并无直接的含义,有的只是一套永无休止的变革——或者是拉图尔所称的"烹调步骤"——每一步都涉及解读与差别颇大的图像处理方法。

如果现在存在着如此之多的空间以如此多样的形式环绕在我们周围,显然它们必须争相

---

① 译注:帕拉第奥是16世纪意大利建筑家。

吸引我们的注意力。图像空间的这个问题正是我想在本节的结论中指出的。因为很显然，注意力问题可能是今天图像地理学（geography of images）所面临的压力最大的问题（Thrift，2003）。当我们被暴风雪图像吸引的时候，为什么我们注意某些图像而不是其他图像？在19世纪，注意力问题曾是对空间进行辩论的主要因素。后来沃尔特·本杰明（Walter Benjamin）和乔格·西梅尔（Georg Simmel）等继续进行研究，他们认为图像无休止的倾泻使人们形成了一副精神甲壳，使他们免遭这种连续的轰炸，一种正在城市出现的甲壳，作为新的和被研究的社会时尚（如犬儒主义和厌倦享乐的态度），建造了某种程序化的注意力。然而，电影等大众媒体的发展也为新的移动图像的出现提供了机会，这在一定程度上削弱了这些社会风尚并对空间产生新的理解。

在21世纪，我们能够看见这场辩论正在重演，因为地理学家在考虑一些途径，其中新的图像形式正在又一次提供新的社会病理学与文化病理学，但也提供新的机遇，正如我们在屏幕与图像全面普及的案例中所看到的情况。我们可以把所有这些新图像装入一个叫作"后现代主义"的大口袋中（Harvey，1989），把这些图像合成一幅巨大的资本主义奇观，但是最好只做目前地理学家正在做的事情，并努力查看各种图像及其地理学的制作步骤，试验每个步骤的潜力，告诉我们对世界的看法有什么新的东西。当然，这需要长期的艰苦努力，需要许多方法论方面的经验（Rose，2001）。同时想要借助一幅固定的大图画比如后现代主义把它描绘出来要更困难得多。但这也许不是一件那样坏的事情。总之，图像方面工作持续的危险之一是对其重要性的过分重视，而不是将其视为不过是另一套平常的视觉工具与实践，使我们能够看到某些事物而不是其他事物，并由此构建某些空间而不是其他空间。

五、第四空间：地方空间

最后一类空间是被理解为地方的空间。我对"理解"的说法比较宽泛，因为我们绝不能完全理解地方的性质（有关空间的全面讨论见第十章）。其中原因正是地方似乎是经常与一种天然寄存器（natural register）的想法等量齐观。无论是梭罗的瓦尔登湖寂静的壮丽，还是城市飞地喧闹文化的真切，地方都在某种程度上比空间更加"真实"，这是一种人本主义确定性所证实的思维方式和这样一种想法，即某些地方比其他地方更"人性化"一些；这些地方就是那些社团能够更容易实现（或至少接近于）西方特有的、关于人类应该使之成为存在物这种思想的地方。但是其他地理学家却置"人类"与"存在物"这两种确定的概念于不顾。他们更感兴趣的是通过实验来检验"人类"与"存在物"的界限，并在这个过程中开始指向新型的空间。

无论是哪种情况，所有对地方进行研究的人似乎都同意，地方是由一些存在物的特殊韵律组成的，这些韵律证实并接纳某些空间的存在。他们往往使用"日常生活"之类的词句来说明一种方式，即老百姓通过遵循存在物日常的韵律，希望世界持续不断地被发现，并由此有助于准确地达到那种效果(Lefebvre,1996)。问题是存在物的韵律变化如此巨大，以至于这样的词句往往只提供所发生情况最空洞浅薄的含义。之所以存在变化的问题，不仅由于存在着如此之多的各种存在物的韵律，还由于当我们密切地注视着日常相互作用的细节的时候，那些被我们视为不光是常规的东西而是各种各样创造性的即兴作品，根本不是什么常规的东西(尽管它们可能具有允许那种常规得以继续存在的作用)。这样，在日常生活中，引人注目的是人们如何能利用这样的事件，在这些事件中他们几乎无法开发能够稍微显示其权威的狭小空间。利用讲话、手势以及更一般的形体动作，他们能够开发他们已经控制的一些相互作用的小片地区(见第十三章关于弹力与阻力的论述)。很明显，这个过程中很重要的部分，是我们称之为地方的空间意识。因为地方不仅提供各种各样的资源(诸如能容许某些相互作用而不许其他相互作用的空间布局)，还提供记忆与行为的暗示。在十分真实的意义上，地方就是相互作用的一部分。

有一件事似乎得到了广泛同意，就是地方涉及具体化。很难设想身体以外的地方。例如，设想一次乡间散步，地方不仅是由两眼所见的景色组成的，还有在山谷中登高趋低，树林中的风吹鸟鸣，触摸围墙和树枝，以及被践踏的野草和肥料的气味。或者设想一次城市中的散步，地方也不仅是由两眼所见的其他人或广告牌或楼宇组成，还有交通与谈话的噪声，同售票机与扶手的接触，以及废气与烹调食物的气味。一旦我们开始以这种方式想到地方，我们也就开始注意到我们先前未曾见到的事物。这样，现在就兴起了一种正在茁壮成长的工作，研究声音(尤其是音乐)是如何引起我们对地方的遐想的(Leyshon *et al.*,2000)。触觉与嗅觉等其他感觉也开始得到了应有的注意[3]。

但是这里存在一个重大问题。我们所说的"身体"是什么意思？这正是最引人入胜的地方。因为虽然可以把身体看成是被皮肤包裹的肌肉，但目前所有看法都认为这种集装箱式的观点过于简单了。可能更有意义的是把不可分割的身体视为某种复杂得多的物体的一部分，把它视为一个大型空间舞会中身体、事物和地方的其他"可分割"部分的一环，它们不断对碰撞作出反应，从中演化出来的不是不可分割的意识，而是可分割的"地方观念"(awhereness)。这个大型舞会特别是由爱与恨、同情与厌恶、妒忌与绝望、希望与失望等"感情"游戏结合到一起的。感情往往被认为不过是一个描绘情绪的优雅词语，但其含义显示某种因身体之间的碰撞、一种关系的调整而造成的非个人的、客观的力量，由此造成行动潜力的提高或降低。在产生感情的过程中，地方(被理解为复杂的具体化过程的一部分)是一个至关重要的参与者，这特别是因为它可以通过改变所造成的感情联系而改变一次碰撞的组成。因此，众所周知，某些地方能够而且的确以某种方式使我们恢复知觉，而另一些地方则恰恰相反。正是地方的这种富有表现力的性质，近来导致地理学对表演的重视(见第四章)。因为通过对某一种表演的试验(从艺术到舞蹈到戏剧)，就有可能表达这种感情游戏的某些方面，并且利用由此得到的对地方的这种理解来创建一些地方，能帮助产生得到授权一样的感觉，以及我们目前常常认同的有创造潜力的状态,就像把酒衔杯、迎风站立在山巅或是被一段恢宏的新音乐而感动的状态。换言之,对地方进行研究的地理学家已经开始加入一种政治之中,专注于释放更多的空间潜力,并建立一些新空间。

六、结语：联合起来的空间

目前引人入胜之处是地理学家正在试图把四类空间联合起来,这部分地是由于社会科学与人本主义用在这方面的模型以前所未有的方式爆发出来。过去雄心勃勃地想把各种空间联合起来的许多理论模型只不过是模拟它们周围优势系统的指令与控制模型(command and control models)。例如,早期马克思主义的资本主义空间模型,通过把一些"小"空间嵌套到"大"空间中的办法造成空间联合,并认为"小"空间是"独特的",而"大"空间是"一般的"(又见第十二章)。但是,现在这种简单的"大""小"差别不起作用了。我们再也不能确定何者为大何者为小,何者为一般何者为独特。相反,如同我们在所研究过四类空间的每一类所看到情况的那样,以颇不相同的方式——能够提示新的"地方意识"的方式——对空间思考的求索已经开始。

这一点联系到我要述及的一个最重要的论点,这就是我们一旦能够把权力只视为指令与控制的时候,所有这些思考空间的方法,都是试图重新思考权力是由什么组成的(Allen,2002)。因此关于空间经验性解释的新思维牵涉到真正把各种可行途径组合到一起的长期艰苦工作,尤其是像当前那样,这些途径要能够扩展到全世界。关于无障碍空间的新思维牵涉到把世界重新描述为流与连续改革的困难任务。关于图像空间的新思维,当图像传播包括大量中间体的时候,要牵涉到对图像是如何传播与保持稳定的思考。关于地方空间的新思维牵涉到了解日常生活韵律间隙的尝试,通过这些间隙新的表演得以进行。通过修正我们所珍视的空间技术,我们现在看到的是新的空间被想象为存在物,并且很清楚,这些想象的行动都是意义深远的政治行动;我们常常认为是空间的"抽象"概念,其实是我们存在物组织的一部分,而改变我们对那些概念的想法就意味着改变"我们自己"。

本章小结

- 空间因建造与维护把不同事物(人体、动植物、人造物、景观)排列起来成为共同体的连续艰苦工作而产生。所有不同类型的空间都能够存在,而且的确存在,这些空间类型可能相互联系,也可能没有联系。
- 为简明起见,有可能识别出四类不同的空间:经验空间、开敞空间、图像空间和地方空间。
- 经验空间是指借以建造日常生活结构的过程。

- 开敞空间是指借以建立相互作用的常规通道的过程,环绕此类空间常可划出边界。
- 图像空间是指图像增殖借以产生对空间新理解的过程。
- 地方空间是指这样的过程,借助于这种过程,空间被处理为表露感情潜力与其他具体潜力的方式。

进一步阅读文献

人们用种种方式描述空间。克拉格和思里夫特所著《思考空间》(Crag and Thrift 2000. *Thinking Space*)一书记述了空间的各种概念,被各种学科广泛引用。安德森所著的《文化地理学手册》(Anderson 2003. *Cultural Geography Handbook*)、格雷戈里的《地理学想象》(Gregory 1994. *Geographical Imaginations*)、哈维的《后现代主义状况》(Harvey 1999. *The Condition of Postmodernity*)、思里夫特的《空间形成》(Thrift 1996. *Spatial Formation*)和马西的《空间、地方与性别》(Massey, 1992. *Space, Place and Gender*)等著作在地理学科内对空间性质论述的各种尝试是很明显的。最近,许多地理学家在思考空间的复杂性与丰富性时,开始引用行为主体—网络理论。例如,拉图尔(Latour,1997)在赫瑟林顿和劳主编的《环境与规划 D:社会与空间》(Hetherington and Law 2000. *Environment and Planning D:Society and Space*)专刊上刊登的作为这些思想导论的论文——"常识"(Common Knowledge)。

注:上述文献详见本章参考文献。

注释

[1]这有点儿不公平。这条规则的例外包括那些曾对地图学与航海术历史感兴趣的人的工作,如已故的伊娃·泰勒(见 Taylor,1930)。
[2]我本应选择许多其他例子——例如,英国测量的历史和瑞士制图的历史(Gugerli, 1998)。
[3]这个步骤同样强调空间是如何以各种方式被赋予形状。而且,如果空间被赋予了形状,它就会很活跃地性别化。因此,回到本章的开头,空间具有无数性别问题(见 Pile and Nast, 2000)。

参考文献

Alder, K. (2002) *The Measure of All Things: The Seven-Year Odyssey and Hidden Error that Transformed the World*. London: Little Brown.

Allen, J. (2002) *Hidden Geographies of Power*. Cambridge: Polity Press.

Anderson, K., Domosh, M., Pile, S. and Thrift, N. J. (eds) (2003) *The Cultural Geography Handbook*. London: Sage.

Barcan, R. and Buchanan, I. (eds.)(1999) *Imagining Australian Space: Cultural Studies and Spatial Inquiry*. Nedlands: University of Western Australia Press.

Blunt, A. and Wills, J. (2000) *Dissident Geographies*. London: Longman.

Crang, M. and Thrift, N. J. (eds.)(2000) *Thinking Space*. London: Routledge.

Gregory, D. (1994) *Geographical Imaginations*. Oxford: Blackwell.

Grosz, E. (2001) *Architecture from the Outside: Essays on Virtual and Real Space*. Cambridge, MA: MIT Press.

Guedj, D. (2001) *The Measure of the World*. Chicago, IL: Chicago University Press.

Gugerli, D. (1998) 'Politics on the topographer's table: the Helvetic triangulation of cartography, politics and representation', in T. Lenoir(ed.) *Inscribing Science: Scientific Texts and the Materiality of Communication*. Stanford, CA: Stanford University Press, pp. 91-118.

Harvey, D. (1989) *The Condition of Postmodernity*. Oxford: Blackwell.

Hetherington, K. and Law, J. (2000) 'After networks', special issue of *Environment and Planning D: Society and Space*, 28.

Katz, J. and Askhus, M. (eds.)(2002) *Perpetual Contact: Mobile Communication, Private Talk, Public Communication*. Cambridge: Cambridge University Press.

Latour, B. (1997) 'Trains of thought: Piaget, formalism and the fifth dimension', *Common Knowledge*, 6: 170-191.

Latour, B. (1998) 'How to be iconophilic in art, science and religion?' in C. A. Jones and P. Galison (eds.) *Picturing Science, Producing Art*. New York, NY: Routledge, pp. 418-440.

Lefebvre, H. (1996) *Writings on Cities*. Oxford: Blackwell.

Leyshon, A, Matless, D. and Revill, G. (eds.)(2000) *The Place of Music*. New York, NY: Guilford.

Massey, D. (1992) *Space, Place and Gender*. Cambridge: Polity Press.

Massey, D. and Thrift, N. J. (2002) 'The passion of place', in R. J. Johnston and M. Williams(eds.) *A Century of British Geography*. Oxford: Oxford University Press.

McCarthy, A. (2001) *Ambient Television*. Durham, NC: Duke University Press.

Pile, S. and Nast, H. (eds.)(2000) *Places Outside the Body*. London: Routledge.

Rose, G. (2001) *Visual Methodologies*. London: Sage.

Taylor, E. G. R. (1930) *Tudor Geography 1485—1583*. London: Methuen.

Thrift, N. J. (1996) *Spatial Formations*. London: Sage.

Thrift, N. J. (2003) 'Bare life', in H. Thomas and J. Ahmed (eds.) *Cultural Bodies*. Oxford: Blackwell.

Urry, J. (2000) *Sociology Beyond Societies: Mobilities for the Twenty-first Century*. London: Routledge.

第六章 空间:自然地理学为空间腾出地盘

马丁·肯特(Martin Kent)

本章内容界定

地理学家不善于给空间下定义。《牛津英语词典》中空间的定义有二:①"一个连续的范围,既可以考虑也可以不考虑其中存在的事物";②"视为具有一维、二维或三维的一些点或事物之间的间距"。地理学家主要兴趣在于空间内的事物和它们的相对位置,包括各种现象的描述、解释与预测。空间中事物之间的关系乃是地理学的核心。

一、导论

空间概念在地理学中的重要性总是引起争论(Gatrell,1983;Unwin,1992;Holt-Jensen,1999),而无论地理学和地理学家是否应该首先着重于,或者只在最低限度上承认其重要性,这个问题仍然是本学科最基本的问题。本章从自然地理学的背景来考察空间的概念(人文地理学对空间的看法见第五章)。本章开头指出,近几十年来自然地理学家忽视了对其研究对象至关重要的空间维,并探讨造成这种现象的可能原因。然后考察被主要子学科认可的制图的空间单位与方法,进而考虑自然地理学中相对薄弱的空间综合。最后提出生态学等相关学科的新技术与新进展,给自然地理学家提出了增强新空间意识的令人振奋的可能性。生物地理学新近的进展是在自然地理学中提供了"空间复苏"的前兆。

二、被忽视了的空间

毫无疑问,自然地理学家一般都不像他们的人文地理学对手那样乐意或能够在学习和研究中突出地把空间作为重点。通过对最近论述(自然)地理学哲学性质的课本(例如,Haines-Young and Petch,1986;Stoddart,1986;Haggett,1990;Rogers et al.,1992;Unwin,1992;Rhoads and Thorn,1996;Slaymaker and Spencer,1998;Holt-Jensen,1999;Gregory,2000)的查阅,揭示了自然地理学中把空间作为重要概念论述者少之又少。格雷戈里(Gregory,2000:287)罗列了11个"自然地理学信条",其中第一条是重视"空间观点"(spatial perspective),然而,不可思议的是,"空间"(space)一词竟未出现在索引之中,只有一处提及"空间分析"(spatial analysis)。

1960年代空间分析为地理学提供了一个统一的主题(Unwin,1972),并强调地理学家应该"注意一个地区内各种现象的空间排布,而不必拘泥于这些现象本身"(Schaefer,1953:228)。大多数进展发生在人文地理学而不是在自然地理学中,尽管进行了某些尝试以展示空间分析对自然地理学的潜在意义,尤其是董康普和金(Doormkamp and King,1971)以及乔利(Chorley,1972)的研究。在空间分析中,距离概念是至关重要的,传统上在三维的欧几里得空间观中表现为两点之间的一条直线,或一个可能被任何现象占据的三维容积。盖特里尔(Gatrell,1983)强调这就是"绝对空间"的概念。人文地理学家迅速发展了关于空间与距离的新概念——例如,"时间距离""费用或经济距离""认知距离或感知距离""社会距离"等(Unwin,1992)——所有这些都把距离视为一种相对的现象("相对空间")。最后,这些进展导致了人文地理学家对空间分析的反对,其中许多人现在把空间视为一种社会结构。

相形之下,在自然地理学范围内,距离的概念仍然是强烈的绝对空间、以欧氏几何术语定义的空间、米制的空间。也许我们本应指望一贯强调绝对空间的自然地理学家接受这项挑战,更侧重于空间分析。但是,他们一般都选择反对这种途径,贬低或无视空间分析。自然地理学家对空间的贬低可能与另外三种观点有关,即自然地理学专业的核心不是区域,而是人类与环境的关系、过程与时间维(度)。

这样,学界普遍所持的第一个观点是,自然地理学主要是关于人类与"环境"的关系以及对环境的影响,从而导致环境管理的需求(Briggs,1981;Pacione,1999)。虽然关于人类活动对一切自然系统和环境系统的影响绝对是毫无疑义的,但是对处于地理学核心地位的区域而言,在自然地理学与最近才发展起来的环境科学二者之间的差别方面产生了一些有趣的问题。环境科学只不过是没有空间分析的自然地理学(和某些人文地理学)? 更加带煽动性的提法是,如果自然地理学家在主题中贬低或无视对空间的强调,从根本上说他还是真正的地理学家吗?

有意思的是,有关自然地理学的一本最畅销的教科书[戴维·布里格斯(David Briggs)等的《自然地理学基本原理》(*Fundamentals of Physical Geography*)]自1985年出版以后,1997年再版时书名改为《自然环境基本原理》(*Fundamentals of Physical Environment*)。现在针对地理专业学生和由地理学家编写的其他核心教材也主要以"环境学的"(environmental)而不是以"地理学的"(geographical)的名义出现。虽然这部分地是出自出版商和作者都想要充分占领地理学和环境科学各种学位市场的狡诈,但从中也许也可以视为它凸显了许多自然地理学家的犹豫不决,既想把空间和空间分析置于自然地理学的核心地位,又想把地理学简单地等同于环境科学的倾向。

其次,一种常被引用的说法是自然地理学家研究"格局与过程"。"格局"一词具有清晰的空间内涵,与关心空间现象描述的地理学家的思想有着紧密联系。另一方面,"过程"一词与

（空间）格局和分布的解释有联系，并关系到对格局如何产生的理解、对其背后的功能性模型的理解，以及对格局如何可能随时间而变化的理解（Stoddart，1997）。最近，自然地理学家倾向于以牺牲格局与空间方法为代价，过分强调过程（并因此过分强调功能与解释）的重要性。

近来许多自然地理学家业已把重点放在环境变化和时间的重要性上面，我们考虑第三个替代观点以及新近的重点时再次强调这一点。时间与过程密不可分。斯莱梅克和斯潘塞（Slaymaker and Spencer，1998）对这种通用方法作了出色的介绍，他们展示了理解过去气候与环境可变性问题的实用性，以及人类活动对当前与未来环境管理和气候变化日益增强的影响。过去 30 年来第四纪科学与古环境研究已经深入自然地理学的核心，对全新世环境变化的研究取得了重大进展（Roberts，1998）。虽然环境变化无疑是以自然地理各要素空间格局随时间变化的形式表示的，但是主要重点是时间的变化以及对其后面过程的了解。此类研究对于告知气候与环境变化对人类施加压力响应的预测至关重要。尽管这一点十分重要，但是对时间的强调是以对空间的忽视为代价的。早在 1987 年，克拉克等（Clark et al.，1987：384）就在他们主编的有关自然地理学的著作得出结论："空间概念固然重要，但目前相对于时间行为的阐明尚处于从属地位。"

当然，空间与时间紧密相连，自然地理学家确实意识到这一点（Schuman and Lichty，1965；Harrison and Warren，1970；Lane，2001）。马西（Massey，1999：273）在述及自然地理学与人文地理学之间的关系时同样表达了空间相对地被忽视的一般看法："我迄今所探索过的辩论中，时间与历史性均占优势，相形之下，空间处于一种非常低的地位。"历史只要缺失和（或）没有达到像理性地对待时间那样的深度，就被人们认为是受到了轻视。要把空间和时间完全分开是不可能的，任何这样的企图也是人为的。然而，问题仍然是，在大多自然地理学中时间维（度）往往比空间受到更多的注意。

总之，对空间分析一般不感兴趣（除了下文要讨论的特殊例外），以及作为自然地理学核心的环境、过程和时间的兴起，意味着自然地理学家不甚担心其专业中空间基础的实用性与重要性。

三、自然地理学的空间概念和空间单位

回顾一下自然地理学主要子学科所承认的常规空间单位和制图方法是有益的（图 6.1）。然而，尺度立即成为重要问题，因为对所有子学科来说，为了研究和管理而使用的空间单位和制图方法可以在各种尺度上予以定义和完成（见第十一章有关尺度的论述）。空间单位也往往在这些尺度范围内相互嵌套着。近 30 年来在自然地理学各部分中，也许生物地理学可以表明与自然地理学的空间问题最相一致。

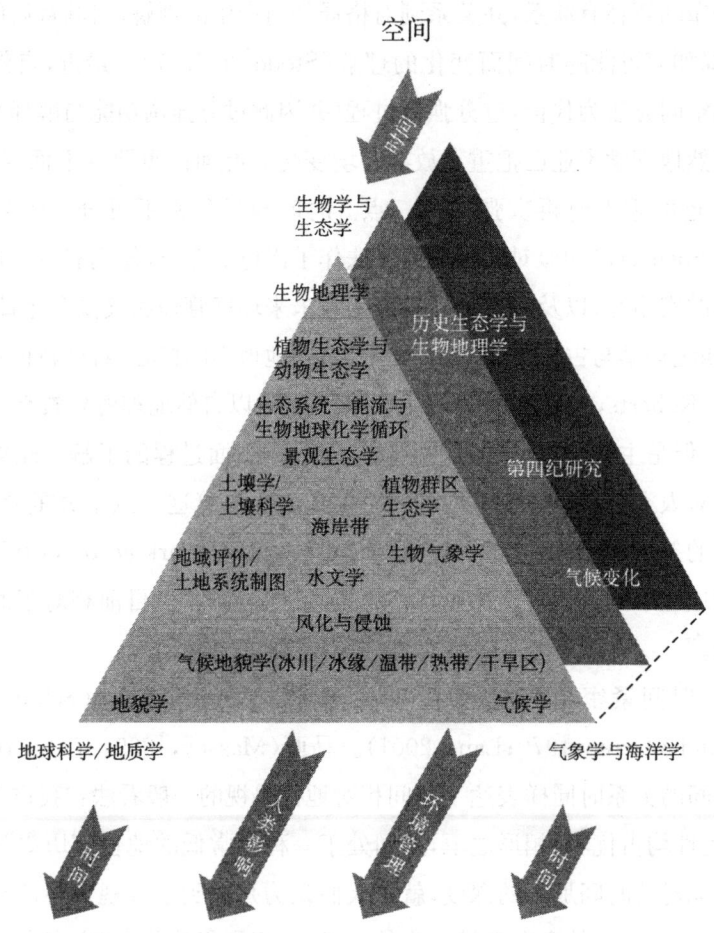

图 6.1 自然地理学各种成分及其在时间与空间中的关系

(一) 生物地理学

1. 生态系统与植物群落的概念

生物地理学中两个主要范例中的第一个是坦斯利（Tansley, 1935）所描述的生态系统的概念。然而，生态系统概念的空间表述联系着第二个关键范例，即植物群落（plant community），或更一般的生境（habitat）。在未经改造的环境中，植被或生境就是某种生态系统的"外部标志或可见标志"，因为正是在植被或生境之内或下面，生存着、供养着、繁殖着所有更高的营养级。因此植被或生境通常代表着对生态系统进行关键性阐释的空间概念，而制图或空间描述常常是基于植被外貌和（或）植物种类变化程度两方面来完成的（Kent and Coker, 1992; Hugget, 1998）。植物群落和生态系统类型究竟能否制图并因此能够真的给予空间表现的问题，它们究竟是否连片分布而不是一系列可制图的类型的问题，这些问题仍然在生态学家和植物地理学家之间存在严重争论，甚至对于可以把这些类型视为"具体的"可制图的类型而不是"抽象的"

类别这样的想法也仍有争论(Kent and Coker,1992;Kent et al.,1997)。新近完成的工作包括现已认识的主要植被类型的英国全国植被分类(National Vegetation Classification,NVC)(Rodwell,1991—2000),清楚地展示了这个问题,主要分类从根本上被"抽象"了,但许多实例以"具体的"NVC 类型出现在英国各地(例如 Dargie,1998)。某个地区内不同植物群落/植被类型之间边界、过渡或生态过渡带的性质往往轻易地被生物地理学家和生态学家所忽略。同样,用于数字化分类的多变量分析的应用,以及常常使用马洛赫(Malloch,1991)和希尔(Hill,1991)的计算机程序 MATCH 和 TABLEFIT 进行类型之间"过渡性"植被样本的分类与"拟合",也仍存在高度争议(Kent et al.,1997)。

因此,植物群落或生境以及生态系统的划分与随后的制图充满困难。能够具体表现的细节水平常常很低,植被类型降低为概括化的生境,生境之间界线的划分常常是武断的。80 年代和 90 年代英国所进行的植物群落制图工作中第一阶段的生境制图计划提供了一个出色的例子。概括化水平常常是如此之高,以致所制成的成果图相对地没有什么价值,出于各种实际理由,许多此类图件的精度因而受到质疑(Cherill and McClean,1999)。本章结论部分把边界识别问题凸显为一个重要的、新的、有潜力的研究领域。

2. "生态学距离"的概念

植物生态学、动物生态学和生物地理学同样代表了自然地理学中应用另一种距离概念的领域。在植物群落和动物群落数据中进行格局研究,通常包括多元分析法的应用(Kent and Coker,1992;Waite,2000)。正如盖特里尔(Gatrell,1983)所指出的,生物学家业已设计出无数(不)相似系数,用以评估群落组成样本之间匹配的程度(degree of matching)。其中许多具有"公制"的性质(即基于欧几里得空间概念)——丝毫不是欧氏距离系数本身(Kent and Coker,1992;Waite,2000)。在"分类技术"的一般标题下,根据物种组成制定的无数样本制图方法表述为"生态学距离"——例如,非公制的多维尺度、主成分分析法和各种相似分析法(correspondence analysis)等。因为所有物种组成样本都是在空间中采集的,因此就有可能把真实的空间距离(绝对空间)与表现为各种"生态学距离"(相对距离)的物种组成变化联系起来。这样做尽管很方便,但是这样的分析却遇到大量空间变形问题(Kent and Coker,1992)。

3. 单个物种制图

生物地理学中空间表述的另一种重要形式是单个物种分布图,常常也是着眼于了解物种的耐受范围和环境管理。对于稀有物种与濒危物种而言,改变这些图上物种的分布是生物保育极其重要的手段。在英国,业已完成 10 km^2 网格的大多数生物组群(group of organism)单个物种分布图(Perring and Walters,1982;Centre for Ecology and Hydrology,2001;Preston et al.,2002),欧洲和全世界其他地区同样的制图项目也日益增多。然而,对较高营养级的动物群与物种集合(species assemblages)进行制图,尽管有所认识,但相对于单个物种而言仍属罕见,因为动物存在于由植被提供的生境之内。

4. 随时间变化的空间分布——第四纪与历史生物地理学

对物种和群落随时间变化进行制图被纳入第四纪科学和历史生态学/生物地理学领域(图6.1)。该领域大多数研究工作再次在个体和群落分布两方面随时间的变化提供了"抽象"的变化概念,而不是那些变化的"具体"空间制图。如同上述,大多数解释和推断也集中于时间变化而不是空间变化。目前的趋势朝着对泥炭、湖泊、沉积物和海洋钻芯中微体化石与环境指示体进行高分辨率描述与分析,这有助于把短期的急剧生态变化与长期的地质时代联系起来,这种趋势进一步强调了时间变化。

5. "遍历假说"[①]——以空间代替时间

生物地理学家和生态学家还经常通过"遍历假说"把空间和时间联系起来。该项假说作为一种权宜的研究策略,把空间上不同区域视为时间上不同阶段(Chorley and Kennedy,1971; Bennet and Chorley,1978)。演替过程研究就是经典例子:在局部地区内的某一时刻,选取不同地点或空间单位代表该地区长期物种变化序列。同样的方法业已应用到地貌学的地形发育研究之中(Chorley and Kennedy,1971)。

6. 土壤与土壤学

土壤与土壤学在传统上被视为生物地理学一部分,但是也理所当然地联系着地貌学。土壤制图同样存在着植被制图所遇到的那些问题,对于任何区域的一系列土壤"类型"一般都以"抽象的"意义进行描述,但是常常难以对那些类型"具体地"进行精确制图(White,1997;Gerrard,2000)。定义与认定土壤类型或土系的土壤分类问题和植被分类问题非常相像,在这种意义上多元分析、数字分类与分级技术的使用仍有争论(Webster,1977、1985)。因此再次强调边界确认与划分问题。

7. 景观生态学——新的空间科学?

过去10年来生物地理学的生态学方面接受了景观生态学途径和方法论(Forman and Godron,1986;Forman,1995;Kupfer,1995;Kent et al.,1997)。景观生态学关心某个景观或区域内植物群落和土地利用类型空间格局的描述、分析与解释(见第十章)。景观是由任何局部区域内镶嵌分布的"斑块"组成的。景观内斑块尺度上斑块的镶嵌可以聚集为景观尺度,而且较高和较低尺度二者均可以在景观尺度以上或在斑块尺度以下予以确定(图6.2)。这些单个斑块具有不同的"自然度",并且可以识别出人类影响和修饰强度各异的斑块类型谱,称为土地利用类型。线形斑块和外貌,如河流和树篱等,称为廊道,不同类型斑块或廊道之间的边界是相当有趣的。

景观生态学方法论与近年来遥感和地理信息系统(GIS)的发展密切相关(Hainse-Young et al.,1993;Bissonette,1997;Klopatek and Gardner,1999;Farina,1998、2000;Turner et

---

[①] 译注:原文为 ergodic hypothesis,统计学术语,中文译为"遍历假说"或"各态历经假说"。

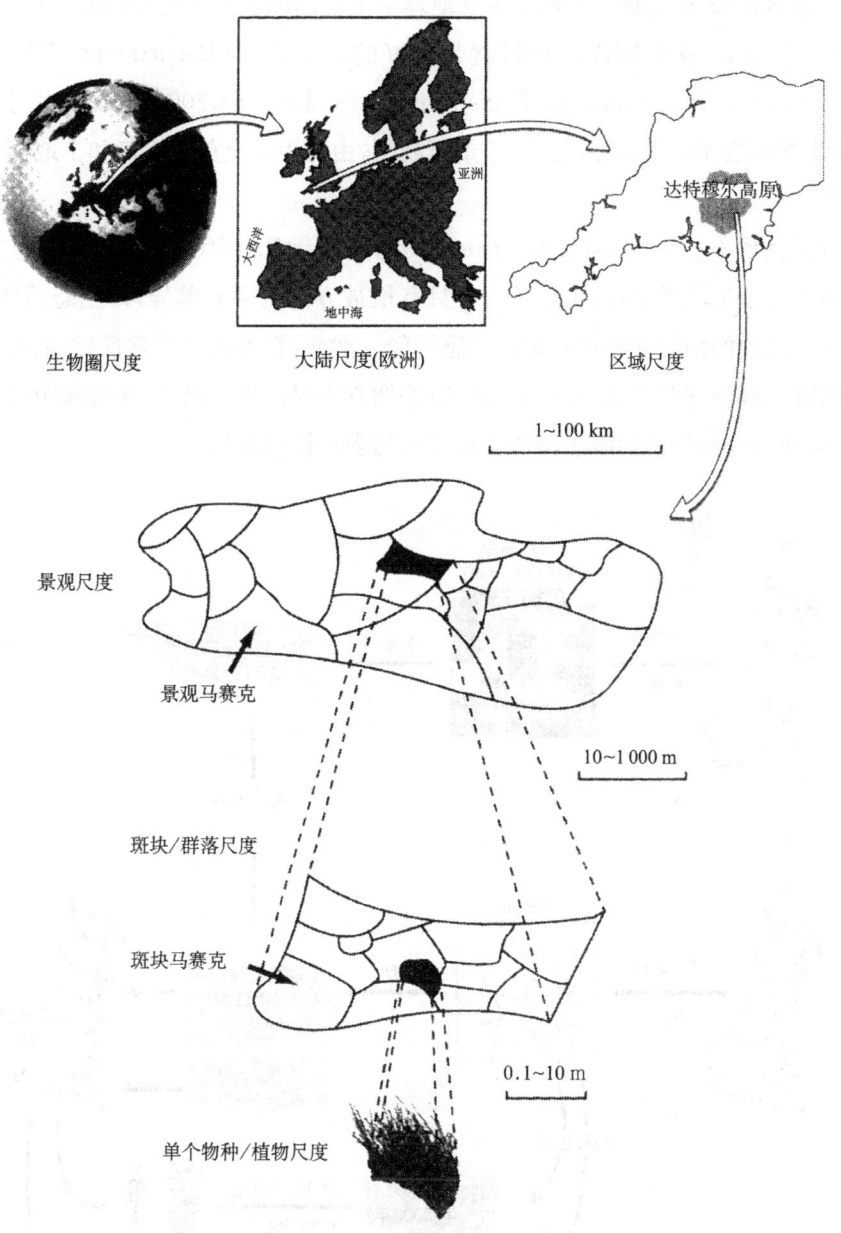

图 6.2　景观生态学全部尺度中"斑块"和"景观"的基本尺度

al.，2001）。斑块的识别首先要有基于其生态学属性和土地覆盖类型内土地利用属性的斑块分类。某种类型的斑块一旦确定，就可以根据与大小、形状和碎裂化有关的无数参数进行研究。现在已经有了用以对景观斑块进行空间描述与分析的各种计算机软件包，其中最著名的是基于 GIS 程序的 FRAGSTATS、ArcInfo、ArcView 和 ArcGIS（McGarigal and Marks，1994、2000；ESRI，2001）。

景观生态学、GIS 和遥感的出现为生物地理学生境制图提供了有价值的工具,英国乡村调查所在 1978 年至 2000 年完成的项目就是最好的例子之一(Department of Environment, 1993;Department of Environment, Transport and the Regions,2000)。现在乡村调查所利用遥感、野外调查和地理信息系统,每 10 年重新制图,由此表现全英国生境和土地覆盖变化的空间普查资料。

在乡村信息系统(Countryside Information System,CIS)中(图 6.3),从遥感数据产生的主要类别属于综合生境类型,这主要是由于只有植被方面的主要差异,即生态系统的面貌,而不是植物种类组成的细节才能被收集成遥感影像。然而,在地面上所有景观/生境类型内重复进行广泛的野外调查弥补了这方面的不足,野外调查不仅产生了以 10 年为间距的生境范围内变化的数据,而且还有植物和淡水动物物种丰度与多样性的数据。

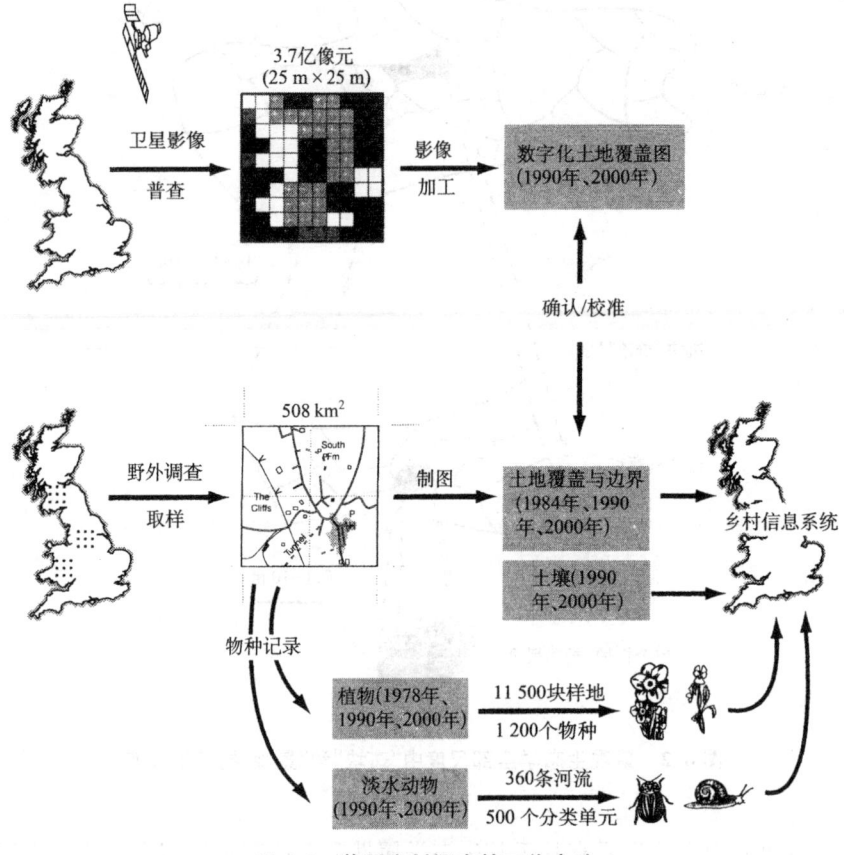

图 6.3　英国乡村调查的工作方法

资料来源:引自 Department of Environment(1993);Department of Environment, Transport and the Regions/Centre for Ecology and Hydrology(2000)。

（二）气候学

1. 气团和锋

对环境的动态部分历来存在争议，表示气候学的空间单位是气团及其数不清的各种性质以及表征气团间边界特征的锋。气团和锋二者在空间和时间上均处于永恒变化之中。不过，地球上主要的气团和锋带业已得到充分认识（Briggs et al.，1997；Barry and Choley，1998；Goudie，2001）。同样，气候类型也已得到认识和分类（Oliver，1991）。由于地形变化以及陆地和海洋在空间上相对接近，主要气团内相应地出现更细微的动力学变化和相互作用。任何随时间变化的天气图或天气图系列都表现了气团不断变化的空间格局，以及气团之间锋的性质。现在极端气候事件的空间和时间格局都是气候学极其重要的部分，具有重大的社会、经济乃至政治后果（Perry，1995）。对极端气候事件规模与频率及其空间表现的研究是当前自然地理学对灾害研究的重要贡献。

2. 气象学

气象学研究气候学所描述格局背后的过程，广大时空尺度范围内气团和锋类型变化的预报是天气和气候预报预测的根本，也是气象专业的核心。然而，本节只能简要地强调一点，即自然地理学中空间概念可能是对最难对付的，其中最困难的部分就是气候学，这主要是大气圈过程变化无常的性质所致。

（三）地貌学与水文学

1. 流域是地貌学和水文学的空间单位

过去 30 年来，也许对地貌学和水文学最重要的空间单位就是联系着陆地水文循环功能系统模型的流域、集水区或分水岭（Chorley，1969；Gregory and Walling，1973；Likens et al.，1977；Newson，1995）。就水文学而言，水质和水量及其随时间变化的分析，尤其是对人类影响的反应，都得益于流域的方法，现在许多实际管理也是基于集水区的概念（Gower，1990；Newson，1995）。生态系统生物地球化学与养分循环研究也主要基于集水区/分水岭—生态系统方法（Likens et al.，1977）。

为了对各种流域进行形态上、水文学与地貌性质的比较，集水区也代表了一种用作比较的空间单位（Doornkamp and King，1971；Chorley，1972）。河流等级和集水区互相嵌套是联系不同空间尺度特别重要的概念（Likens et al.，1977；Newson，1995）。集水区对研究环境变化的自然地理学家也是一种重要单位，湖泊与其沉积物代表了上游集水区过去水文学、地貌学和人为土地利用变化的宝贵记录（O'Sullivan，1979；Lau and Lane，2001）。

2. 地貌形态制图

埃文斯（Evans，1990：97）认为地貌学在空间问题上比较缺乏兴趣，他指出：

尽管制图在实际工作中处处都十分重要,但是由于过程机制研究工作的刺激和地理学空间传统的衰退,依然把制图推向科学问题的边缘。地貌图的制备在英国和北美被置于非常低的优先度,但是很多基于野外工作的著作含有一些配合其主题某些特征的地图;这些特征可能在所涉及的有限区域内是占优势的地形。

地貌学中的形态制图是从沃特斯(Waters,1958)和萨维杰(Savigear,1965)的工作发展起来的。空间单位用坡折符号画出,特殊地貌特征用专门符号表示(Bakker,1963)。制图可在野外完成,也可用航空照片完成(Verstappen,1983),还可能包括更复杂的制图,例如利用物质发生与本性有关的信息(Demel et al.,1972)。然而,在坡度平滑坡折不明显的地区就出现问题。例如,当西森斯(Sissons,1967、1974)对苏格兰冰川地貌特征进行制图时广泛应用了这些技术。有些国家制成了全国性地貌图(例如法国、比利时和匈牙利,比例尺为1:25 000和1:50 000),但这种尺度上的细节表现较差。

地理定位系统(GPS)和地理信息系统(GIS)的出现极大地改善了成果表述的精度(DeMers,2000;Raper,2000;Longley et al.,2001)。许多地貌图的绘制是为了咨询报告和应用项目。这些图常常是专门为某个地点或某种问题而绘制的,而且经常不在国有土地上。现在广泛应用GIS绘制的数字化地形模型,成为地貌学家的重要工具(DeMers,2000)。在这方面再次证明GPS的价值是无法衡量的(Longley et al.,2001)。

从下文讨论可见,地貌制图、数字化地形模型和GIS提供了地区发育和土地系统制图的基础,这为整个地理学提供了强有力的综合的空间主题。

3. 自然地理空间综合

许多作者都强调自然地理学日益支离破碎的问题(Unwin,1992;Holt-Jensen,1999;Gregory,2000),但是地理学仍然是一个综合的客体,在自然地理学中存在着空间综合的某些值得注意的尝试。空间综合的实例出现在两种尺度上:首先是在景观单位—生态系统尺度上,在区域评价与制图专业中(Townshend,1981;Vink,1983;Mitchell,1991),这方面工作与上面讨论过的景观生态学进展有关(Forman and Gordon,1986;Forman,1995;Farina,1998,2000;Turner et al.,2001);其次是在生物群区(biome)尺度上,即在可称为区域自然地理的尺度上,其中当前最好的实例可能就是布里格斯等(Briggs,1997)和古迪(Goudie,2001)的工作。

(四) 土地评价与土地系统制图

在世界上需要对大面积土地资源进行评价的地方开展了土地评价与土地系统制图,这常常是为了资源开发——例如澳大利亚联邦科学与工业研究组织(Commonwealth Scientific and Industrial Research Organisation,CSIRO)和加拿大政府土地调查所(加拿大环境部)在这方面的工作(Townshend,1981;Vink,1983;Mitchell,1991)。这些调查的重要性在于以综合性为其指导思想，并考虑到地质、地貌状况与坡度形式、上覆土壤和植被（生态系统），以及人类改造起着重要作用的土地利用情况之间的密切关系。特殊的坡度形式（山坡刻面）和一定的土壤与植被（生态系统）类型相联系，而这种联系又反过来决定了土地利用活动，形成生境/生态系统类型图的一种形式。近来沃伦（Warren，2001）提倡在研究谷坡过程时重新评价这些思想，为保育管理提供理论基础。如今航空摄影、遥感、GIS和数字化地形模型是这类评价不可缺少的部分，不过地形类型或山坡刻面之间界限的勾绘问题仍然是研究的重点（Townshend，1981；Barrough and Frank，1996；Barrough and McDonell，1998）。

（五）区域自然地理学

自然地理学空间分析的另一个潜在领域是"区域自然地理学"。虽然这样的想法在过去30年来由于"过程革命"和自然地理学子学科的分崩离析而处于后座地位，但是无疑还存在这样的可能性。理论上这样的空间区域综合可能在各种尺度上进行，从生物群区尺度开始，向下陆续经过更详细的区域尺度，然后到达局地尺度（图6.2）。生物群区尺度自然综合的例子依然存在，最突出的是古迪（Goudie，2001）的工作，他对自然地理作了一个全球性展望，但随后在文章第二部分，如他所描述的那样，研究了"全世界主要地带"的自然地理。不过，在区域与局地尺度上此类研究尚付阙如。

四、展望未来：自然地理学中作为"空间复苏"指示体的生物地理学

就自然地理学中空间概念的复苏与受重视程度而言，出路何在？目前以空间作为一个关键观念重新出现的领域是生物地理学，也出现在其生物学和生态学子学科中。极其有趣的是，过去10年来生物学家和生态学家日益注意空间的重要性，研究"空间斑块"环境中物种种群（specie population）的新子学科——"元种群生态学"（metapopulation ecology）成为这方面的前沿。下面引述汉斯基（Hanski，1999：261）著作结论中的话表明了这个新重点：

> 生态学家总是考虑相互作用实体的聚集状态，例如种群中的个体，但是通常并不明确地涉及空间。空间生态学（spatial ecology）的新颖之处在于主张个体、种群和群落的空间位置对出生率、死亡率、竞争和捕食的动态可能产生同样重要的后果。空间生态学是近年来生态学和种群生物学方面最显而易见的进展之一；有些人把它视为20世纪末出现的一个新范例。无论是否如此，确实从来未曾像今天这样，在众多生物现象中把空间看得如此重要。

元种群生态学已经从自然地理学空间理论[即最初由麦克阿瑟和威尔逊（MacArthar and Wilson，1963、1967）提出的岛屿生物地理学]中成长起来，并且是现在正在取代自然地理学空

间理论的几个例子之一。这种理论被广泛理解为对生物保育具有重要意义(Diamond,1975;Kent,1987;Shafer,1990),但是最近受到严肃的质疑,尤其是对其背后的平衡假定(Scott,1998;Whittaker,1998、2000)。与此相关的是一个叫作"宏观生态学"(macroecology)的全新领域正在出现(Gaston and Blackburn,2000),这门学科看来像是执着地采纳已充分开展的景观生态学的主题,并把它与元种群生态学和生境碎裂化的思想结合起来,对空间生态学领域给予全新的重视。

这种新的重点在生态学中处处都有所表现。戴尔(Dale,1999)为生态学家复兴和激活了空间格局分析的方法论,迪克曼等(Dieckmann et al., 2000)展示了一套理论上和概念上的新思想。人们认为联系到 GIS 的新进展,界线定义与制图问题有了新的价值(Burrough and Frank,1996)。肯特等人(Kent et al.,1997)回顾了植物群落的概念以及植物群落和梯度的定义与界线问题。在本领域内生态学家和数学家而不是生物地理学家,通过地统计学(Geostatistics),包括模糊分类、清晰与模糊界线检测(crisp and fuzzy boundary detection)(见如 Fortin et al., 2000; Jacquez et al., 2000),对界线划分与制图做出了卓越贡献。在上述研究人员(顺便提一句,其中没有一个是地理学家)工作的基础上,最近发行了一套为空间分布生态数据进行界线检测的、界面友好的新软件包——Boundary Seer(TerraSeer,2001,图 6.4)。标准 GIS 应用中有许多此类方法可供使用,如 ArcInfo、ArcView 和 ArcGIS(McGarigal and Marks,1994/2000;ESRI,2000),甚至在未来几十年内 GIS 作为一种空间描述与分析工具在自然地理学各部门的使用无疑仍会增加(Frank,1996;Longley et al.,2001)。

五、结语

迄今生物学和生态学上这些发展趋势刚刚开始向生物地理学渗透,而且具有讽刺意义的是,除了地理学家和生物地理学家以外,似乎每一个人都站在这场新革命的前沿。其他自然地理学分支学科在空间概念与空间分析方面是否也会发生同样的复兴仍不清楚。虽然许多自然地理学家一贯认为,他们工作中空间的意义和他们对空间的重视是不言自明的,但是目前也许是他们重新考虑空间、空间概念与空间分析在他们各项研究与教学中之重要性的最合适时机。GIS 和遥感在自然地理学中日益增加的重要性以及空间分析方面相关的新进展,除了本章开头所确定主要趋势的主题以外,几乎必然提出一种重要方法。对过程的理解是有用的,但更重要的是将其应用到地球表面空间极其可变的性质的能力。因此界定关键输入参数的地理变化和所有过程模型的变量至关重要,就如同其输出的地理可变性(geographic variability)一样重要。上述技术能够在很大程度上帮助我们做到这一点。虽然自然地理学对过程和时间的重视确实无疑地会继续下去,但未来地理学家可能不会像过去的 30 年那样轻易地忽视空间的概念。

a 植物群落物种组成变化率

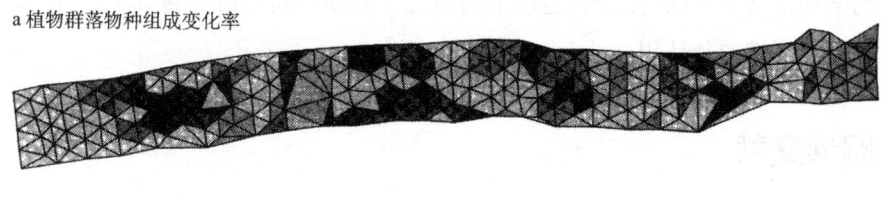

b 土壤水分变化率

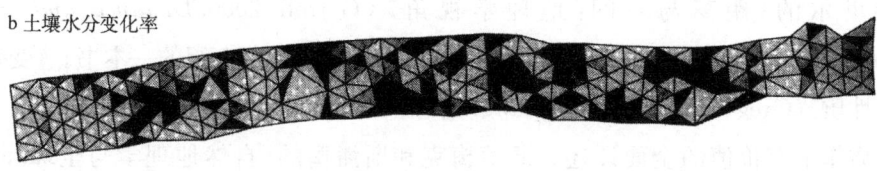

c 图a和图b中变化率高于阈值和边界状况可能适用的关键地区

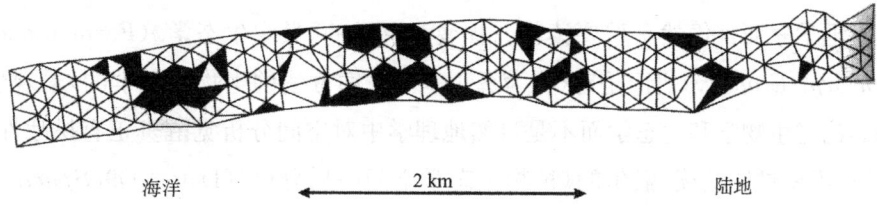

海洋　　　←2 km→　　　陆地

图 6.4　利用雅克兹等人(Jacquez *et al.*,2000)和特拉斯尔(TerraSeer,2001)的"Boundary Seer"软件包进行植物群落与一个环境变量(土壤水分)制图与边界检测的实例。数据来自苏格兰外赫布里底群岛 South Uist 沿岸沙质低地沙丘 2 km×200 m 的"样带"(二维横断面)。图 a 是这样制作的:先从三角网格 217 个点中每个点的样地里取得物种数据排序的第一轴,由此产生"三角网格旺布尔算法"的得分,这就是植物群落组成变化率。图中色调越暗,变化率越大。图 b 代表同一网格土壤水分数值的变化率,而图 c 表示变化率高于某个阈值因而可能适用边界条件的关键地区

本章小结

- 过去 30 年来自然地理学忽视了空间的概念。
- 自然地理学家在其学科中不善于明确界定和解释空间的概念。
- 自然地理学家近年来对过程的重视也许是以牺牲格局(空间)为代价。
- 自然地理学中对时间维的重视比空间维大得多。
- 空间单位,如植物群落、气团和流域等,在自然地理学中至关重要。
- 整个自然地理学中空间综合未能得到很好的发展。
- 地理信息系统(GIS)和遥感的进展为自然地理学空间分析提供了令人兴奋的、新的可能性。

- 近来生物学和生态学方面的进展,通过生物地理学方面空间分析的新方法,可能激励自然地理学对空间重要性的新认识。

进一步阅读文献

盖特里尔的《距离与空间:地理学视角》(Gatrell 2000. *Distance and Space: A geographical Persective*)仍不失为对地理学空间概念作出出色介绍的一本书。《变化中的自然地理学性质》(Gregory 2000. *The Changing Nature of Physical Geography*)一书对自然地理学性质作了有价值的全面评述。斯莱梅克和斯潘塞的《自然地理学与全球环境变化》(Slaymaker and Spencer 1998. *Physical Geography and Global Environmental Change*)一书很好地探讨了时间要素和时空关系。舒姆和利克蒂(Schumm and Lichty, 1965)的论文对所有自然地理学家而言仍然是重要读物。福曼和戈登的《景观生态学》(Forman and Gorden 1986. *Lanscape Ecology*)仍旧是对(作为真正基于空间方法的生物地理学的)景观生态学最好的介绍。论述生物学和生态学而不是自然地理学中对空间分析觉醒真正有挑战性的了解,可以看一下(不要试图精读)戴尔的《植物生态学空间格局分析》(Dale 1999. *Spacial Pattern Analysis in Plant Ecology*)和汉斯基的《元种群生态学》(Hanski 1999. *Metapopulation Ecology*)。地理信息系统(GIS)虽然仍然不能充分结合到自然地理学中,但未来会成为空间描述与分析更有生命力的工具。伯勒和麦克唐奈的《地理信息系统原理》(Burrough and McDonnell 1998. *Priciples of Geographical Information Systems*),以及朗利等的《地理信息系统与科学》(Longley *et al.* 2001. *Geographical Information Systems and Science*)都对本主题作了最好的介绍。

注:上述文献详见本章参考文献。

参考文献

Bakker, J. P. (1963) 'Different types of geomorphological maps, problems of geomorphological mapping', *Geographical Studies*, 46: 13-31.

Barry, R. and Chorley, R. J. (1998) *Atmosphere Weather and Climate* (7th edn). London: Routledge.

Bennett, K. D. (1997) *Evolution and Ecology: The Pace of Life*. Cambridge: Cambridge University Press.

Bennett, R. J. and Chorley, R. J. (1978) *Environmental Systems: Philosophy, Analysis and Control*. London: Methuen.

Bissonette, J. A. (ed.) (1997) *Wildlife and Landscape Ecology: Effects of Pattern and Scale*. New York, NY: Springer.

Briggs, D. J. (1981)'Editorial: the principles and practice of applied geography', *Applied Geography*, 1: 1-8.

Briggs, D. J. and Smithson, P. (1985)*Fundamentals of Physical Geography*. London: Hutchinson/Routledge.

Briggs, D., Smithson, P., Addison, K. and Atkinson, K. (1997) *Fundamentals of the Physical Environment*. London: Routledge.

Burrough, P. A. and Frank, A. U. (eds.)(1996)*Geographic Objects with Indeterminate Boundaries: GISDATA 2*. London: Taylor&Francis.

Burrough, P. A. and McDonnell, R. A. (1998)*Principles of Geographical Information Systems* (2nd edn). Oxford: Clarendon Press.

Centre for Ecology and Hydrology(2001)Available at www. ceh. ac. uk/data/EIC. htm.

Cherrill, A. and McClean, C. (1999)'The reliability of "Phase 1" habitat mapping in the UK: the extent and types of observer bias', *Landscape and Urban Planning*, 45: 131-144.

Chorley, R. J. (1969)'The drainage basin as a fundamental geomorphic unit', in R. J. Chorley(ed.)*Water, Earth and Man*. London: Methuen, pp. 77-100.

Chorley, R. J. (ed.)(1972)*Spatial Analysis in Geomorphology*. London: Methuen.

Chorley, R. J. and Kennedy, B. A. (1971) *Physical Geography: A Systems Approach*. London: Prentice Hall.

Clark, M. J., Gregory, K. J. and Gurnell, A. M. (eds.)(1987) *Horizons in Physical Geography*. Basingstoke: Macmillan.

Dale, M. R. T. (1999)*Spatial Pattern Analysis in Plant Ecology*. Cambridge: Cambridge University Press.

Dargie, T. C. D. (1998)*Sand Dune Vegetation Survey of Scotland: Western Isles. Scottish Natural Heritage Research, Survey and Monitoring Report* 96(3 vols). Battleby, Perth: Scottish Natural Heritage.

Demek, J., Embleton, C., Gellert, J. F. and Verstappen, H. (1972) *Manual of Detailed Geomorphological Mapping*. Prague: Academia.

DeMers, M. (2000)*Fundamentals of Geographic Information Systems*(2nd edn). London: Wiley.

Department of Environment (1993) *Countryside Survey 1990—Summary Report*. London: HMSO/Department of the Environment.

Department of Environment, Transport and the Regions/Centre for Ecology and Hydrology (2000)*Accounting for Nature: Assessing Habitats in the UK Countryside*. London: Department of Environment, Transport and the Regions.

Diamond, J. M. (1975)'The island dilemma: lessons of modern biogeographical studies for the design of nature reserves', *Biological Conservation*, 7: 129-146.

Dieckmann, U., Law, R. and Metz, J. A. J. (eds.)(2000) *The Geometry of Ecological Interactions*. Cambridge: Cambridge University Press.

Doornkamp, J. C. and King, C. A. M. (1971)*Numerical Analysis in Geomorphology*. London: Edward Arnold.

ESRI(Environmental Systems Research Institute)(2001)*ArcGIS 8.1 Software*. Redlands, CA: ESRI Inc.

Evans, I. S. (1990)'Cartographic techniques in geomorphology', in A. Goudie(ed.)*Geomorphological Techniques*(2nd edn). London: Unwin Hyman, pp. 97-108.

Farina, A. (1998)*Principles and Methods in Landscape Ecology*. Dordrecht: Kluwer Academic.

Farina, A. (2000)*Landscape Ecology in Action*. Dordrecht: Elsevier.

Forman, R. T. T. (1995)*Landscape Mosaics*. Cambridge: Cambridge University Press.

Forman, R. T. T. and Godron, M. (1986)*Landscape Ecology*. Chichester: Wiley.

Fortin, M. -J., Olson, R. J., Ferson, S., Iverson, L., Hunsaker, C., Edwards, G., Levine, D., Butera, K. and Klemas, V. (2000)'Issues related to the detection of boundaries', *Landscape Ecology*, 15: 453-466.

Gaston, K. J. and Blackburn, T. M. (2000)*Pattern and Process in Macroecology*. Oxford: Blackwell Science.

Gatrell, A. C. (1983)*Distance and Space: A Geographical Perspective*. Oxford: Clarendon Press.

Gerrard, J. (2000)*Fundamentals of Soils*. London: Routledge.

Goudie, A. (2001)*The Nature of the Environment*(4th edn). Oxford: Blackwell.

Gower, A. M. (ed.)(1980)*Water Quality in Catchment Ecosystems*. Chichester: Wiley.

Gregory, K. J. (2000)*The Changing Nature of Physical Geography*. London: Arnold.

Gregory, K. J. and Walling, D. E. (1973)*Drainage Basin Form and Process*. London: Arnold.

Haggett, P. (1990)*The Geographer's Art*. Oxford: Blackwell.

Haines-Young, R., Green, D. R. and Cousins, S. (eds.)(1993)*Landscape Ecology and Geographic Information Systems*. London: Taylor & Francis.

Haines-Young, R. and Petch, J. (1986) *Physical Geography: Its Nature and Methods*. London: Harper & Row.

Hanski, I. (1999)*Metapopulation Ecology*. Oxford: Oxford University Press.

Harrison, C. M. and Warren, A. (1970)'Conservation, stability and management', *Area*, 2: 26-32.

Hill, M. O. (1991)*TABLEFIT—for Identification of Vegetation Types. Version O. O*. Monks Wood: Institute of Terrestrial Ecology.

Holt-Jensen, A. (1999)*Geography: History and Concepts*(3rd edn). London: Sage.

Huggett, R. J. (1998)*Fundamentals of Biogeography*. London: Routledge.

Jacquez, G. M., Maruca, S. L. and Fortin, M. -J. (2000)'From fields to objects: a review of geographic boundary analysis', *Journal of Geographical Systems*, 2: 221-241.

Kent, M. (1987)'Island biogeography and habitat conservation', *Progress in Physical Geography*, 11: 91-102.

Kent, M. and Coker, P. (1992)*Vegetation Description and Analysis: A Practical Approach*. Chichester: Wiley.

Kent, M., Gill, W. J., Weaver, R. E. and Armitage, R. E. (1997)'Landscape and plant community boundaries in biogeography', *Progress in Physical Geography*, 21: 315-253.

Klopatek, J. M. and Gardner, R. H. (eds)(1999)*Landscape Ecological Analysis: Issues and Applications*. New York, NY: Springer.

Kupfer, J. A. (1995)'Landscape ecology and biogeography', *Progress in Physical Geography*, 19: 18-34.

Lane, S. (2001)'Constructive comments on D. Massey"Space-time, 'science' and the relationship between physical geography and human geography"', *Transactions, Institute of British Geographers*, 26: 243-56.

Lau, S. S. S. and Lane, S. N. (2001)'Continuity and change in environmental systems—the case of shallow lake ecosystems', *Progress in Physical Geography*, 25: 178-202.

Likens, G. E., Bormann, F. H., Pierce, R. S., Eaton, J. S. and Johnson, N. M. (1977)*Biogeochemistry of a Forested Ecosystem*. Berlin: Springer-Verlag.

Longley, P. A., Goodchild, M. F., Maguire, D. J. and Rhind, D. W. (2001)*Geographic Information Systems and Science*. Chichester: Wiley.

MacArthur, R. H. and Wilson, E. O. (1963)'An equilibrium theory for insular zoogeography', *Evolution*, 17: 372-387.

MacArthur, R. H. and Wilson, E. O. (1967)*The Theory of Island Biogeography*. Princeton, NJ: Princeton University Press.

Malloch, J. C. (1991)*MATCH(VERSION 1.3)—a Computer Program to Aid the Assignment of Vegetation Data to the Communities and the Sub-communities of the National Vegetation Classification*. Lancaster: University of Lancaster.

Massey, D. (1999)'Space-time, "science" and the relationship between physical geography and human geography', *Transactions, Institute of British Geographers*, 24: 261-276.

McGarigal, K. and Marks, B. J. (1994/2000)*Fragstats: Spatial Pattern Analysis Program for Quantifying Landscape Structure*. Corvallis, OR: Oregon State University(available at http://www.innovativegis.con/fragstatsarc/manual/manpref.htm).

Mitchell, C. W. (1991)*Terrain Evaluation: An Introductory Handbook to the History, Principles and Methods of Practical Terrain Assessment*. Harlow: Longman Scientific and Technical.

Newson, M. (1995)*Hydrology and the River Environment*. Oxford: Clarendon Press.

Oliver, J. (1991)'The history, status and future of climatic classification', *Physical Geography*, 12: 231-251.

O'Sullivan, P. (1979)'The ecosystem-watershed concept in the environmental sciences: a review', *Journal of Environmental Studies*, 13: 273-281.

Pacione, M. (1999)*Applied Geography: Principles and Practice*. London: Routledge.

Perring, F. H. and Walters, S. M. (1982)*Atlas of the British Flora* (3rd edn). Wakefield: E. P. Publishing.

Perry, A. W. (1995)'New climatologists for a new climatology', *Progress in Physical Geography*, 19: 280-285.

Preston, C. D., Pearman, D. A. and Dines, T. D. (2002)*New Atlas of the British and Irish Flora*. Oxford: Oxford University Press.

Raper, J. (2000)*Multidimensional Geographic Information Science*. London: Taylor & Francis.

Rhoads, B. L. and Thorn, C. E. (1996)*The Scientific Nature of Geomorphology*. Chichester: Wiley.

Roberts, N. (1998)*The Holocene: An Environmental History*(2nd edn). Oxford: Blackwell.

Rodwell, J. S. (ed.)(1991—2000)*British Plant Communities. Vols 1-5*. Cambridge: Cambridge University Press.

Rogers, A., Viles, H. and Goudie, A. (1992)*The Student's Companion to Geography*. Oxford: Blackwell.

Savigear, R. A. G. (1965)'A technique of morphological mapping', *Annals of the Association of American Geographers*, 55: 514-538.

Schaefer, F. K. (1953)'Exceptionalism in geography: a methodological examination', *Annals of the Association of American Geographers*, 43: 226-249.

Schumm, S. A. and Lichty, R. W. (1965)'Time, space an causality in geomorphology', *American Journal of Science*, 263: 110-119.

Shafer, C. L. (1990)*Nature Reserves: Island Theory and Conservation Practice*. Washington, DC: Smithsonian Institute Press.

Sissons, J. B. (1967)*The Evolution of Scotland's Scenery*. Edinburgh: Oliver &Boyd.

Sissons, J. B. (1974)'A late glacial ice cap in the central Grampians, Scotland', *Transactions, Institute of British Geographers OS*, 62: 95-114.

Slaymaker, O. and Spencer, T. (1998)*Physical Geography and Global Environmental Change*. Harlow: Addison Wesley Longman.

Stoddart, D. R. (1986)*On Geography*. Oxford: Blackwell.

Stoddart, D. R. (ed.)(1997)*Process and Form in Geomorphology*. London: Routledge.

Stott, P. (1998)'Biogeography and ecology in crisis: the urgent need for a new metalanguage', *Journal of Biogeography*, 25: 1-2.

Tansley, A. G. (1935)'The use and abuse of vegetational concepts and terms', *Ecology*, 16: 284-307.

TerraSeer(2001) *BoundarySeer—Software for Geographic Boundary Analysis*. Ann Arbor, MI: Biomedware.

Townshend, J. R. G. (ed.)(1981)*Terrain Analysis and Remote Sensing*. London: George Allen & Unwin.

Turner, M. G., Gardner, R. H. and O'Neill, R. V. (2001)*Landscape Ecology in Theory and Practice*. New York, NY: Springer.

Unwin, T. (1992)*The Place of Geography*. Harlow: Longman.

Verstappen, H. T. (1983)*Applied Geomorphology: Geomorphological Surveys for Environmental Development*. Amsterdam: Elsevier.

Vink, A. P. A. (1983)*Landscape Ecology and Land Use*(trans. and edited by D. A. Davidson). London: Longman.

Waite, S. (2000)*Statistical Ecology in Practice*. London: Prentice Hall.

Warren, A. (2001)'Valley-side slopes', in A. Warren and J. R. French (eds.) *Habitat Conservation: Managing the Physical Environment*. Chichester: Wiley, pp. 39-66.

Waters, R. S. (1958)'Morphological mapping', *Geography*, 43: 10-17.

Webster, R. (1977)*Quantitative and Numerical Methods in Soil Classification and Survey*. Oxford: Oxford University Press.

Webster, R. (1985)'Quantitative spatial analysis of soil in the field', *Advances in Soil Science*, 3: 1-10.

White, R. E. (1997)*Principles and Practice of Soil Science*. Oxford: Blackwell Science.

Whittaker, R. J. (1998)*Island Biogeography*. Oxford: Oxford University Press.

Whittaker, R. J. (2000)'Scale, succession and complexity in island biogeography: are we asking the right questions?'*Global Ecology and Biogeography*, 9: 75-85.

第七章 时间：环境系统的变化与稳定性

约翰·B. 索恩斯(John B. Thornes)

本章内容界定

时间是一个框架，其中地貌事件常常被用以推断因果关系。历史地貌学(historic geomorphology)用这个框架重构过去。演化地貌学(evolutionary geomorphology)试图根据过程演绎来论证地形如何随时间而发育——时间的轨迹是什么。动力地貌学(dynamical geomorphology)试图借助非线性行为来解释这种随时间的发育过程。时间不是一个变量，它也不能解释结果。

一、导论

自从《地貌学与时间》(Thornes and Brunsden 1977. *Geomorphology and Time*)一书出版以来，在自然科学宽广领域内许多关键性进展对我们看待时间的方式产生了深刻的影响。这些变化，像1960年代和1970年代对自然地理学产生深刻影响的数量革命，类似于从"旧科学与旧思想"向"新科学与新思想"的转变(Marshall and Zohar,1997)。这些变化包括一些范例：动力学系统、非线性现象、混沌行为和攀级(panarchy[①])。本章的目的是为这些思想提供一个具有可读性的和可以意会的介绍，以及这些变化可能对自然地理学产生的影响(见第八章人文地理学中对时间的论述)。本章的目的不是提供本论题本身的历史，格雷戈里(Gregory,1985)业已令人钦佩地完成了这项任务。

尽管这些思想中有很多远在1960年代以前已经扎了根，但需要一段时间才能成熟与被人接受。数量生态学在英国人梅(May)和美国普林斯顿学派的影响下，非线性地貌学在(美国)柯林斯堡的舒姆(Schumm)和牛津的法维斯-莫特洛克(Favis-Mortlock)的影响下，动力气候学在洛伦兹(Lorenz)和特伦伯思(Trenberth)的影响下，均得到了迅速的进展。这些进展大大改变了我们对自然界物理系统如何随时间而变化的看法，以至于达到了这样的时刻——需要从总体上重构自然地理学要研究什么和如何进行研究，以及在教学中要教些什么和如何教学

[①] 译注：panarchy 是在 hierarchy(级序、等级)一词的基础上，将词头改变为 pan 而创建的新词。Pan 是希腊神话中自然之神。现半音半意地将其译作"攀级"。下文有关于攀级范例的专门论述。

的问题。本章试图以某种方式为这种亟须的评论提供基础。这是有意识的非数学途径。它深刻反映了作者本人的老师们——卡林(Culling)、黑尔(Hare)和哈里斯(Harris)的影响和原创性。

二、对时间整体观非常简单的回顾

自然地理学包括地貌学、生物地理学和气候学——所有研究地球表面特征的科目,研究其外形、形态、变化与起源、历史与发育。由于地貌学起源于美国地质学家以及此前徜徉于英国乡间的地层学家,因此,它一开始就具有强烈的历史与发育概念的基础,正如戴维斯的著作所表明的那样。戴维斯的侵蚀轮回模式(Davis,1899)对此表现得最为典型。戴维斯的模型表征以相对较突然抬升的形式发生的最初扰动之后随时间消逝而出现的地形序列(见第十五章)。此后地貌学家用这些地形特征给出地区的相对年龄,特别是英格兰东南部(Wooldridge and Linton,1955)和阿巴拉契亚地区,就像地质学家用化石为岩石和地层断代以表征岩石建造发育的情况,并由此推断地质事件发生的时间序列一样。在1960年代,学界的兴趣和重点放在用这些地层事件推断第四纪地质事件发生的历史序列。断代方法多种多样,从沉积岩简单的叠置规则(越深越老)到放射性同位素定年。随着断代方法的改进,历史序列的精度也在改进。对气候断代的重视(如冰期和暖期与冷期)结合孢粉地层学使问题混淆了,研究重点从对过程的研究转移到地形断代,有时因缺乏明确的目标而陷入循环的争论。

20世纪中叶环境变化与历史断代方法的结合大放光彩,那时发明、发展、改进了这种技术并应用于环境重建。这些技术中最重要的是放射性碳(Libby,1955)和氧同位素温度估测与断代(Shackleton,1977)。这些方面阐明了哈里(Harré,1969)的论点:科学的进步常常是因技术发明造成的。当然,这方面最能说明问题的例子是20世纪中叶计算机的开发与激增。其次是极其容易得到的遥感影像与加工处理能力的提升。计算机的应用保证了地貌学、生态学和气候学早期的分析模型能够用数字化方法解决。遥感技术的应用(主要通过美国政府开放与慷慨的行为)使得对地球表面认真而有目的的高频率连续监测成为可能。用以检验随时间变化的理论的数据突然变得极其丰富,数学上用以模拟这些变化的计算能力展示在全球和区域气候变化及其影响研究的扩展中,对全球变暖及其对地球人口现实的和潜在影响的研究成为当务之急。

20世纪大部分时间里,生物地理学思想中流行演替的概念。这种概念包括这样的想法,即植被受到干扰之后,会出现一种渐进的变化,导致一种被称为"顶极"的新平衡状态,在这种状态下,植被在占优势的土壤、气候和社会经济条件下发挥出其全部潜力。这可以在经验上信赖最早期的自然地理学家(尤其是洪堡)在他们的全球考察中成功地完成对全球植被的描述与表征。在气候变化成为全球变化问题的中心之前,气候分类亦已进行了几十年。

早在1920年,生态学在单个种群模型以及种间竞争模型的探讨方面就经历了创新性发展,种间竞争模型预示着演替理论简单化的概念基础最终将被摈弃。到了1940年代末期,气候学家洛伦兹通过对一些问题的计算机运算,意外发现了气候建模中非线性现象和混沌方面的根本困难,即所谓初始状态灵敏度问题(sensibility-to-initial-conditions)。舒姆(Schumm,1979)给地貌学制造了麻烦,他指出,与地貌行为平稳渐进变化的想法相反,许多过程是由一系列剧烈变化的插曲,像迈过"固有的"门槛那样依次进行的。理解地貌历史不仅有赖于渐变的外力(主要是气候和地质构造),而且有赖于地貌系统的强有力(有弹性)以吸收这些变化带来的冲击,这就在地貌学上带来了重要的反思。直至20世纪末,菲利普斯(Phillips,1999)才把资料收集到一起并强化了非线性自然地理学的观点。

大约与此同时出现了另一个重要地标。这就是"攀级范例"(panrarchy paradigm),它是因霍林(Holling,1973)创造性的工作建立起来的,他发展了对稳定性和弹性的隐喻,承认多稳态(multiple stable states)的存在,并将其应用到对人为系统和自然系统转化的理解中。霍林和冈德森(Holling and Gunderson,2002)发展了受干扰后适应性循环的概念。这些才智上的进步似乎会在最近的将来带来自然地理学中生物地理学方面的重建。

1960年代和1970年代数量革命的主要冲击是对大型数据集的经验分析。除了空间数据以外,学者的注意力还集中于时间结构数据和对自然环境系列(如水质数据)或社会系列(如就业、人口统计与流行病学数据)进行时间序列的经验分析。虽然流行病学工作也必须掌握传染病暴发波浪式行为的建模,生态学家已经使用微分和微分方程推导非线性竞争行为,但是这方面的方法论根本上还是属于归纳法。沙伊德杰(Scheidegger,1960)和柯克比(Kirkby,1972)开发了数学模型在地貌学中的应用,他们富有想象力地把标准数学模型应用到与新开发的坡地水文学紧密联系的坡地地貌中。这在1980年代初期为被称为"发育地貌学"的动力地貌学的发展做了准备,该学科偏重于行为随时间变化的轨迹而不是上文概述过的对(断代)时间序列的描述。

三、非线性范例

直至20世纪中叶,科学思维仍被微小力量按比例产生微小反应的线性现象控制,例如认为力量加倍则反应加倍。而且,这些现象总是被趋向于及时地减弱强烈偏离规范的负反馈抑制。自然系统被理解为守规矩的、可分析的、可预料和可控制的。正如马歇尔和佐哈(Marshall and Zohar,1997:248)所描述的:"线性科学圆了19世纪社会的梦,即认为社会是受规则约束的、可信赖的、可预料的,而且不大可能有冲击,相信社会通过对自然资源和人力资源的管理和开发而不断进步。"

在自然地理学中线性世界表现为对平衡状态趋同的思想。平衡是一个数学概念,在平衡中变化率为零。一般把平衡视为被观察系统处于无变化状态。勒查特利尔原理(Le Chatalier's principle)曾盛极一时,认为系统对变化的反应趋向于以种种方式减弱初始扰动的效应。这种想法近100年来在演替与顶极概念[一般归功于克莱门茨(Clements,1928)]中被深信不疑。下文我们将看到这种概念现在已被摈弃。同样地,地貌学也专注于冲积河道水力几何学稳定平衡状态、稳定河网格局和"特征性"坡面类型的连续过程。气候学上的全球循环,尤其是环绕极地的西风环流及其波浪特征,被认为是由赤道到极地的热平流和动量引起的地球大气圈热引擎稳定平衡的形式。

非线性系统中变化急剧、不可预料,而且可能被小事件激发。响应的程度通常远远超过其起因事件的一切比例。根据气候学家爱德华·洛伦兹(Edward Lorenz,1963)的工作,这通常叫作"蝴蝶效应"。它表达了这样的思想,即全球循环是如此非线性,以至于一只蝴蝶在世界的这一边扇动翅膀,就会摄动这个循环,在非线性系统中,这些摄动会放大到干扰世界另一边的整个循环。

大的效应不一定需要大的原因。布伦斯登和索恩斯(Brunsden and Thornes,1979)在舒姆(Schumm)早期工作的基础上发展了地貌学中这个主题。他们提出地貌系统的主要特征是其对微小摄动的灵敏度。舒姆举出河流从曲流状态向辫状河道状态转变的例子来说明这个问题。曲流与辫状河道可以在坡度对流量的图解中用一条线划分开(图7.1)。当这条线因坡度或流量变化,或二者同时变化时,河流就从一种形态转变为另一种形态。换言之,这不仅仅是一种线性响应,而是系统全部特征的变化。如果这条线附近有一个点(例如A),只要控制变量(坡度或流量)微小的变化就会把它推过阈限——例如从曲流变为辫状流特征,如图7.1中箭头所示。在B点,因为需要坡度或流量很大的变化才能造成状态的任何改变,因此系统非常稳定。

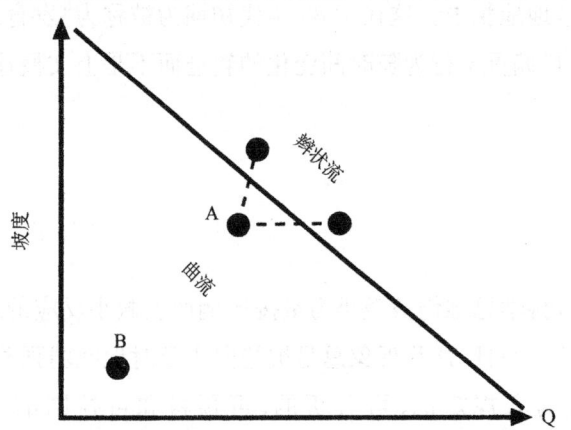

图7.1 辫状流与曲流之间的判别式函数,表示A点处的不稳定河道和B点处的稳定河道。虚线表示A点发生坡度(垂直)和流量(水平)的变化

资料来源:基于Schumm,1968。

虽然本例表示两种控制变量(坡度和流量)的情况,而图 7.2 表示的是三种控制变量的问题。在这个案例中,垂直轴是响应(这里是河流中搬运的泥沙),水平轴是河流的动力(X_1)和底质的分选(X_2)。在所有情况下(以阴影曲面表示)泥沙搬运随河流动力加大而增加(图中平行于 X_1 轴从前向后)。在 X_2 的低值区(分选不好)总有一些泥沙与河流动力相匹配因而能被携带(拾起),因此曲线相对地平滑。随着分选程度增加(沿 X_2 轴向右),颗粒大小变得更集中于某一个粒级。只有当河流动力足以携带该粒级时含沙量才会增加。随着平均粒径对分选(X_2)的比率增大,携带的阈限(搬运某一粒径开始的数值)也增大。超过这个阈限以后河流动力微小的增大就会使泥沙搬运量产生一个跳跃。这个跳跃称为突变(catastrophe)(法语中意为台阶),不要与意为灾难的灾变(catastrophic)相混淆。非线性突变的发现导致被称为突变论的非线性科学整个领域及其专门的数学主体(specialized body of mathematics)的出现。本例在索恩斯(Thornes,1980)的著作中最后被认为是短命河流的行为,而突变论是威尔逊(Wilson,1981)杰出的论著中应用于人文地理学和生态学的主题。

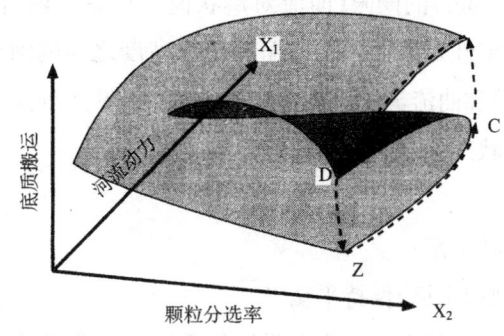

图 7.2　河床泥沙搬运的突变论表述。在 C 点,当河流携沙力达到阈限值时,携带底质的能力突然提高。在 D 点发生大量沉积,因为随着河流携沙力下降超过了携带该分选粒级迁移的阈限。虚线表示短命河道中洪水涨落的历程

资料来源:引自 Thornes,1980。

有时系统被彻底改变并且从变化中重新出现一个新系统。这种情况可能出现在生态系统被火、气候变化或垦殖完全毁坏的地方。例如,火灾之后 12—15 年,地中海灌丛重新形成林地(Obando,2002)。溢油之后生态系统自身重新组织。突现现象(emergent phenomena)构成非线性行为另一个特殊领域,它试图解释大干扰之后新格局如何出现。其他例子还有过去的湖滨或古海滨平原抬升之后排水系统格局的出现。雷比罗-哈格雷夫(Rebeiro-Hargrave,1999)开发了一个模型用以说明西班牙东南部格拉纳达以东瓜迪克斯(Guadix)和巴扎(Baza)沉积盆地第三纪中期以来出现的以冲沟为主的排水系统。他使用一种叫作细胞自控的技术,为沉积平原经受构造抬升后在冲沟扩展控制下盆地水系发育建模。他的模型所产生的突现格局与今天存在的和第四纪出现的情况十分相似。

非线性已经成为一种生活方式。它可以概括为输入方面简单的变化引起高度复杂的响应，这种输入似乎非常微小，但把系统不可预料地、急剧地导向行为改变的阈限。这种情况在20世纪中叶对地质学和地貌学等历史性科学曾是一种威胁。原以为像冰期开始这样突然发生的大变化是控制系统突然发生大变化造成的(Oerlermans and van der Veen,1984)，现在认识到Dansgaard-Oeschlager事件(大量溶冰冷水流入北冰洋)甚至第四纪冰期本身的开始是冰—陆地—海洋—大气圈系统相互作用的非线性行为。1960年代许多归因于气候变化的现象现在则归因于自然系统中隐藏的非线性行为。

四、攀级范例

了解环境系统行为显而易见的重要性，特别是其非线性行为对稳定性的重要性，在于它似乎给环境管理者以安慰。在一定的(设定的)排水量的情况下，如果能够准确识别河流的平面形态行为(plan-form behaviour)的阈限(曲流对辫状流)，理论上就有可能对河流进行整治以避免坡面可能产生的不稳定性。通过延长或缩短两个高度之间的河道，就能够改变坡度。如果能进一步识别深潭、浅滩和曲流波长的稳定状态，如果能够达到这些引人入胜之处，则河流系统就难以偏离这种平衡状态。以下是河流修复的重要基础：

- 识别稳定平衡；
- 管理河流以达到这种平衡；
- 进行小调整(人工坝和水塘)保持平衡。

能够用这种方法驯服的自然系统称为有弹性的系统——即通过建立新平衡的方法对管理造成的干扰作出反应。说明这种原理的例子很多，但主要有两种不确定性使其受到损害。首先是极端事件能完全消除美好的意图(一场大洪水就能冲毁代表平衡状态的沙石坝)。其次，存在着未知的和未能预见的复杂情况(包括隐藏的阈限)，使得对系统过分简化的看法格外危险。

"载畜量"的概念揭示了此类未能预见的复杂情况。载畜量是能在草地上放牧而不损害草地生态的动物数量。当然，一头猪不同于一头牛，因此环境管理者设计了"动物单位"作为农学家估算载畜量的基础，这就可以用作管理的目标，使之保持系统在生态学与土地退化方面接近平衡状态。不幸的是，这种方法不承认所针对的草被(理想的防止侵蚀的平衡状态)和能使系统偏离平衡状态的扰动都是不可预料的——过湿和过干时期的规模与频率及其对草地的影响将在本章下文讨论。即使在很短的时期内，侵蚀与草地或水之间竞争的内部动态也会导致植被覆盖不稳定的振荡(Brandt and Thornes,1993)。因此，在载畜量早已被其他地区摈弃之后，在地中海环境中对详细说明"载畜量"作为荒漠化指标所作的努力是基于虚假前提的。还有一个问题，就是因为这种方法表面上具有科学与管理的基础，加上硬性指标的附加条件，因而造成一种虚假的安全感。冈德森和霍林(Gunderson and Holling,2002:xxii)在对理解人文与自然系统转变问题的流畅而清新的评价中抨击了环境系统控制概念的简单处方:"它们似乎用意识形态上似是而非的确定性、精密的数字或行动取代固有的不确定性。"他们注意到了上述非线性现象所提出的问题,进而指出,"这些理论忽视了起关键性支配过程的缓慢侵蚀能够突然把一个生态系统或一种经济转变为或许根本不可逆的另一种状态"。

在系统进化观上这绝对是一个至关重要的论点。它对复杂系统管理可能或应该基于少数几个关键指标的信念提出了严肃的疑问。欧洲和美国环境部门有一种固定的想法,要提出单个指标来监测环境管理目标。

后来在霍林等(Holling et al.,2002)的文章中把关于平衡的讨论转变为4个神话人物的"自然的漫画",如图7.3。该漫画内容如下:

第一,自然平面——只有少数几个或没有影响稳定性作用力的系统。

第二,自然平衡——处于或接近于平衡的系统,其底部是一个杯子。

第三,自然失控——把自然视为不稳定的球形——受控于生长与崩溃的双曲线过程。

第四,自然弹性——多稳态的自然,其中有些变成不可逆的陷阱而另一些变成自然交互状态,经受着内动力的作用。

这幅漫画承认不稳定性对行为的组织作用和稳定性的作用一样大。这些都是非线性现象占优势的自然地理主题中流行的动力系统。霍林自1973年以来就力主这种情况。霍林等(Holling et al.,2002:5)正在寻找一种适应性变化理论"以帮助我们了解正在出现的全球性变化"。他们使用"攀级"一词"描述这种理论的尺度交叉(cross-scale)、跨学科和动态的性质,其根本点是使变与不变之间、可预测与不可预测之间的相互作用合理化"。

他们的一般性理论作为环境变化后弹性与适应性循环的模式而出现。这可以想象为莫比乌斯带(Mobius strip)随时间变化的轨迹,如图7.4。如果我们从条带左下方一次扰动(比如打击)开始,新情况的特征是有机体的重组和短期的外貌或向外扩展——先锋期(或生态学上的 γ 相)。进而走向相对稳定 K 相的稳固合并,其特征是平衡状态下的保守行为(见 Obando, 2002)。系统的联通性增加直至系统崩溃为止,这也许是某些微小变化导致超越内部阈限而造成的。接着走向作者们称之为释放的阶段并最后走向重组,重新开始适应性循环。上面描述的这种循环,使人联想起戴维斯的侵蚀循环(Davis,1899)。地面抬升在升高的地表面上(接近于彭克的终极面)开始产生新的排水系统,在其对径流与泥沙量的控制与反馈中得到巩固,反馈作用导致排水网络的自相适应作用,如罗德里格斯-伊特布(Rodriguez-Iturbe,1994)所建立的模型那样。但是,并没有可以同戴维斯模式平衡状态的"释放"相直接类比之项。索恩斯(Thornes,1990)表明,通过植被与侵蚀之间的竞争,地中海马托罗群落①出现了勃兰特和索恩

---

① 译注:matorral,西班牙中部一种常绿有刺灌木丛,暂译为"马托罗"。

斯(Brandt and Thornes,1993)所模拟的繁荣—萧条循环,它和霍林等人的模型一样也具有适应性行为的有规律循环。

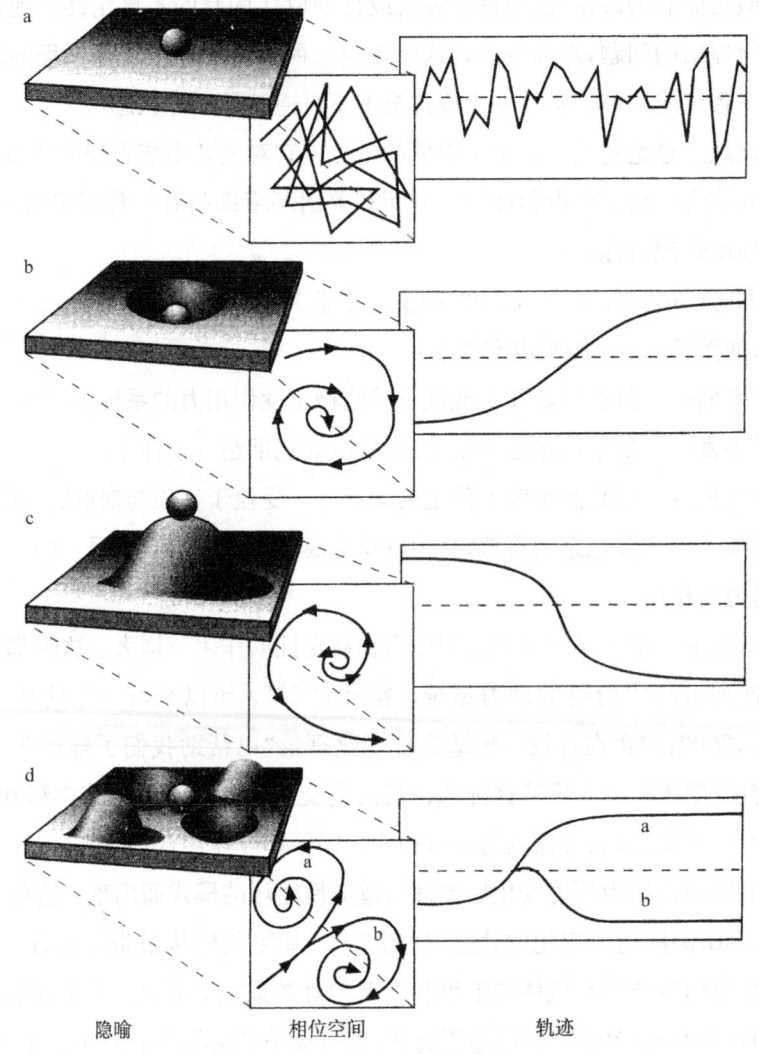

图 7.3　霍林等人对 4 个自然神话人物的图解:
a. 自然平面；b. 自然平衡；c. 自然失控；d. 自然弹性(多稳态)
资料来源:引自 Holling et al. (2002)。

适应性循环模型仍处于幼年期,只有时间才能说明它是否足够强壮。目前其弱点似乎在于对释放(崩溃)相的解释,它要求更多的是外部变量(风、火、干旱)而不是固有的内部动力学。周期性地从一种稳态跳到另一种稳态是"由慢速变量(突变论水平轴变量)的变化引起的,这种变化激发了快速变量的响应,或者逃逸"(Holling et al.,2002:35)。攀级范例似乎无疑会给未来的环境管理原理中的系统控制提供一个供思考和探索的重点。如果它推翻了系统一般均处于稳态的概念,并由此导出工程意义上的弹性,这就代表着向前迈出了重要的一步。

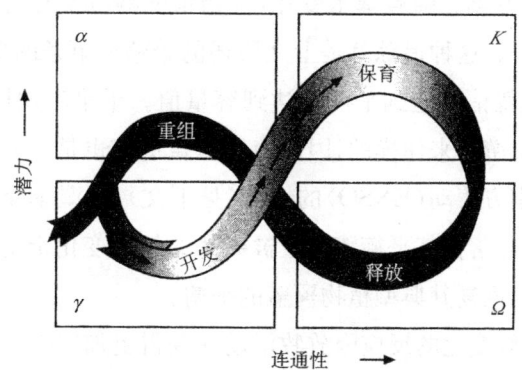

图 7.4 一个生态系统适应了随后的变化而产生 4 种生态系统状态的程式化图解(Holling *et al.*, 2002)。垂直轴是所积累的生物体和营养物质固有的容量或潜力。水平轴是联系的程度。循环从左下方开始,从 γ 到 K 的主要(浅色)曲线是正文中所讨论的对数曲线

资料来源:引自 Holling *et al.*。

五、基于时间的两个问题

本章最后一节选择两个例子以说明迄今在上文所表述的思想。

(一) 全球变化与植被移动

生态学和生物地理学广泛探讨了逐步走向一种有发展能力状态的概念。在演替概念中生物量或物种丰度的上限是固定的。奥德姆(Odum,1969)把这一点看成是:①一个合理地定向的因而是可预测的有序过程;②因发育中的植物群落而导致物理环境的改变(例如一种土壤发育);③走向稳定终点(顶极)具有自我平衡性质的生态系统。当群落可利用的所有资源(水、太阳辐射、养分)均被消费以生产生物量时,就达到了这个上限。同样,稳定的下限会被固定于任何资源的限制——李比西定律。其中任何一种都可能是"限制的",而且在 1960 年代和 1970 年代,这些问题在"新生态学"中被重新解释为容量或潜力。这样,在半干旱环境中,水就是增长的极限。增长率的增加或降低视系统当前的状态与容量之间的差距而定。可以用逻辑斯蒂增长方程建立模型。由于水、太阳辐射和养分均可能受限制,克莱门茨(Clements,1928)的演替概念曾被解释为导致气候顶极植被。气候植被顶极和演替概念暗含着植被达到这个容量取决于增长极限的假设。它形成了从气候方面解释植被覆盖的历史证据(例如在古生物学上),以及重建全球气候变化造成过去植被变化的基础。有时它还用以预测未来可能发生的气候变化。

索恩斯（著作在出版中）用（反映降水变化的）土壤水分的影响解释南非东角（Eastern Cape）灌丛—草地界线的变动。随着降水变化，生物量的响应常有时间上的滞后。因此说可以用植被覆盖"追踪"降水。这种追踪就是上文所述的繁荣—萧条的变化。在多雨时期，植被"超越"了生产潜力，随后就枯萎达到平衡或达到容量值。干旱时期植被枯萎变得十分稀疏。因为降水是作为一种随机游动来建模的，因此植被覆盖追踪也是一种随机游动。由于南非降雨强烈地受厄尔尼诺—南方涛动（ENSO）的影响（见下文），干湿季交替。地中海和南非东角的情况均表明，如果一个群落在其平衡轨道上被突然的气候变化干扰，可能需要很长时间，才能以一种独特的生长曲线恢复其典型植物覆盖的平衡。

众所周知，这些对气候变化的反应因放牧活动而变得更加复杂（Noy-Meir,1982），而且放牧是非线性的，甚至具有混沌的性质，较小的作用就有可能将系统推向新的轨道。这项工作有三方面成果。它表明有两种稳定状态，一种与植被有关，另一种与最大可能的数量有关。降雨的小变化能够使植被系统从一种状态转为另一种状态。这种看法也支持了霍姆格伦和谢弗（Holmgren and Scheffer,2001）的论点，即在管理植被覆盖的时候，可能最好等待降水的变化以创造朝着我们所希望的稳定状态的条件。从第一点还可以理解，在植被对气候响应表现非线性性质的情况下，必须谨慎对待把地貌过程的变化（特别是土壤侵蚀）视为气候变化直接的线性结果的解释。

（二）循环动力学及其复杂性

从洛伦兹对蝴蝶效应的发现产生的混沌动力学范例，大多数来自他对循环建模的意图。因此我们发现关于全球变暖影响辩论的核心——为循环变化建模，因导致混沌结果的非线性现象而充满困难时就无须惊讶了，而情况确实是这样。这个问题有下述几方面：

- 非线性意味着输入很小的变化就可望产生复杂而难以预料的响应。同样，十分复杂的行为可能是简单原因的结果。在复杂系统中我们不一定需要复杂的输入就能得到复杂的输出。
- 由于这种混沌行为，输出的时间序列，如上文所讨论的那样，应该探讨确定性混沌（意指因不稳定的用数值表示的行为造成的振荡）的标志。
- 由于混沌的存在使得预测变得更加困难，以致全球气候变化模型带有更大的不确定性。气候变化不仅反映了非线性现象，而且输入本身（气候情景）也是混沌动力学的结果。

洛伦兹（Lorenz,1963）建造了一个彻底过度简化液层中的热对流模型。液层中的运动是由液层底部和顶部温差驱动的。后来洛伦兹用以描述气体移动速度的方程完全只注意方程本身的数学价值，如同艾奇逊（Acheson,1997）所表明的那样。他给出3个微分方程表明3种稳定状态。他还表示，如果范德波尔（van der Pol）方程能为随时间的进展求解，则可认为它们能够展示混沌行为（图7.5）。它们的不规则行为和对初始条件极端的敏感性表明了这一点

(Acheson,1997)。初始差只有千分之一时,随着差额变大,振荡的偏离可达 13 以上。图中的粗曲线是开始 $x(x_0)=5.000$ 的情况,细曲线是 $x_0=5.005$ 的情况。即使差额降低百分之一达到万分之一,其结果停留在一起的时间只稍微长一点,直至 $t=16$ 左右为止。洛伦兹认为这种极端行为具有深刻含义。他在 1963 年总结道:"考虑到气象观测不可避免的不准确性和不完备性,似乎不存在准确的超长期预报。"(引自 Acheson,1997:159)这里所谓的"长期"是指 3 天以上!

虽然这些问题中有一些在全球性循环中继续存在,但并不甚严重。气候(不是天气)预测较为可行,因为需要考虑的是平均状况而不是逐日的变化(Schneider,1992)。试想一张有许多个台球的球台。如果有多个球在滚动,就很难预测每个球的行为。不过,一个平均时段内平均有几个球入袋则比较容易预测。和说明单个原子的行为相比,这种统计力学方法非常有助于说明气体中大量原子(全体)的概率分布。而且,在气候的时空尺度上,大气圈的变化是被非常缓慢的响应以及其本身的反馈系统(诸如海洋温度效应)驱动的。可预测的程度一般与振幅的周期和所施加的压力有关。施奈德(Schneider)进一步指出,在一个长周期之后,全球尺度的气候系统经过短暂调整之后将移向独特的平衡,前提是存在这种独特的稳定平衡。

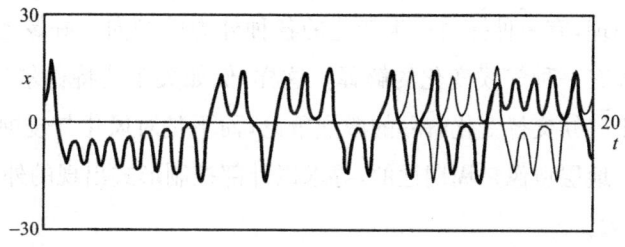

图 7.5 洛伦兹方程的数字解,$t=0$ 时 $r=28$ 和 $(x,y,z)=(x_0,5,5)$。粗曲线 $x_0=5.000$,细曲线 $x_0=5.005$。在 13 次振荡后二者的偏离表明初始条件 (x_0) 微小差异造成的灵敏度的变化

资料来源:Acheson,1977. 受牛津大学出版社允许重印。

表现气候系统内部运行周期性气候变化响应的是东太平洋和澳大利亚—印度尼西亚地区的厄尔尼诺—南方涛动(ENSO,EL Ninō Southern Oscillation)循环(Cane,1997)。厄尔尼诺是秘鲁和厄瓜多尔沿岸伴随着豪雨和灾害性洪水的大规模海水变暖。自从 1726 年以来人们已经知道厄尔尼诺事件,有证据表明那以前至少出现了一千次(Quinn et al.,1987)。南方涛动是赤道太平洋东南部和澳大利亚—印度尼西亚地区之间(塔希提岛站和达尔文站之间)海面的气压差。当赤道太平洋东部水温异常温暖时,太平洋东部海平面气压下降而西部上升。ENSO 揭示了简单非线性动力学的特征性面貌——变换于有规律的振荡和交互的准稳态之间。尽管如此,对本章而言其中的物理学和数学过于复杂,读者可参考凯恩的述评(Cane,1997)。第一个信号出现在北半球的春天,年末增大到高峰,到翌年夏季变暖事件结束。这种

现象每 4 年出现一次，在毕尔克尼斯(Bjerknes,1969)关于赤道太平洋的凯尔文(Kelvin)波浪、海温与罗斯比(Rossby)波浪之间相互作用假说的基础上，模型制作者已能十分成功地进行预测。按照凯恩的说法(Cane,1997:586，重点为作者所加)：

> ENSO 是可变性非同寻常的例子，完全源自气候系统内部的运行。进行建模和预测 ENSO 的努力考验着我们建模和对大时间尺度变化预测，以及在有更多观测数据的情况下进行模型检验的能力……这是大气圈与海洋之间双向相互作用模型最先进的例子。

另一个重要特征是准稳态之间的转换。这是在相对占优势的凯尔文波浪与罗斯比波浪之间的转换，而这种张力导致产生不稳定的振荡行为。

六、结语

过去 25 年来自然地理学研究中所采用的经典科学方法不一定能为解释提供基础，这一点已经很明显。对自然过程的了解并不需要承认随时间变化的平滑线性行为，而是要承认真实世界的特点是突然变化的振荡行为，其中系统往往在稳态之间转换。过去在一定程度上出自简单化因果关系的心理，有一种探讨产生变化的各种外力的倾向。好像地层或形态记录上每一种地貌变化都应该有一种气候变化的解释。这样，例如关于达特穆尔(Dartmoor)[①]突岩起源的辩论变成了关于气候交替变化解释的激烈争论，而不是对风化与侵蚀相对速率[②]的讨论，但后者却是正确的。地层愈像是周期性的，寻求以外部控制形式出现的外力(其本身亦呈周期性变化)的倾向也愈大。

时间序列的分解可能产生误导，而以这种或那种形式长期存在的振荡行为应当引导我们去寻找初始条件敏感性的证据以及系统固有的混沌动力学证据。当存在周期性行为的证据时，关键的问题应该是"它是动力学不稳定性的象征吗？"

本章并非要求摈弃自然地理学中的历史研究，而是要慎重对待不可预料行为的解释。

本章小结

- 过去 25 年来非线性、混沌、复杂和平衡稳定性问题的重要性主导着随时间变化现象的研究。
- 传统的时间序列分析是以经验为基础的。需要特殊的技术来识别非线性现象。
- 非线性现象以周期性行为、对初始条件的敏感性和主要行为之间的转换为特征。外力、交叉的内部阈限或接近临界点的随机扰动可能造成这种转换。

---

① 译注：该地区位于英格兰南部德文郡。
② 译注：地貌学上称之为差异风化。

- 未来所有自然地理学将必须接受、识别和结合非线性行为，并识别其对环境系统输出的时间序列的效应。

进一步阅读文献

艾奇逊的《从计算到混沌：动力学导论》（Acheson 1997. *From Calculus to Chaos: An Introduction to Dynamics*）一书，在你们当中那些学习 A 级数学的人力所能及范围内对大多数概念进行了数学处理。布伦斯登和索恩斯的论文"景观的敏感性与变化"（Brunsden and Thornes 1979. Landscape sensitivity and change）展示了 1960 年代地貌学基本平衡的途径，提出如何识别地貌系统对外部扰动的敏感性并通过瞬时形成速率进行量化的问题。在乔利和哈格特（Chorley and Haggett, 1965）主编的书中，乔利撰写的"论戴维斯循环模型"的一章，打破了 20 世纪中叶历史地貌学（剥蚀年代学）的沃土，打开了过程研究和建模的途径。贝内特和乔利的《环境系统——基本原理、分析与控制》（Bennett and Chorley 1978. *Environment Systems: Philosophy, Analysis and Control*）一书是由两位一流地理学家编写的关于系统分析的经典方法，首次认识到本章所讨论的稳定性问题。那是一本很费力的读物。冈德森和霍林主编的《攀级——了解人文和自然系统中的转化》（Gunderson and Holling 2002. *Panarchy: Understanding Transformations in Human and Natural Systems*）提供了对环境管理过分简化的方法的一种与众不同的、最新的评价。书中强调需要了解新概念所涉及的环境行为和过程的复杂性。马歇尔和佐哈的《谁害怕薛定谔的猫？》（Marshall and Zchar 1997. *Who's Afraid of Schroedinger's Cat?*）是一本论述新科学问题可读性极佳的文集，从时间之箭经过模糊逻辑到波动方程，包括复杂和混沌在内，书中导论一章是绝对必读的。菲利普斯在《地球表面系统：复杂、秩序与尺度》（Phillips 1999. *Earth Surface Systems: Complexity, Order and Scale*）一书提供了对地貌系统中复杂行为最新的综合评述。罗茨海姆的《进入复杂实验室：混沌在何处遇到复杂》（Roetzheim 1994. *Enter the Complexity Lab: Where Chaos Meets Complexity*）是一本很有趣的书，清楚地解释了复杂、稳定性和混沌的主要概念。书中包括一个计算机程序（游戏？）光碟，用迷宫中的"鸟"、蚂蚁甚至老鼠表现这些原理。混沌、细胞自动控制和生命模型均包括在内。威尔逊的《突变理论与分歧》（Wilson 1981. *Catastrophe Theory and Bifurcation*）一书虽然已出版 30 年了，但对地理系统中的突变、分歧和其他非线性行为问题仍然表述得最清楚，是最容易得到的资源。

注：上述文献详见本章参考文献。

参考文献

Acheson, D. (1997) *From Calculus to Chaos: An Introduction to Dynamics*. Oxford: Oxford University Press.

Bennett, R. J. and Chorley, R. J. (1978) *Environmental Systems: Philosophy, Analysis and Control*. London: Methuen.

Bjerknes, J. (1969) 'Atmospheric teleconnections from the equatorial Pacific', *Monthly Weather Review*, 97: 163-172.

Brandt, C. J. and Thornes, J. B. (1993) 'Erosion-vegetation competition in an environment undergoing climatic change with stochastic rainfall variations', in A. C. Millington and K. T. Pye (eds.) *Environmental Change in the Drylands. Biogeographical and Geomorphological Responses*. Chichester: Wiley, pp. 306-320.

Brunsden, D. and Thornes, J. B. (1979) 'Landscape sensitivity and change', *Transactions, Institute of British Geography*, 4: 463-484.

Cane, M. A. (1997) 'Tropical Pacific ENSO models: ENSO—a model of the coupled system', in K. E. Trenberth(ed.) *Climate System Modelling*. Cambridge: Cambridge University Press, pp. 583-616.

Chorley, R. J. (1965) 'A re-evaluation of the geomorphic system of W. M. Davis', in R. J. Chorley and P. Haggett(eds.) *Frontiers in Geographical Teaching*. London: Methuen: 21-38.

Clements, F. E. (1928) *Plant Succession and Indicators: A Definitive Edition of Plant Succession and Plant Indicators*. New York, NY: H. W. Wilson.

Davis, W. M. (1899) 'The geographical cycle', *Geographical Journal*, XIV: 481-504.

Gregory, K. J. (1985) *The Nature of Physical Geography*. London: Edward Arnold.

Gunderson, L. H. and Holling, C. S. (2002) 'Preface', in L. H. Gunderson and C. S. Holling (eds.) *Panarchy: Understanding Transformations in Human and Natural Systems*. Washington, DC: Island Press, p. xxii.

Harré, R. (1969) *Scientific Thought 1900—1960*. Oxford: Clarendon Press.

Holling, C. S. (1973) 'Resilience and stability of ecological systems', *Annual Review of Ecology and Systematics*, 4: 1-24.

Holling, C. S. and Gunderson, L. H. (2002) 'Resilience and adaptive cycles', in L. H. Gunderson and C. S. Holling(eds.) *Panarch: Understanding Transformations in Human and Natural Systems*. Washington, DC: Island Press, pp. 25-63.

Holling, C. S., Gunderson, L. H. and Ludwig, D. (2002) 'In quest of a theory of adaptive change', in L. H. Gunderson and C. S. Holling(eds.) *Panarch: Understanding Transformations in Human and Natural Systems*. Washington, DC: Island Press, pp. 3-24.

Holmgren, M. and Scheffer, M. (2001) 'El Niño as a window of opportunity for the restoration of degraded arid ecosystems', *Ecosystems*, 4: 141-149.

Kirkby, M. J. (1972) 'Characteristic slope forms', in D. Brunsden(compiler) *Hillslope Form and Process*. London: IBG Special Publication: 15-31.

Libby, W. F. (1955) *Radiocarbon Dating* (2nd edn). Chicago, IL: Chicago University Press.

Lorenz, E. N. (1963) *The Essence of Chaos*. London: University College Press.

Marshall, I. and Zohar, D. (1997) *Who's Afraid of Schroedinger's Cat?* London: Bloomsbury Press.

McIntosh, R. P. (1981) 'Succession and ecological theory', in D. C. West et al. (eds.) *Forest Succession: Concepts and Application*. Berlin: Springer-Verlag, pp. 10-23.

Noy-Meir, I. (1982) 'Stability of plant herbivore models and possible application to savanna', in B. J. Huntley and B. J. Walker(eds.) *Ecology of Tropical Savannas*. Berlin: Springer-Verlag, pp. 591-609.

Obando, J. A. (2002) 'The impact of land abandonment on regeneration of semiarid vegetation: a case study from the Guadalentin', in N. A. Geeson et al. (eds.) *Mediterranean Desertification: A Mosaic of Processes*. Chichester: Wiley, pp. 247-268.

Odum, E. P. (1969) 'Generalization of successional-climax paradigm with overshoot', *Science*, 164: 262.

Oerlermans, J. and van der Veen, C. J. (1984) *Glacial Fluctuations and Climate Change*. Dordrecht: Kluwer Academic.

Perry, J. N., Smith, R. H., Wolwod, I. P. and Morse, D. R. (2000) *Chaos in Real Data*. Dordrecht: Kluwer Academic.

Phillips, J. D. (1999) *Earth Surface Systems. Complexity, Order and Scale*. Oxford: Blackwell.

Quinn, W., Dopf, D., Short, K. and Kuo-Yang, R. W. (1987) 'Historical trends and statistics of southern oscillations, El Niño and Indonesian droughts', *Fisheries Bulletin*, 76: 663-678.

Rebeiro-Hargrave, A. (1999) 'Large scale modelling of drainage evolution in tectonically active asymetric intermontane basins, using cellular automata', *Zeitschrift für Geomorphologie*, Suppl. Bd, 118: 121-134.

Rodriguez-Iturbe, I. (1994) 'The geomorphological unit hydrograph', in K. Bevan and M. J. Kirkby(eds.) *Channel Network Hydrology*. Chichester: Wiley, pp. 43-69.

Roetzheim, W. H. (1994) *Enter the Complexity Lab: Where Chaos Meets Complexity*. Indianapolis, IN: Sams Publishing/Prentice Hall.

Scheidegger, A. E. (1960) *Theoretical Geomorphology*. Berlin: Springer-Verlag.

Schneider, S. H. (1992) 'Introduction to climate modelling', in K. E. Trenberth(ed.) *Climate System Modelling*. Cambridge: Cambridge University Press, pp. 3-26.

Schumm, S. A. (1968) 'River adjustment to altered hydrologic regime: Murrumbridge River and palaeochannels Australia', *United States Geological Survey Professional Paper*, 598: 68.

Schumm, S. A. (1979) 'Thresholds in geomorphology', *Transactions, Institute of British Geographers*, 4: 485-515.

Shackleton, N. J. (1977) 'The oxygen isotope record of the late Pleistocene', *Philosophical Transactions of the Royal Society*, B280: 169-182.

Thornes, J. B. (1980) 'Structural instability and ephemeral channel behaviour', *Zeitschrift für Geomorphologie*, supplement band 39: 136-152.

Thornes, J. B. (1990) 'The interaction of erosional and vegetational dynamics in land degradation: spatial outcomes', in J. B. Thornes(ed.) *Vegetation and Erosion*. Chichester: Wiley, pp. 41-53.

Thornes, J. B. (in press) 'Exploring the grass-bush transitions in South Africa through modelling the response of biomass to environmental change', *Geographical Journal*.

Thornes, J. B. and Brunsden, D. (eds.)(1977) *Geomorphology and Time*. London: Methuen.

Tilman, D. and Kareiva, P. (eds.)(1997) *Spatial Ecology: The Role of Space in Population Dynamics and Interspecific Interactions. Monographs in Population Biology* 30. Princeton, NJ: Princeton University Press.

Wilson, A. G. (1981) *Catastrophe Theory and Bifurcation*. London: Croom Helm.

Wooldridge, S. W. and Linton, D. L. (1955) *Structure, Surface and Drainage in South East England* (2nd edn). London: George Philip & Son.

第八章　时间:从霸权的变化到日常生活

彼得·J.泰勒(Peter J. Talor)

本章内容界定

时间和空间构成宇宙的基本物理维度。这样,我们用时间量度变化,包括社会变化。社会时间表示含有内容的时间:变化过程中的人文现象。社会时间与社会空间作为"时空"而永恒地联系在一起。

一、导论:人文地理学中时间的含义

人文地理学中时间以两种不同方式概念化(见第七章对自然地理学中时间的论述)。对时间的一种看法是将之作为一种物理维度,能够精确测量的东西。例如,地理学家可能把"时间维"加到聚落模型中,以表明在某个时期内这些模型是如何发展的。这样的模型称为"动态模型"(与之相对的是描述某一时间事物状态的静态模型),此类模型依靠时间序列数据与分析。对时间的第二种看法是将之视为社会变化,其重点在于"时间的内容"。因此地理学家可能研究作为工业化产物的某个聚落格局的发育。这样的方法侧重于社会过程:工业化是联系着许多相伴随的经济、政治与文化变化的一系列过程。此类研究所采取的形式取决于用以界定社会变化性质的社会理论。

本章将侧重于对时间的第二种看法。内容包括三部分:第一,描述地理学家研究时间的方法;第二,讨论不同的时间格局;第三,解释我们怎样用关于时间的思想来解释现在。但是,在介绍两种基本关系——时间与空间和时间与现代性状态之前,我们还不能切入主题。

对地理学家而言,不能离开空间单独地研究时间。空间也和时间一样,既可以看成"物理的"空间,对此我们想到了几何学;也可以看成"社会的"空间,对此我们想到了地方,即含有内容的空间(关于人文地理学在空间和地方多重定义的更多论述,见第五章和第九章)。在前一种情况下,空间被看成三维的,因而时间变成"第四维"。在后一种情况下,社会过程的研究是就地进行的,因此我们就像在区域地理学中那样研究地方的组成。由于空间与时间如此密不可分,因此下文的讨论中将要提到时空(time-space)现象。简言之,地理学家通过对时间问题的关切——无论测量时间上的趋势还是解释组成上的变化——他们会对从局地到全球的区位感兴趣,在这些区位中出现一些趋势和变化。

我们生活在称之为"现代"的世界中。现代的想法是非常富含时间概念的。要做到现代,就是要"与时俱进",就是要赶上时代,就是要使用最新的小玩意儿或思想,就是要追随最时髦的服饰或游戏。总的来说就是现代社会人们定义的一种现代性(modernity)状态。从某种意义上说,无论是个人还是社会,如果不拥有最新的制品,就会被认为在某种程度上"落后"于时代。请注意,这是一种卓越的"社会时间"观念;这对同时代的个人或社会而言,并没有处于"真实"时间之前或之后的物理意义。然而,在现代性方面对这种社会时间关切的结果,是使"现代性"成为了用以界定经历无休止的快速变化社会的标准。因此,时间的概念就是现代性意义的中心以及地理学家试图了解这种情况的中心。

二、人文地理学如何研究时间

人文地理学中对时间的研究早已纳入历史地理学的范围。1960年代通过本学科的大变动,传统上对景观和区域发展的关注受到质疑。正是从这个时期开始,时间的概念以新的系统化方式更广泛地结合到整个人文地理学领域之中(Carlstein et al., 1978a、1978b、1978c)。我们现在能够确定五种时间模型与概念。

第一种是时空收敛(*time-space convergence*)。由于注意到21世纪内穿越距离所需时间的急剧减少,世界好像在一定程度上"变小"了。这种"缩小着的世界"的想法对地理学家并不是独特的,但作为时空收敛的精确测量则很独特。这种概念是贾内尔(Janelle,1969)提出来的。他选用从利用马车到飞机在两个城市之间旅行所需时间的数据构建了一些曲线图,表明从17世纪到20世纪旅行时间的减少(图8.1)。作为一个特例,他测量了爱丁堡和伦敦之间的旅行时间如何从几个星期减少到几小时。他还更精确地计算了1776—1966年两个城市之

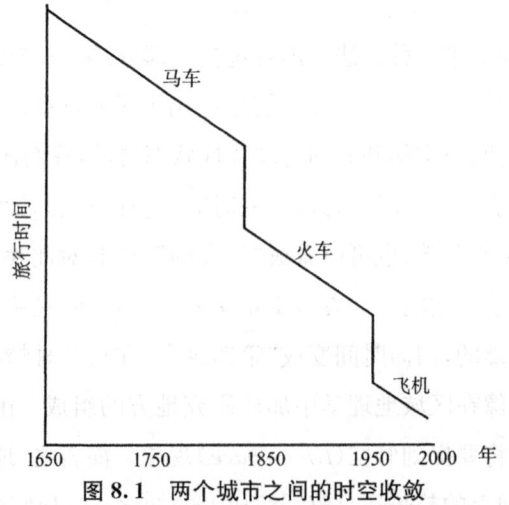

图 8.1 两个城市之间的时空收敛

间平均"收敛率"为每年 29 分钟。后来的研究人员还利用若干城市之间的旅行时间创建了新的"时间地图",图中地点之间物理上的距离被"时间距离"取代(Forer,1978)。

这里所识别的第二个概念是哈格斯特朗(Hägerstrand,1973)的"时间地理学",这是人文地理学对时间研究有争议的、最具原创性的贡献。哈格斯特朗利用一个二维空间作为底图,加上时间作为空间维,他试图通过这个三维图追踪个人执行每天的任务时"向上"和横向的时空路径(图8.2)。例如,某日一个人会从底图中他或她的住处开始,然后向上(通过时间)和横向(通过空间)行进到工作单位,随后又通过时间向上运动并沿着地图去赴午餐会,如此等等,直至回到图的"顶端"起始空间的出发点——家。对于每个人而言,都存在着一个时空棱柱,制约着他或她从家这个基地出发进行活动的可能边界,这取决于他或她利用旅行设施的难易程度。这就清楚地划定了个人可资利用的资源,例如,是当地学校而不是多种语言的国际学校,或者是当地的百货店而不是高度专业化的零售商店。此外,通过棱柱体的运动还受到其他人必要的相互作用的制约,例如,在一个工作会议上或到托儿所接送孩子,以及存在着同进行日常工作的其他人在时空方面的竞争。后一种情况的经典例子是典型的城市"交通高峰时间",通勤人员的时空轨迹收敛(time-space paths converge)造成了时空人口的集中(time-space population concentration)。这个框架表明空间和时间如何成为日常生活中常规使用的资源。普雷德(Pred,1986)的历史性研究是一个典型,他利用时间地理学模型了解日常生活如何因社会变化而改变。

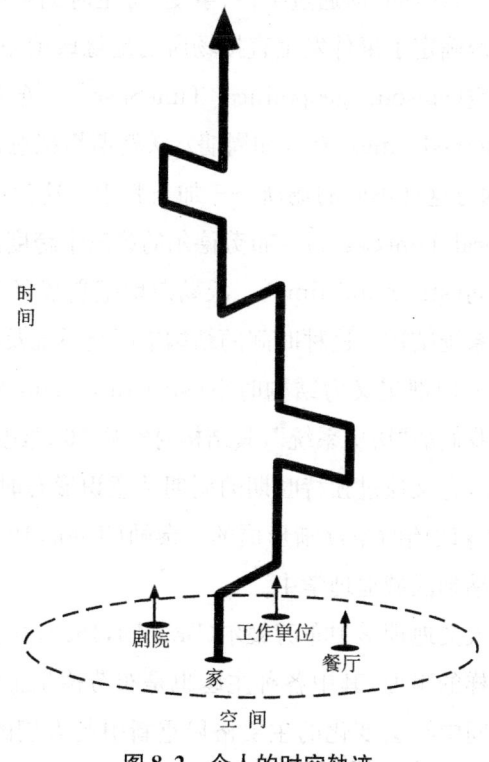

图 8.2 个人的时空轨迹

哈维(Harvey,1990)关于时空压缩(time-space compression)的概念无疑是人文地理学对当前时间研究最具影响的贡献。他痴迷于19世纪关于"空间被时间湮灭"的想法,逐渐形成一种论点,把空间与时间和经济必要性与文化表达两方面相连接。从16世纪文艺复兴时代制图学上的空间理性化和18世纪表现(国家)空间权力与所有权的启蒙运动开始,哈维认为为了"占领空间"就必须产生新的空间,尤其是在交通运输方面。这同样是产生时空收敛的、缩小着的世界"空间屏障"的减小,但是此处对它的看法远远超过不断变化的社会维度。在现代资本主义关系中,这个缩小着的世界是"创造性破坏"周期过程的一部分,就如同需要新的投资以解决人口过剩的危机一样。这些新的空间造成了一种世界"加速"的普遍感觉,导致一种"压倒一切的压缩感"。正是后一种体验反映在世界如何被表述为一些文化精英试图驾驭代表现代性的不断变化的大旋涡上面(Berman,1982)。19世纪晚期和20世纪初期伟大的、显示想象力的现代化运动以及20世纪后期的后现代化运动,二者都被解释为对这种时间"加速"在文化上的反作用。因此,时空压缩是一种连接经济与文化的强有力的组织概念。

沃勒斯坦(Wallerstein,1988、1991)提出的世界系统分析为人文地理学中的时间与空间关系提供了一种可供选择的唯物主义解释。为了强调这两个概念的永久性,他杜撰了"时空"(TimeSpace)一词来形容其特殊的综合。从布劳德尔(Blaudel,1980)界定三类社会时间——短期、中期和长期开始,沃勒斯坦通过把空间尺度添加到每个时间跨度上增加一个地理成分。布劳德尔的第一类时间是短暂时间,即通过事件、事变、特定时刻和偶然事件来追溯变化的传统历史上的时间。沃勒斯坦确定了事件发生直接场所的地缘政治空间作为空间的对等物,由此创造了短期地缘政治时空(episodic-geopolitical TimeSpace)。布劳德尔的第二个跨度是一种更一般的摹制时间(patterned time)(趋势和周期),沃勒斯坦把意识形态空间——例如冷战时期把世界划分为东方/西方这样不同的场所——加入其中。这就产生了一个周期性的意识形态时空(cyclical-ideological TimeSpace)。布劳德尔的第三个跨度是涉及支撑着社会的长期缓慢的日常运动的结构时间(structural time)。沃勒斯坦把它解释为像古代伟大帝国的历史性兴起与衰亡那样的历史系统结构。这种时间的结构空间是系统及其通过核心—边缘结构进行再生产的边界扩张。这一切都定义为结构时空(structural TimeSpace)。沃勒斯坦的研究偏重于现代世界系统——我们的"历史系统",其结构时空从16世纪欧洲的资本主义世界经济发展为20世纪的全球经济,它又通过独特时期的周期性意识形态时空进行再生产,这些独特时期是通过事件的短期地缘政治时空逐渐形成的。泰勒(Talor,1988、1991)把世界系统的时空综合作为"历史区域"采纳到区域地理学中。

沃勒斯坦的时空不是人文地理学中布劳德尔(Braudel,1980)社会时间的唯一应用。历史地理学业已发展为各种各样的事业,其中各种主题也是布劳德尔工作的延伸(Baker,1984)。现在对于了解在时间和空间中社会变化的主要格局重新引起人们的关切(如Thrift,1990)。道奇肖恩(Dodgshon,1998)提出了一种对变化的地理展望,其中提供了对不同空间社会变化的述评。他总结出变化的分类,这个分类对比了变化的机制(例如系统反馈)、变化的根源(例如外部原因)、变化的产物(例如扩展),以及变化的形态(例如非线性)。最后一项引起连续性—不连续性的辩论,这种辩论在把时间当成社会变化对待时确定了一条基本分界线:变化是相对平缓的现象,或者变化的不连续性才是其本质?进步论代表前者的立场,把社会变化视为人类"向前迈进";相反,许多地理学家认为在社会变化程度"加速"的地方会出现根本性的破坏,"工业革命"就是经典的案例。两种社会关系格局(例如前工业化社会和工业化社会,或中世纪"封建"欧洲和现代早期"资本主义"欧洲)之间存在着破坏性的时间分野。本章的余下部分将更深入地研究这些时间形态。

三、时间形态学

现代性状况一般是以要求不断转变的社会压力来定义的。伯曼(Berman,1982:15)曾把这种状况描述为"不断分裂与更新、挣扎与矛盾、模棱两可与极度痛苦的大旋涡",并以此著名。转变可能十分令人兴奋、十分成功:现代男人和女人(我们)体验着现代性在创造新机会的同时,也在破坏着旧有的令人怀念的方式。窍门就在于保证我们不仅是现代性盛衰的目标,而且成为主动的主体,参与转变的过程。控制转变是规划的任务,规划是侧重于时间的现代活动的原型。

规划活动可定义为在某个时间层面上试图控制社会转变的任何计划。作为现代人,在规划短期、中期和长远未来的时候,我们通过许多个别项目或一组项目来安排我们的生活。现代机构通过各种规划手段来运行。例如,在20世纪某些时段,下述所有"大规划"活动至少在一个时期内取得了成功:城市规划、企业规划、冷战时期军事工业联合体的军事规划、福利国家的凯恩斯[1]经济规划、第三世界国家发展规划和共产主义国家的五年计划等。最后一个例子提醒我们,并非所有计划都是行得通的;事实上,上述所有尚存的例子后来都经过修正,变成比原计划"灵活"得多的版本。当然,灵活性意味着对转变的控制少得多,就是承认现代转变不能通过规划的实施而轻易被抑制。现代性太过复杂,是不能被"规划"的。

作为一种事后的认识,我们在此可以看到一个运行中的普通过程。规划是对社会问题的反应。例如,19世纪初开展的城市规划是对维多利亚时代工业化城市贫民流传下来的生活状况的反应。现代性规划运动着手清除"贫民区",把人们重新安置到干净的高层新住宅区中。所以规划都为某段时间所确定的问题提供一种解决办法。但是现代性是长期的转变,因此大型规划项目一旦开始,就渐趋落伍。规划被谴责为解决昨天的问题。经典的例子是苏联,其规划造就了历史上最大的19世纪工业国。唯一的问题是他们在20世纪创造了它,而现代世界已经前进了。城市规划也是如此,所规划的高层住宅变成了"空中贫民区",作为"城市解决方案"不得不被摈弃。

有一个失败的规划例子我们必须重新考虑,因为它与一个基于时间的术语有关,至今还在歪曲我们的想法。1950年代以来世界上的穷国就被怂恿进行"发展规划"。这样的规划一般包括支配投资以走过最后达到某种被称为"发达"状态的各个阶段。这种模式中最著名的,是认为通过五个阶段从"传统社会"走向"高消费社会"(Rostow,1960)。显然后者表明此处发生的正是要劝告穷国模仿富国发展的模式。似乎所有国家都希望各自沿着同样的道路平行前进,只不过先后不同而已(Taylor,1989)。换一种方式说,穷国只不过落在了后面;只要有正确的策略,它们很快就会赶上来。因此创造了两个词汇:把富国称为"发达国家",因为它们已经达到了"发达"的目标;把穷国叫作"发展中国家",因为它们仍然走在"发展"的道路上。现在让我们回到现代性的现实情况。事后我们能够看到富国经济发展不是真正的终点;这些国家的经济转变是跳跃式前进的,而且与高科技工业分不开。相反,往昔的"发展中国家"却在经济上越来越落后。称为"发达国家"的是指一种越来越发达的"最终状态";被称为"发展中国家"的在很大程度上则是完全不发达,当然并没有走在发展规划所设想的道路上。"发展中国家"和"发达国家"这两个词汇是在设想规划能够操控全世界现代性那个乐观主义时代产生的,现在已经变成"穷国"和"富国"的混乱的委婉说法。

这一切是否意味着我们都要被谴责为以现代性作为生活目标,而无论是个人还是集体都很少控制甚至完全不控制我们的未来?幸而情况不是这样。规划失败所表明的一切都说明现代性不能挤压在受控的时段之内。现代化过程中有许多成功的故事,这些故事是在被称为不声不响的转变模式而不是公开的"组织管理严密"的规划中出现的(Taylor,2000)。这些活动模式包括寻常百姓作为他们日常生活一部分的种种决策。在社会活动逐渐成为一种趋势并再现为社会转变的主要形式的地方,我们就有了成功地为了人们的需要与渴望进行现代化的主题。郊区作为占优势的城市形式而兴起就是静悄悄变化模式的经典案例。虽然"城市蔓延"遭到建筑师和规划师的嘲笑,但老百姓却用双脚(事实上是汽车)投票,在整个20世纪内创建带花园的单独家庭住所大样板(Fishman,1987;Hall,1996)。和国家规划正相反,这里是转变商业上有利可图的流行模式——尽管有时因在景观中造成性别与种族的空间划分而引发一些问题——今天依然流行于许多两性核心家庭,因此也受到房地产开发商的欢迎。

郊区的兴起是由美国领导的社会转变过程,代表了一种有时被称为美国霸权周期的元素。这是沃勒斯坦主义周期性意识形态时空概念的一部分。在世界系统分析中,现代世界已经通过三个霸权周期而发展,每个周期都是以世界性霸权国家经济上的成功为基础的。第一个达到这种状态的国家的例子是荷兰共和国,在17世纪以其商业霸权周期而称霸。到了19世纪,英国以其工业霸权周期占据主导,而20世纪则是美国基于高消费的霸权周期(Taylor,1996)。当有效的经济活动使基本的突破得以巩固时,每个周期就达到它的开花结果阶段。对荷兰人而言,是造船新技术使他们成为那个时代领先的贸易商。英国人因使工厂纺织业成为可能的蒸汽发动机而统治全世界。而美国人则是信息与计算机技术及其最终的结合,使产生对消费迫切需求的庞大广告业得到发展。

这种循环模型直接暗含在现代性的作品之中(Taylor,1999)。如前所述,现代性状态经历着不断的转变和三个盟主——新商业主义、新产业主义、新消费主义引起的经济剧变,加剧了社会转变的程度。现代性造就了大量机会与风险,寻常百姓不得不对此作出反应。在每个霸主国内转变的压力增加造成了叫作常规现代性的日常生活新方式(Taylor,1999)。实际上,传统家庭就是现代主义理想的发明,把家庭作为逃避外部熙熙攘攘世界的天堂。这是一个舒适的私密世界,是家庭成员免受社会转变压力得以休息的理想地方[2]。

在美国盟主领导下,日常生活集中在百姓群体史无前例的消费上。郊区成了现代性消费的原型景观。这就是我们当前的郊区世界,靠机械(汽车)来进出、靠机械(洗衣机、微波炉、真空除尘器、洗碗机等)来做家务、靠机械(电视机、影碟机、音乐中心、游戏机)来娱乐。这些大型的一般必需品又由许多单独消费品来补充,诸如家具、衣物和玩具等,使每个家庭各具特色、与众不同。这是 20 世纪上半叶由美国的福特、胡佛和通用电气等"家族名字"引领的世界,然后在 20 世纪下半叶扩散到世界各地。但是这种日常消费的现代性并非凭空产生的。在美国人之前,是英国人在他们的工业化新世界中形成了以核心家庭为中心的日常生活方式。维多利亚式家庭可能缺少我们所期望的"现代便利用品",但是它仍然是按自己的方式行事的、前所未有的温柔乡。以个性著称——维多利亚式家庭摆满了各种小摆设——这是可以确定的现代(舒适)家具首次普及的时候。但在 17 世纪是荷兰人创造了现代家庭本身(Rybczynski,1986)。此前住宅是相对公开的场所,商务、娱乐、吃饭、睡觉都在一起。到了 17 世纪,荷兰住宅中,楼上变成分开的私密区域,只供家庭成员和被邀请的朋友使用。这是家庭和有偿劳动与商务决定性的分离,是现代性的标志。新式荷兰人家庭由自己也是为自己装修和配置家具,以反映其个性,而且儿童也介入其中——人们说荷兰人创造了童年。因此我们现代的日常生活具有时间轨迹,从荷兰城市公民的住宅到目前反映经济转变霸权周期的郊区居民的住宅。

霸权周期及其相关的常规现代性,是社会时间形态的经典例子。作为一种周期性变化的模式,霸权周期反对简单的进步模型,后者假定一种线性发展的格局。但是,这并非不连续性优于连续性的案例。现代世界系统中社会变化的性质太复杂,因而难以用这种非此即彼的模型来把握。周期性模型中显然存在着不连续性——商业主义、工业主义和消费主义世界是各不相同的——但也存在着连续性。和这些差异性在一起的,也存在着足够多的相似性,使我们能够鉴别日常生活中普遍存在的现代性,在当前高消费世界中有其本身达到高潮的发展轨迹。当前现代世界的社会变化是作为社会时间的周期与趋势的复杂的混合物。无论如何,这终究可能是一些对我们前途至关重要的趋势。

四、结语:今天的时间

当代全球化是时间与空间概念如何联系到一起的经典例子。过去十多年来全球化思想已经主宰了人文地理学内外的思考。空间词汇全球化的意义不言自明,因为它所指和所宣称的是活动所发生的专门地理尺度——"全球"。但是这个空间尺度只有和时间联系起来才有意义。让我们考虑一下三本有关全球化的经典著作:《全球性构成》(Chase-Dunn 1988. *Global Formation*)、《全球性转变》(Dicken 1998. *Global Shift*)和《全球性转型》(Held *et al.* 1999. *Global Transformation*)。每本书都把地球同一种特殊社会变化过程联系起来:三个描写变化的不同词汇反映了每本书主张背后的不同社会理论基础。因为全球性变化代表着当代社会变化的重要元素,这个问题是如此重要,以至于有时可以说它界定了一个新的历史时代,因此必须进行研究。全球化是一个典型的时空概念。

使世界范围内瞬时联系成为可能的通信新技术,是使当代全球化成为可能的基本机制。这造成了时间与空间之间的一种新关系:信息、知识、思想和指令能够用电子技术瞬时传遍全球。有人说这标志着"地理学的终结"(O'Brien,1991)。更现实地,它造成了时间与空间之间关系的另一种变化。对此论题最具影响的作者是卡斯特尔斯(Castells,1996)。对他而言,社会空间是作为便于社会势力之间会面——他称之为"分享时间的习惯"——的工具而在物质上产生出来的。社会空间在传统上被组织起来,以便同时把人们聚集到一起,这样他们就能够作为社会的人彼此起作用。这种同时行动总是依赖于空间的连绵状态。今天存在着全球性的流,使社会实践能够超越远距离进行:有了电子技术空间连续性和时间上的同步性就自然分开了(Castells,1996:411)。这并非预示着"地理学的终结",而是指向令人振奋的新地理学的起点,以及世界城市网络的同步发展,在新的流的空间里推动全球性社会实践(Beaverstock *et al.*,2001)。

我们的"全球化"时间主要特征之一是我们对强烈的社会转变非常自信。人文地理学和社会科学文献都被新事物充斥。许多宣告最近的往昔正在消逝的新词汇表明了这一点:后殖民主义、后工业主义、后福特主义、后发展(post-development)、后马克思主义、后结构主义等,当然,最常见的还有后现代主义。还有证据可以表明许多相关的过程可能正在改变我们的世界,最常见的是重构、新秩序、新身份、跃迁和危机等。"后某某"及其相关过程的全部数目表明,社会不断变化的现代大旋涡仍旧紧紧伴随着我们。事实上对时间苦恼关切的不和谐音调提出了这样的问题:目前是否真的是转变的特殊时刻?

这正是社会时间形态学的要害之处。对于明显地遵循渐进线性社会时间模型的那些人而言,我们的时间只不过是导致一个更先进社会的、更现代技术突破的垫脚石而已。至于周期对其来说只是形态学的一部分的那些人,他们必然会提出开创一个新周期的条件是否正确的问题。谁在追随美国?即使这个最后的盟主把我们引向高消费,但问题是这样能持续吗——地球是否大到足以支持永远增长而永无休止的高消费?人文地理学和社会科学的时间终究会还原为一个世代间的社会公正问题(de Shalit,1995)。采取进步立场意味着我们应该努力向前,使尚未出现的世代也能够连续获得技术进步的利益。另一方面,如果现代消费不可持续,我们就应该确保把地球环境质量留传给未来世代时,使它至少像我们从祖先继承得来时一样美好。

本章小结

- 社会时间是一种"有内容的时间",是一种社会过程。
- 社会时间与社会空间或地方的联系是与生俱来的。
- 我们生活在转变永无休止的现代时间中。
- 地理学家使用了若干种时空概念以了解现代时间:时空收敛、时间地理学、时空压缩和"时空"(TimeSpace)。
- 规划是为了控制社会转变而"组织管理严密的"现代实践。
- 规划被谴责为用昨天的方案解决今天的问题。
- 有一些不声不响的转变模式,在日常行为中造就了大规模的历史性转变。
- 成功的、不声不响的转变伴随着荷兰、英国和美国的霸权周期的产生。
- 这些转变造成了常规现代性(ordinary modernity)的时空,人们从永无休止的转变中找到了一个避难所。
- 当代全球化是基于新信息技术的一种经典时空概念。
- 全球化是由把时间上的同步性同空间上的连绵性分开的电子流空间组成的。
- 全球化的底线是世代间的公平:我们所留下的地球将会像我们所继承时那样,拥有健康的自然状况吗?

进一步阅读文献

进一步研究本章内容的最佳起点是莱申(Leyshon,1995)的论文,它对"不断缩小的世界"提供了全面的讨论。在通信方面,布鲁恩和莱因巴克(Brunn and Leinbach,1991)主编的论文集是有用的,并包括珍妮利(Janelle)对他的思想的最新介绍。对时空压缩和"时空"的基本阐述分别见于哈维的《后现代性状况》(Harvey 1990. *The Condition of Postmodernity*)和沃勒斯坦的《轻率的社会科学》(Wallerstein 1991. *Unthinking Social Science*)。这两本书都晦涩难懂,但值得一读。道奇肖恩的《时间和空间中的社会》(Dodgshon 1998. *Society in Time and Space*)一书是研究社会变化的有价值现代历史地理学,是一本使你精通社会理论的书。最后,泰勒的《现代性:地理历史展望》(Taylor 1999. *Modernity:A Geohistorical Perspective*)一书进一步阐明了时间与现代性之间的联系。

注:上述文献详见本章参考文献。

注释

[1] 凯恩斯经济规划因经济学家约翰·梅纳德·凯恩斯(John Maynard Keynes)的名字而得名,他擅长于盛行于 20 世纪中期的"需求管理"的理论与实践。

[2] 众多的现代人追求但不是总能得到舒适的理想之地:避难所也可能是牢笼,是隐藏着暴力的地方。

参考文献

Baker, A. R. H. (1984)'Reflections on the relations of historical geography and the *Annales* school of history', in A. R. H. Baker and M. Billinge(eds.)*Explorations in Historical Geography*. Cambridge: Cambridge University Press, pp. 1-24.

Beaverstock, J. V., Smith, R. G. and Taylor, P. J. (2001)'World-city network: a new metageography?'*Annals of the Association of American Geographers*, 90: 123-134.

Berman, M. (1982)*All that is Solid Melts into Air*. New York, NY: Simon & Schuster.

Braudel, F. (1980)*On History*. London: Weidenfeld & Nicholson.

Brunn, S. D. and Leinbach, T. R. (eds.)(1991)*Collapsing Space and Time*. London: Harper Collins.

Carlstein, C., Parkes, D. and Thrift, N. (eds.)(1978a)*Making Sense of Time*. London: Arnold.

Carlstein, C., Parkes, D. and Thrift, N. (eds.)(1978b)*Human Activity and Time Geography*. London: Arnold.

Carlstein, C., Parkes, D. and Thrift, N. (eds.)(1978c)*Time and Regional Dynamics*. London: Arnold.

Castells, M. (1996)*The Rise of Network Society*. Oxford: Blackwell.

Chase-Dunn, C. (1989)*Global Formation*. Oxford: Blackwell.

de Shalit, A. (1995)*Why Posterity Matters*. London: Routledge.

Dicken, P. (1998)*Global Shift*. London: Paul Chapman.

Dodgshon, R. A. (1998)*Society in Time and Space*. Cambridge: Cambridge University Press.

Fishman, R. (1978)*Bourgeois Utopias*. New York, NY: Basic Books.

Forer, P. (1978)'A place for plastic space?'*Progress in Human Geography*, 2: 230-267.

Hägerstrand, T. (1973)'The domain of human geography', in R. J. Chorley(ed.) *Directions in Geography*. London: Methuen, pp. 67-87.

Hall, P. (1996)*Cities of Tomorrow*. Oxford: Blackwell.

Harvey, D. (1990)*The Condition of Postmodernity*. Oxford: Blackwell.

Held, D., McGrew, A., Goldblatt, D. and Perraton, J. (1999)*Global Transformations*. Cambridge: Polity Press.

Janelle, D. (1969)'Spatial reorganisation: a model and a concept', *Annals of the Association of American Geographers*, 59: 348-364.

Leyshon, A. (1995) 'Anniliating space? The speed-up of communications', in J. Allen and C. Hamnett(eds.) *A Shrinking World?* Oxford: Oxford University Press, pp. 11-54.

O'Brien, R. (1991) *Global Financial Integration: The End of Geography*. London: Pinter.

Pred, A. (1986) *Place, Practice and Structure: Place and Society in Southern Sweden, 1750-1850*. Cambridge: Cambridge University Press.

Rostow, W. W. (1960) *Stages of Economic Growth*. Cambridge: Cambridge University Press.

Rybczynski, W. (1986) *Home: A Short History of an Idea*. London: Penguin Books.

Taylor, P. J. (1988) 'World-systems analysis and regional geography', *The Professional Geographer*, 40: 259-265.

Taylor, P. J. (1989) 'The error of developmentalism in human geography', in D. Gregory and R. Walford (eds.) *Horizons in Human Geography*. London: Macmillan, pp. 303-19.

Taylor, P. J. (1991) 'The theory and practice of regions: Europes', *Environment and Planning D: Society and Space*, 9: 183-95.

Taylor, P. J. (1996) *The Way the Modern World Works*. London: Wiley.

Taylor, P. J. (1999) *Modernities: A Geohistorical Perspective*. Cambridge: Polity Press.

Taylor, P. J. (2000) 'Havens and cages: reinventing states and households in the modern world-system', *Journal of World-Systems Research*, 6: 544-562.

Thrift, N. (1990) 'Transport and communication, 1730-1914', in R. Dodgson and R. A. Butlin(eds.) *An Historical Geography of England and Wales*. London: Academic Press, pp. 453-486.

Wallerstein, I. (1988) 'The inventions of TimeSpace realities', *Geography*, 73: 7-23.

Wallerstein, I. (1991) *Unthinking Social Science*. Cambridge: Polity Press.

第九章 地方:相互依存世界中的联系与界限

诺埃尔·卡斯特里(Noel Castree)

本章内容界定

地方是最为复杂的地理概念。人文地理学中地方有三重含义:地球表面的一个点;个体或群体的所在地;日常生活的范围。迄今所有三重含义均被包含在一种"马赛克"隐喻的框架之内,这意味着不同的地方都是离散而独特的。然而,由于全球化的到来,人文地理学家必须重新考虑他们关于地方的概念。这并非意味着由于全球化是一种均质化过程而使各地日渐趋同。相反,全球化的挑战业已使人们得出地方差异与地方相互依存同时发生的概念。"切换点"与"节点"的隐喻使我们能够立即把地方视为既是独特的又是有联系的。本章将展示这些隐喻是如何被应用于本章中所界定的关于地方的这三种定义的。

一、导论:地方的末日? 还是地理学的末日?

> 地理学关心的是提供地球表面各种性质精确的、有条理的和合理的描述与解释(Hartshorne,1939:viii)。

> 基本事实是……地方……在……各种流的空间(新)逻辑中……趋于淡化而减弱了(Castells,1996:12)。

地方不再是从前的模样了。先来看上面两句引用的话。60多年前,当时最有影响力的地理学家之一哈特向(Hartshorne)写下了这句话,其著名观点是地理学的主要目的就是研究"区域分异"。他在《地理学的性质》(The Nature of Geography,1939)一书中主张,这个世界是丰富而又引人入胜的地方的综合体,地理学家的任务就是从人文和自然的维度去描述和解释这种"多变的特性"。在新的千年到来之际,地理学家和社会学家卡斯特尔斯(Castells)写下的话,表达了完全不同的见解。生产、贸易、金融、政治和文化的全球化,它们本身因交通和电信技术非凡进步的推动,使得世界成为一个"地球村"。对卡斯特尔斯来说,全球化因此就意味着地方的末日。他认为,在我们这个华丽的世界里,"空间流"——人流、信息流和物流——正在越来越有力地打破地方之间保持个性和差异的樊篱。这个观点与哈特向的观点的分歧是惊人的。如果卡斯特尔斯是正确的,那么21世纪也许会带来某些哈特向没有预见到的东西,那就是"地理学的末日"(O'Brien,1992)。换句话说,如果区域分异正处于消失的过程中,如果地方正被"淡化和削弱",地理学作为一门学科就可能会失去它存在的理由(raisons d'être)。全球化好像带来了学科身份的危机。

事情果真如此吗？我希望在本章中说明现在远未到宣布地方的末日的时候,卡斯特尔斯所说的全球化相互联系已经导致了对地方含义的令人振奋和富有新意的重新界定。因此,地理学这个学科仍旧致力于对世界的复杂多变的特性的研究——而且仍旧生机勃勃。但是,关键之处在于,如我们将要看到的,这种变化不再能够通过把地方视为相对有界的和相互分离的区域来说明。这种"马赛克"世界观在哈特向所处的时代就已经过时但依然存在。到1940年代末,地方不再是孤立的这种情况逐渐变得清楚了,这就是向哈特向的"区域分异"观点提出挑战的事实。60年后,如卡斯特尔斯所认为的那样,在世界范围内地方之间的相互联系比以前任何时候都更紧密了。但是,如我们在这一章中将要看到的那样,当代人文地理学家认为这并不会导致地方之间差异的缩小。他们的质疑是为了解释一个明显的悖论:在各地比过去任何时候都更密切地相互联系——实际上是相互依存——的情况下,它们又如何能够保持差异？卡斯特尔斯所指出的贸易、金融等方面的全球化标志着一个更为同质化的世界吗？这个悖论,如我们将看到的那样,确实是表面上的而不是真实的:因为当代地理学家认为符合我们这个时代的地方的概念,是把地方差异视为既是地方之间联系的原因,也是地方之间联系的结果。这场辩论不是宣布地方的末日,恰恰相反,全球化与地方分异的新形式是同时发生的。这个结论,如果你愿意的话,可以视为哈特向区域分异观点的再现,但意思却发生了重大的新变化。在21世纪,对地方的地理研究不能仅被束缚在把世界视为马赛克的概念中,但是也不能陷入卡斯特尔斯那种夸张地把世界视为没有地方差异的星球的观念中,认为地理同一性正在取代地理差异性。

下面我想要解释人文地理学家是如何打造出地方的概念来适应这个全球化时代(见第十章地方与自然地理学)。而且,我还想要解释为什么这个概念是至关重要的——不仅对作为一个学科的地理学是重要的,而且对生活在地理学家所研究的这个相互依赖的世界上的平民百姓也是如此。为此,我们首先需要更进一步地考察地方的含义,地理学家过去是如何定义它的,以及这个概念对地理学学科的重要性。

二、地理学的"地方"

……地方的意义已经被重新设定,而不是被削弱了(McDowell,1997:67)。

地方一词,如地理学家蒂姆·克里斯韦尔(Tim Cresswell,1999:226)所云,"难以定义"。《简明牛津词典》给出了这个词的20种含义,在地理学的历史上人文地理学家使用这个词的方式又多种多样,这使这个词的意思更加难以捉摸。前些年约翰·阿格纽(John Agnew,1987)

把这种复杂状况简化为地理学中的三种主要含义。这些含义今天或许仍然有效：

1. 作地方讲——是地球表面上的某个地点。
2. 作地方意识讲——是人们对地方的主观感受，包括地方在个人和团体中的作用。
3. 作场所讲——是人们的日常活动和交往的背景与场所。

我想在本章后面几节中更深入地探讨关于地方的这三种含义。在每个案例中我最为关心的是解释当代地理学家如何承认这样的事实，即各地方之间相互联系日益增强的同时，仍旧并未在某种程度上更加相似（图9.1）。

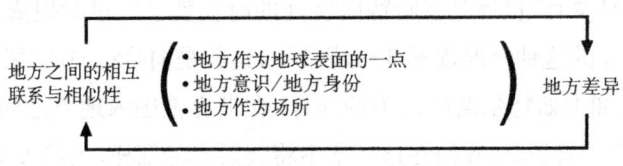

图 9.1 当代人文地理学中地方的途径

然而，我现在只想描述一下，在哈特向关于区域差异与地理学性质（图9.1）的正式陈述出现之前若干年及此后，地方途径这个三和弦是如何出现、增强又衰落的。在下文的年表中我们将会看到，1970年代、1980年代和1990年代先后出现关于地方的第二个和第三个定义，向第一个定义提出挑战，因为那时企图对这些概念进行综合并使之跟上时代。

(一) 发端

哈特向使用"地方"一词的时候是相当不精确的，经常把它和另一个同样复杂的词"区域"混在一起。尽管事实如此，但平心而论，哈特向很可能就是把地方看成区位——这是阿格纽定义的最初的和最古老的含义——把地方视为地球表面特定的点。实际上，一直到1939年，在大约50年里，地理学在西欧和北美一直是综合性大学里的一门课程，人们对地理学的一般期望就是职业地理学家能够对特定的地方进行研究，包括其人文方面和环境方面，在详细研究后发表有关文章或著作（见第二章和第四章关于区域地理学的部分）。经典的例子包括《法兰西地理图鉴》(*Tableau de la Géographie de la France*，1917)——作者是法国地理学家保罗·维达尔·白兰士(Paul Vidal de la Blache)，以及 H. J. 弗勒(H. J. Fleure)的《威尔士和她的人民》(*Wales and her People*，1926)。对哈特向来说，此类研究是使地理学在学术研究领域独具一格的原因。在《地理学的性质》(*The Nature of Geography*，1939)一书中，他把学科分成了"类别性"、"时序性"和"独特性"三类。第一种只选取现实世界中的某一个主要方面并对之进行详尽的研究——因此经济学只研究经济，化学只研究世界上的化学元素等。时序性学科研究随时间推移而发生的变化——如历史学和地质学。但是，哈特向认为没有几门学科能够注意到真实世界里特定地方多个不同过程和事件是如何同时发生的。他强调，地理学恰恰是一门这样的"综合性"或者说是整体性的学科。而且，因为任何两个地方的经济、社会、政治、水文、地形以及所有类别的其他因素从不会按照相同的方式相互关联，因此他认为地理学研究的是唯一性而不是普遍性。对于哈特向来说，这就是使地理学成为独特性学科的原因：它要说明的是差异性而不是共性。

实际上，哈特向夸大了地方研究对于地理学学科特点的重要性。其他学者早在几十年前已经把地理学更多地看成是对"人—地关系"的研究而不是对地方的研究。在牛津大学聘任的第一位专业的地理学家——哈尔福德·麦金德（Halford Mackinder）——1887年给出地理学是人类与自然科学之间一门"桥梁学科"这一著名定义之后，很多地理学家已经把全部精力投入对这种关系的研究，甚至达到了洲际和全球性的尺度。而且，哈特向想要定义和捍卫的地理学的"性质"在他备受关注的著作问世后不久就发生了变化。这里面有三个原因。第一，很多职业地理学家在第二次世界大战中被征召入伍，他们随即发现自己缺乏承担军事和情报工作所需要的技术能力。问题出在这些地理学家原来所进行的很多地方研究都是泛泛的，而且很大程度上是描述性的。地理学家所受到的训练是万金油式的——对某个地方的各方面事情都知道一点——但不是任何一个方面的专家。第二，如研究地理学史的学者大卫·利文斯通（David Livingstone, 1992：311）所指出的那样，这使得这门学科给人一种"业余的、不专业的印象"，在战后教育环境以专业化为规范的背景下，它很难满足需要。当美国最著名的大学——哈佛大学的地理系于1951年被取消时，很多地理学家强烈地感受到了使学科更为严谨精确和更受尊重的必要性。最后，被哈特向及其前辈作为常识的马赛克地方观，开始被看成是非常脱离实际的，在二战中和二战后都是如此。如当时的一位地理学批评家所言，"我们不再与一个精妙地连成一个整体的世界打交道……我们的怀疑……（是）地理学家很可能正在试图为无关紧要的地区周围划上并不存在的界限"（Kimble, 1951/1996：499-500）。

（二）去地方化

因此，在哈特向的大部头著作出版之后的近30年间地方概念和有关研究都被打入了冷宫。二战刚结束后，新一代地理学家发起了他们之中某人所谓的"科学和数量革命"（Burton, 1963）。新一代地理学家学习和运用数学与统计学方法，努力将地理学变成一门科学。这就需要专业化——包括人文地理学和自然地理学及其分支学科的日益分化[1]，并努力研究可验证的理论和规律。地理学家不再寻找个性化的、不同的和特殊的东西，而是试图像物理学那样去发现相似性、普遍性和模型。用哈特向的伟大对手、地理学家弗雷德里克·谢弗（Fredrick Schaefer, 1953：227）的话说，那就是"地理学需要被看成一门将控制地球表面某些特征的空间分布规律用公式来表达的科学"。这一时期的基调性著作对这些作了全面介绍，它们与战前时代的区域性学术著作完全不同，它们是：《理论地理学》（Bunge 1962. *Theoretical Geography*）、《地理学中的模型》（Chorley and Haggett 1967. *Models in Geography*）、《人文地理学中的区位分析》(Haggett 1965. *Locational Analysis in Human Geography*)，以及《地理学中的解释》(Harvey 1969. *Explanation in Geography*)。就哈特向对地方的认识所能达到的程度来说，当事件或情况在一个地方被展示出来的时候，"那就是控制所有类似事件和情况法则的一次特定实现的时候"(Rogers,1992:244)。地方之间的差别和唯一性也是这样的关系。地理学现在要成为一门"空间科学"，致力于探索各个尺度下的地理规律，对人和事物进行数字化的量度，并严格检验假设和模型，以便能够得出可普遍适用的规律和理论。

因此，虽然没有了地方作为核心的、组织性的概念，世纪中期的地理学却发展得很好。但是，到了1970年代初，人们逐渐认识到，科学地理学并不能投所有人之所好。特别是一部分人文地理学家质疑人类活动是否能够或者应该用"科学的方法"进行研究。在10年的时间内，这种对空间科学的反思，如本章现在要提到的，导致了罗杰斯(Rogers,1992)所说的对"地方的再发现"。

(三) 受压后的回归

这种批评和再发现分为两个阶段。首先，一批所谓的"人本主义地理学家"认为空间科学是"非人文的"。把人"当作只不过是地图上的点或者方程中的整数来对待"(Goodwin,1999:38)，它忽视了人类生存中的主观的、定性的、情感的方面，从而形成了"没有人的地理学（原文如此）"(Ley,1980)。因此，让人文地理学重新人性化的努力采取的形式是密切地关注和细致地研究人或人群"所生活的世界"。两个经典的范例，一个是戴维·利(David Ley,1974)对贫民聚居的费城内城的邻里单位内各帮派"地盘"争斗的探究，另一个是格雷厄姆·罗尔斯(Graham Rowles,1978)对一群老年人与他们出生地依恋之情的详细分析。实际上，利、罗尔斯和其他人本主义地理学家所做的都是重新唤起对地方重要性的认识。但是，在人本主义的词典中，地方不是被视为地球表面客观存在的点（这里要向哈特向道歉了，但确实如此）。相反，它的目的是恢复人们各不相同的对地方的感觉（阿格纽给出的对地方的第二种定义）：也就是说，不论是多么不同的个人和人群，处于地方之中和地方之间，都会对他们所生活的特定地方给出自己的理解并产生某种感情。

这种对地理体验的关注是对毫无感情、不考虑地方的网格式空间科学分析的一种至关重要的纠正。但它并不是科学人文地理学唯一的替代品。从1970年代初起，出现了一批与人本主义地理学家相伴并对之提出挑战的空间科学的反对派：马克思主义地理学家。其领导人物是戴维·哈维(David Harvey)，他曾热衷于地理学科学化，在他的领导下，这些在政治上处于左翼的地理学家们认为空间科学没有对解决真实世界中迫在眉睫的问题——如贫穷、饥荒和环境退化等——做出多少贡献。而且，他们认为，隐藏在"客观性"面具后面的空间科学是讳言自己的保守性，在政治上只承诺维持现状。如哈维在人文地理学第一本公开宣扬马克思主义的著作——《社会正义与城市》(*Social Justice and the City*,1973)中所阐明的那样，激进的地理学应该只关心那些非琐细的问题，应该去努力改变世界，而不仅仅是理解世界。那么这些跟地方有什么关系？事实说明大有关联。尽管他们都鄙弃空间科学,但是人本主义地理学与马克思主义地理学之间还是关系紧张,而且,在所有分歧中,也包括对地方的理解。对哈维和他的马克思主义同僚来说,人本主义对地方感的关注很有价值,但是存在根本性问题,因为它把人和地方视为是各自孤立的,而且囿于地方依赖感和地方体验这些细枝末节的东西。针对这一点,马克思主义学者们——在 1970 年代初就指出了真正的全球化经济的发展——认为地方之间不仅越来越相互联系而且还相互依赖。也就是说,地方之间不仅是互相联系的,而且它们之间联系的方式意味着一个地方发生的变化会在数千里以外的另一个地方导致严重的后果。哈维在《资本的极限》(Harvey 1982. *The Limits to Capital*)一书中主要就试图解释和批评全球化相互联系的性质和后果:也就是资本主义所特有的那些方面。

(四) 超越二元论

这就到了人文地理学对地方的重新发现的第二个阶段。尽管马克思主义者所持的"人文地理学家认为需要客观地理解地方共性"的观点是正确的,但是,直到 1980 年代初,他们仍然和空间科学家同样地负疚于未能充分认识到地方之间的差异。他们也倾向于给予全球经济及其他过程以更多的关注,这些过程被认为是"构建",甚至有些时候还被认为是"决定"了某个地方人们的思想和行为(Duncan and Ley,1982)。也就是说,马克思主义者更多地看到了地方之间的相互联系,而没有看到特定地方的差异。类似地,尽管人本主义地理学家强调对地方体验的特殊性是对的,但他们对差异和生活世界①的关注有可能使他们看不到将全世界的地方联系到一起的共同过程——能够改变地方的"客观"性质,并因而改变当地人对地方的"主观"感觉的"扩展"过程。同样地,他们也倾向于过度强调人们在地方中能够控制自己生活的程度,因为像哈维那样的马克思主义者认为全球化系统(如资本主义)把人们的"能动作用"限制在他们的家庭所在地。那么,怎样将"地方的世界"和"全球的世界"联系起来呢？这正是从 1980 年代中期开始英国和美国的一些地理学家接受的挑战。激励这些地理学家去努力探究的,是真实世界所发生的各种戏剧性变化以及新理论的发展。

在过去的十年中,英国和美国,像其他的很多国家一样,经历了人文地理学因遭受持续性经济危机的蹂躏而完全再造的过程。即使全球性经济竞争和英美两国的新自由主义政府(领导者是撒切尔和里根)想要建设一个新的英国和一个新的美国,这两个国家关于人和地方的地理学依然在重新建造。但是,关键在于——如多琳·马西在她的开创性著作《劳动力空间分工》(Doreen Massey 1984. *Spatial Divisions of Labour*)中所展示的那样——经济竞争相同的过程在这些国家和其他国家面前产生着不同的效果。换句话说,意味着英国和美国的城镇

---

① 译注:贾金恩·哈贝马斯(Jugen Habermas)对生活世界(lifeworld)的定义是"文化、社会、人格构成人们所处环境的行为系统"。

不能被分开来分析的全球性相互联系,正在制造的不是地理上的相似性而是地理上的差异性。在马西的研究之后所谓的"地方性项目"的任务(以及英国人文地理学家承担的对英国各地城镇的具体研究工作),其目的是要解释全球化力量是如何产生了这样不同的地方性效果的。与马西的著作和地方研究者同时出现的还有那些受地理学以外新理论的进展启发的学者。在一系列著作中,现在很著名的社会学家安东尼·吉登斯(Anthony Giddens)开创了"结构化理论",目的是打破对人的行为的结构性(或决定论者的)解释和自由意志(或唯意志论者)解释之间的对峙。吉登斯提出这样的问题,如何将对"大的社会系统"的关注与对一个个体或群体行为的关注结合在一起? 在地理学中这种对峙表现为马克思主义者执着于全球化的社会经济过程,而人本主义地理学家关注地方化的各种不同的对地方的感受和行为。地理学家德里克·格雷戈里和艾伦·普雷德在他们的创新性著作《工业革命与区域转变》(Derek Gregory and Allan Pred 1982. *Industrial Revolution and Regional Transformation*)和《地方、实践与结构》(Derek Gregory and Allan Pred 1986. *Place、Practice and Structure*)两本书中试图将吉登斯的思想空间化(并且回答他提出的问题),这两本书用历史实例说明以前与世隔绝的地方在泛地方化力量作用下是如何被卷入的。格雷戈里和普雷德证明的是在不同的地方,社会结构和社会力量相结合的方式是不同的,因此它们两者是互相决定的。

格雷戈里和普雷德意识到马克思主义者与人本主义地理学家不相伯仲,他们的地方研究项目和受结构化理论启发的研究都设法在这二元的、并不稳固的立场之间找到一种介于两者之间的中间状态。这两种立场要么就认为地方之间是完全相同的;要么就认为它们是完全不同的,要么认为处在地方中的人们是完全自由的行为人——能够自己决定自己在一个地方的个性化的归属感和行为,要么就认为他们是势不可当的全球化社会力量之下的受害者。结果就出现了地方即场所的概念——这是由阿格纽界定的地方的第三种含义。对马西、格雷戈里、普雷德和他们的同道来说,场所就是人们通常开展自己的日常生活的尺度。它既是日常活动和面对面交往的客观舞台,又是人们产生和表达他们自己情感的主观场景。它既有强烈的地方化色彩但又是强烈地非地方化的,在这样一个相互依赖的世界里,其非地方化程度是由"外界的"力量侵入地方生活的客观和主观方面的程度决定的。每一个场所都是唯一的和特殊的,但又具有与世界上其他无数个与之相联系的场所相同的特征(图9.2)。

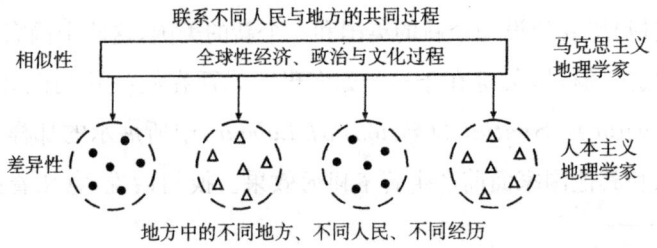

图9.2 马克思主义地理学家与人本主义地理学家对地方的看法

总之,在20世纪中期的暗淡之后,地方又重新成为"地理学的核心概念之一"(Cresswell,1999:226)。在过去的十年中,人文地理学家扩展并丰富了地方的含义,其标志是1970年代和1980年代的一系列著作。在本章的后续部分,我将对这里所讨论的地方的三种研究方法的每一种进行简短的解释,用实例来说明当代地理学家是如何证明在现代世界上地方之间的相互联系和相互依赖并不意味着地方的终结,而是尼尔·史密斯(Neil Smith,1990:221)所说是"地理学的开端"。根据我们对地方的三种定义,我们可以提出三个关键的问题——地方怎样成为独一无二的但又受到相同的全球化力量的影响? 人们对地方的感受怎么能够既是非常地方化的但又是(隐晦的或外露的)外向的? 人们的行动怎么能够既以地方为基础、无法预测且多变,但又受到来自本地以外遥远地方的力量的相当大的限制? 在过去的几年中人文地理学家对所有这些问题给出了富有新意的答案。现在我就来介绍这些答案。

三、对地方作为区位的反思:易被渗透的地方

人们和事物正在日益与地方脱离(Clifford,1998:6)。

我已经谈到了对马赛克式的地方概念的质疑。全球化要求超越空间来"延伸"社会关系,因此地方"内部"和"外部"之间的界限就变得千疮百孔了。今天我们必须感谢地方的对外开放,也就是说,我们需要马西所说的"地方的全球化意识"。今天不仅越来越多的地方正相互联系在一起并互相依赖,而且它们全球化联系的强度也增加了:我们生活在彼得·迪肯(Peter Dicken,2000:316)所称的"深度一体化"时代。总体来看,世界不再是由地方拼成的马赛克。如此说来,卡斯特尔斯"地方的末日到来"的观点就很有吸引力了。但这会使地方特定概念的赞言和地方的消失混为一谈。如我在引言中所说,地方已经不同于以往。但是地方毋庸置疑地依旧存在。例如,我所居住的地方曼彻斯特,与像马尼拉这样的城市不同,而且距离很远——即使这两个城市由于金融、贸易或移民的关系而直接建立起联系,它们也是不同的。如马西(Massey,1995:54)所言,"……(所以)我们需要重新思考我们对地方的认识",因为"地方已经发生了转变"(Agnew,1989:12)。

用比喻的方式可以把这种反思表示为下面的形式。由于马赛克观点把地方的概念界定为空间中各不相同的点——这种观点现在已经不切实际,因此可能应该把它们看成是更大的全球体系中的切换点或者是跨越地方的网络中的节点(Crang,1999,图9.3)。这些比喻,如我现在所要做的解释,使我们在思考地方问题时无法避开相互联系——实际上是相互依赖——并且也无法避开地方的差异性与独特性。让我们分别来看这个比喻的两个组成部分。

很明显,地方在当今世界中不再是孤立的。例如,今天早上我把支票存入的银行只不过是一个全球性金融系统的地方分支机构之一,而我刚刚在我的日本产的电脑前吃的苹果也使我联想到生产网络已经延伸到了新西兰的果园中(苹果就是从那里来的)。而且,随相互联系而

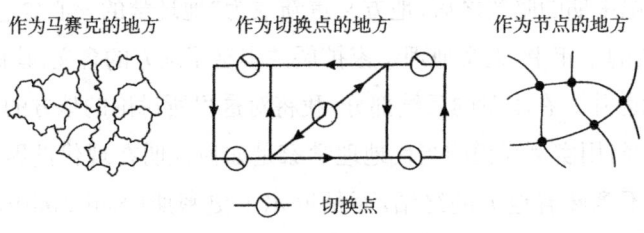

图 9.3　对地方理解的比喻

来的是相互依赖。例如,在芝加哥、加尔各答和开罗这样迥异的城市报纸上几乎没有哪一天你会看不到失业和新工作出现的报道。通常——尽管不是永远——当地这些不断变化的就业情况可以通过地方之间对投资和市场的竞争来加以解释。例如,如果加尔各答的工人制造汽车零件的成本能够比芝加哥的工人低,像福特这样的汽车公司就会为自己的汽车生产选择一家印度的汽车配件供应商。简言之,彼时彼地发生的事情可以对此时此地的变化产生重大影响。

但是如果地方不再是孤立的,那么一个更难以理解的论点就是它们还是由于某种原因而保持着独特性。没有完全相同的两个地方,即使在全球化的时代也不例外——几位不同意卡斯特尔斯观点的地理学家持这种观点。请注意到我用了独特(unique)这个词,而没有用单一(singular)。按照哈特向的世界观,地方是单一的,也就是说它们彼此之间都是如此明显不同或者说是完全不同,以至于绝对不可复制。这种观点认为,同样的人文要素和环境要素的组合是不可能出现两次的。但是,如果我们把地方视为独特的,我们就可以说它们是不同的,并且在这个互相依赖的世界里它们具有某些共性(就好像由于我们的外表和个性的不同,我们作为人都是独特的,但是又具有共同的生物学属性)。这就是罗恩·约翰斯顿(Ron Johnston,1984)在"世界是我们的佳肴"(The world is our oyster)一文和多琳·马西(Doreen Massey,1995)最近在"地方的概念化"(The conceptualization of place)一文所发表的观点。

由此又带来了问题:在全球相互联系越来越密切的世界上,地方之间如何能够保持差异性?这里有五个答案。这些答案都能解释为什么说切换点和节点的比喻是非常巧妙的:这两个比喻都能使人想到不同的地方是用了不同程度的力量插在不同的全球性关系的背景之上的。第一,也是最明显的,全球化用缩小跨越空间所需要的时间的方式使地方之间更紧密地联系在一起,但同时地理距离依旧存在。因此,还拿曼彻斯特和马尼拉的例子来说,这两个城市确实相对更接近了(见第八章),但是它们的绝对区位差异依然存在。第二,全球化并没有在一个无差别的空间中呈现出来。相反,它之所以把各个地方联系在一起就是因为它们是不同的。例如,正是由于波音公司是一家处于领先地位的飞机制造企业,那些没有能力制造飞机的地方才会从波音公司位于西雅图的生产基地进口它的产品。第三,即使很多地方都受到相同的全球化力量的影响,它们的反应和变化也是不同的。例如,像波音这样的航空公司就有很多个选择去应对外来的竞争。它可以让它的工厂都位于西雅图这样的城市,彼此临近,裁掉部分工人,但不是所有的工人,或者对这些工人进行再培训,并向新的地方销售新的产品。更激进的方式是,把生产操作环节转移到美国以外的成本更低廉、更有效率的地方去。同样地,麦当劳——有时候被作为文化全球化和同质化的有说服力的象征(Ritzer,1996)——在不同的地方意味着不同的东西。在莫斯科,它可能是代表所有现代和新鲜事物的"新潮"标志,而在曼彻斯特这里,它只不过代表着很常见、很俗套的消费文化。第四,即使是在今天,日常所及的所有的或者说大多数的社会关系并没有都全球化。很多一直是地方性的——就如我和我的家庭成员,还有和我本地的足球俱乐部队友的关系那样。最后,我们不应该忘记,并不是世界上所有的地方都同等程度地被"卷进来"。如迪肯(Dicken,2000)所提到的,全球化所采取的一体化形式可"浅"可"深"。因此,像撒哈拉沙漠以南的非洲地区,许多地方在某种程度上仍保持着与世隔绝的状态,要么就是处于一种非常不公平的关系之中,因而加剧了贫困——发展中世界的地方不希望保有的"差异"类别。例如,你会惊奇地发现在埃塞俄比亚——世界上最贫穷的地方之一,一边是1980年代中期那场可怕的大饥荒,一边却一直生产着大量的粮食。为什么会是这样?因为富有的地主是在为欧洲和北美的市场生产出口的粮食,而不是为本国人民生产口粮。由于以上这五种原因,如果认为全球化就等于同一化和均质化就是一种误解。相反,人文地理学家已经证明地方之间的联系越多,地方之间的差异就越多,并会被改造。在斯温盖道(Swyngedouw,1989)新创造的词汇中,我们需要少谈论一些全球化,多谈论一些不平衡的"全球本土化"进程。

四、对地方感的反思:"全球本土化"身份

……即使是地方身份也完全处于全球化的相互依赖的网络中(Mitchell,2000:274)。

上文我们对地方的思考基本上都是着眼于其客观属性——即将其作为物质的和物理的区位——以及如何将其概念化。但是,人们是如何理解他们的出生地和其他人的出生地这样的主观性问题?我们已经看到,人本主义地理学家是最早对地方存在的主观方面进行严肃思考的群体之一。他们认为人们对地方所怀有的思想和感情与地方本身一样是真实的、物质的,这个观点是正确的。揭示人们对"地方感"需要"感情投入"地探究感觉、情绪和价值观的领域。在像利这样的学者向人文地理学界推出所谓"解释学方法"后的大约30年间,对地方的主观依恋或对地方的主观理解显然仍和以往一样重要。尽管有全球性的互相依赖,但大多数人还是生活在若干平方千米的范围内。而且,在生命中的某些阶段人们是高度局限在特定地方的,如儿童和很多老年人。因此地方对日常体验来说还是一个至关重要的场所。想想你自己:哪些地方对你来说重要,为什么?你的回答可能只有少数几个地方,几乎可以肯定其中之一必定是你的出生地。对那些与你人生中特殊事件联系在一起的地方你会有高度个人化的感觉,不仅

包含你对这个地方的感受,而且有你对它的感情。因此在物理维度之外,地方还有其想象的和情感的维度。

那么怎样去理解这些非物理的思想和情感的领域呢?人本主义者揭示人们对地方的感觉的愿望是不够的,原因有二。第一,文化地理学家认为,地方是与个人和群体身份的形成联系在一起的(Keith and Pile,1993)。人们对地方的感觉不只一种:此外,地方铭刻于他们真实的性格之中。举例来说,想一下我们是怎样通过人们的出生地——通常是立体感地——来辨别人们的(如在英国就有"伦敦佬"和"北爱尔兰人",在北美就有农村的"乡下人"和内城的"底层阶级")。再想想作为一个人,你如何认识自己与你来自何方密切相关。例如,虽然我现在住在曼彻斯特南部,但我出生于曼彻斯特北部的一个镇,我的口音和性格都仍旧带有17年前我在那里所受教育的痕迹。因此地方的影响是深远的。第二,在人本主义者的著作中暗示着,对人们来说有一种终极的"真实的"或者"真正的"对地方的感觉。例如,加拿大地理学家爱德华·雷尔夫(Edward Relph,1976)就抱怨很多现代的城镇因为全是高层建筑和乏味的、连绵的郊区而出现"地方缺失"。他认为,随处可见的没有个性的现代建筑和城市规划正在使对地方的体验"失去人性",以至于人们对地方的感觉正在变得贫乏,变得千篇一律。这种论点的问题是多方面的。首先,它本质上是相当保守的,把"外界的"影响看成是对想象中地方的"真实"本性的一种"威胁"。雷尔夫几乎是为地方的日益相互联系而不再是为马赛克中的不同碎片而哀悼了。同样有问题的是,它低估了人们在同样的地方能够产生并确实产生的依赖感和身份的复杂多变性。归根结底不是一种对地方感和地方身份(试想伦敦哈克尼的一名贫穷的移民女性,她对这个地方的看法可能和一个年轻富有的男性专业人士何等不同),而是有很多种。最后,雷尔夫这样的地理学家低估了不同的地方感和地方身份是怎样保持下来的,不是不考虑而恰恰是因为从其他地方倾泻而来的"外来的"影响。

上面的评论让我们看到了很重要的一点,即不同的地方身份可能是源于相似的全球化联系,或者是因这种联系而被表现出来。身份不是自然形成的。它们更多的是在人们的日常生活中被社会塑造成的。在考虑身份的地方因素时,人们心目中总是浮现出一个一成不变的群体——也就是出生地。但是在全球化的世界里,大多数地方不是一成不变的。它们处于不断的变化中,既有物理上的变化(工厂关闭和新购物中心开张),也有社会性的变化(外来人口迁入或者老一代人相继去世)——这些变化中的大多数(如我们在前面所看到的)是由于全球化进程/跨地方的进程而导致地方的变化。因此我们必须认识到,尽管身份在今天仍在地方形成(它们是以地方为基础的),但它们却不局限于地方——也就是纯粹的地方体验的产物。相反,地方多种多样的身份部分是源自"外界"影响,尽管这看起来像是自相矛盾。

当代的人文地理学家已经从两个方面解释说明了身份的这种"全球本土化"①（见第十二章有关全球本土化的更多内容）。第一，有很多案例，其中的身份看上去是纯地方性的，但是人文地理学家已经证明它们实际上并非如此。例如，2001年年中，在英格兰北部的布拉德福（Bradford）、伯恩利（Burnley）和奥德姆（Oldham）贫穷破旧的工业城镇爆发了一系列严重的"种族"骚乱。这些城镇与西欧多种文化汇集的很多地方一样，30多年来聚集了大量来自印度次大陆的外来移民。但是极右翼政治组织——如国民阵线——想要将这些人驱逐出去，从而"净化"这些地方，恢复其作为所谓白人和英国人的"真正"品格。当然，具有讽刺意味的是，这种限定或保卫"地方的"身份特性免受不受欢迎的"外来"影响干扰的企图，正是因为有了这些"外来的"影响才出现的！更具讽刺意味的是，受到歧视的印度人和巴基斯坦人认为他们自己就是这三个地方的一个组成部分——并且确实如此，他们已经在那里生活了两代以上。就此看来，那些试图将非当地的影响（在上面提到的这三个地方是国际移民的影响）拒之门外的地方身份，在当今世界已经根本不是地方性的了（Harvey，1995）。

第二，人文地理学家也证明了很多"本地性"的身份其实明白无误是"本地以外"的。这里主要考虑两种情况。第一种是非当地人来到一个地方，对其特点的认识方式既反映了他们自己的世界观，也因此具有了某种真实性——即便它可能与当地居民对该地方的看法迥然不同。最好的例子就是现代社会的旅游产业，把世界弄成了一系列理想化的地方，每一个都有一个特定的形象，推销给潜在的旅游者。例如，加勒比海地区通常被想成是宁静的、天堂般的地方，到处都是异国情调的旅游胜地；旅游者们很少看到在这个"想象中的地理"背后是贫民窟和贫穷像流行病一样传遍加勒比海地区的大多数城镇（Cater，1995）。第二种，与前者极其不同，地理学家证明很多以地方为基础的身份今天已经开放成为"外向型"的了，而且向外寻找——实际上是公开接受"非本地"的影响因素（与布拉德福、伯恩利和奥海姆的国民阵线不同）。最好的例子来自所谓的"跨国社区"——即那些蔓延于不同地方却仍保持着相互联系的社区。例如，加拿大温哥华有许多来自中国香港的华裔居民，他们与那个前英国殖民地保持着密切的家族和文化联系。因此他们的身份是温哥华人，居住在毗邻美国的加拿大西部城市，有一个补充的身份是中国香港人。他们显然具有一种混合身份，因此即便他们是身在一地，但他们的地方归属感也是复合的、跨越国界的（Mitchell，1993，见图9.4）。

总而言之，当今世界很多地方，生活在那里的人们的身份很少是"马赛克"意义上的本地性的了。如马西（Massey，1998）所强调的，我们需要寻找的不是人们身份的根，而是要找到其路径。也就是说，我们需要追溯的是"本地性"身份是如何形成的，要追溯人们将无处不在的大量"非本地"影响内在化的方式。

---

① 译注：glocal和glocalization是两个新造的术语，台湾地区学者把后者译为"全球本土化"。

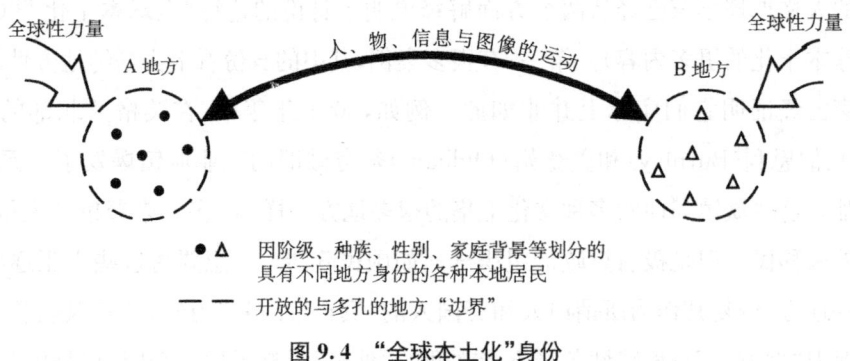

图 9.4 "全球本土化"身份

五、对地方作为场所的反思：全球性力量、地方性反应

生活的变化实际上受到了区位偶然性的影响(Crang,1999：24)。

我们生活在一个高度不平等的世界里。与全球性相互联系和相互依赖相伴的是不平等和不均衡的发展，而不是同质化。自从马克思主义第一次被引入到地理学中，地理学家就认为地方的不平等是由全球化的相互联系而造成的，而不仅仅是与之相关。如果我们拿出上面提到过的埃塞俄比亚大饥荒的例子，可以清楚地看出，这些地方的悲剧是与欧洲和更远地方的殖民和贸易联系的直接后果。但事物不只是一个方面。在地方中行动的人们不仅仅是行动和生活机会都被世界经济和全球政治运动控制的牵线木偶。换句话说，在地方中行动的人们在一定程度上也有控制他们自己和他们所生活地方命运的"力量"。因此地方性行动不能仅仅对抗全球性压力，而且也要反作用于它。自从格雷戈里、普雷德等人在1980年代追随吉登斯首先提出这个观点，人文地理学家迄今尚未揭示基于地方的力量的性质和局限性，也没有找出它在地方与地方之间的区别。这种在全球性和国际性组织与人们基于地方的力量之间的随地理环境而变化的相互作用，就是上面提到的吉登斯所说的著名的"结构化"过程。

这种不平等的结构化地理可以用简单的方式得到解释，用下面一个最近发生的、不为人知但有趣的事件来说明：中美洲的小国哥斯达黎加试图通过销售"基因资源"来挣钱。像其他中美洲国家一样，从全球来看哥斯达黎加是一个相对贫穷的国家，属于"发展中国家"。它的主要收入是靠出口咖啡豆和香蕉。但是，近年来，西方大的跨国制药企业突然对像哥斯达黎加这样的热带国家产生了浓厚的兴趣，这些国家是所谓"基因热点区"。热带地区拥有地球上大部分植物、动物、昆虫和细菌物种，据估计这些物种中还有大约50％没有被发现。像蒙桑托(Monsanto)、法扎制药、史密斯-克兰-比彻姆(Smith-Kline-Beecham)这样的跨国公司现在正积极地"寻找"这些物种，希望这些物种的物理和基因性质能够在将来的制药产品——如药品和化妆品开发中得到利用。在发展中国家里，哥斯达黎加对把现在无主的和未被发现的热带物种

"商品化"最为积极，并在1991年设立了一个机构——国家生物多位性研究所（Instituto National de Biodiversidad，INBio）来收集物种样本，把它们卖给感兴趣的西方公司。到目前为止，INBio已经通过出售哥斯达黎加的基因资源挣到了300多万美元。

在这个案例中，既要以出售哥斯达黎加基因遗产的决定为条件，又要因此而建立INBio，这种"结构"就是世界经济：一种哥斯达黎加高度依赖于咖啡和香蕉两种主要产品出口的经济。在这里起作用的"力量"就是体现在INBio每天在该国首都圣何塞的工作，为哥斯达黎加挣到了宝贵的300多万美元。但是，这种力量在哥斯达黎加的分配是不平等的。从历史上看，哥斯达黎加人口最多的是土著人，或者所谓的"第一民族"人。在16世纪到17世纪西班牙入侵的时候这些人被驱逐，现在他们中大约有30 000人生活在划在偏僻的农村地区的逼仄贫瘠的"土著人保留地"。他们当中的很多人掌握一种独特的关于当地环境资源的知识，更重要的是，他们对那些被INBio的科学家和官员们出售的哥斯达黎加基因遗产有合法的要求权。但是，没有什么证据能够表明通过INBio挣来的300多万美元中有任何一点用在了哥斯达黎加的土著人保留地上。这个国家的土著人被禁锢在一种没有给他们多少权力或机会的政治组织中，他们被排除在INBio的活动之外就能说明问题。另外，他们所居住的位置从地方来看远离哥斯达黎加的政治权力中心，即首都，这就使他们的声音更难以被听到。

六、结语：地方的实质

……地方的意义取决于所要考虑的问题及与这个问题有关的各种社会关系（McDowell，1997：4）。

地方很重要，其重要性是多方面的。大约30年前，在空间科学达到其巅峰之后，地理学又恢复了对差异的研究。这个学科又重新开始考虑个性，但是方式与以往大有不同，比哈特向所能想象到的含义更丰富。地方之间的差异，不论是客观的还是主观的，现在都被理解为独特的而不是单一的。我们又重拾人文地理学的一体化的、综合的风格，而不再只用分析的手段，无视地方。但是必须想到的是，现在的世界中地方已经比20世纪初地理学第一次涉及它的时候复杂得多，变化得更快。此外，我们也必须承认地方的重要性在于其内涵的极其复杂和无所不包，这也是为什么其他学科——如社会学、信息研究和经济学——现在也对地方造成的差异非常感兴趣的原因。我们需要理解地方的各种不同性质，不仅是纯粹出于好奇心（尽管有这个理由已经足够了）。比这更重要的是，在以色列、北爱尔兰、巴斯克地区、斯里兰卡、前南斯拉夫和其他一些地方还有悲惨的流血冲突，因此地方的联系依附和差异仍旧是人类生存条件中非常重要的部分。简言之，对地方的重新研究是如此重要，以至于仅有地理学家的参与是不够的。这也是马西（Massey，1993）提出地理学家需要提倡全世界的人都要"对地方感与时俱进"的原因。她的意思是，地理学家负有一种道德责任，要向人们说明他们以地方为基础的行动和理解，如果不承认所有那些外来的、植入地方的事物的存在就会毫无意义。对马西来说，"与时俱进"在这里的意思就是鼓励以开放的心态看待更广阔的世界，而不是保守地设置藩篱。她谈到，我们必须生活在这样一种无可争议的事实中，那就是全球化已经介入地方，反之亦然。这不仅仅是一种学术性意见。在一个存在地方差异的世界里，强调地方之间的联系有实实在在的实践意义和政治意义。它是造成内向的、地方的对抗世界，和尊重地方差异、欢迎地方联系的大同世界的所有区别的原因。

本章小结

- 地方是一个复杂的概念，在现代人文地理学中有三种主要的含义。
- 随着世界的变化，人文地理学家对地方的概念也应随之变化。
- 人文地理学家已经努力对地方进行反思，尊重地方之间的差异，承认地方之间的相互联系和相互依赖正在加强。也就是说，地方被看成是独特的而不是单一的。
- 这种反思已经使得人文地理学家不再像过去那样把地方比喻成"马赛克"，而是将其比喻成"切换点"和"节点"的新概念。
- 使用这些概念我们能够对地方的所有三种定义进行反思，目的是说明地方性和非地方性事件和关系是如何交织在一起的。
- 强调"外部"过程对地方"内部"影响的地方概念，其重要性在于，它向那种认为地方及其中的人们可以通过设置保守的藩篱来抵抗非本地力量从而实现繁荣的观念发出了挑战。

进一步阅读文献

最好先阅读《人文地理学词典》(Johnston *et al.* 2000. *The Dictionary of Human Geography*)中的这些条目：地方、场所、无地方、全球化和分界线。汉纳兹(Hannerz, 1997)的引言和第一章是对当今世界中地方含义的一个很全面的介绍。霍洛韦和哈伯德的《人与地方》(Holloway and Hubbard 2000. *People and Place*)一书对地理学中的地方概念进行了详尽的介绍，而马西(Massey, 1995)和艾伦及哈姆内特(Allen and Hamnett, 1995)给出了在全球化时代对地方的概念化的最好的全面介绍。麦克道尔主编的《取消地方？》(McDowell 1997. *Undoing Place?*)，展示了地理学及相关领域中近期最有价值的关于地方的文章。关于本章所探讨的地方的三种含义，见以下文献：关于地方化与全球化、差异与相同点，见克朗(Crang, 1999)以及艾伦和哈姆内特(Allen and Hamnett, 1995)；关于"全球性"身份，见克洛克(Cloke, 1999)和德赖弗(Driver, 1999)；关于地方行为和全球化进程，见米根(Meegan, 1995)。

注：上述文献详见本章参考文献。

注释

[1] 这本书反映了这些持续的分工过程，人文地理学家和自然地理学家对每一个关键概念的处理都不同。

参考文献

Agnew, J. (1987) *Place and Politics*. Boston, MA: Allen & Unwin.

Agnew, J. (1989) 'The devaluation of place in social science', in J. Agnew and J. Duncan (eds.) *The Power of Place*. Boston, MA: Allen & Unwin, pp. 9-30.

Allen, J. (1995) 'Global worlds', in J. Allen and D. Massey (eds.) *Geographical Worlds*. Oxford: Oxford University Press, pp. 105-142.

Allen, J. and Hamnett, C. (1995) 'Uneven worlds', in J. Allen and C. Hamnett (eds.) *A Shrinking World?* Oxford: Oxford University Press, pp. 233-254.

Bunge, W. (1962) *Theoretical Geography*. Lund: Kleerup.

Burton, I. (1963) 'The quantitative revolution and theoretical geography', *The Canadian Geographer*, 7: 151-162.

Castells, M. (1996) *The Rise of the Network Society*. Oxford: Blackwells.

Cater, E. (1995) 'Consuming spaces: global tourism', in J. Allen and C. Hamnett (eds.) *A Shrinking World?* Oxford: Oxford University Press, pp. 183-222.

Chorley, R. and Haggett, P. (eds) (1967) *Models in Geography*. London: Methuen.

Clifford, J. (1988) *The Predicament of Culture: Twentieth-century Ethnography, Literature*. Cambridge, MA: Harvard University Press.

Cloke, P. (1999) 'Self-other', in P. Cloke et al. (eds) *Introducing Human Geographies*. London: Arnold, pp. 43-53.

Crang, P. (1999) 'Local-global', in P. Cloke et al. (eds.) *Introducing Human Geographies*. London: Arnold, pp. 24-34.

Cresswell, T. (1999) 'Place', in P. Cloke et al. (eds.) *Introducing Human Geographies*. London: Arnold, pp. 226-234.

Dicken, P. (2000) 'Globalisation', in R. J. Johnston et al. (eds.) *The Dictionary of Human Geography* (4th edn). Oxford: Blackwell, pp. 315-316.

Driver, F. (1999) 'Imaginative geographies', in P. Cloke et al. (eds.) *Introducing Human Geographies*. London: Arnold, pp. 209-217.

Duncan, J. and Ley, D. (1982) 'Structural Marxism and human geography', *Annals of the Association of American Geographers*, 72: 30-59.

Goodwin, M. (1999)'Structure-agency', in P. Cloke et al. (eds.)*Introducing Human Geographies*. London: Arnold, pp. 35-42.

Gregory, D. (1982)*Regional Transformation and Industrial Revolution*. London: Macmillan.

Haggett, P. (1965)*Locational Analysis in Human Geography*. London: Edward Arnold.

Hannerz, U. (1997)*Transnational Connections*. London: Routledge.

Hartshorne, R. (1939)*The Nature of Geography*. Lancaster, PA: Association of American Geographers.

Harvey, D. (1969)*Explanation in Geography*. London: Arnold.

Harvey, D. (1973)*Social Justice and the City*. London: Arnold.

Harvey, D. (1982)*The Limits to Capital*. Oxford: Blackwell.

Harvey, D. (1995)'Militant particularism and global ambition', *Social Text*, 42, 1: 69-98.

Holloway, L. and Hubbard, P. (2000)*People and Place*. Harlow: Prentice Hall.

Johnston, R. J. (1984)'The world is our oyster', *Transactions, Institute of British Geographers*, 9, 5: 443-459.

Johnston, R. J., Gregory, D., Pratt, G. and Watts, M. (eds.)(2000)*The Dictionary of Human Geography* (4th edn). Oxford: Blackwell.

Keith, M. and Pile, S. (eds.)(1993)*Place and the Politics of Identity*. London: Routledge.

Kimble, G. (1951/1996)'The inadequacy of the regional concept', in J. Agnew et al. (eds.)*Human Geography: An Essential Anthology*. Oxford: Blackwell, pp. 492-512.

Ley, D. (1974)*The Black Inner City as Frontier Outpost*. Washington, DC: Association of American Geographers.

Ley, D. (1980/1996)'Geography without man', in J. Agnew et al. (eds.)*Human Geography: An Essential Anthology*. Oxford: Blackwell, pp. 192-210.

Livingstone, D. (1992)*The Geographical Tradition*. Oxford: Blackwell.

Massey, D. (1984)*Spatial Division of Labour*. London: Macmillan.

Massey, D. (1993)'Power geometry and a progressive sense of place', in J. Bird et al. (eds.)*Mapping the Futures*. London: Routledge, pp. 62-68.

Massey, D. (1994)*Space, Place and Gender*. Oxford: Polity Press.

Massey, D. (1995)'The conceptualisation of place', in D. Massey and P. Jess(eds)*A Place in the World?* Oxford: Oxford University Press, pp. 46-79.

Massey, D. (1998)'The spatial construction of youth cultures', in T. Skelton and G. Valentine(eds.)*Cool Places*. London: Routledge, pp. 121-129.

McDowell, L. (ed.)(1997)*Undoing Place?* London: Arnold.

Meegan, R. (1995)'Local worlds', in J. Allen and D. Massey(eds.)*Geographical Worlds*. Oxford: Oxford University Press, pp. 53-104.

Mitchell, D. (2000)*Cultural Geography*. Oxford: Blackwell.

Mitchell, K. (1993)'Multiculturalism, or the united colors of capitalism?'*Antipode*, 25: 263-294.

O'Brien, R. (1992) *Global Financial Integration: The End of Geography?* London: Pinter.

Pred, A. (1986) *Place, Practice and Structure*. Cambridge: Polity Press.

Relph, E. (1976) *Place and Placelessness*. London: Pion.

Ritzer, G. (1996) *The McDonaldsization of Society*. London: Pine Forge Press.

Rogers, A. (1992) 'Key themes and debates', in A. Rogers et al. (eds.) *The Student's Companion to Geography*. Oxford: Blackwell, pp. 233-54.

Rowles, G. (1978) *The Prisoners of Space?* Boulder, CO: Westview Press.

Smith, N. (1990) *Uneven Development* (2nd edn). Oxford: Blackwell.

Staehli, L. (2003) 'Place', in J. Agnew, K. Mitchell and G. Toal (eds.) *A Companion to Political Geography*. Oxford: Blackwell, pp. 158-170.

Swyngedouw, E. (1989) 'The heart of a place', *Geografisak Annaler*, B71: 31-42.

第十章 地方：可持续自然环境的管理

肯·格雷戈里(Ken Gregory)

本章内容界定

虽然一个多世纪以来自然地理学发展过程中地方都起到了一定的作用,但它还没有明白无误地成为自然地理学家的重中之重。在对环境进行研究时,地方的描述是不可或缺的。然后对这种描述进行比较,得出地方的分类系统,结果可以进一步在通用模型的背景下对地方进行评价。现在自然地理学将自己的研究领域扩展到环境管理,地方应该得到自然地理学家更多的重视,因为这关系到自然环境的可持续管理。

一、导论：范围确定的地方

"地理学研究地图,而传记研究人"(Bentley,1905),这句格言囊括了大多数公众对从事地方研究的地理学的理解,而地理学家这个词则意味着他不仅知道地方在哪里,而且知道这些地方是什么样的。但自相矛盾的是,相对而言自然地理学家对地方却一直没有给予明显的重视,尽管本文指出,20世纪大部分时间里自然地理学一直含蓄地关注着地方,但是只有现在,地方这一主题才正在变得比较清晰。对自然地理学家来说,地方是空间中被生物体占据或具有自然环境特征的特定部分。地方和很多相关概念联系在一起,包括环境、景观和自然。所使用概念的范围显示出地方对任何一个学科都是不排斥的,因为其他学科,包括生态学、地质学、其他环境科学和景观设计,也会用它们自己的概念和方法去关注地方。有人建议(Rolston Ⅲ,1997)用六个词模拟我们所看到的世界：自然、环境、旷野、科学、地球、价值。除了自然地理学家的描述以外,我们对地方自然特性的判断是通过文学、艺术、数学、自然科学、语言和各种形式的媒体所提供的各种各样的描述逐渐建立起来的。地方的特殊性可以通过以下事实来说明：在俄语中,对某一类型的山谷有专门的名词,在芬兰语和瑞典语中有其他国家所没有的反映冬天的不同情形的词语(Mead and Smeds,1967)。最初学者试图将地方的定义限制在未受人类活动和文化影响的自然状况,但是后来认识到人类活动的影响是如此之大,以至于现在已经没有多少真正自然的地方、环境或者景观了。最近人们还意识到,即使是自然环境也是被文化决定的：来自不同文化背景的人们是以相同的方式看待自然景观的吗？

对地方的定义随着时间的推移而发生变化,最近反映出来的是对特定文化下自然环境的理解,同样,自然地理学家对地方的研究也随时间的推移而发生变化。地方作为自然地理学家关注的焦点是指位于地球表面以上大约 200 km 到地心之间的各圈层。1875 年奥地利地质学家休斯(Suess)创造了水圈、岩石圈和生物圈等术语,作为对自 1700 年代就开始使用的大气圈一词的补充(图 10.1),从那时开始,地球与生命科学家就特别喜欢使用圈层的概念(Huggett, 1995)。没有任何一个学科能够对所有已被定义出的主要圈层都进行研究(表 10.1);只有把研究集中于特定的圈层组合才能为像地理学这样的学科对地方的研究提供基础。但是,有些圈层并没有一直被自然地理学家研究。因此,20 世纪上半叶海洋圈被纳入自然地理学研究范围,但是到了 20 世纪下半叶却变成了海洋学垄断的研究对象,这一时期自然地理学家在水文学研究中对陆地水圈的研究做出了越来越多的实质性贡献。尽管其他圈层或圈层的组合(表 10.1)是其他学科的研究领域,如生物圈主要是生物科学的研究领域,但自然地理学却有一个独特的视角将几个圈层联系在一起。在集中精力研究不同圈层之间独特的相互作用的过程中,自然地理学家必须框定地方的位置,描述其特征和动态,根据它们与邻近地方之间的关系对地方及地方的演变过程进行解释,并为特定的目的对地方进行评价。

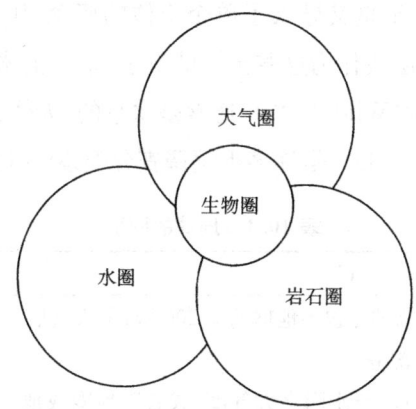

图 10.1　地球的主要圈层。1875 年休斯所认识的四个主要圈层被画成相互交叠的圆圈,后来提出的圈层详见表 10.1

本章概要地介绍自然地理学家对地方的研究是如何不断发展的,它如何促进综合方法的形成,以及现在从自然地理学家的角度来看所呈现的是怎样一种机遇和挑战。

二、范围确定又被肢解了的地方

自从盖约特(Guyot,1850)提出自然地理学"对它所描述现象应该进行比较,应该给予解释,应该提高到给出其方式和原因",人们就普遍认识到需要做的不仅仅是描述。在其后的 150 年间,勘探和考察、分类与编目的阶段是建立起关于自然环境基础知识所必需的。在 20

世纪,勘探活动为那些只提供基本信息的地图添加了内容,只是到了这个世纪的后半叶,地方的很多特征才落实到地图上或者是被详细地测量过,这是由于遥感手段的出现才得以加速实现。一旦收集到充足的信息,就必须对其进行分类——这个过程往往需要有对地貌类型、气候类型、土壤与植被类型,以及由此进行分区的大规模制图项目(见第六章)。关于如何分类存在着激烈的争论,比如,对应该基于静态指标还是动态指标学地得就有不同意见。直到1960年代随着数量革命的到来,自然地理学家才开始采用量化方法来描述地方,到20世纪末信息技术手段的支持更显著加强了这种能力。然后方法的变化成为描述特定地方独特特征的个性化焦点,这在20世纪上半叶就已具雏形,到20世纪下半叶寻求更全面的解释与模型的过程中,通过一种更合法的途径取得了成功(Gregory,2000)。

随着自然地理学的发展(又见第六章),又出现了大体与定义出的各个圈层相应的分支学科(图10.1、表10.1),每个分支学科为自然环境中特定地方选取一种分辨的基本单位。这样的单位可能作为表征与监测研究的主要基础。对大气圈而言,必须详细说明监测气象数据的场地状况,以保证气象站所在地能代表周围地区的环境。土壤研究的基本单位是穿过所有组成土层的垂直切面,它自从19世纪晚期以来被道库恰耶夫和其他俄国土壤学家称为土壤剖面。因为土壤剖面是二维的,于是又导入了单个土体的概念,作为土壤的最小单位或最小体积,它代表了土壤剖面所有土层或作为这些土层的例子:单个土体是土壤剖面厚度与宽度足以表征每个土层特征的垂直片段(Wild,1993),通常是水平的,大体为六角形,面积为 $1\ m^2$,但也可能更大(Bates and Jackson,1980),是许多土壤调查分类系统整体所必需的部分。

表 10.1 地球的圈层

圈层	释义	出处
大气圈	自17世纪末开始使用,指的是包围地球的厚200 km的大气层	
对流层	大气层中最低的12 km部分	
地圈	用来指岩石圈;或者岩石圈+水圈+大气圈;或者陆地圈或地壳中的任何部分,例如: ① 地核、地幔和地壳的各层; ② 地球所谓的圈层或地层中的任一个; ③ 位于地球表面的大气圈、水圈、生物圈、岩石圈、土壤圈和智能圈或者叫灵生圈相互作用或接近的区域	Huggett,1995. Bates and Jackson,1980. Vink,1983.
地生态圈	其他圈层[生物圈、地形圈(troposphere)、大气圈、土壤圈和水圈]相互作用的圈层; 景观圈	Huggett,1995. Vink,1983.
土壤圈	地层中发生土壤形成过程的圈层	Mattson,1938;Bates and Jackson,1980.
	土壤形成过程中所影响的风化层叫作土壤圈(edaphosphere),土壤圈中风化岩与未固结物质部分叫作碎屑圈(debrisphere)	Huggett,1995.

续表

圈层	释义	出处
冷圈	地球表面永久冰冻的部分,包括雪、冰、冻土和海冰	Bates and Jackson,1980.
水圈	水,包括淡水和咸水,液态、固态或气态,接近或存在于地球表面;95%在海洋中;2%存于冰川和永久积雪中;2.5%是淡水	Suess,1875.
地形圈	位于土壤圈、大气圈和水圈的交界面	Huggett,1995.
	地形圈(relief sphere)用以指地球地形的总和	Budel,1982.
生物圈	1875年休斯创造的概念,但没有给出严格的定义。现在的用法有以下三种: ① 地球上自然存在的能够支持生命存在的地带或表层; ② 生物区系(biota)的同义词,是地球上生物体的总和; ③ 生命存在及影响的范围	Vernadsky,1945;Teilhard de Chardin,1959;Hutchinson,1970;Bates and Jackson,1980;Huggett,1995.
生态圈	生命和维持生命存在的无机环境	Cole,1958.
智能圈	在人类活动的影响下人类的意识在自然中的存在空间,或者由生物圈进化而来的"理性"层	Pierre Teilhard de Chardin(1881—1995年)提出的概念;Vernadsky(1863—1945年)在1930年代中期开始使用
岩石圈	地球的地壳和地幔的上部	Suess,1875.

生物地理学中作为基础的地方得到了承认,因为所有生物都生活在生态位(niche)中——无论是在无其他物种竞争情况下被个体占有的基础生态位,还是有多个物种进行竞争的实际生态位(Watts,1971)。随后生态位被定义为生境,生物生存其中,但同时也是生物生存与活动的时段,以及从中所获取的资源。因此为生物的地方或生境以及为生物和生境的结合提出了另一些术语。小生境(microhabitat)是生境中一处准确的地点,通常存在单个物种;群落生境(biotope)是单个生活型所占有的最小空间,例如生长在树洞群落生境中的真菌类。以各种方式使用的生境一词,视其被何种学科何时使用的情况(例如 Morrison,1999),也可用以指一种生物或一个群落生活的地方,适用于各种尺度——从与显微或亚显微尺度生物有关的微尺度到大陆或亚大陆规模的大尺度。在生态学中,生境逐渐成为对一种生物被发现的地方的象征性描述,而生态位则是生物如何与其物理环境和生物环境联系的全面描述。与生物及其环境有关的地方含义在定义上的两重性反映在生物地理群落(biogeocoenosis)一词上,它是一个俄语词,相当于西方的生态系统一词,还包括1877年墨比乌斯(Mobius)提出的生物群落(biocoenosis)一词,用以指动植物混合的群落以及其自然环境[生态区元(ecotope)]。群落生境定义为一个生态上和生物适应性一致的区域,尽管后来认为它是生物群落的生境或生物群落内的小生境。至于地表,地形圈(表10.1)对地貌学家而言,地方的基本单位就是地貌单元;完整的平地或坡地就是地形的基本单元,林顿(Linton,1951)把它表征为建造自然景观的电子

和中子。

单个土体、群落生境和地貌单元都是明确说明地方基本特征基础的例子，这些术语都是在研究自然环境过程中出现的，日益集中于自然地理学的某些分支学科，包括气候学、地貌学和生物地理学与土壤学。得到表征这些基本单元的自然地理特征信息以后，还必须满足若干方面的进一步要求：

- 需要一些参数用以描述地方的特征——这些参数常常从（与表 10.1 中某个圈层有关的）自然地理学分支学科中选取。气候学中广泛使用年平均温度和年平均降水量，但自然地理学其他分支学科中这些基本数据不能满足要求，因此设计出各种制图程序来表征地方的特征，包括形态制图、地貌制图和植被制图。
- 各种制图计划提供了自然环境空间单元的野外详查尺度的信息，这些信息是进行气候、地貌（地形）、土壤（土壤剖面）或植被（植物群落）等方面研究所必需的，这些制图计划还必须与直至全球尺度的一系列其他尺度联系起来。美国识别出了 16 000 种不同的土壤表明了这一点(Buol,1999)，这些类型必须按级序安排，作为全球土壤分类系统的一部分。详细的地形图、地方气候图、土系图或生态系统图均可进行合并为更大的尺度，直至全球尺度。
- 参考一些空间或时间框架可以进行分类：河流可以按照其等级分类；地形可以根据其下面被认为与地形同龄的可测年的材料进行测年。
- 由于基础数据和许多分类是以环境某个方面来表示的，例如物理形式/坡度/地貌、气候参数、土系和动植物群落等，因而必须有把这些方面进行综合的方法。区域地理学最大的缺点就是把这些所谓的综合工作留给读者去完成。因此要寻找描述地方动态或过程和反映地方运行方式的一些参数。水文学中出现用水沙传输的输出参数反映上游集水区综合特征的方式就是一个很好的例子。系统方法中四个重叠的系统[地貌系统、瀑布泻落系统、过程—响应系统和控制系统(Chorley and Kennedy,1971；见第十四章)]提供了表征地方的特殊途径。
- 自然地理学中用单一参数（常用平均值表示）表征地方是不够的。用年平均温度或年平均降水量表示某个地点的气候不能反映极端温度和大涝或大旱的发生频率——可能要把更中肯地反映环境过程和影响人类活动的气候灾害或年与年、十年与十年之间的变化包括进来。
- 并非所有科学都在同一分析水平或同一分辨率上对地方进行研究。尽管像物理学、化学和水文学等可能在微观尺度或亚原子尺度上研究地球各圈层的某些部分，但是被认为是综合科学(Osterkamp and Hupp,1996)的自然地理学和其他环境科学则采取更大的分辨尺度。虽然对地形发育明晰的量化描述落后于对过程的了解，但是当前地形监测技术的发展应用到小尺度上那些能够在全部台站水平上收集信息的地方；在全球定位系统的(GPS)帮助下应用到中尺度上；在遥感和数字高程模型的帮助下应用到大尺度上(Lane et al.,1998)。

地方对任何学科都不是唯一的，但是，由于自然地理学家和其他科学家最初以单个特性来表征环境,因此必须发展更加综合的描述方法。

三、综合的地方

对地方更加综合描述的进展不仅包括对气候、土壤、植被和地表形态的描述,而且是通过三方面的工作取得的:通过对综合单元的认识;通过依靠各基本单元相互关系的系统模型的制作;通过对地方进行综合分类,形成各种水平的级序,直至世界级的地区或类型。

异常(singularity,持续仅几天的短暂气候事件,一般出现在一年中特定的日前)可作为综合单位的一个例子,它是在某个时段气象或气候记录的基础上描述一地所经历气候历程的方法。因此,兰普(Lamp,1964)基于对50年每日气象图的分析,展示了英伦三岛的五个季节,其中有22次异常,有很多像"四月豪雨"之类的民间说法。有些地方常会出现自然灾害和极端的自然地理状况,威胁着生命财产的安全。水圈、生物圈、岩石圈和大气圈的自然灾害包括大大偏离平均值的极端事件的风险(Alexander,1999)。研究表明(Hewitt and Burton,1971)安大略西南部50年时期内,会出现1次严重干旱、2次大风暴、5次严重雪暴、8次严重飓风、10次严重雨淞暴、16次严重水灾、25次严重雹灾和39次龙卷风。因此有可能用整体条件来表示一地的危害程度(hazardousness),整体条件决定了一个地区环境中带有危险性的部分。

至于地表起伏或形态,地方可以用地形来表征,使用像蛇形丘、石灰岩地面或河流格局类型等术语。但是,连片的平地或坡面(地貌单元)是一般的基本地形单元(Linton, 1951),在场地上有很多共同性,最初描述为"在其延伸的全部范围内对一切实践目的而言具有相似气候、地文、地质和土壤状况的一个地区"(Bourne,1931)。的确,在土壤研究中场地是最主要的特色,因为它是要进行研究的土壤剖面的所在区域。然后把土壤剖面和场地进行分组或分类,作为土壤制图的基本单元,这些单元可能是土系,其定义是形成在相同母质上相同剖面土壤的组合。

在生物地理学上,如同在生态学上一样,一般认为生境加上其中的群落就是一个工作系统。坦斯利(Tansley,1935)把生物群落加上其环境作为一个单元,创建了生态系统一词,因此包含了地方中的群落和对群落发生影响的各种环境特性、地形、土壤和岩石类型(即生境)。生态系统的大小变化很大,从若干至数千公顷,可能是碎屑坝上游的一个水塘,或者是一片广袤的俄罗斯草原。生态系统作为地方综合描述的例子,它代表了自然地理学所发展的更加开放的系统思维,据此,自然地理学中地方是用系统类型来描述的。生态系所依靠的是生物群落与其环境之间的动力学关系。

侧重动力学关系借以表征地方的其他方法还有19世纪以来即已采用的流域,那时水量平衡方程的完整性首次得到承认(Gregory,1976a),随后建议将其作为基本地貌单元(Chorley,1969)。流域(某河流或排水网络排水并被分水岭限定的区域)是一个综合单元,可以用岩石类型、土壤、植被和土地利用以及地形特征等流域特征进行描述。流域也是一个动力学响应单元，其中水沙和溶质的输出反映了流域起传输作用的特征。与大小迥异的河流有关的流域单元是可以界定的，可以用作空间变化研究的基础(见第六章)，并常用于环境管理中(见下文)。

正如自然环境中有各种表征单个地方的方式一样，对相互关联的地区也有各种表征方法——用系统模型来表示(见第十四章)。这种关联可能表现为构成相互嵌套的级序系统一部分的流域，也可能通过能流互相联系，像一系列小瀑布那样，从一个子系统的输出变成下一个子系统的输入(Chorley and Kennedy, 1971)。能够鉴别出气候(气候序列)、地形(地形序列)、岩石(岩石序列)、生态(生态序列)和时间(时间序列)等方面地方特征的序列。在地貌学上一个九单元的假想地表模型(Dalrymple et al., 1967)表现了世界上任何地方坡地上可能出现的九种特殊坡面组分(图10.2a)。每个组分都和一组过程的组合有关，因此有可能预测不同地貌状况可能会发生何种变化。同样的方法也应用到土壤地貌学(pedogeomophic)研究中(Conacher and Dalrymple, 1977)，虽然简单的五单元坡面可能即已足够(例如 Birkeland, 1984)。空间变化重复出现的格局也包含在土链概念之中(Milne, 1935)，它表示年龄相同并通常发育在同一母质中的土壤地形序列能够出现在景观中，这通常反映出地形/坡度和排水状况的差别(图10.2b)——这是别人将其描述为地形序列的一种排列(Bate and Jackson, 1980)。大多土链或山坡模型被认为是二维的，但是和流域概念结合起来就能够产生一个小流域的三维模型(例如 Huggett, 1975)，包括导致土壤剖面形成的水分通过表土和流过地表的方式，对地方的动态提供一种综合的了解。要完善土链的思想仍有余地，在澳大利亚东南部，在K周期系列中不同时期土壤侵蚀和沉积的序列与土壤剖面发育有关(Butler, 1959)。被称为一个K周期的每个时期均由一个不稳定相和一个稳定相组成，不稳定相时可能出现侵蚀或沉积，而稳定相时可能出现剖面发育。澳大利亚有些土壤景观中发现了多达八个K周期的证据。此处展示了植被的地形序列组合(图10.2c)，表明在景观中重复出现的序列中，坡度、土壤排水状况和植被如何发生惊人的变化。

探究地方重复出现的格局实际上就是迈向探究自然环境综合分类的一步。由于系统地研究了空间格局并将其与像气候这样的控制因素联系起来，土壤与坡地土链的特性(Olliver, 1976)、水文坡地模型的特性(Kirkby, 1976)或流域网络的特性(Gregory, 1976b)，都是地貌与气候之间所建立关系的典型(Derbyshire, 1976)。还必须把地方同像从河道内一个点到一个流域这样的各种尺度联系起来(图10.3)。我们可以从全球与地方两个完全相反的特殊视角接受一种特殊的观点。全球性途径从世界的分布开始，然后进行细分，而地方性视角对地方进行详细描述，然后把各地方合并起来，表明各地方如何纳入更大尺度的地方性、全国性乃至全球性格局之中。

气候、植被、土壤和地形分类中的全球性视角是很明显的。业已发现了此类世界格局中的一些相互关系——例如，柯本提出的一种气候分类方案就试图把气候参数与植被分布格局配合起来。然而这样的途径并未能真正产生研究自然环境的综合方法,因此人们企图将基于气候的分类方案与气候地貌学的世界分布联系起来。这些包括九个地形发生系统(norphogentic systems)的方案(Peltier,1950,1975),每一个都以一种特征性地貌过程组合而有别于其他;与气候、地貌过程并与土壤和植被有关的13个地貌气候带(Tricart,1957);以及

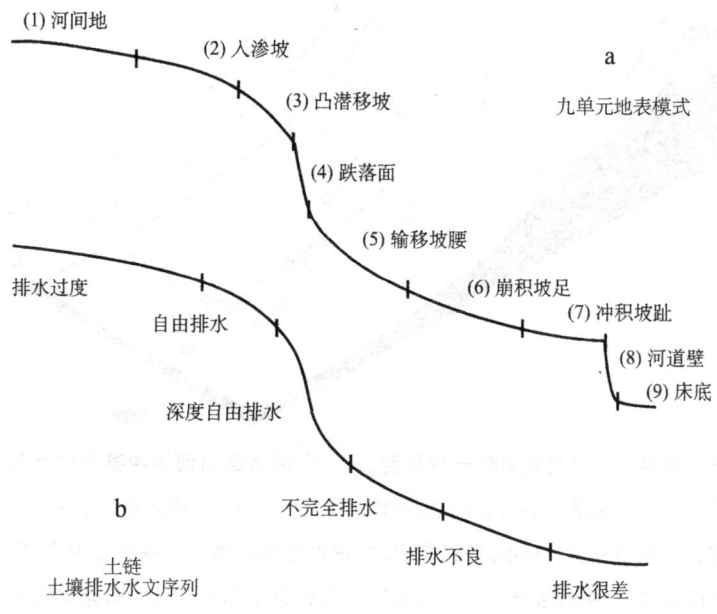

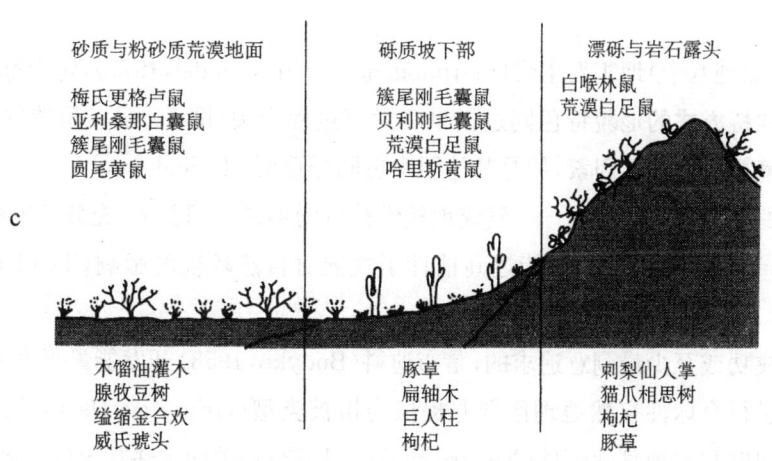

图 10.2　自然环境中的地方序列:a. 九单元地表模型的各组分(基于 Dalrymple et al.,1967);b. 组成土链的土壤水文序列中的排水类别;c. 表示北美荒漠中植物群落如何随地方类型不同而变化的一个特例

资料来源:Vaughan(1978),之后经 Huggett(1995)改进。

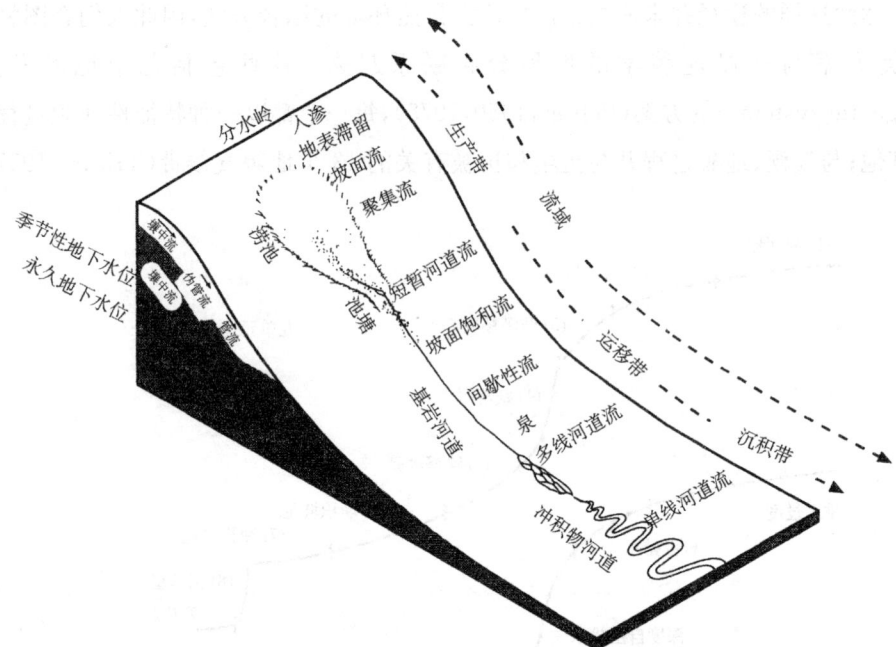

图 10.3 地方的级序。流域是地方的一种尺度,另一个端点是对河道中某个地点的研究。这两个端点之间是一些主要地区,诸如水沙的产生区、输移区和沉积区,这些地区中可以识别出一些谷地的地段(基岩、冲积物或崩积物),这些地段内还可以区分出不同的河段(例如浅滩沙洲),其中又有诸如深潭和特殊水生群落等河道单元。这样一种地方尺度的级序,就像一套俄罗斯套娃一样,存在于自然环境之中,随着水文时间序列而发生动态变化。本图表明流域网络动态变化的方式

五个(后来增加到八个)地貌发生带(morphogenetic zones, Budel, 1977),每个都以特殊景观形成过程和以独特方式的地貌特色同过去景观发育过程有关(图 10.4)。虽然气候无疑是影响全球自然环境格局的重要因素,但是其他因素也同样重要(Twidale and Lageat, 1994)。采取非常简单化的方法是有风险的——气候地貌学被认为不是一门新的、充分发展的学科,是不成熟的(Stoddart, 1968)。因此,可能过高估计了气候对自然环境的影响(Twidale and Lageat, 1994)。

也许最成功或至少最刻意追求的,是布迪科(Budyko, 1958)开发能量平衡方法的努力,这种方法试图进行全球性自然地理区划并提供与植被类型(Grigoriev, 1961)、发生学土壤类型(Gerasimov, 1961)和地理地带性(Ye Grishankov, 1973)相关的水热状况的基础。这样的方案有可能扩展,同基于野外观测的综合系统方法联系起来。

在野外观测水平上以一种综合方法描述自然环境的意图产生了一种相反的局地性视野。

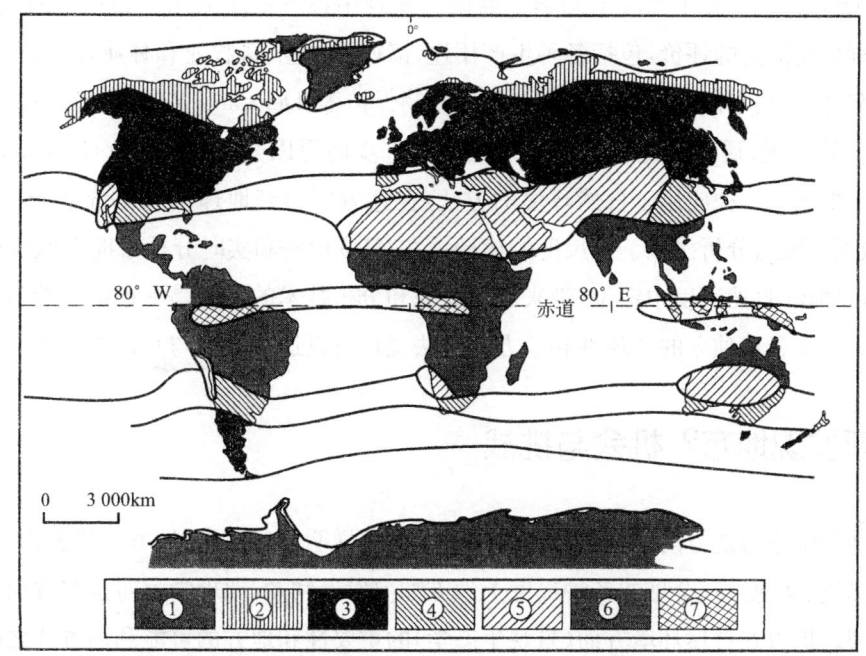

图 10.4 全球性综合背景下地方的例子:气候—发生学地带(据 Budel,1969)。为了根据地方的自然特性把地球表面进行划分而作了种种努力。其中一种综合方法是根据当前环境过程和过去自然环境的发展区分出气候—发生学地带。这些地带是:①冰雪带;②谷地过度发育的亚极地带;③往昔形成谷地的高纬地带(后来称为外热带);④混合地形发育的亚热带;⑤干旱带;⑥过度种植的近热带;⑦部分种植的热带

俄罗斯学者的研究认为"限区"(urochischa)[①]是具有同一基岩、水文状况、小气候、土壤和中地形条件下景观的基本自然地理单元(Ye Grishankov,1973)。在航空照片数据使用急剧增长的帮助下,澳洲、非洲和新几内亚所进行的勘察,涵盖了对土地系统的识别,所谓土地系统就是地形、土壤和植被重复出现的格局(Christian and Stewart,1953)。世界上特殊区域为资源评价采用的土地系统方法,利用了景观生态学和土地评价的方法。这两种方法是从土壤调查发展而来的,有时在土地潜力分析的基础上,根据土地可能的用途和为持续使用所需采取的措施而将土壤类型归类为各种等级;在适宜性分析的基础上,对某个地块为某种用途确定其适宜性(见第六章)。景观生态学[特罗尔(Troll)首先用以指景观和生态学之间相互关系的一个词汇]提供了把景观阐释为支撑着相互联系的自然系统和文化系统的途径(Vink,1983)。景观生态学(在景观尺度上进行格局和过程的研究——Forman,1995)的核心,包括景观结构、生态系统空间格局和景观功能之间的关系,以及单元生态系统内部能流、物流与物种流之间的相互

---

① 译注:这个词是俄文 урочище 的英译,是一个景观学术语,中文译作"限区"。

作用(Kupfer,1995)。鉴于景观生态学主要研究景观中各种系统的用处,景观评价就是对土地用于各种用途潜力的评价,包括各种生产用途,诸如耕作业、畜牧业和林业,以及提供各种服务和其他利益,如集水区域、娱乐、旅游和野生生物保护等(Dent and Young,1981)。此类方法因信息系统的出现、遥感和地理信息系统技术的进步而得以完善(例如 Cock et al.,1998)。土地系统法提供了一种应用于自然环境的方法,在这方面得到地理信息系统(GIS)极大的帮助,它为数据获取与分析提供了多尺度的途径。在 GPS 设备和实时分析帮助下取得更大的进步,现在有可能在自然环境中定位,带来数据获取和分析技术的进步是一种彻底的革命。此类进步意味着原来各自独立的全球性和地方性方法现在可以通过遥感与 GIS 技术结合起来。

四、重新发现地方? 机会与挑战

自然地理学家对地方的兴趣不像人文地理学家那样明显。不过,地方意味着什么、对地方如何进行描述、从地方到全球的各种尺度上地方如何发生联系,地理学家对这些方面都已给予足够的重视。地方在自然环境方面(景观生态学)的重要性和地方的可能利用方式之间的相互关系,正是深入了解环境容量与潜力的两个要素。但是,目前在自然地理学中地方在四个方面具有更大的重要性:我们如何使地方得以持续、对地方如何进行管理、修复和设计。

首先,使地方得以持续需要考虑可持续发展,这起源于北美和欧洲的自然保育思想,随着1992年里约热内卢联合国大会而崭露头角。后来被认为是"尊重未来世代生活质量和通过支持地球资源与生态系统的生存能力而得以实现的发展"(Saunier,1999:587)。不把生态系统(和地方)视为自然客体,而是可能根据其对人类有价值的属性,将其视为自然资产或"自然资本"——海恩斯-杨(Haines-Young,2000)所采用的方法在景观管理上把景观生态学的科学传统与文化传统结合起来。这对于可持续发展的目的是把生态资源维持在大体稳态上以保证其消耗速率不超过其更新速率的观点是一种挑战(Bartell,1996)——因为从"自然资本"范例角度来表征环境管理是根本不同的。这对物理过程和生物过程如何同景观在经济与文化意义上具有价值相联系提供了一种理解,因此这是从动力学、发育和景观的视角对自然资本进行研究。这不是我们所追求的稳态,而是一种生态系统和景观的可持续路径,因此平衡模式基本不适用于单个可持续状态而只适用于多少可持续的整套景观(Haines-Young,2000)。

其次,在地方的管理上,对自然环境必须有一种更加智慧的方法(Gregory,2000):现行两种主要方法是保育和整体动态管理。保育是和自然资源有关的一种长期传统,但是只是近期才对自然保护区、具有特殊科学意义的地点(Site of Special Scientific Interest,SSSIs)或旷野地区之类的区域或地方实行保育,这也是一种管理的方法。1990年英国建立了在区域上具有重要意义的地质遗址和地貌遗址(Regionally Important Geological Site,RIGSs),作为对 SSSIs 的区域性补充。然而,更实际的做法可能是采取一种环境风格的途径,承认环境系统的动态性质，需要一种可持续的解决办法，认识自然环境各方面的整体性——对此常常使用整体一词。流域或集水区被广泛用作管理的单元，既可用于自然的环境管理，也可用于行政管理的目的。但是，管理并非总能涵盖全部环境特性，并非像它可能或应该的那样全面，因此仍需作进一步的研究(NRC,1999)。

第三，现在各种专业都加入了对地方的恢复，因为湿地、高草原、湖泊、野生动物栖息地和其他区域已经被采矿和其他多种人类冲击伤害。恢复生态学所关心的是使严重受损的生态系统在一定程度上恢复到受干扰前的状况(Cairns,1989)，尽管我们实行环境恢复作为保育的一种附加手段(Berger,1990)，但问题是我们要把原来的"地方"恢复到什么程度：是恢复到没有发生干扰前的状况，还是恢复到看起来像是自然的状况？在这种情况下，什么是自然状况？在河流管理上，恢复是目前一个主要论题，在这方面改变公众的观念正在变得至少像获得新的科学知识那样重要(Douglas,2000)。段义孚写了《恋地情结》(*Topophilia*①,1977:v)一书，书中说："无需以某种方式对与人类自然环境有关的各种看法和价值进行分类或排序"。目前自然地理学中这种文化要素更加明显了(Gregory,2000)。

最后，在地方问题上被自然地理学家和环境科学家重新激发的兴趣提出了下述问题：自然地理学家是否应该致力于环境设计(Gregory,2000)？如果是，如何去做？伊恩·麦克哈格(Ian McHarg)在他的《设计结合自然》(*Design with Nature*,1969)一书中，提出比景观设计本身更具重要性的接近自然环境的途径。1992年该书再版时麦克哈格(McHarg,1992)作了这样的评述：在1969年"科学家还没有发现环境，学界名流是一些关心亚原子粒子的分子生物学家和物理学家"，但他希望他的书"提供一种方法，据以使环境数据能够纳入规划过程之中，通过阐释生态研究的成果来涵盖环境科学和对环境运动至关重要的价值主体的全部缤纷多彩的内容"。虽然本书涵盖了环境科学的全部范围，但麦克哈格(McHarg,1992)确认社会系统被严重忽视了；1969年经济学对生态学的影响是对立的，那时不像现今这样，其他社会科学还被环境科学遗忘。麦克哈格书中的洞察力被刘易斯·芒福德(Lewis Mumford,1992:viii)描述为"气质上生机勃勃并充满人性的喜悦之情，这是生态学和生态设计定会为我们展现的。麦克哈格唤起了一个更加美好世界的希望"。

五、结语

自然地理学家现在能够参与自然环境或地方的设计，日益增强对可持续议程的卷入；对地方各种文化心态有了更多认识；需要恢复受损害的地方；以及利用自然环境中地方动态和发育

---

① 译注：人本主义地理学家段义孚提出"恋地情结"(topophilia)，指出人类对物质环境的情感联系。人创造或者改变环境，以各种方式回应环境，包括视觉和美学欣赏以及亲身接触。也许每个人骨子里都是怕孤单、怕寂寞的，要有一个伴儿。如若没有，不妨寄情于街巷阡陌山水之中。

方面的了解作为可持续环境设计的基础。随着自然地理学令人振奋的进步,更加关心对特殊地方的总体设计,我们仍然必须牢记现有的知识、模型和理论是建立在英美一些地方、特别是在某些自然环境的经验之上,并受到一些引人注目实例的影响,诸如大峡谷、亚马孙雨林或约塞米蒂国家公园等。在自然地理学发展中,我们能够察觉贯穿于科学之中反映特殊地方类型研究的线索。因为我们变得更具整体观点,业已从表意的方法进步到研究普遍性科学规律的方法,那自然地理学家对地方的态度就足够客观了吗?他们现在就能够得益于对个别地方特征和设计关心的后现代表意方法吗?了解自然地理学家过去如何对地方作出反应有助于未来我们形成更加整体性的看法。

本章小结

- 地方是自然地理学的核心,但是直至最近尚未得到明晰的关心。
- 自然地理学家对地方的研究可能定位于与环境各圈层相关的研究。自然地理学家研究的重点是这些圈层的特殊结合。
- 自然地理学每个分支中,均需要有表征地方的基本单元。例如地貌单元、地形、土壤剖面和生态位。
- 就气候、土壤、生态与地貌而言,强调地方的各方面意味着我们寻求更加综合的关系——例如土地系统。
- 现在自然地理学家在与可持续性、管理、恢复和自然环境设计等有关问题上对地方给予更明显的关注。

进一步阅读文献

一本像《环境科学百科全书》(Alexander and Fairbridge 1999. *Encyclopedia of Environmental Science*)这样的新版词典就能提供有用的背景资料。格雷戈里的《变化中的自然地理学性质》(Gregory 2000. *The Changing Nature of Physical Geography*)一书评述了自然地理学(包括文化地理学)的进展。斯莱梅克和斯潘塞的《自然地理学与全球环境变化》(Slaymaker and Spancer 1998. *Physical Geography and Global Environmental Change*)论述了自然地理学有关环境变化的综合途径。莱恩等的《地形监测、建模与分析》(Lane *et al*. 1998. *Landform Monitoring and Analysis*)展示了当代技术如何推动了对地形发育的描述——这是自然地理学中关于地方的实例。麦克哈格的《设计结合自然》(McHarg 1969. *Design with Nature*)是一本有益的读物,因为书中表明景观设计在获得自然地理学承认之前如何察觉到来自环境方面的挑战。休格特的《地生态学:进化的途径》(Huggett 1995. *Geoecology: An Evolutionary*

Aproach)一书和海恩斯-杨(Haines-Young,2000)的论文指出了自然地理学能够取得进展的一些途径。希尔兹的《河道恢复》(Shields 1996. *River Channel Restoration*)展示了河流如何得以恢复的例子。最后,段义孚的《恋地情结》(Tuan 1974. *Topophilia*)是这位激情作者作为自然地理学家开始进行研究时所写的一本发人深省的代表作,而菲利普斯(Phillips,2001)做出了饶有兴趣的贡献。

注:上述文献详见本章参考文献。

参考文献

Alexander, D. E. (1999)'Natural hazards', in D. E. Alexander and R. W. Fairbridge(eds.) *Encyclopedia of Environmental Science*. Dordrecht: Kluwer Academic, pp. 421-425.

Alexander, D. E. and Fairbridge, R. W. (eds.)(1999)*Encyclopedia of Environmental Science*. Dordrecht: Kluwer Academics.

Bartell, S. M. (1996)'Ecological risk assessment and ecosystem variation', in R. D. Simpson and N. L. Christensen(eds.)*Ecosystem Function and Human Activity*. New York, NY: Chapman & Hall, pp. 45-70.

Bates, R. L. and Jackson, J. A. (1980)*Glossary of Geology*. Falls Church, VA: American Geological Institute.

Bentley, E. C. (1905)*Biography for Beginners*. London: T. Werner Laurie.

Berger, J. (ed.)(1990)*Environmental Restoration*. Washington, DC: Island Press.

Birkeland, P. W. (1984)*Pedology, Weathering and Geomorphological Research*. New York, NY: Oxford University Press.

Bourne, R. (1931)*Regional Survey and its Relation to Stocktaking of the Agricultural and Forest Resources of the British Empire*. Oxford Forestry Memoir 13.

Brookes, A. and Shields, F. D. (eds.)*River Channel Restoration: Guiding Principles for Sustainable Projects*. Chichester: Wiley.

Budel, J. (1969)'Das System der klima-genetischen Geomorphologie', *Erdkunde*, 23, 165-182.

Budel, J. (1977)*Klima-Geomorphologie*. Berlin/Stuttgart: Borntraeger.

Budel, J. (1982)*Climatic Geomorphology*(trans. L. Fischer and D. Busche). Princeton, NJ: Princeton University Press.

Budyko, M. I. (1958)*The Heat Balance of the Earth's Surface*(trans. N. Steepanova from the 1956 original). Washington, DC. Weather Bureau.

Buol, S. W. (1999)'Soil', in D. E. Alexander and R. W. Fairbridge(eds.)*Encyclopedia of Environmental Science*. Dordrecht: Kluwer Academic Publishers, pp. 563-564.

Butler, B. E. (1959)*Periodic Phenomena in Landscapes as a Basis for Soil Studies*. Soil Publication 14. Melbourne: CSIRO.

Cairns, J. (1989) 'Restoring damaged ecosystems: is pre-disturbance condiion a viable option?' *The Environmental Professional*, 11: 152-159.

Chorley, R. J. (1969) 'The drainage basin as the fundamental geomorphic unit', in R. J. Chorley(ed.) *Water, Earth and Man*. London: Methuen, pp. 59-96.

Chorley, R. J. and Kennedy, B. A. (1971) *Physical Geography: A Systems Approach*. London: Prentice Hall.

Christian, C. S. and Stewart, G. A. (1953) *Survey of the Katherine-Darwin Region 1946. Land Research Series* 1. Melbourne: CSIRO.

Cocks, K. D. and Walker, P. A. (1987) 'Using the Australian Resources Information System to describe extensive regions', *Applied Geography*, 7: 17-27.

Cole, L. C. (1958) 'The ecosphere', *Scientific American*, 198: 83-96.

Connacher, A. J. and Dalrymple, J. B. (1977) 'The nine-unit land-surface model: an approach to pedogeomorphic research', *Geoderma*, 18: 1-154.

Dalrymple, J. B., Conacher, A. J. and Blong, R. J. (1967) 'A nine-unit hypothetical land-surface model', *Zeitschrift für Geomorphologie*, 12: 60-76.

Dent, D. and Young, A. (1981) *Soils and Land Use Planning*. London: Allen & Unwin.

Derbyshire, E. (ed.) (1976) *Geomorphology and Climate*. Chichester: Wiley.

Douglas, I. (2000) 'Fluvial geomorphology and river management', *Australia Geographical Studies*, 38: 253-262.

Forman, R. T. T. (1995) *Land Mosaics: The Ecology of Landscapes and Regions*. New York, NY: Cambridge University Press.

Gerasimov, I. P. (1961) 'The moisture and heat factors of soil formation', *Soviet Geography*, 2: 3-12.

Gregory, K. J. (1976a) 'Changing drainage basins', *Geographical Journal*, 142: 237-247.

Gregory, K. J. (1976b) 'Dainage networks and climate', in E. Derbyshire(ed.) *Geomorphology and Climate*. Chichester: Wiley, pp. 289-318.

Gregory, K. J. (2000) *The Changing Nature of Physical Geography*. London: Arnold.

Grigoryev, A. Z. (1961) 'The heat and moisture regions and geographic zonality', *Soviet Geography*, 2: 3-16.

Guyot, A. (1850) *The Earth and Man: Lectures on Comparative Physical Geography in its Relation to the History of Mankind*. New York, NY: Scribners.

Haines-Young, R. (2000) 'Sustainable development and sustainable landscapes: defining a new paradigm for landscape ecology', *Fennia*, 178: 7-14.

Hewitt, K. and Burton, I. (1971) *The Hazardousness of a Place: A Regional Ecology of Damaging Events*. Toronto: University of Toronto Press.

Heywood, I., Cornelius, S. and Carver, S. (1998) *An Introduction to Geographical Information Systems*.

Harlow: Longman.

Huggett, R. J. (1975)'Soil landscape systems: a model of soil genesis', *Geoderma*, 13: 1-22.

Huggett, R. J. (1980)*Systems Analysis in Geography*. Oxford: Clarendon Press.

Huggett, R. J. (1995)*Geoecology: An Evolutionary Approach*. London: Routledge.

Hutchinson, G. E. (1970)'The biosphere', *Scientific American*, 223: 45-53.

Kirkby, M. J. (1976)'Hydrological slope models: the influence of climate', in E. Derbyshire(ed.)*Geomorphology and Climate*. Chichester: Wiley, pp. 247-268.

Kupfer, J. A. (1995)'Landscape ecology and biogeography', *Progress in Physical Geography*, 19: 18-34.

Lamb, H. H. (1964)*The English Climate*. London.

Lane, S. N., Richards, K. S. and Chandler, J. H. (eds.)(1998)*Land form Monitoring, Modelling and Analysis*. Chichester: Wiley.

Linton, D. L. (1951)'The delimitation of morphological regions', in L. D. Stamp and S. W. Wooldridge(eds.) *London Essays in Geography*. London: London School of Economics, pp. 199-218.

Mattson, S. (1938)'The constitution of the pedosphere', *Annals of the Agricultural College of Sweden*, 5: 261-276.

McHarg, I. L. (1969)*Design with Nature*. New York, NY: Natural History Press.

McHarg, I. L. (1992)*Design with Nature*. Chichester: Wiley.

Mead, W. R. and Smeds, H. (1967)*Winter in Finland*. London: Hugh Evelyn.

Milne, G. (1935)'Some suggested units of classification and mapping, particularly for east African soils', *Soil Research*, 4: 183-198.

Mobius, K. (1877)*Die Auster und die Austernwirtschaft*. Berlin: Wiegundt, Hampel & Parey.

Morrison, M. L. (1999)'Habitat and habitat destruction', in D. E. Alexander and R. W. Fairbridge(eds.)*Encyclopedia of Environmental Science*. Dordrecht: Kluwer Academic, pp. 308-309.

Mumford, L. (1992)'Introduction', in I. L. McHarg, *Design with Nature*. Chichester: Wiley, pp. vii-viii.

National Research Council (NRC) (1999) *New Strategies for America's Watersheds*. Washington, DC: National Academy Press.

Ollier, C. D. (1976)'Catenas in different climates', in E. Derbyshire(ed.)*Geomor phology and Climate*. Chichester: Wiley, pp. 137-170.

Osterkamp, W. R. and Hupp, C. R. (1996)'The evolution of geomorphology, ecology and other composite sciences', in B. L. Rhoads and C. E. Thorn(eds.)*The Scientific Nature of Geomorphology*. Chichester: Wiley, pp. 415-441.

Peltier, L. C. (1950)'The geographic cycle in periglacial regions as it is related to climatic geomorphology', *Annals of the Association of American Geographers*, 40: 214-236.

Peltier, L. C. (1975)'The concept of climatic geomorphology', in W. N. Melhorn and R. C. Flemal(eds.) *Theories of Landform Development*. Binghamton, NY: State University of New York Press.

Phillips, J. D. (2001)'Human impacts on the environment: unpredictability and the primacy of place', *Physi-*

cal Geography, 22: 321-332.

Rolston Ⅲ, H. (1997) 'Nature for real: is nature a social construct?' in T. D. J. Chappell(ed.) The Philosophy of the Environment. Edinburgh: Edinburgh University Press, pp. 38-64.

Saunier, R. E. (1999) 'Sustainable development, global sustainability', in D. E. Alexander and R. W. Fairbridge (eds.) Encyclopedia of Environmental Science. Dordrecht: Kluwer Academic, pp. 587-92.

Slaymaker, H. O. and Spencer, T. (1998) Physical Geography and Global Environmental Change. Harlow: Longman.

Stoddart, D. R. (1968) 'Climatic geomorphology: review and assessment', Progress in Geography, 1: 160-222.

Tansley, A. G. (1935) 'The use and abuse of vegetational concepts and terms', Ecology, 16: 284-307.

Teilhard de Chardin, P. (1959) The Phenomenon of Man. London: Collins.

Tricart, J. (1957) 'Application du concept de zonalite à la géomorphologie', Tijdschrift van het Koninklijk Nederlandsch Aarddrijiskundig Geomootschap, 422-434.

Tuan, Y. -F. (1974) Topophilia: A study of Environmental Perception, Attitudes and Values. Englewood Cliffs, NJ: Prentice Hall.

Tuan, Y. -F. (1977) Space and Place: The Perspective of Experience. London: Arnold.

Twidale, C. R. and Lageat, Y. (1994) 'Climatic geomorphology: a critique', Progress in Physical Geography, 18: 319-334.

Vaughan, T. A. (1978) Mammalogy (2nd edn). Philadelphia, PA: W. B. Saunders.

Vernadsky, V. I. (1945) 'The biosphere and the noosphere', American Scientist, 33: 1-12.

Vink, A. P. A. (1983) Landscape Ecology and Land Use (trans. and edited D. A. Davidson). London: Longman.

Watts, D. A. (1971) Principles of Biogeography: An Introduction to the Functional Mechanisms of Ecosystems. London: McGraw-Hill.

Wild, A. (1993) Soils and the Environment. Cambridge: Cambridge University Press.

Ye Grishankov, G. (1973) 'The landscape levels of continents and geographic zonality', Soviet Geography, 14: 61-77.

第十一章 尺度：自然地理学中的尺度放大与缩小

蒂姆·伯特（Tim Burt）

本章内容界定

自然地理学家对世界的研究所覆盖的尺度很广，从分子尺度到全球尺度。在研究过程中，我们要关注某些东西而忽略另一些东西。从空间尺度看，任何研究的分辨率都能够指示出我们对某一特定感兴趣的事物关注的水平。但是，地理学家从来没有把自己限制在一种尺度上：一方面，为了更详细地了解某一系统运行的方式，他们可能会缩小自己的视野；另一方面，他们希望将自己在某一尺度的研究结果外推到更广阔的领域。

一、导论：尺度和分辨率

> 警卫一直看着她，开始的时候是通过望远镜，后来是通过显微镜，最后是通过观剧用的小望远镜（Lewis Carroll,1872）。

从原子到宇宙都是地理学研究的领域。《企鹅词典》把地理学定义为描述地球表面的科学。这清楚地给自然地理学家界定了广阔的研究范围，如图 11.1 所示，涵盖着多个数量级的研究尺度（见第十二章和人文地理学的有关内容）。不论研究的题目是什么，地理学家都碰到过很多与尺度有关的问题。本章主要解决其中的两个关键问题：研究应该集中在什么样的尺度？在一种尺度上所得到的研究结果如何推广到另一种尺度上？

第一个问题与研究的分辨率有关。分辨率的一个含义是指破解，在本文中我们所指的分辨率是指我们观察所感兴趣的单个事物的空间尺度，并向下推断我们并未着意研究的尺度。因此，对土壤样本中土壤颗粒大小的研究可以主要关注砂粒、粉粒和黏粒等粒级，而不需要向下延伸到分子尺度的电化学键机制。在遥感研究中分辨率也是一个常用的概念，在遥感中，空间分辨率显示了所用仪器的最大分辨能力。例如早期的 Landsat 影像，每一像素（或像元）大约是 80 m×80 m，比这还要小的外貌就识别不出来了。光谱分辨率表示卫星传感器所探测到的波段的不连续性以及它测量辐射强度水平的能力。你可以把它想象为传感器能够测度各种颜色的数目。我们应该选择什么呢——是一小部分最基本的颜色还是大量各种颜色的细微差

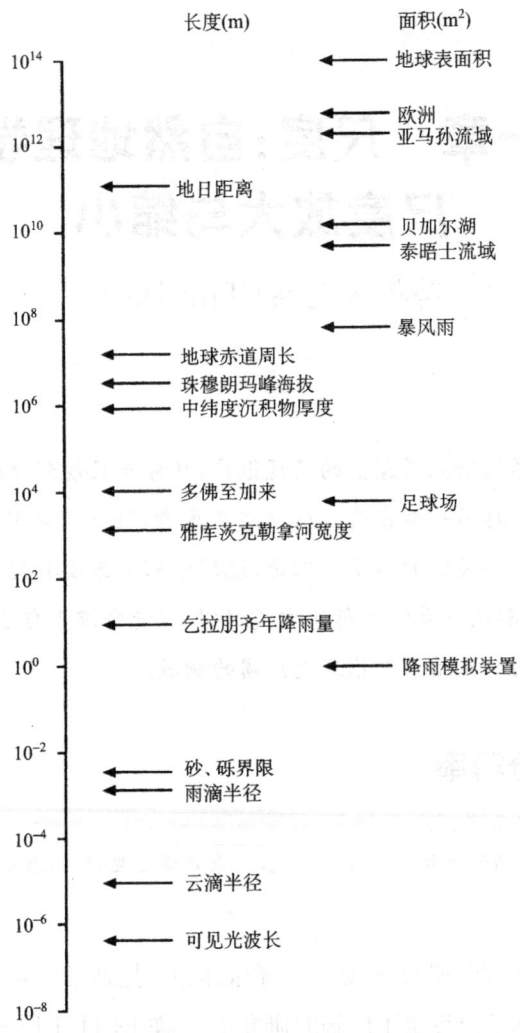

图 11.1 地理研究的尺度

别? 在粒级分析的简单类比中,这就是所使用筛子的号码数目,也就是所能区分粒级大小类别的号码。

需要研究的第二个问题是将一个尺度的分析结果应用到不同尺度上去。这涉及把结果从小尺度到大尺度的尺度放大——例如把小流域的研究结果推广到大河流域。也可能在有些情况下是尺度缩小——例如将通用循环模型(全球尺度)的结果应用到某个区域。人们早就知道,在一个层面上所做的结论并不一定适用于另一个层面,一个尺度中得出的结论放到另一个尺度中可能就是不正确的(Haggett,1965)。让我们看看 1883 年喀拉喀托火山爆发后重新拓殖的过程。从一个尺度来说,现在岛上种植园的分布反映了当地的生态位——海岸线、坡地、湿地等。但是,从更大的尺度来看,总体上的生物多样性取决于其他控制性因素。这个岛与大陆的距离有多远（这控制着物种迁移的可能性）；源地的生物多样性是怎样的（新的生物群落很明显会反映出与它邻近地区的生物多样性）。显然，当我们所用的尺度发生变化的时候，问题——以及问题的答案——就发生了变化。

表 11.1 河流地貌研究中各种尺度间的近似关系

	长度尺度/m	时间尺度/年
沙质河道河床形态	0.1—10	0.1—1
横断面形态	1—100	1—50
砾质河道河床形态	1—100	5—100
曲流波长	10—500	10—1 000
河段比降	100—1 000	50—5 000
纵断面分析	1 000—100 000	100—10 000

当然，在所研究的空间和时间尺度之间有很密切的联系。一般意义上说，随着空间尺度的增加，时间尺度也会增加。因此，奈顿（Knighton，1984）提出了研究河流地貌所用的尺度之间的近似关系，如表 11.1 所示。空间与时间尺度之间的相互关联并不总是符合上述关系，但一般说来，短期研究倾向于关注过程动力学，而长期研究更有可能会对形式和结构进行统计分析。在地貌学中这相当于对动力系统的功能分析和对地貌演变的历史研究两者的对比。在尺度和因果关系之间也有联系，如舒姆和利克蒂（Schumm and Lichty，1965）在一篇会议论文中所指出的那样。在最短的时间尺度上，过程是在一个实质上相对固定的环境中推进的，例如河床中的水流就是这样，在这个尺度上形态控制着过程（"静态平衡"）。但是，从更长的时间段来看，那些在较短的时间尺度上固定不变的特性就会发生变化。现在过程控制着形态，而且可以确定一种"稳态平衡"。大的事件可能会扰动系统，但是随后会恢复到一种特征性的形态。从最长的时间尺度来看，即使是河谷纵剖面那样的特征，最终也会改变。"动态平衡"包括因不断侵蚀而导致的渐进性地形发育。很多能够影响区域尺度地貌的重大气候变化也是在这种时间尺度上进行的——例如整个大陆冰盖的进退。乔利等（Chorley et al.，1984）深入讨论了地貌中的尺度问题，而索恩斯（Thornes）则详细探讨了时间问题（第七章）。

二、尺度放大

乔利（Chorley，1978）对比了地貌研究中实用主义和现实主义方法的差别。实用主义理论就是进行统计归纳，而关注过程动力学就意味着要作更为现实的理解。这样就出现两个问题：小尺度的研究结果——不论是实用主义的还是现实主义的——能不能应用到更大的尺度上？地方研究在何种程度上能够代表更大的区域范围，还是只能作为一个独特案例研究？

（一）滤波

在时间序列分析中，用技术去除小尺度的噪声（系统输出中的快速波动），借以强调像周期性循环和趋势这样的大尺度格局，以及像重大干扰或阈值改变这样的事件。趋势面分析也被应用到空间研究中，用点状尺度的数据来归纳区域格局。这两种情况下滤波器都要留下某种频率的成分而排除其他频率。乔利和哈格特（Chorley and Haggett，1965）详细探讨了趋势面图，并举出很多例子。其中一个例子——在乔利等（Chorley et al.，1996）的著作中进行了更详尽的讨论——是关于布雷格兰德（Breckland）境内土壤颗粒的大小变化，那是英国东安格利亚一个砂质沉积物的著名地区。他们采用的是嵌套式取样法，以便能够把不同尺度的变化都反映出来。每 2 km 进行一次系统取样，显示出沿东北方向土壤颗粒变粗，那里被认为风成物质的来源。在最小尺度上，大约 8 m 的间距出现变化的峰值，表明冰缘条件下的沉积分选作用，发育了经典的成型土地貌——多边形土和条带。残差分析显示 125—1 000 m 尺度的特征可能与特别干旱时期的沙丘形成有关。

在地统计学领域中近期的发展包括空间自相关技术和克里格法等方法，最初是为了把矿体中矿物浓度的变化绘制成图。克里格法能够帮助识别出哪些尺度其过程是重要的，不同的现象是怎样在空间中显示出连贯性的。这些方法大大改进了传统的制图技术——过去，当遇到空间中分散的观测物时，需要综合运用知识、判断和纯粹的猜测在图上画出等值线。现代的地统计学方法使得插值法的运用更为精确。最近一个应用这种技术的例子是伯特和帕克（Burt and Park，1999）对山坡地貌的研究，他们用线性克里格法做出一个山坡上的土壤特性空间分布模型。土壤样本从 64 个土坑中收集得来，每个土坑代表 25 m 见方的取样网格。典型结果见图 11.2。图上显示总交换性盐基（total exchangable base，TEB）沿山坡相当均衡地分布着。这是因为钙、镁、钾等阳离子是植物生长所需的重要营养元素，它们的分布反映了一个严密的土壤—植被系统。这些营养物如果没有生物干预就不会在土壤中移动，因此不论在哪里它们往往在土壤的表层存在。锰（Mn）的图形显示为更清楚的悬链状分布，坡上酸性土壤的淋溶作用强烈，而坡脚下的较为中性的土壤中沉积作用更强。这个例子说明我们从点状数据（土壤剖面）尺度扩大到山坡尺度的方法，而且还附带表明，随着我们的重点从垂向过程（例如淋溶、营养循环）转向水平过程（亚表层径流），所提出的问题是如何发生微妙的变化的。

（二）区域尺度取样

在有些案例中，取样的数量足够广泛，因此分析结果能用以指导很广大的地区。例如，休利特等（Hewlett et al.，1977）用很多河流水文监测站的数据对美国东部河流产生的暴雨径流进行分类。流域管理者了解流域因降雨产生的洪水流量是很重要的。这种方法与趋势面分析的不同之处是没有用回归分析法，但是两种方法都能为区域响应制图。河流流域的响应可

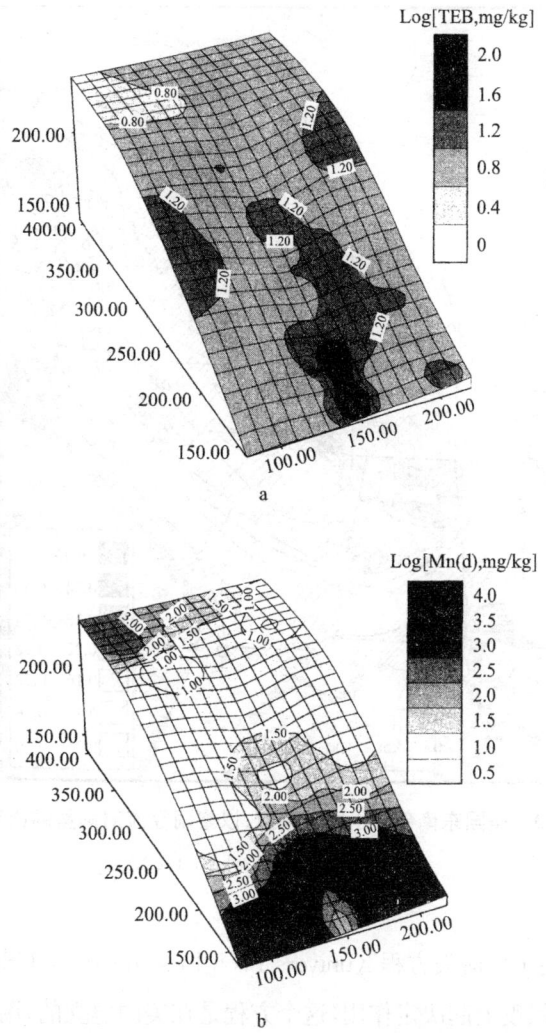

图 11.2　a. 交换性盐基总量(TEB)的空间分布；b. 英格兰匡托克山比克诺勒库姆(Bicknoller combe, Quantock Hills)山坡断面上表土(0—10 cm)中的锰(Mn)

以通过计算暴雨径流(Q)与暴雨量(P)的比率来判断。图 11.3 画出了所有 25 mm 以上的暴雨事件所产生的平均暴雨径流。整个美国东部平均值是 0.2,换句话说,大约有 20% 的降雨变成径流。但是,暴雨所产生的径流量随空间变化很大,在路易斯维尔流域超过 0.4,因为那里的土壤很薄,蓄水量很低。与之形成对比的是,皮德蒙特高原沙丘的砂质土壤很厚,渗透性好,因此这一比率低至 0.04。这个方法可以用来估计无水文检测的河流,这是很有用的,因为在没有河流流量记录的情况下预测暴雨产生的径流量是水文学上最大的难题之一。由此可以看到在区域尺度上,暴雨径流的生成与地质状况有很大关系,但从地方性的角度(即在各个地段的尺度上)来看渗透能力的空间变化更重要。

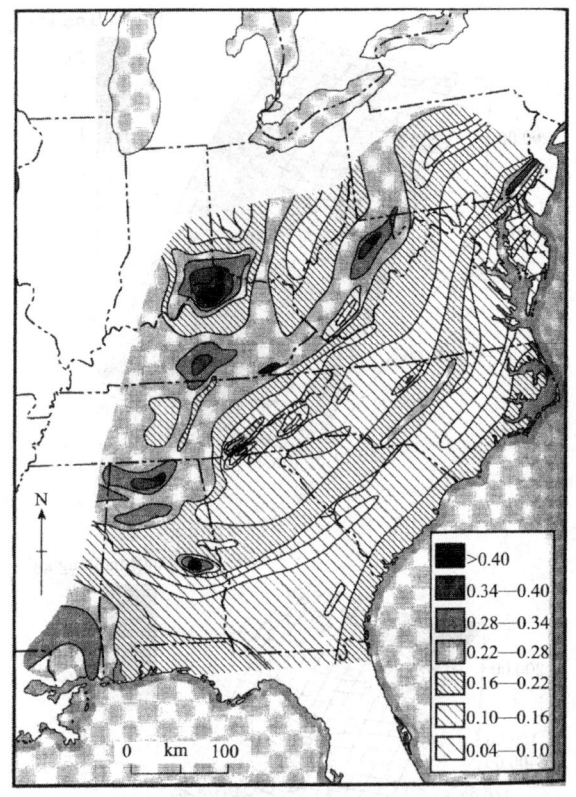

图 11.3 美国东南部洪水径流响应,以暴雨径流对雨量的比率表示

资料来源:基于 Hewlett,1982。

我们可以通过"通用土壤流失方程"(universal soil loss equation,USLE)来形成这样的认识,即不同的变量在不同的尺度上起决定作用,这个方程是在美国建立的,用来预测农用地的土壤侵蚀状况。用标准化地块对土壤侵蚀的研究加以整理,研究人员汇编了 21 个州 36 个地方的 8 000 多个地块一年份的侵蚀研究数据(Mitchell and Bubenzer,1980)。尽管近年来研究人员花了很大力气去找出土壤流失的替代模型,但 USLE 仍被广泛应用。它从本质上说是一个实用主义的方法,暗示了过程机制,但是却没有用模型清楚地将其表现出来。方程的概念形式是:

$$A = f(R, K, L, S, C, P)$$

A 代表土壤流失量,R 是降水侵蚀因子,K 是土壤易受侵蚀性因子,L 是坡长因子,S 是坡度因子,C 是作物管理因子,P 是侵蚀控制措施因子。从暴雨径流形成图上看,USLE 能够预测未知地点的土壤侵蚀。这个方法在很多方面都和趋势面分析相似,主要区别在于从广泛分布的多个独立地点取得数据并整理校核,而不是用协调取样的方法去支持趋势面分析。将地块侵蚀数据的尺度扩大到流域尺度的难度将在下一部分中进一步讨论。

暴雨流量分析和 USLE 都使用到了监测过程中收集到的数据。在单一地点观测的一个问题是要知道如何去概括空间的情况。到目前为止,所讨论样本都是单一变量的,如土壤流失或径流形成。英国环境变化网络(Environmental Change Network,ECN)是1992年建立的,目的是协调生态变化的测度方式,包括主要的驱动变量如气候和空气污染(Burt,1994)。ECN做了很多种测量,物理变量如太阳辐射,还有需要定期监测的河流化学变量,其他还有变化更为缓慢的土壤性质,以及很多生态响应,有鸟类、蝴蝶和青蛙卵。因为成本过高,这样复杂多变的监测程序数量不可能很多,但是至少有这样一个监测站的网络就有可能从地方的效果识别出区域性响应。值得指出的是,通过维持这样一个监测程序,几十年如一日,敏感的长期变化就能够在纷乱的短期记录里被识别出来。这里再次强调,时间和空间的变化是一并出现的。

(三) 嵌套试验

地理学中的常见问题是如何将小尺度试验结果推广到更大的尺度。布雷克兰德的例子显示了详细的空间取样的好处,但是由时间或者纯粹是由于过程研究的成本等原因,并不总能够这样做。当然,从某一项研究中所得到的结果——实际上,是一个样本——一定要谨慎对待,这就导致了现场试验推广的某种不确定性。

为了克服这种缺点,很多研究都采用现场试验的"嵌套"方法——每一项试验都设计为拟合在下一项试验之中。例如,在英国首创的、新成立的流域水文与可持续管理研究机构(Catchment Hydrology And Sustainable Management,CHASM)把中尺度(100 km^2)、小尺度(10 km^2)和微尺度(1 km^2)的流域嵌套在一起,目的是为小尺度研究和相关尺度之间搭建起沟通的桥梁,为河流流域综合治理服务。即使是更小的"斑块"或小场地尺度的研究,也能为模型的校正和过程速度的测量提供最详细的数据。整套方法认识到,作为这套方法的重点,需要从详细的地方尺度模型扩大为空间分辨率较低但覆盖面较广的大尺度模型。

作为这种方法的一个范例,安德森和伯特(Anderson and Burt,1978)给出了两个层面的嵌套试验的结果,将一段山坡(3 hm^2,和图11.2所示的山坡相同)的水文响应与一级小流域相对比(60 hm^2)。这种尺度转换尚未大到足以消除坡面过程控制因素对流域的响应(图11.4)。即使做更大的转换,换到第5级流域(2 300 hm^2),双峰的水位曲线——径流响应滞后的特征——依然非常明显(Burt,1978)。只有在大得多的流域中水头的响应才会消失,被包含在整个水文曲线之中,这条曲线反映了水流通过河道网络的时间以及产生的洪水径流总量,而不是某支流流域的流量峰值。用图11.5来说明这个过程(Hewlett,1982),它显示了美国佐治亚州萨凡纳河一次洪水的涨消过程。克莱顿(Clayton)站的径流量(流域单位面积的排水量)很惊人,但看来更成问题的是克莱奥(Clyo)站的总排水量。排水速率图表明了上游的排水洪峰如何消失在造成下游洪水的水量里。

当我们思考图11.2所显示的土壤性质并把它与我们了解到的同一个山坡的水文信息(图11.4)联系起来,我们开始看出地方过程与景观尺度的模型有更进一步的联系。生态学家近来

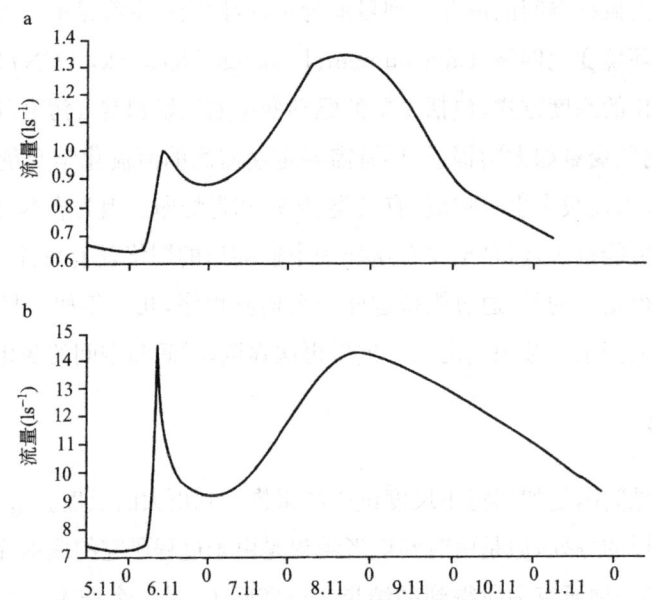

图 11.4　英格兰匡托克山比克诺勒库姆的双峰式暴雨水文曲线，a. 山坡断面；b. 全流域

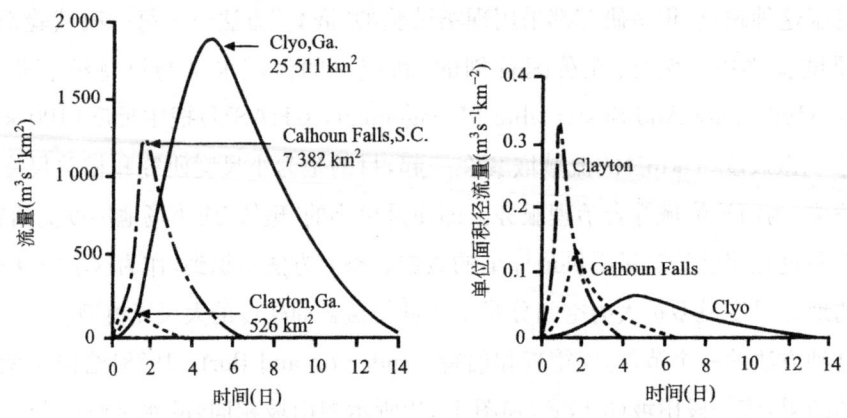

图 11.5　萨凡纳河洪水涨消过程（以流量与单位面积径流量表示）

资料来源：基于 Hewlett，1982。

一直对"斑块动力学"很感兴趣。看待一个地区的一种方式是把它视为由斑块组成的马赛克，每个斑块都有各自的植物组合和过程。这在很大程度上是一种"纵向"看待生态系统的观点，系统中大部分重要的能量和物质输移上下移动，从大气圈通向根区，反之亦然。但是，斑块在空间的分布通常是有序的，而不是随意的——当我们将尺度扩大的时候我们可以看到斑块是有机地相互关联的。因此，在上文提到的山坡上，我们可以看到如下地形系列：河间地上是灰化土、石南灌丛植被，在山坡下半部分过渡到长有杂草和欧洲蕨的棕壤——一条典型的土链（Gerrard，1981）。重要的是这个模式与过程有关，即与形成土壤和植被的分布密切相关的山坡上存在的水文和生物地球化学过程。如果加上一个第三维，我们会发现有些坡麓比其他地方潮湿，因为水没过了山坡上的洼地(Anderson and Burt，1978)。土壤饱和状况不同，所发生的化学作用也就不同：土壤变成了缺氧环境，还原作用如反硝化过程就会发生。说到河流的水质问题，那些坡麓湿地可以作为山坡上部(这里所发生的淋溶作用是另一种垂直过程)与河流之间的缓冲地带(Cirmo and McDonnell，1997)。例如，从山坡上部排出的酸性水在坡麓饱和地段停留的时候可能会变成中性，使得河流的水质不那么容易因变成酸性而受到污染。锰的分布反映出这个过程，它从山坡上部的酸性土壤中淋溶下来，沉积到坡底pH值较高的地方。同样，从农田里排出来的硝酸盐会在河边的缓冲区被脱氮，从而使河水的硝酸盐浓度达到法定限额之下(Haycock et al.，1997；Burt et al.，1999)。了解了生物地球化学环境中这种突然变化的重要性之后，重要的是，任何现场监测程序都应该反映出景观的尺度，但要把焦点放在近河地带(Cirmo and McDonnell，1997)。在景观尺度上，单个斑块的动态就没有那么重要了，更重要的是斑块联系在一起的方式。

(四) 降水—径流模型

对尺度放大的情况下洪水水文不同控制方式的讨论，直接引出了对建立降水—径流模型的思考。近几十年来，学者在这个问题上付出了大量的努力，计算机处理能力的迅速提高也起了很大的帮助作用。作为一个基本的前提，随着研究尺度的缩小，模型结构力图在时间和空间方面更加细致。在山坡的尺度上，模型可能引入方程来描述所有发生在表面和表层以下的重要过程。这样的模型通常也得到广泛应用，把流域划分成很多单元或者方格网，解方程得出每个点的(状)态变量。随着研究尺度的增大，水文模型的结构可能会更加概念化，是建立在把较少的要素进行简单排列的基础上，每个要素都代表了模型所表示的系统中经简化的某一过程因子。这些概念化模型也是"抱团的"，把每个流域作为一个单元来处理，用态变量来代表整个地区的平均情况(Beven，2000)。经验主义的或黑箱式的模型虽然缺少理论体系，但已经被证明在流域尺度的预测方面是可靠的。更确切地说，这些模型是使用收集来的数据，通过在输入与输出之间建立统计相关而发挥作用。根据定义，这些模型预先排除了径流过程中流域内部变动的任何影响。贝文(Beven，2000)对降水—径流建模过程进行了广泛的、全面的回顾，而安德森和伯特(Anderson and Burt，1985)则描述了几个不同的模型。贝文断定以自然地理为基础导出的水文模型是目前所能做到的最高水平，但是，尽管在计算机方面花费了大量的精力和投入，这样的模型却常常只能应用于研究过程，而实践中需要的(既是在精确度方面也是在成本方面)是更简单的模型。当然，水文学是自然科学与工程学的交叉学科。地理学家多年来进行了很多水文过程方面的研究(包括建模)，但是从建模的角度来看，值得注意的是，随着尺度的增加，所研究的空间单元变大，过程描述变得简单。因此，在水文研究中最大的挑战之一就是如何将从小尺度得来的结果扩大到大尺度下。无疑，如我们所看到的那样，随着流域的面积的增加,重要的变量也会发生变化。

(五) 土壤侵蚀和泥沙输移

一个重要的问题是,要将土壤侵蚀试验场的研究结果扩大到流域尺度泥沙输移的水平上是有困难的(Walling,1983)。USLE 的测量方法是使用标准化侵蚀试验场(22 m 长),但是将侵蚀下来的泥沙输移到河道里的过程就要考虑整个景观。一块孤立的试验场可以为侵蚀本身提供有用的信息,但是由于它是孤立的,就不能用它对侵蚀过程做全面的评估。真正的坡地和 22 m 长的试验场是不一样的:比如,水流路径较长和水淹没洼地的时间更长都会使冲沟更为发育,这是 USLE 所忽略的。侵蚀下来的土壤也会沉积,比如沉积到山坡的浅坡麓,或者树篱后面;而一旦进入河道,还会进一步沉积到河道里或河漫滩上。很有代表性的是,被侵蚀下来的物质中只有一小部分能够达到流域的出口处——但是到底是多大比例呢?已经有两个研究团队对这两个相互重叠但实质上又完全不同的问题进行研究:一个研究土壤侵蚀本身而另一个研究泥沙输移系统。无须惊讶的是,他们的结论有一些出入,特别是在对土壤流失的意义评价方面。流域尺度的过程能够缓冲土壤侵蚀的过程,因此土壤侵蚀现场的模式与流域出口处沉积生成模式看上去完全不同。在现场和景观响应之间的这个差别就是特林布尔(Trimble,1999,表 11.2)文章发表后引起激烈争论的原因。他对威斯康星州浣熊溪(Coon Creek)流域的研究结果说明,1975—1999 年的土壤侵蚀速度比 1930 年代要慢得多(如果与 1920 年代到 1930 年代的最大值相比,现在的速度只有 6%),他认为土壤流失不再是一个主要问题。而且,因为系统内的滞后,沉积物的生成在研究所涉及的 140 年内会保持稳定;换句话说,20 世纪初期剧烈的土壤侵蚀并没有在流域的出口处产生信号。很多土壤侵蚀方面的专家谴责特林布尔竟然敢说土壤侵蚀的威胁比(他们)一般预计的要小。但是,他的数据确实说明河流"腹地"(即耕地)的来源已经大量减少。更重要的是,沉积系统的复杂性说明,按照我们的观点,如果我们要外推到更大的流域的话,局地尺度观点是不够的。

表 11.2 威斯康星州浣熊溪沉积物平衡

	1853—1938 年	1938—1975 年	1975—1993 年
源			
高地上片蚀与细沟净侵蚀量	326	114	76
高地沟蚀	73	64	19
支流	42	35	9
高地主要河谷	0	27	13
汇			
高地河谷	38	38	0
支流河谷	87	0	25

续表

	1853—1938 年	1938—1975 年	1975—1993 年
上游主要河谷	71	27	4
下游主要河谷	209	139	51
总源	441	240	117
总土壤侵蚀源	399	178	95
向上游河谷净输出量	316	175	79
向下游河谷净输出量	245	175	88
密西西比河沉积物量	38	36	37

来源：基于 Trimble，1999。

三、尺度缩小

尽管地理研究显然要对广大区域进行归纳，但是分析的焦点也可以向相反的方向转移。这种简化法曾经是科学的标志，在有些情况下确实是要用显微镜来观察隐含的结构和过程。因此，安德森和伯特(Anderson and Burt, 1978)研究的基础是对土壤水分在土壤中运动的深入观察，以便更好地了解水文曲线中径流滞后形成的原因。建模过程中在有些情况下将尺度缩小也是很重要的，比如全球气候的大气环流模式(General Circulation Models, GCMs)就是很明显的例子。有必要建立区域性的模式，以便能够显示所预报的全球气候变化是如何体现在北美或欧洲这样的尺度上。GCMs 的分辨率是 500 km×500 km。发生在更为精细空间尺度的过程，比如云的形成和降水都是"参数化的"，通过基于经验或概念的关系来估算。地表上进行的过程也是在这个尺度上运行，同样也被参数化(Arnell, 2002)。显然，把一块面积很大的土地看成是具有均质土壤和植被和均一气候的单个柱体，是非常不切实际的。因此，改进了空间分辨率的模型被用来帮助将 GCM 模拟的结果转换到区域尺度。亚马孙河流域曾经是一个重要研究区域，这里气候变化和砍伐森林的影响相互作用，可能会对当地降水和径流造成显著的影响。阿内尔(Arnell, 2002)注意到，尽管不同的模型有一定差异，但是如果把亚马孙河地区的雨林全部砍伐掉，将会使蒸发作用减少 20%，从而使流域总体的降水减少 30%(Nobre et al., 1991)。当然，现场研究大大缩小了调查的空间尺度，缩小了若干个数量级；对亚马孙河流域的试验场研究(Shuttleworth, 1988)已经测出了截留和蒸发的速度，为预测去掉林冠层后的影响提供了基础。

四、分析与综合

在自然地理学界一直存在这样一种焦虑,到底是要了解过程机制的细节,还是要了解更大的复杂系统是如何运行的。分析促进显微镜的使用,而综合则需要广角镜! 在 20 世纪前半叶部分时间里,地理学主要是对区域进行研究(见第一章)。最大的尺度是赫伯森(Herbertson,1905)主要根据气候把地球划分成大自然区。一般认为小的地区应该具有相同的个性。因此,研究的重点是地区与地区之间的差异,研究地球表面不断变化的特征。但是,到了 1950 年代末,地理学家开始不再沉迷于区域的范式。地理研究的性质发生了重大变化,开始加强系统研究,试图建立规范、理论和模型,应用数学方法和统计手段去推动寻找一般性规律的过程(Johnston,1983)。至少从短期来看,一个几乎不可避免的结果是小尺度的过程研究成了焦点(Anderson and Burt,1990)。

后来必然也会有对这一焦点的反作用,近年来自然地理学家无论是重新进行大尺度的地貌研究(Sugden et al.,1997),还是研究气候变化的影响以及人类活动对地球主要的生物群区(biomes)的影响(Goudie,2000),他们都稍微提高了自己的视力。有别于以往的是,今天对过程机制的了解是根本性的,为通过模型研究进行的大尺度的综合提供了基础。但是,如我们所看到的那样,当研究尺度增大时,重要的变量也会变化,因此在尺度增大的情况下,我们必须学会如何对模型进行调整,例如,贝文曾就水文模型对这个问题进行了探讨(Beven,2000)。尺度和复杂性有可能携手并肩,但是挑战在于找出大系统和小系统所共有的秩序和格局。诺布尔(Noble,1999:297)在有关景观生态复杂性的研究中直面这个问题:"我们生活在景观中,我们对其进行管理,我们经常用景观这个词描述我们周围的环境,但是长期以来景观一直是科学研究的盲点。"

我们不能只把景观的一个个组成部分加在一起就可以说我们拥有的到底是什么了——从这个意义上说,总体比各部分之和大得多,因为系统各组成部分之间是有功能联系的。尽管如此,由于复杂的大尺度系统确实在发挥其功能,我们还是有机会在那个尺度上把格局和过程联系起来。因此,对自然地理学家来说,不论他们的专业兴趣是什么,挑战依旧是了解这种尺度的联系,弥合过程动力学研究与将这些知识应用到更大区域二者之间的差距。

五、结语

自然地理学中研究对象的尺度极其宽泛,从分子尺度到全球尺度。所有科学家都想要说明他们所研究现象的一般规律,他们这样做的时候,要做出的选择是关注什么,忽略什么。对自然地理学家来说,这个选择也与对研究分辨率的决策有关——用什么样的尺度去进行调查。

无论选择什么样的尺度,地理学家仍会认为仅在一个尺度下得出结果是不够的。一方面,他们希望从现有的研究水平深入钻研以更多地了解所研究系统中过程的机制。与此同时,他们想要证明他们的研究在更大尺度下的适用性,从而把研究的成果推广到其他地方。

本章小结

- 我们研究任何课题时都必须清楚地规定所关心问题的尺度,但是也必须考虑可能适合我们工作的其他尺度。
- 有许多方法可以将尺度放大:通过使用"嵌套式"场地试验,用适当的统计学方法,以及通过使用计算机模拟模式等。
- 传统上尺度缩小与研究尺度减小有关,借以对所研究系统的动力学有更多的了解。但是当前许多工作集中于全球尺度上,其结果总是需要转化为区域尺度——一种相当不同的尺度缩小。
- 实际上自然地理学家的研究涵盖的尺度很广。随着尺度的变化,所提出的问题和得到的结果也随之变化。在一种尺度上重要的因素在其他不同的尺度上可能不甚重要,因此需要一种灵活而敏锐的方法。

进一步阅读文献

对于那些对计算机模型感兴趣的读者,贝文的《降雨—径流模型》(Beven 2000. *Rainfall-Runoff Modelling*)是为特定目的而撰写的,对水文学模型进行最新的分析,包含对尺度问题的关注。布伦斯登和索恩斯的"景观敏感性与变化"(Brunsden and Thornes 1979. Landscape sensitivity and change)是一篇重要论文,介绍景观敏感性的概念,展示尺度和区位在景观变化中的重要性。乔利和肯尼迪的《自然地理学:系统途径》(Chorley and Kennedy 1972. *Physical Geography: A Systems Approach*)一书尽管成书较早,但仍然是非常合适而且可读性强的对自然地理学中系统分析法的介绍。书中包括了涵盖各种尺度及其应用的资料。哈格特的《地理学家的技艺》(Haggett 1990. The Geographer's Art)不是一本自然地理学教科书,但容易阅读,对形形色色的地理学家也是极大的激励!书中有关于尺度问题的许多案例研究。奈顿的《河流形态与过程》(Knighton 1998. *Fluvial Forms and Processes*)一书提供了河流地貌学方面入门的指导,包括不同的研究尺度以及这些尺度如何匹配到一起的介绍。舒姆和利克蒂的"时间、空间与因果关系"(Schumm and Lichty 1965. Time, Space and Causality)是一篇经典的地貌学论文,解释了在时间和空间两方面原因变量如何随研究尺度的改变而发生变化。

注：上述文献详见本章参考文献。

参考文献

Anderson, M. G. and Burt, T. P. (1978) 'The role of topography in controlling throughflow generation', *Earth Surface Processes*, 3: 331-334.

Anderson, M. G. and Burt, T. P. (1985) 'Modelling strategies', in M. G. Anderson and T. P. Burt(eds.) *Hydrological Forecasting*. Chichester: Wiley, pp. 1-13.

Anderson, M. G. and Burt, T. P. (1990) 'Geomorphological techniques. Part one. Introduction', in A. S. Goudie(ed.)*Geomorphological Techniques* (2nd edn). London: Unwin Hyman, pp. 1-29.

Arnell, N. (2002)*Hydrology and Global Environment Change*. London: Prentice Hall.

Beven, K. J. (2000)*Rainfall-Runoff Modelling*. Chichester: Wiley.

Brunsden, D. and Thornes, J. B. (1979) 'Landscape sensitivity and change', *Transactions, Institute of British Geographers*, 4: 463-84.

Burt, T. P. (1989)'Storm runoff generation in small catchments in relation to the flood response of large basins', in K. J. Beven and P. A. Carling (eds.) *Floods*. Chichester: Wiley, pp. 11-36.

Burt, T. P. (1994) 'Long-term study of the natural environment: perceptive science or mindless monitoring?' *Progress in Physical Geography*, 18: 475-496.

Burt, T. P., Matchett, L. S., Goulding, K. W. T., Webster, C. P. and Haycock, N. E. (1999)'Denitrification in riparan buffer zones: the role of floodplain sediments', *Hydrological Processes*, 13: 1451-1463.

Burt, T. P. and Park S. J. (1999)'The distribution of solute processes on an acid hillslope and the delivery of solutes to a stream. I. Exchangeable bases'. *Earth Surface Processes and Landforms*. 24: 781-297.

Chorley, R. J. (1978) 'Bases for theory in geomorphology', in C. Embleton *et al.* (eds.) *Geomorphology: Present Problems and Future Prospects*. Oxford: Oxford University Press. pp. 1-13.

Chorley, R. J. and Haggett, P. (1965) 'Trend surface mapping in geographical research', *Transactions, Institute of British Geographers*. 37: 47-67.

Chorley, R. J. and Kennedy, B. A. (1972) *Physical Geography: A Systems Approach*. London: Prentice Hall.

Chorley, R. J., Schumm, S. A. and Sugden, D. E. (1984)*Geomorphology*, London: Methuen.

Chorley, R. J., Stoddart, D. R., Haggett, P. and Slaymaker, H. O. (1966) 'Regional and local components in the areal distribution of surface sand facies in the Breckland, eastern England'. *Journal of Sedimentary Petrology*, 36: 209-220.

Cirmo, C. P and McDonnell, J. J. (1997) 'Linking the hydrologic and biogeochemical controls of nitrogen transport in near-stream zones of temperate forested catchments: a review', *Journal of Hydrology*,

199: 88-120.

Gerrard, A. J. (1981) *Soils and Landforms*. London: George Allen & Unwin.

Goudie, A. S. (2000) *The Human Impact on the Natural Environment* (5th edn). Oxford: Blackwell.

Haggett, P. (1965) *Locational Analysis in Human Geography*. London: Edward Arnold.

Haggett, P. (1990) *The Geographer's Art*. Oxford: Blackwell.

Haycock, N. E., Burt, T. P., Goulding, K. W. T. and Pinay, G. (1997) *Buffer Zones: Their Processes and Potential in Water Protection*. Harpenden: Quest Environmental.

Herbertson, A. J. (1905) 'The major natural regions', *The Geographical Journal*, 25: 300-310.

Hewlett, J. D. (1982) *Principles of Forest Hydrology*. Athens, GA: University of Georgia Press.

Hewlett, J. D., Cunningham, G. B. and Troendle, C. A. (1977) 'Predicting stormflow and peakflow from small basins in humid areas by the R-index method'. *Water Resources Bulletin*. 13: 231-253.

Johnston, R. J. (1983) *Geography and Geographers* (2nd edn). London: Edward Arnold.

Knighton A. D. (1984) *Fluvial Forms and Processes*. London: Edward Arnold.

Knighton, A. D. (1998) *Fluvial Forms and Processes* (2nd edn). London: Edward Arnold.

Mitchell, J. K. and Bubenzer, G. D. (1980) 'Soil loss estimation', in M. J. Kirkby and R. P. C. Morgan (eds.) *Soil Erosion*. Chichester: Wiley, pp. 17-62.

Noble, I. R. (1999) 'Effect of landscape fragmentation, disturbance, and succession on ecosystem function', in J. D. Tenhunen and P. Kabat (eds.) *Integrating Hydrology, Ecosystem Dynamics and Biogeochemistry in Complex Landscapes*. Chichester: Wiley, pp. 297-312.

Nobre, C., Sellers, P. J. and Shukla, J. (1991) 'Amazonian deforestation and regional climate change', *Journal of Climatology*, 10: 957-988.

Schumm, S. A. and Lichty, R. W. (1965) 'Time, space and causality', *American Journal of Science*, 263: 110-119.

Shuttleworth, W. J. (1988) 'Evaporation from Amazonian rainforest', *Philosophical Transactions of the Royal Society of London*, B233: 321-346.

Sugden, D. E., Summerfield, M. A. and Burt, T. P. (1997) 'Editorial: linking shortterm geomorphic processes to landscape evolution', *Earth Surface Processes and Landforms* (special issue), 22: 193-194.

Trimble, S. W. (1999) 'Decreased rates of alluvial sediment storage in the Coon Creek Basin, Wisconsin, 1975-1993', *Science*, 285: 1245-1247.

Walling, D. E. (1983) 'The sediment delivery problem', *Journal of Hydrology*, 65: 209-237.

第十二章 尺度：本土性与全球性[1]

安德鲁·赫罗德（Andrew Herod）

本章内容界定

在人文地理学中，对尺度有两种代表性的看法：其一是把尺度看成一种确实存在的真实物质性的东西，是政治斗争和（或）社会进程的产物，其二是作为表达我们对世界理解的一种方式。

一、导论

很多人认为，当代的经济、政治、文化和社会进程——例如全球化——正在全世界范围内以种种复杂的和充满矛盾的方式重新调整人们的日常生活。正是因为如此，我们才看到了像欧盟这样的跨国政治集团诞生，与此同时，我们也见证了政治权力从一个国家向区域性的政治实体——如新的苏格兰议会与威尔士立法会——移交的过程。同样，我们好像也正在目睹一种日益明显的全球文化的"同质化"和"美国化"的进程，而与此同时我们也看到了在世界的很多地方，那些力图保护传统生活方式的人内部的地方主义倾向日趋显著，1999年法国的农场主冲击了麦当劳快餐店，就是最能说明问题的一个著名例证[2]。这些由当代经济、政治和文化力量导致的很明显的日常生活中全球化与本土化同时并举的例子，加上无数其他类似的事例，已经提出了关于重新调整人们生活过程的重要概念问题，特别是关于两个通常被认为是我们尺度化生活（scaled lives）中两个极端概念之间的关系，即"全球性"和"本土性"。举例来说，如果我们说一家以"本土性"家庭企业起家的公司现在已经成长为一家"全球性"跨国公司，这种表述到底是什么含义？"全球"气候变化与"本土"天气形势之间到底是什么关系？例如英语这样的"全球性"语种是如何在世界各个不同的地方被"本土化"，以至于英国英语、美国英语、澳大利亚英语、印度英语、尼日利亚英语和新加坡英语是如此大相径庭？如果说暴力事件仅仅是发生在非常"本土性"的地点——纽约市、拉马拉、贝尔法斯特或其他什么地方的某条街道，那么因此说发动一场针对"全球性"的恐怖主义战争又意味着什么？

因此在这一章里，我将探讨一些有关我们如何使用"全球性"和"本土性"这两个概念的问题，以便更好地搞清我们周围的世界。我还要专门讨论本土性与全球性的三个问题，即：①这两个概念的实体地位[3]；②在地理学的著作中，全球性和本土性两个概念之间的关系通常是如何被界定的；③像全球性和本土性这样关乎尺度的不同象征性概念的运用，是如何影响我们对于不同地方之间尺度化了的关系的理解方式。

二、全球性和本土性的实体地位

尽管尺度一词长期以来就被认为是地理学的核心概念之一,但直到1980年代,它在很大程度上还只是个想当然的概念,被用来给这个世界强加以组织秩序。因此,地理学家——既包括自然地理学家又包括人文地理学家——以前经常用"区域性"或"全国性"这样的尺度来搭建他们研究课题的框架,从"区域性尺度"或"全国性尺度"来审视某一特定问题,但是他们却几乎没有怎么花时间来将尺度这个概念本身理论化。但是,随着彼得·泰勒(Peter Talor,1981;1982)两篇论文的发表和奈尔·史密斯(Neil Smith,1984)题为《不平衡的发展》(*Uneven Development*)的著作问世,1980年代末,人文地理学界内部围绕着开始被看作"尺度政治学"的问题展开了激烈的辩论,时至今日这种争论仍未平息,特别是涉及全球化进程时争论尤为激烈(关于这场论战的更为全面的论述见 Herod,2001;尤其是其第 37—46 页)。

抛开其他很多更为严重的问题不谈,一个很关键的问题就是尺度的实体地位问题,也就是尺度这个概念到底是什么,是仅仅将世界加以分类和条理化的一种思想工具,还是作为物质社会的产物确实存在。这场争论反映了不同的地理学家理解世界的不同认识论(关于认识的理论),特别是那些以唯心主义的和唯物主义为基础的认识论[4]。因此,约翰·弗雷泽·哈特(John Fraser Hart,1982)等地理学家吸收了康德的唯心主义哲学观点,认为尺度不过是为了将世界条理化而信手拈来的概念化机制,而其他地理学家则根据马克思主义的唯物主义理论认为尺度是真实存在的社会产物(也就是说尺度在这个世界上确实存在),而且同样有其构建的政治方式。特别是史密斯认为尺度产生自资本内部的矛盾[5]。通过案例分析,他研究了1980年代美国经济的重组如何导致其工业景观尺度的重新确定(Smith and Dennis,1987;Smith,1988)。他还认为,社会生活组织的尺度是政治斗争结果的产物,他分析了纽约发生的抗议中产阶级向劳工阶层居住区移居的运动,了解到了激进分子的努力是如何扩大了他们这次行动的尺度,使得各个社区本来单打独斗的行动联合成了一次全市性的运动(Smith,1989;1993),以此实例来证明他的观点。尽管1980年代发生的这场关于尺度的争论主要是围绕着经济区是否确实存在而展开的,并且与着眼于区域形成进程的促进"区域地理重组"的努力紧密联系在一起(关于这场争论的讨论,见 Pudup,1988),但它还是影响了我们如何对"全球性"和"本土性"进行概念化。

因此,对那些从康德的唯心主义哲学中获得灵感的人来说,本土性和全球性被看成是早已存在的、社会生活存在于其中的尺度概念矩阵中的一部分。这样,它们仅仅是一种思想工具,将过程和实践进行限定与排序,以便可能将其区别与分离——这样,某一种特定的过程或某一类社会实践的范围就能够被看成是"本土性"的,而另外一些就可以被看成是"全球性"的。对于唯心主义者来说,"全球性"经常被定义成以地球的地质边界为限,"本土性"被看成是用来理解比"区域性"尺度还要小的地理范围所发生的过程和实践活动时的空间分辨方法,而"区域性"则被看成是任何比"全国性"尺度小的范畴("全国性"尺度又被看成是仅比"全球性"尺度小的尺度)。另一方面,对唯物主义者来说,地理尺度概念的关键在于理解尺度是斗争和妥协过程产生的社会产物。因此,像"全国性"这样的尺度,就不仅仅是指存在于逻辑上的全球性与区域性层级结构之间的一个尺度,而是要通过经济政治进程积极创造出来的,把直到中世纪仍作为主要政治单元(至少是在欧洲)的各个公爵的领地、公国、封地统一成一个更大的国家。这一进程以1648年的威斯特伐利亚条约为标志(这项条约从法律上确立了每个国家领土完整的概念,即使那些在战争中被打败的国家也不例外,同时确立了国家对其公民的最高权力),在欧洲的一些国家,如德国和意大利,这一进程直到19世纪末才完成。至于全球性和本土性的问题,唯物主义者所持的观点是,所有这些尺度都是在各种社会行动主体的积极作用下才被创造出来的。像全球性这样的尺度不是单纯地存在着,等待着被使用,而是要让其显现化。因此,跨国公司不仅仅是将它们的活动扩大到了早已存在的、地质意义上的以地球为边界的全球性尺度,而且必须积极地打造它们自己全球性尺度的运作方式。实际上,它们必须变成"全球性"的。

"正在变成"的概念和对形成尺度的政治关注是唯物主义者全球性尺度论点的核心。因此,他们把很多注意力投在了研究跨国公司是如何"走向全球化"的,管理制度是如何"变成"超越国界的,工会是如何谋求其运作的"全球化"以适应日益"全球化"的资本运作。在这种方法中,不能设想把社会行动主体和过程在其中运作的各种尺度,同造就了这些尺度的行动主体与过程割裂开来。但是,在论证这一观点的过程中,一些唯物主义者倾向于作这样一种假设,即,尽管全球性是通过社会实践被积极地创造出来的,但是本土性这个概念却在某种意义上是更为"天然的",是受社会影响较少而生成的"默认"尺度[也就是说,所有社会行动主体开始的时候天然都是"本土性"行动主体,后来才变成区域性、全国性和(或)全球性的]。但是,这样一种方法是有问题的,因为它将本土性尺度置于比所有其他尺度优先的地位,把它看成是据此建立其他所有尺度的基础。因此,其他评论者认为本土性毫无例外地也是被创造出来的,它不是比全球性更为天然的一种尺度——变成本土性的过程与变成全球性(或区域性,或全国性)的过程一样,其中也必须靠社会行动主体起作用。

因此,根据"正在变成"的概念,对于那些认为尺度是一种社会产物而不仅仅是一个用来将世界进行排序的思想工具的人来说,关键问题是考证社会行动主体是如何将自己变成全球性或本土性的——也就是说,它们是如何将自己植根于地方或扩张到全球的。不是把本土性看成是所有社会行动主体自此开始运作的默认的或初始的尺度,有一些行动主体从这里挣脱出去获得了自由,从而在其力所能及的范围内变成区域性的、全国性的乃至全球性的,重要的是认识到社会行动主体想要通过运作从而变成"本土性"的难度可能并不比变成"全球性"的难度小。例如，一些制造商可能要依赖那些千里之外的供应商，而有些制造商可能和他的供应商就处在同一社区内。但是，后面这类制造商在和这些本地供应商合作之前，他们可能不得不通过与这些供应商建立商业联系，培训社区内的工人学会操作工厂里使用的某种特定的机器，与社区内的银行及其他金融机构建立信用关系，与各级政府中代表特定阶层的从政者们建立信任关系来使自己"本土化"（见 Cox and Mair，1988，其中讲到所谓的"地方依赖"是如何产生的）。他们积极地通过这些活动变成本土性的，其方式与其他制造商通过与处于世界各地各个社区的供应商、金融机构、工人和政治家们建立商业联系而变成全球性的方式很相似。

凯文·考克斯在对这种社会实践进行理论思考的时候作了一项有益的尝试（Kevin Cox, 1988a:2），他将他所谓的依赖空间（space of dependece）（"为了实现我们的根本利益所依赖的社会关系或多或少地存在于这些空间……这些在其他地方无可替代，这种空间是决定我们的物质福利和成就感的特定的地方条件"）和啮合空间（space of engagement）（在这个空间中并通过这个空间社会行动主体与其他地方的其他行动主体建立共生体）区分开来。在做这一区分时，考克斯认为要紧的是将尺度的产生理解为某一特定行动主体的依赖空间与其他行动主体的依赖空间联系起来的相互作用而出现的，作为与这些行动主体相结合的战略的一部分。当然，有些作者（如 Jones, 1998; Judd, 1998）质疑考克斯所用的"本土化的社会关系"等术语到底指什么，而其他一些人（如 Herod, 2001）则认为"依赖空间"可能不一定仅仅是"本土性"的。比如，一个跨国公司可能会依赖于全球范围内好几个不同地方的资源，因此它的依赖空间可以被认为是"全球性"的。尽管如此，但考克斯的方法确实让我们思考，不同的社会行动主体是如何依赖特定的空间，而又与其他运作于和他们迥异的依赖空间中的社会行动主体谋求联合的。

通过这种途径，尺度的产生以一些不恰当的方式被概念化，其中社会行动主体建立起一些啮合空间，用以连接那些相互依赖的空间，或者它们必须与之打交道的空间。因此，对于考克斯（Cox, 1998a:20）来说，从本土性到全球性尺度的转变"不是从一个平台跳到另一个平台的运动"，而是一种形成共生体网络的过程，这种网络容许社会行动主体在不同的啮合空间进行切换。因此尺度被看成是一个关于过程的概念，而不是一个固定实体的概念。换句话说，全球性和本土性都不是社会生活展开的静止舞台，而是经常不断地被社会行动主体重塑。这就使我们不仅能够考虑一个公司或政治组织如何试图"走向全球"去结交那些在本地依赖空间中所没有的社会行动主体或机会，而且能够考虑某一特定社会行动主体，如跨国公司，是如何通过调整其产品和运作方式以迎合不同地方消费者的口味或反映特定阶层的文化价值观而"走向本土"。

因此，在研究了唯心主义与唯物主义关于尺度实体地位的论战后，在下一节我想着重探讨最近几年关于尺度（特别是全球性和本土性的尺度）的表述如何成为人文地理学的一个重要方面[6]。不管在实体意义上如何看待尺度，重要的是理解全球性和本土性——特别是它们两者之间的关系——在修辞上被表现出来的方式能够从根本上影响我们将世界及其社会进程概念化的方式。

三、全球性和本土性的表述方式

如我在前面所提到的,在关于全球化进程的论战中,本土性和全球性经常被认为是尺度系列的两端,本土性被通过与全球性的对照来理解,它的地位也"有别于"全球性,反之亦然[7]。在这种二元思维方式中,全球性和本土性经常分别被与其他成对的词组联系在一起——例如,在许多西方人的思维中存在这样一种联系,即把全球性与抽象联系在一起,把本土性与具体联系在一起,因此全球性的活动经常莫名其妙地被认为是比本土性活动更为抽象,更不具体。

在这样的二元思维中,吉布森-格雷厄姆(Gibson-Graham,2002)识别出至少六种看待本土性与全球性之间关系的方式[8]。这六种方式罗列如下:

第一,全球性和本土性不是被看成它们本身的事物和其中的事物,而是被看成分析事态的解释性框架。例如,当我们考虑经济重建过程时,从"全球性视角"(可能世界范围内经济正在减速)所看到的可能与从"本土性视角"在某些地方看到的不同(一些地方在这样一个全球经济减速的时期可能正处于经济扩张过程)。

第二,全球性和本土性的含义用它们不是什么来界定。就如同我们对于奴隶的概念,如果将其与构成自由人概念的要素相对照就能说明其意义了(反之亦然),全球性和本土性只有在相互对照的时候才能显示其意义。因此,吉布森-格雷厄姆(Gibson-Graham,2002)吸收了德利克(Dirlik,1999:4)的观点,在此类陈述中,全球性就是"比全国性或区域性更大规模的……有别于本土性的东西"。反过来,本土性被看成是全球性的反面。但是这种看法代表了一个很重要的语义上的转变,因为尽管过去本土性的"含义来自它与全国性的矛盾对立",但现在任何有别于全球性的东西都可能被看成是"本土性"的——例如,在许多关于全球化的修辞中,国家乃至超越国家的整个区域,如欧盟,都经常被看成是全球化进程中的"本土性行动主体"。

第三,尽管很多作者把空间尺度看成是固定的、各自独立的平台组成的层级结构,社会生活在其中上演(可以这么说,"过程 X 发生在全球性空间而过程 Y 发生在本土性空间内"),但是还有一些人,如法国的社会理论家布鲁诺·拉图尔(Bruno Latour),他们试图通过一系列连接不同地方的网络来看构建起来的世界。在这样一种方法中,本土性和全球性都是"向我们提供了对网络的观点,从本质上说,网络既不是本土性也不是全球性的,而是长短不一、连接程度不一的"(Latour,1993:122)。因此,就如同不可能用层级空间方法描述蜘蛛网——网的某一部分是在哪里结束的,而另一部分又是从哪里开始的——一样,按照拉图尔的观点,也不可能区分出哪里是本土性的终点,哪里是全球性(或其他尺度)的起点。相反,这样一种观点把全球性和本土性仅仅看成是网络世界表现出来的连接程度、抽象程度、具体程度不同的层面。全球性和本土性不是如尺度系列相反的两端那样,而是用来对比连接较短、较简单的网络与连接较长、较复杂的网络的术语。

第四,全球性即本土性。持这种观点的吉布森-格雷厄姆认为,全球性并不真正存在,如果非要找出什么全球性的东西,你会发现它总是本土性的。举例来说,按照这种观点,跨国公司实际上是跨地方的而不是全球性的。

第五,本土性即全球性,而地点则是社会关系的空间化网络中"某个特定的时刻"。就好像章鱼的足尖可能会触到海底的某个位置而章鱼的身体却在海中漂浮一样,这样的观点把本土性看成是全球性力量"触及"地球表面时的落脚点。反过来,本土性也不是一个地点,而是环绕整个地球的全球性潮流通向世界的切入点。

第六,全球性和本土性不是区位而是过程。换句话说,全球化和本土化使所有的空间都混合在一起,都成了既有分化又有融合"全球本土性"的地方(Dirlik,1999:20)[9]。因此,本土性和全球性都不是固定的实体,而总是处于不断重塑的过程之中。正是由此,本土性的创新可以传播到全世界,在多个空间地点中被采用,而全球化过程也总是与本土化联系在一起。例如,麦当劳在全球化的过程中,也根据不同地方的口味改造了自己的产品,如在法国为顾客提供啤酒,在夏威夷提供油炸菠萝馅饼,在印度提供纯素"汉堡包"。

通过回顾这些对本土性和全球性之间关系的不同表达方式,吉布森-格雷厄姆(Gibson-Graham,2002)认为,从这一对概念产生至今,全球性力量就一直被认为比本土性力量强大。之所以产生这样的结果,部分原因在于西方人思想中普遍认为规模更大、范围更广的东西更有支配力和有更高的权力,因此本土性与全球性的定义相比,常常就代表着"小的和不那么强势的"(Gibson-Graham,2002:27)。在这样的表述中,"全球性是一种力量,而本土性则是其表现的舞台……全球性是渗透性的,而本土性则是被渗透的、被改变的"。因此,全球性被看成是"货币和商品无障碍流通、资本与市场扩张和创新的抽象空间的同义词。而其反面——本土性则被贴上了地点、社区、封闭、有界的实体、当地的劳动力、非资本主义的、传统的等标签"。因此,吉布森-格雷厄姆(Gibson-Graham,2002:33)认为,从上面的回顾产生的"是这样一种压倒一切的意识,(权力)要么是已经被分配和被拥有了,要么就是能够更成功地被'全球性'而不是被本土性调动起来"。

但令人困惑的是,对全球性力量的这样吹嘘却经常被新自由主义者和许多马克思主义者认可[10]。因此新自由主义者经常使用全球化的修辞来削弱本地对他们提出的自由贸易议程的反对意见。例如,他们主张"由于全球性资本主义的需要","必须"放弃一国的福利保障体制和地方的工会活动章程,在这样的主张中这种修辞是很明显的。对于他们来说,政治上左翼的许多人似乎已经放弃了向资本全球化挑战的任何希望,而改为"从全球性角度思考问题"但用"本土性方式行事"(对这一问题的详细讨论,见 Herod,2001:128)。但是,吉布森-格雷厄姆认为,对全球性的这样一种东拉西扯的具体应用和对本土性力量的贬损限制了进一步政治行动的可能性,因为它认为资本——其运作往往被看成是全球性的——总是能够战胜它的对手,因此这些对手的运作往往被联想为非全球性的或本土性的。相反,吉布森-格雷厄姆力图解构本土性—全球性这一对概念,找出本土性能够激活政治斗争、给挑战(全球性)资本提供有力支持的方式(能够证明这一观点的例子有,1998年发生在一个社区的一场罢工是如何导致通用汽车公司这样一个巨无霸企业在北美区全面停工的,见 Herod,2000)。与此相关的是,其他学者(如 Wills,1998;Herod,2001)证明,通过对国际贸易组织活动的研究,认为工人和其他反对全球性资本的力量本身不能进行全球化运作是犯了经验主义的错误,因而调整了"全球性"的政治和经济地理格局。换句话说,有一种观点认为,本土性作为政治行为的尺度生来就比全球性更弱势,全球性尺度仅能通过资本建立起来,不同意这种观点的批评家指出,在特定的环境条件下地方组织可以很有效率,而且我们不应该把全球性看成是只有资本才能在其中有效运作的尺度。尽管如此,新自由主义理论家还是能够牵强附会地将全球性作为比本土性更有力的代表,这能够为他们带来很大的好处,因为这可能会促使他们的反对者相信本土性组织方式注定会失败。同样,公司的管理者作为资本势力范围全球化代表所取得的成功可能会促使工会和其他组织不再试图建立全球性组织,因为他们可能会觉得在"资本的地盘"上他们没有希望取得成功。于是,很明显,如何离题地使用"本土性"和"全球性"这两个词对于政治斗争策略来说是非常重要的。

在探讨了全球性和本土性是如何频繁地被作为一对尺度概念来使用之后,下面我想要研究地理学中尺度的不同表征方式是如何运用的。下文将会逐渐阐明,这个问题很重要,因为我们如何界定给世界赋予尺度的方式将会影响我们与世界联系的方式。

四、尺度的隐喻

按上文所述,很明显在过去的十余年里,人文地理学研究中很大一部分注意力集中在关于尺度的表述方式上——也就是说,本土性和全球性(以及其他尺度)是如何被表述和被代表的。围绕着雅克·德里达(Jacques Derrida)、米歇尔·福柯(Michel Foucault)、布鲁诺·拉图尔(Bruno Latour)等的著作,这种"后实证主义者"对语言进行的研究主要集中在探讨用以描述和使世界有意义的隐喻,因为隐喻可能是我们如何理解事物强有力的磨刀石[11]。但是,当我们考虑隐喻的使用时,重要的是要认识到,对一种隐喻而不是另一种隐喻的选择通常不是根据哪个是更为准确的表述,而是根据一个人如何试图理解某种特定的现象。因此,举例来说,维多利亚时代的人们用蒸汽机来描述人体的功能——把肌肉描述成人体的活塞,食物就如同燃料,肺就像锅炉,等等——因为这是他们非常熟悉的技术。今天,经常用计算机用语来描述人体——例如,大脑被看成是"中央处理器"。因此,在思考用来描述当代社会生活重新定义尺度的隐喻时,重要的是认识到改变我们用来描述世界的隐喻并不会改变世界本身,而的确会改变我们与世界的联系方式。因此,任何人(我希望)都不会认为,从用蒸汽机术语来比喻人体的时代变为用计算机术语来比喻人体的时代,这种改变会真正改变了人体发挥作用的方式,但是这种语言描述方式的变化确实很明显地从根本上改变了我们对人体工作方式的理解。

地理学所运用的描述全球性与本土性之间关系的隐喻中,有几种是很常见的。其中最常使用的一个就像一个有层序的梯子,自下而上"攀登"依次是本土性、区域性、全国性和全球性,从上到下依次是从全球性到全国性、区域性和本土性。这样一种表征方式,各个不同的尺度被看成是梯子上的横档,各档之间有严格的梯级(图12.1)。在这样的隐喻中,全球性——作为梯子上最高的一档——被看成位于本土性和所有其他尺度"之上"。与此同时,每个尺度都被看成与其他任何一个尺度完全不同。那么很明显,使用这样一种隐喻使我们建立了一种地方之间的梯状等级关系的概念。但是,如果我们选择另一种与之不同的通俗隐喻来使这种尺度关系概念化——用一系列加大的同心圆表示的尺度——我们对它的理解在有些方面跟梯状的隐喻所代表的相类似,而在有些方面却与梯状的隐喻迥然不同(图12.2)。因此,在这第二种隐喻中,本土性被看成是较小的圆,区域性则是环绕在它外面的更大的圆,而全国性和全球性尺度是环绕在本土性和区域性外面更大的圆。在某种意义上,第二种隐喻与第一种有相似性,例如,两种隐喻中尺度都被看成相互独立的存在(如代表本土性的圆与代表全球性的圆是明显地区别开来的)。但是,也有一些明显不同之处。梯状隐喻中全球性看起来是在其他尺度"之上",而在同心圆隐喻中却不是这样。相反,全球性尺度环绕在其他所有尺度之外,而不一定被看成是在其他尺度之上。由这些隐喻,我们对全球性与本土性之间的关系有了两种不同的理解。

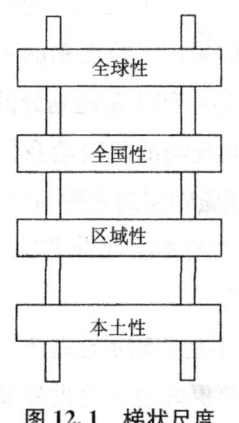 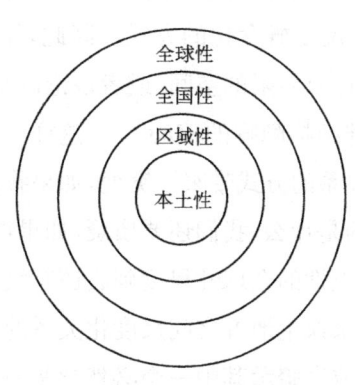 

图12.1 梯状尺度　　　图12.2 同心圆状尺度　　　图12.3 俄罗斯套娃(嵌套)状尺度

当然,梯状隐喻和同心圆隐喻不是我们所能用来反映本土性与全球性之间关系的方式的全部。尺度往往也可以表示成一种嵌套式结构的一部分,这种嵌套式结构的形式就类似于俄罗斯套娃(嵌套式,图12.3)。在这样的表述中,每个套娃(也就是每个尺度)都是各自分开、独特的,而且能够被看成各自独立的。但是,整体上必须是每个套娃(尺度)都放在刚好比它大一点的另一个之中才算完整,才能够被作为一个整体来理解,因此把这个玩偶(和尺度)装配在一起的有一种且只有一种方式(也就是说,较大的玩偶或尺度不能放到比它小的玩偶里面去)。如果我们这样理解尺度,就没有哪一个尺度是像梯状方式那样垂直地位于其他任何尺度"之上"。同样,全球性尺度(最外面的一个玩偶)被看成比其他更小些的尺度都要大,因此全球性尺度可以包容其他尺度,但反之则不行(也就是说本土性不能包容全球性)。另一方面,套娃式隐喻比梯状和同心圆状隐喻更能够象征尺度的嵌套式结构,每一个尺度都嵌套在一起从而形成一个连贯的整体。

对尺度的思考还有另一种隐喻,它因法国社会理论家拉图尔而广为人知,就是一个被"网罗"到一起的地方所形成的世界。因此,拉图尔认为(Latour,1996:370),世界的复杂性不能通过"水平、层次、领域和圈层这样的概念"来把握,也不应该被认为是由一层层的(即尺度)有界限的空间嵌套在一起组成的。拉图尔认为,与其把尺度描绘成某种能够被一个堆叠在另一个之上的东西(如梯状隐喻所示),或者一个置于另一个之中(如同心圆隐喻),或者像套娃那样嵌套在一起,不如把世界看成是"纤维状的、像线一样的、金属丝式的、卷须式的、绳状的,(和)毛细管式的"。很明显,这样一种隐喻给我们提供了另一个认识地点之间尺度关系的方式。因此,根据拉图尔的想象,我们可以把尺度看成是更类似于一堆钻进不同土层的蚯蚓洞或者树根那样的东西(图 12.4 和图 12.5)。这样的隐喻让我们把尺度想象成全球性、本土性以及其他尺度都不是各自独立的,而是联系在一起的成为一个整体。而且,尽管可以看出确实存在不同的尺度(就如同可以想象钻进不同土层的蚯蚓洞或树根,其中有些比其他的钻得更深),但很难精确地判断出哪里是一个尺度的终点,而哪里是另一个尺度的起点[12]。与上文介绍的其他隐喻相比,这是一个与众不同的将尺度概念化的方式。因此,如果我们采用了拉图尔的表达方式,那么我们就不能再把尺度叫作有界限的空间,或者谈论以欧几里得空间清楚地划分的等级韵律,那正是梯状、同心圆和套娃结构隐喻的核心[13]。这样一个不同凡响的隐喻给我们认识尺度以及全球性与本土性之间关系的方式带来了突变,如果我们使用蚯蚓洞的隐喻,我们就会质疑谈论"更大的"尺度到底指的是什么,我们还要质疑,如果把全球性与本土性看成"位于"蚯蚓洞的两端,再谈论"包含着"本土性的全球性尺度到底还有没有意义。

还要说的是,用不同的隐喻来谈论地方之间尺度化关系的意义,不是要暗示这些不同的隐喻代表了经验主义的不同情况,或者暗示其中一个必然比另一个能够更好地表达世界及其所有的复杂性。相反,这样对隐喻进行评估是很重要的,因为它能够表明,我们认识尺度的方式能够影响我们与尺度化的世界进行社会或政治联系的方式,而这可能又会影响我们的社会、经济和政治实践,从而形成不同的景观。

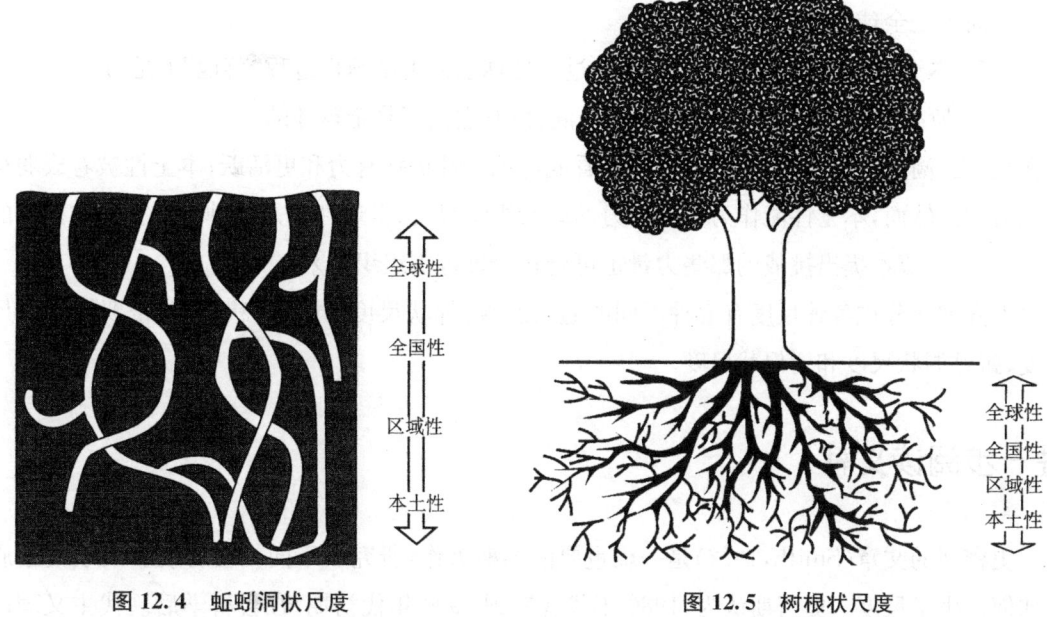

图 12.4　蚯蚓洞状尺度　　　　图 12.5　树根状尺度

五、结语

总而言之,关于我们如何认识地理尺度显然存在很多重要问题,特别是本土性与全球性的问题。这些问题中不仅仅有关于尺度到底是什么(是一个真实的社会产物还是一个用来分类的思想工具)这样的核心问题,而且凸现出这样一个事实,即我们将本土性与全球性尺度之间的关系概念化的方式将在很大程度上决定我们对于社会和自然过程的理解,而正是这些过程构成了人文景观和自然景观。而且,在这样一个全球化和反全球化主张并存的时代,鼓励人们用一种方式而不是另一种方式认识本土性和全球性之间关系的能力显然有巨大的政治意义。

本章小结

- 尺度究竟是贯穿于政治和经济过程中的真实事物,还是我们强加给世界的一种思想工具,地理学对此存在着争论。
- 地理学家对全球性与本土性的想法有六种不同方式:
    1. 全球性与本土性不是真实事物,而是构成某些状态的方式;
    2. 全球性与本土性因它们不是什么而推导出各自的含义;
    3. 全球性与本土性对社会网络提供不同的观点;

4. 全球性就是本土性；刮除掉全球性就找不到本土性；跨国公司实际上是跨本土性的而不是全球性的；

5. 本土性就是全球性；本土性只不过是地球表面上全球性过程"落地"的地方；

6. 所有空间都是全球性与本土性的混合物；它们都是全球性的。

- 在西方思潮中，典型的想法是把全球性看成比地方性更强有力和更活跃；本土性被看成弱小无力的。然而，本土性能作为一种有力的政治组织尺度；全球性不是一种仅仅被资本控制的尺度，而对资本提出挑战的那些力量也可能在全球范围组织起来。
- 对世界如何分成各种尺度有五种不同的通俗隐喻：梯状尺度、同心圆状尺度、俄罗斯套娃尺度、蚯蚓洞状尺度和树根状尺度。

进一步阅读文献

史密斯的文章(Smith, 1992)是一篇重要的早期著作，研究在不同社会行动者的政治矛盾中如何产生了尺度。史密斯认为，1980年代晚期到1990年代初期，社会科学后现代主义理论化格外侧重于用"主题定位性"(subject positionality)、"区位"等空间化语言研究有关差异的问题，然而他们未能严肃思考物质空间和尺度的产生。明确涉及尺度问题的第一本论文集是《政治地理学》(*Political Geography*, 1997)16卷第2期的专刊。这些论文侧重于许多经验性实例，包括欧共体的移民、美国船坞业工会政治、意大利选举政治和美国反核运动政治等。考克斯的著作发展了尺度的概念。他在《政治地理学》上发表的文章(Cox, 1998a. *Political Geography*)展开了一场辩论，所辩论的是理解在产生啮合空间过程中，社会行动者如何在各种依赖空间之间的联系进行沟通的政策。他主编的《全球化空间》一书(Cox 1998b. *Space of Globalization*)共九章，研究作为政治与经济组织一种尺度的本土性在全球化过程之下如何依然很重要。书中各章还对有关全球化的问题，尤其是对只有资本才致力于全球化的问题提出挑战。马斯顿(Marston, 2000)提出1980年代和1990年代关于尺度政治的许多著作都几乎一无例外地侧重于马克思主义者会称之为"生产圈"(sphere of production)的问题。马斯顿主张要对马克思主义者会称之为"消费圈"和"社会生产圈"的尺度政治给予更充分的考虑。吉布森-格雷厄姆(Gibson-Graham, 2002)提出了考虑全球性与本土性的六种流行方式；她为了了解所谓的全球化力量和解放本土化改革的潜力提供了知识方面和政治上的策略。赫罗德和赖特的《权力地理学：安排尺度》(Herod and Wright 2002a. *Geography of Power: Placing Scale*)一书有十一篇论文，探讨了尺度政治三方面的问题，即理论化尺度、尺度修辞和尺度惯例。

注：上述文献详见本章参考文献。

注释

[1] 本章部分内容参考了赫罗德和赖特的著作(Herod and Wright, 2002b)。

[2] 1999年7月,一位法国牧羊场场主约瑟·博韦(José Bové)与农民协会其他九名会员一起,冲击了位于法国西南部米约(Millau)一家尚未建设完工的麦当劳快餐店。这次抗议行动的起因是多方面的,其中包括美国政府对洛克福(Roquefort)羊乳干酪等法国出口产品的关税政策,以及麦当劳的出现所代表的法国文化中普遍"美国化"的现象。2000年,博韦被判有罪,被判处入狱监禁90天,但直到2002年才开始服刑。

[3] 实体论是研究存在和自然本质的科学。这个术语通常与代表有关认知的理论(例如实证主义、现实主义、马克思主义、女性主义)的"认识论"结合在一起应用,使我们能够认识世界。

[4] 唯心主义和唯物主义在过去的二百年间是影响西方人思想最重要的实体论中的两种。伊曼纽尔·康德的著作中阐释,唯心主义假定我们在世界上所看到的任何映像都是我们的思想对空间进行分类和排序的产物。实际上,康德仅仅把空间和时间看成是构建存在的精神框架,而不是可以观察到的现实。另一方面,在卡尔·马克思等的著作中对唯物主义进行了阐释,他认为世界确实存在一种真实的、物质的秩序,并且被经济和政治进程的作用所影响(如资本主义世界那样)。

[5] 史密斯(Smith, 1990: 97-154)认为在资本内部有两种相互矛盾的倾向,一种倾向于空间分异而另一种倾向于空间同质化。因此,他认为资本必须充分植根于空间,以便能够进行资本积累(这个过程导致经济景观的分化,一些地方能够得到比其他地方更多的投资)。地理学解决这种相互矛盾对立倾向问题的办法是通过不同的空间分析方法(城市尺度、区域尺度、全国尺度和全球尺度)对产生尺度的景观分析实现的。

[6] "表述"这个词是指如何通过语言代表特定问题。

[7] 你可能很容易对其他尺度的极端提出异议,诸如一端是身体而另一端是超全球性,且不说我们的星球现在被成千上万颗人造卫星包围,也不说空间的地缘政治正在被构建(例如通过一些国家的努力——为了商业上和国防上的目的——对地球大气圈上层各部分以及以外的资源提出要求)。不过,能发挥尺度方面想象的似乎正是本土化与全球化,至少是在理解全球化过程方面是如此。

[8] 下面的内容主要来自吉布森-格雷厄姆(Gibson-Graham, 2002)的论述。为了阅读方便,除了吉布森-格雷厄姆在原文中所加的作者标记外,我没有加其他引用标记。

[9] "全球本土性"(glocal)是"全球性"与"本土性"两个词的结合。它表现了坐标两端之间的对立统一,例如,跨国公司这样的社会行动主体有了全球化的视角,但它同时还必须根据地方的环境和条件去调整自己的产品和管理方式。

[10] 新自由主义是自由贸易的理论。它主张政府应该尽可能地少干预市场。

[11] 在1950年代1960年代,实证主义是人文地理学研究中一种广为流行的认识论。它认为世界的各个层面都是可知的,"科学"的应用将会为我们揭开世界上所有秘密。实证主义者相信世界可以被"客观地"了解。另一方面,后实证主义认为永远也不可能全面地了解世界,我们对事物的理解总是片面的。而且,很多后实证主义者认为世界有多重真相,对世界不同的表现方式,不论出于什么目的和意图,都代表了世界不同的真相。因此,他们认为语言是政治斗争中很重要的领域,因为我们对事物的表达方式能够影响我们对事物的理解。

[12] 图 12.4 和图 12.5 中"全球性"被描绘为最接近地表,而"本土性"则被看成深入土壤之内。这样的观点可以用来表明"本土性"尺度在某种程度上比其他尺度更深入人们的日常生活。然而,也能同样容易地把这两张图画成用以表明"全球性"尺度伸展到土壤深处,而"本土性"尺度最接近地表(即把每张图的箭头倒过来画)。在这种情况下,就可能认为较深的"全球性"尺度代表蚯蚓洞和树根(这可以用来替代社会和政治关系)延伸得更广,反之,在蚯蚓洞和树根会合到一处破土而出的地方,就可以代表"本土性",这就是在全球性社会关系与过程变得能用肉眼看见的地点。显然,蚯蚓洞或树根的隐喻事实上可以表示两种迥异的状态,任何一种都可能被认为在某种经验性意义上更加"精密"。

[13] "欧几里得空间"这个词是指相信空间是绝对的,可以被划分为小而又小的各自分开的、独立的单元。这和把空间看成相互关联的观点相对立,这种观点认为空间是由社会进程产生的,把不同的社会行动主体联系在一起,因此不能被清楚地划分为无限可分的单元。

参考文献

Brenner, N. (1998) 'Between fixity and motion: accumulation, territorial organization and the historical geography of spatial scales', *Environment and Planning D: Society and Space*, 16: 459-81.

Cox, K. R. (1998a) 'Spaces of dependence, spaces of engagement and the politics of scale, or: Looking for local politics', *Political Geography*, 17(1): 1-23.

Cox, K. R. (ed.) (1998b) *Spaces of Globalization: Reasserting the Power of the Local*. New York: Guilford.

Cox, K. R. and Mair, A. (1988) 'Locality and community in the politics of local economic development', *Annals of the Association of American Geographers*, 78: 307-25.

Dirlik, A. (1999) 'Place-based imagination: globalism and the politics of place'. Unpublished manuscript, Department of History, Duke University, Durham, NC.

Gibson-Graham, J. K. (2002) 'Beyond global vs. local: economic politics outside the binary frame', in A. Herod and M. W. Wright(eds.) *Geographies of Power: Placing Scale*. Oxford: Blackwell, pp. 25-60.

Hart, J. F. (1982) 'The highest form of the geographer's art', *Annals of the Association of American Geographers*, 72: 1-29.

Herod, A. (2000) 'Implications of just-in-time production for union strategy: lessons from the 1998 General Motors-United Auto workers' dispute'. *Annals of the Association of American Geographers*, 90: 521-47.

Herod, A. (2001) *Labor Geographies: Workers and the Landscapes of Capitalism*. New York, NY: Guilford. Herod, A. and Wright, M. W. (eds.) (2002a) *Geographies of Power: Placing Scale*. Oxford: Blackwell.

Herod, A. and Wright, M. W. (2002b) 'Placing: scale: an introduction', in A. Herod and M. W. Wright (eds.) *Geographies of Power: Placing Scale*. Oxford: Blackwell, pp. 1-14.

Jones, K. T. (1998) 'Scale as epistemology', *Political Geography*, 17: 25-28.

Judd, D. R. (1998) 'The case of the missing scales: a commentary on Cox', *Political Geography*, 17: 29-34.

Latour, B. (1993) *We Have Never Been Modern* (trans. by C. Porter). Cambridge, MA: Harvard University Press.

Latour, B. (1996) 'On actor-network theory: a few clarifications', *Soziale Welt*, 47: 369-381.

Marston, S. A. (2000) 'The social construction of scale'. *Progress in Human Geography*, 24(2): 219-242.

Political Geography (1997) Special Issue on 'The political geography of scale', 16(2).

Pudup, M. B. (1988) 'Arguments within regional geography', *Progress in Human Geography*, 12: 369-390.

Smith, N. (1988) 'The region is dead! Long live the region!' *Political Geography Quarterly*, 7(2): 141-152.

Smith, N. (1989) 'Rents, riots and redskins', *Portable Lower East Side*, 6: 1-36.

Smith, N. (1990) *Uneven Development: Nature, Capital and the Production of Space* (2nd edn; originally published in 1984). Oxford: Blackwell.

Smith, N. (1993) 'Homeless/global: scaling places', in J. Bird et al. (eds.) *Mapping the Futures: Local Culture, Global Change*. London: Routledge, pp. 87-119.

Smith, N. and Dennis, W. (1987) 'The restructuring of geographical scale: coalescence and fragmentation of the northern core region'. *Economic Geography*, 63: 160-182.

Taylor, P. J. (1981) 'Geographical scales within the world-economy approach', *Review*, 5: 3-11.

Taylor, P. J. (1982) 'A materialist framework for political geography', *Transactions, Institute of British Geographers*, 7: 15-34.

Wills, J. (1998) 'Taking on the CosmoCorps? Experiments in transnational labor organization', *Economic Geography*, 74: 111-130.

第十三章　社会结构：对社会、身份、权力和对抗的思考

辛迪·卡茨（Cindi Katz）

本章内容界定

社会这个概念是用来描述在一系列空间尺度范围内的社会关系，甚至被用来将不以地方为基础的社会网络的延伸概念化。社会往往是因一种认同感、共有的归属感而形成。身份是一个既复杂又有争议的词，是关于我们如何理解和塑造我们自己。身份是相互关联的，也就是说，自我总是通过它不是什么——用理论术语来说，就是"他人"——来定义的。换句话说，社会结构——自我和他人——是通过社会关系的认同和差异而产生的。认同和差异的问题必定导致权力与对抗问题。在这些方面，权力常被概念化为"纪律性权力"，是一种到处扩散的、不确定位置的力量，它渗透到各个层次的社会阶层，并且在多重的、调解斡旋的网络中以间接的而且往往让人捉摸不定的方式被重新创造出来。这样，所有个体都处于既运用权力又受制于权力的地位。然而，需要牢记的是在同一个时代条件之下，最强大的权力来源是资本主义生产方式、父权制（家长统治）和种族主义。对抗强调的是个人或小团体在这些或其他来源的权力和压制之下，对其处境进行改造的方式。

一、导论

社会这个术语看似简单。常见的用法中对社会的定义是一种很容易识别的社会组织，其性质取决于我们所探讨问题的时间和地理尺度。从历史的角度看，社会是根据时间段来定义的。因此，我们会提到古代社会、中世纪社会、当代社会等。有些社会学家还进一步从发展或进步的角度谈论社会，他们谈到复杂的和简单的社会，这些社会的状况取决于其地理位置、与其他社会组织整合的水平、政治经济进程、生产关系特点、发展水平以及内部一致性等因素（参见第八章中对这种思考方式的批评）。从地理学的角度，我们指的是包含地理或领土分区的广义社会结构。当我们提到城市社会、农村社会、得克萨斯社会、匈牙利社会、欧洲社会等的时候，我们是把社会关系放在很多不同尺度上去看的，如地方性尺度、州或区域尺度乃至国家或国际尺度。社会这个词也被用来指代那些在各个不同时期不论他们是自己选择还是迫于政治

压力而处在相同空间的人们，比如监狱群体、大学人群或者工作地点的人群。与此同时，我们也用社会的概念去描述没有地缘关系的社会关系——换句话说，人们可以与地理上毫不相关的人发展并保持社会联系和社会网络。比如，想想所谓的数字化社会——网络上的那些因共同兴趣而组成的社区——或者某一运动组织和专业组织（禁止虐畜协会或者注册会计师协会），他们可能只是偶尔才见面聚会。当然我们也用社会这个无所不包的词来指人类的种族。

我简短地介绍了我们在日常生活中使用社会这个词的所有方式，能够反映出我们在把这些组织叫作或看成社会时，往往并没有对它们之间是何种关系、它们内部的差异或者将它们与其他社会结构联系在一起的网络作过多少考虑。在本章中，我希望探讨更为全面详尽的社会的概念，然后再来思考同一性和差异、权力和对抗等这样一些它所依附的概念。在这样做的时候，我分析出社会、身份和权力构成的方式是在一定的空间和地点之中完成的，并对空间和地点进行重塑。

二、社会：相同与相异

把某一个社会组织区分出来作为一个社会，首先要假定其具备一定的共性——在某一地理尺度中具有共享的认同感、共同的兴趣或归属感。作为美国人、挪威人或泰国人是作为国家的一员。这样，某一社会的成员资格能够帮助我们建立起身份的概念，即便这个身份的含义是非常个性化的、是随着时间不断变化的，或是经常与其他含义连在一起的，比如挪威—美国人。同样，成为某一志愿者组织或某一正式组织——比如集邮协会、皇家地理学会或者赛车手协会——的成员不仅能够标识出某人所选择的身份，而且能够帮助他找到那些喜欢做同样事情的人，从而使具备共同兴趣爱好的人可以相互分享。这些协会组织提供了舞台，在这个舞台上，展现某种特定的合乎规范的行为方式、实践活动和社会关系，这让人们能够共同分享同样的兴趣爱好，用某种特定的方式形成他们作为集邮爱好者、地理学家和赛车手的身份。因此，举例来说，如果你定期参加皇家地理学会的会议，加入到其会员电子邮件讨论的名单中，或者是经常收到学会的通讯，你可能就开始和学会的其他成员一样共同学习同样的知识、拥有共同的历史、使用同样的语言或词汇，甚至着装都开始和其他地理学家相仿。反过来，这也意味着你可能会开始感觉到自己是这个学会的一部分，你属于这里，你把自己看成是一个地理学家，而同时其他人也开始因为你说话、着装和做事等方式而把你看成地理学家。换句话说，在呈现出特定身份和社会组织之间有一个相互建立关系的过程，这些社会组织使得身份有了其意义，制定了身份产生和复制的有关规范和参数。

当然，即便社会是由共同关注或认同感联系在一起的，但是这并不一定意味着所有的成员都处在同一个地理空间/领域里，和其他成员面对面相处，彼此相互了解，或者彼此喜欢，或者在相遇的时候能够相互认得出来。相反，用贝内迪克特·安德森（Benedict Anderson）的话来说,社会或许能概念化为"想象出来的共同体"。安德森(Arderson,1983:15)认为国家是"(我)想象出来的,因为即便是最小的国家其国民也不可能了解他的同胞,和他们会面甚至是听说过他们,但是在他们的心目中他们每个人都带有这个共同体的形象"。他进一步认为国家是想象出来的共同体,因为国家的公民彼此之间往往怀有很深的同志感情和认同感,即便他们在实际生活中彼此之间存在着差异、剥削和不平等也不例外。这样,"想象出来的共同体"这个概念承认社会成员识别和再现彼此之间认同感的方式,而与此同时,也认识到这种识别方式的局限性。但是,安德森的研究工作也有问题,他太过于重视国家的观念,而对国家的历史和地理方面考虑得太少。国家以及其中的成员,像和其他团体一样,是通过许许多多不平凡的政治、经济、社会文化和环境关系而产生和再生的。这些关系——可能是暴力的、排外的和意识形态的——经常被用来调动、有时候甚至是强制人们的民族意识和归属感,然后才能够被同样的社会关系接纳(见 Marston,1990)。

承认社会关系存在于地方和空间里面,并通过地方、空间和自然界来定义和生成,地理学家比其他社会学家对社会与地理环境之间相互促成的方式更感兴趣(如 Massey,1984;Pred,1985;Lefebvre,1991;Harvey,1992)。为了这个目标,研究工作主要致力于搞清楚特定的地理环境是如何支撑或弱化社会关系和相互左右,以及这些社会关系和权力斗争是如何反过来塑造与重塑地理环境。地理学家用空间性这个词来表示对社会和空间之间纠缠不清的关系的理解,这说明社会与空间是一同产生的(Keith and Pile,1993)。

但是,社会的产生不仅要通过带来认同感的过程,而且要强调与其他团体的差异。每个社会都要界定它与其他社会组织的区别。建立起一个特定社会的概念也要依靠划分界限——不管这个界限有多少漏洞——以区别那些属于这个组织的相同的人和不属于这个组织的不同的人。作为一个地球人就不能是火星人或植物。亚洲社会就不是欧洲社会,农业社会就不是城市社会。然而,如果没有了与之相对的另一个,这些社会之中的任何一个都是难以理解的。换句话说,所有的社会都是相互联系的,它们之所以能够形成和被理解都是因为它们内部所具有的同一性以及与其他组织之间的差异性。这一点可能在巴勒斯坦文艺理论家爱德华·赛德(Edward Said)的著作中得到了最好的阐述。在他的《东方文化》(*Orientalism*,1978)一书中,赛德思考了为什么东方几个世纪以来一直对西方具有那样大的吸引力。根据绘画、摄影和著作(小说、诗歌等,以及学术著作)资料,他特别注意到,西方游客是如何把东方形容为离奇的、神秘的、颓废的、堕落的、野蛮的,等等。他认为,这样做的结果是使这种思想传统和印象成了东方的现实——特别是,关于神秘东方的论述。实际上,这是欧洲人的发明,是欧洲人想象的产物。而且,他认为,通过这样一个包含和代表东方的主导性框架,欧洲文化获得了力量,形成了自己的特点,以一系列不对称的关系形成了与东方相对发展的态势,在这种关系中总处于有利的地位(也就是说,相比于东方的野蛮和堕落,西方是文明和有秩序的,等等,见 Clifford,1988)。因此,赛德认为"通过夸张地表现近处与远方之间的距离和差异",想象出来的地理环境不仅形成了他人的印象,而且形成了自我的形象。下文更集中地论述身份问题时我将再次谈到自我和他人的概念。

三、身份

近年来,身份的概念,以及身份政治,已经成为社会科学研究中很热门的问题。在这本书中,身份,比如性别、"种族"和性特征等,被理解为社会产物——是我们理解和解释自己的身体和主观性方式的产物——而不是自然或生物学属性(对实在论和社会构造论的进一步探讨,见WGSG,1997;Blunt and Wills,2001;Valentine,2001)。以这种方式将身份概念化,理论家们认为把主观性作为位置固定、根深蒂固、与历史无关来理解是有问题的。相反,身份被看成是可以随时间和空间而改变的,而且是潜在的唯意志论的,个人可以在他们日常生活的社会关系中或者背离这种社会关系中创造出身份证明和差异的新形式。

此外,这种把身份作为一种社会结构的理解也导致了一种更重要的认识,即人们在世界上的定位是多重的。我们都是同时具有阶级、种族、性别、性特征等这样一些特征。对于一些理论家来说,这个认识导致了流动性和可变性的概念,在其中身份就好像布朗运动那样,可以把人们想象为在他们的多重身份之间因其处境和想法的变化而穿梭往返。例如,某人既是威尔士人,又是英国人、工人和年轻人,可以这样理解,当他在看国家足球队的比赛时他被看成一个威尔士人,而当他度假旅游时被看成一个英国人,当他在他那位于邻里社区的家里时是被看成一个工人,而当他和朋友在外面打棒球时被看成一个十几岁的年轻人。但是,其他作者指出根据阶级、性别等对社会身份的单一理解不足以解释和理解复杂的权力动态与社会生活的不公平。例如,黑人女性主义者认为,作为一个黑人女性和作为一个白人女性或一个黑人男性是不一样的,身份不仅仅是在不同的时刻你选择要不要的问题,身份也不是附加的;相反,作为黑人的身份把作为女性的某些东西改变了,而作为女性把作为黑人的某些东西也改变了,而且这两方面又因阶级地位等而被改变了(见Mohanty,1988)。

类似地,戴维·哈维(David Harvey,1993)认为用"粗俗的"方式将身份来源简单化——就好像它能够被划分为各个独立的维度——是一条政治上的死胡同。关于什么是所谓的"粗俗"身份政治的思想总是会导致争论,引起争论的问题是关于特定身份和压迫形式的相对重要性,而不是关于严格考察权力在特定身份证明内外起作用的辩证关系。这样狭隘的思想观点不仅走入了竞争性欺骗的死胡同,而且这种观点的结果是致命的。例如,哈维经常引用1991年帝国食品公司那场火灾的例子,火灾发生在位于北卡罗来纳州哈姆雷特市的一家鸡肉加工厂,25人在火灾中丧生,另有56人严重受伤,死伤被直接归咎为违法的、极不完备的工作条件,他质问为什么没有什么人对此提出强烈抗议——更不要说发起政治运动。他认为,顽固地死盯着这么多后结构主义理论的"差异",以及这样的思想方法在身份观点中的错误运用方式,好像已经掏空了可能会导致帝国食品公司乃至美国禽类加工产业恶劣工作条件改善的等级政治的基础。但是哈维并不是拒绝差异化和从所处条件出发去看待问题的观点，他继承了马克思和黑格尔的思想，认为辩证地理解差异和身份——把它们理解为压迫者与被压迫者、剥削者与被剥削者之间的权力关系，并且同时认识到每一个特定政治身份中都包含了另类的东西或差异——能够使关于阶级的观点变得更为重要。这样一种政治观点——关注工作场所发生的多种形式的压迫之间联合和对立的方式，可能会促进不同社会群体之间的联合和团结，而不是损害或削弱这种联盟。哈维(Harvey,1993:47)设法避免他所看到的那种侵蚀和政治上的麻痹，导致这种侵蚀和政治上麻痹的部分原因是"在某些问题上的政治进步以及以性别、种族、人种、生态、文化多元为核心的所谓新社会运动的兴起"及由此带来的分化。他认为，这种分化模糊了更为普遍适用的社会正义的概念，这个概念比社会运动更重要。

其他作者认为关注压迫的等级结构——假设某种社会关系比其他社会关系更重要——已经导致一种新的实在论的危险，它把某些社会定位，如阶级、性别等，置于多种压迫的核心位置，而不是谨慎地将在什么样的条件下哪种差异更重要的问题理论化。更具建设性的是，其他一些学者还发展出了交叉性的概念，以便于对多重身份的理解(Crenshaw,1995)。克伦肖(Crenshaw)不满足于对差异性或一系列压迫组合的认识，他认真分析了特定的压迫和剥削的社会关系在特殊情况下是如何与不同身份证明相交叉的，在此过程中这一社会关系如何能够和解，在相反的目的下起作用、相互矛盾或在其他情况下被改变(见 Bondi,1993)。

姑且不考虑这些争论，地理学家已经专门认真思考过身份是如何通过它所处并依存的空间关系而形成、保持和竞争的。空间通过很多方式起作用，导致各种形式的不平等、权力的不平衡和社会不公，与当代的统治、压迫和剥削形式结合在一起，形成了所谓的资本主义、男性至上主义、种族主义、帝国主义和异性恋主义(见 Keith and Pile,1993；*The Professional Geographer*,2002)。关于身份的问题常常是空间中排他行为的核心。西布利(Sibley,1995)用心理分析法来解释自我与他人，从而将强势的或支配性的社会群体净化空间或统治空间的倾向理论化。他把这种对空间的净化定义为拒绝差异并保护边界内部的同质性。这种植根于生产和再生产中不平等社会关系的行为，其表现形式多种多样。例如，通过各种方式的居住隔离模式，如协议、银行贷款政策、门禁，或者非正式的方式，如收入差距或某种文化行为，一些社会群体被排除在特定的居住邻里单位之外。史密斯(Smith,1987)关于英国住房市场的著作和戴维斯(Davis,1990)关于洛杉矶的研究都谈到过不同方式的居住邻里单位因为种族和阶级的差异而被隔离的例子。

排他性的情况在非居住区的空间中也很明显。公共环境，如某条街道或某些公园，可能有一些标志性的行为代码或由某种公共或私人安全服务维持治安(见 Fyfe and Bannister,1998；Katz,2001b)，通过这些就会把那些被看成不受欢迎的异己群体或个人排除出去。瓦伦丁(Valentine,1996)就举过这样的例子，年轻人常常被警察和保安限制进入像大型商业中心这样的一些公共场所,因为他们在公共场所被看成惹是生非、易引起混乱的人。同样,帕尔(Parr,1997)的研究也说明,精神不健康的人被剥夺了像一般公民那样使用和占有日常生活空间——如城市中心的自由;唐·米歇尔(Don Mitchell,1997)也谈到,在美国是如何运用法律禁止无家可归者在公园里和街道上出现的。

就如同我们可以想象空间同特定身份相联系、排除或包容一样,我们同样可以把身份看成因空间而形成和发挥作用的。流散身份(diasporic identity)就是这样一种概念(见 Anderson,1991;Gilroy,1993)。流散的意思指的是某一人群从他们发祥地扩散或分散出去,流散到各地。但是现在这个词出现了引申的用法,用来代表人们有多个地方作为归属地的复杂感受,他们可能把这些地方都看成自己的家乡(Clifford,1994)。例如,保罗·吉尔罗伊(Paul Gilroy)谈到大西洋沿岸国家的黑人构成了流散的非洲人口,他们共享从各种特殊地理环境下孕育出来的文化和政治经济历史。凯·安德森(Kay Anderson,1991)和邝治中(Peter Kwong[①],1987)也研究了温哥华和纽约市唐人街形成过程中中国人的流散。但是这些研究和其他研究表明,流散的身份并没有因空间和时间而均质化。相反,他们因地点的特殊性以及不同区位、不同尺度的社会生产和再生产关系不均衡地发挥作用的方式而被改变。换句话说,相对于早期的认为身份固定地植根于其本质的观点,虽然说空间性带来了某种流动性的概念和身份因社会构建而成的意义,但它也使得身份无限可变的观念成为不可能。在空间和社会生活的共同作用下,特定身份之间不可避免地相互摩擦和碰撞,产生了在什么样的环境下哪种差异性更重要的问题。例如,在凯瑟琳·米歇尔的著作(Katharyne Mitchell,1997b)中有对不列颠哥伦比亚省温哥华中国移民的研究,表明阶级问题不断干扰着同质化的种族或国家身份的建立,而因国家身份而导致的差异常常会损害一个地区中产阶级之间本来应有的团结。

因此,身份问题应该引出政治问题。为什么特定的身份意识会被调动起来,在什么样的环境条件下会被调动起来,因谁而被调动起来? 当身份被理解为一个更为固定的术语时,如关于阶级、性别或种族,它就给政治组织提供一个更为透明的基础。但是,现在广为人知的是,所有政治行动主体都是多重定位的,如果试图以更为单一的身份概念作为组织的基础会给其自身带来问题,一方面会掩盖那些被调动起来的人之间的显著差异,另一方面就不能认识到,以某种方式识别出来的人们与其他身份不同的人团结起来的可能性。有效的政治策略不太可能是空穴来风。因此,组成政治组织的挑战性在于要认识到在特定的历史和地理结合点什么样的差异性最为重要,并开发出能够在阶级、种族、性取向和性别等几种身份识别方式的交叉点起作用的政治策略(见 Haraway,1985;Bondi,1993;Crenshaw,1995)。

[①] 译注:以下资料来自互联网,仅供参考:邝治中(Kwong,Peter Chi-Choong),生于重庆,在中国大陆高中毕业后移居台湾。后赴美深造,1978 年获哥伦比亚大学博士学位。

四、权力与差异性

如上文关于社会和身份的讨论所示,权力起作用和被感知到的方式之一是通过差异性的生产和再生产。法国理论家福柯(Foucault,1997)因其所开创的地理学家对权力的认识而独具影响力。福柯认为,权力不是一个人或一群人凌驾于另一个人或另一群人所用的东西,也不是以一维的方式运作的。它不是某种能够赢得或丧失的东西。相反,他把权力概念化为一种弥散的、不可定位的力量,渗透到社会各个层面,而且以间接的——往往是离奇的方式——通过多重斡旋的网络而重现。这样,所有个人都同时处于行使权力而又臣服于权力的地位。

对权力的这种思考也许可以通过一个例子得到最好的解释。从表面上看,监狱可以被概念化为一个单向权力的地方——换句话说,在监狱里看守对犯人运用权力。但是对监狱生活的研究证明,实际上,权力在这里是流动的和弥散的。比如,在监狱里犯人们之间常常有非正式的经济往来,用他们自己买来的或自己所有的用品(电话卡、食品、个人财物等)交换那些因稀缺而显得珍贵的用品,比如香烟,或者是那些违法的东西,比如被偷偷带进监狱的东西,像毒品和酒。那些囤积了大量这种稀缺用品的犯人——通常叫作狱霸——就能够对其他人行使权力:欺侮和勒索那些想要这些用品的犯人,让他们花天价才能购买这些用品,或者让他们替自己干监狱里的活。实际上,有些时候监狱管理部门会允许这种非法的交易和与之相伴的侮辱和暴力存在,因为如果他们对违法活动额外追究责任的话,他们就可能会在以后受到报复;或者犯人会通过他们与监狱外的联系而威胁恐吓警官的家人。同样,在监狱中不同的狱霸也会试图增大他们自己在监狱中的权力,控制住对其他人的影响力。通过这种方式,监狱的狱警也能够从这种斗争中获益,因为监狱中的秩序通过这种方式间接地得到了维护。换句话说,权力不是警官才拥有并施加给犯人的东西;相反,从这个简单的例子中很明显可以看出,警官和犯人通过各种各样的权力网联系在一起,权力网包括密切的联盟和串通,其他社会群体中标志性地上演着的统治和压迫,监狱社会也有属于自己的版本(Valentine,1999;又见 Sharp et al.,2000)。不过,重要的是要记住监狱是以镇压性方式运作的机构,反映和强化了资本主义、种族主义和父权制度带来的所有的不平等,不断地增加着它所拘禁的被这些力量边缘化的人,使他们不能参与更大社会的社会生活和政治—经济生活(Parenti,1999)。

尽管按照福柯的观点去设想权力是很有启发性的,但是实际上他广为人知的成果在于证明权力的弥散效应是如何表现出来的,如何被人们和机构内部化的,重要的是给他们起名字,这样人们才能——如电影制片人斯派克·李(Spike Lee)所倡导的那样——"与权力作斗争"。在当今条件下,最强有力的政治—经济权力来源就是资本主义的生产方式、父权制度和种族主义。这些统治性社会关系中的每一个都在相互作用——常常,但不总是——互相强化,并产生差异。与占统治地位的资本主义生产关系相伴的差异性包括阶级以及如上文所述的在不平衡发展过程中产生的地理差异，包括与帝国主义制度联系在一起的国与国之间的差异。在父权统治关系方面，最关键的差异是性别和性特征的不同。最后，种族主义的统治关系围绕着种族和人种产生差异。对于社会理论来说，重要的是考虑每一种统治性的社会关系以及它们所产生的差异的种类，不仅是为了解释这些关系汇聚和分歧的方式，揭示它们在特定环境条件下相互之间作用的方式，而且因为它们中的每一个都为对抗和对立提供了广阔而重要的舞台。

从特定的地理学角度来看，不平衡发展理论说明了资本主义积累是通过空间内产生差异的过程实现的——不仅某些地区的发展和资源开发是在损害其他地区利益的情况下进行，而且某些地方和区域还有意识地这样发展，其他地方则处于未开发的状态（Harvey，1982；Smith，1984）。差异的产生有不同的尺度。实际上，地理尺度是组织空间差异的一种方式（Smith，1992；Swyngedouw，1997；Marston，2000；又见第十二章）。例如，在全球尺度上，南半球的欠发达与北半球工业化国家的发达是直接联系在一起的，因为北半球的很多工业化国家原来都是帝国主义势力。从国家和区域的尺度，在资本主义不平衡发展的框架下能够更好地理解工业发展和衰退的进程。最后，在城市尺度上，从长远来看，城市邻里关系中投资和撤资的长期格局预期会造成中产化（gentrification）[①]。不平衡发展的空间性体现在：其景观反映了财富、投资和发展的有价值的环境与自然条件和人工环境日益恶化的景观共存，后者在特定的政治经济条件下变成再投资和发展的目标。这样形成的、反映了资本积累所特有的运动规律的差异，常常被观察者和分析者视为理所当然。例如，差异往往被解释为由环境条件、社会发展不充分、历史事件的偶然等造成，或者背离进化论对发展的理解（认为不同地方和区域处于发展过程中的不同阶段）。

因父权制的权力关系所导致的差异也有空间性。与父权制有关的空间分异最有意义的形式之一就是私密空间和公共空间的差异。如女性主义者和其他理论家所阐明的那样，这种通常采纳的特性（这个常见的习惯成自然的划分）是政治性的典型产物，并不那么容易保持；这两种空间和它们所代表的范围边界是模糊的、相互交叉的。尽管如此，在理论和实践上保持这种界限却能够把女性的空间和影响范围限制在家里，并由此削弱她们对权力的运用。种族主义者也在其他方面通过正式和非正式的方式制造空间差异，如居住隔离、控制国际移民、利用恐惧和暴力制造并保持种族主义的环境，根据人的种族主义观念和经历形成既排外又包罗万象的环境（Anderson，1991；Pred，2000；*The Professional Geographer*，2002）。

五、对抗

在 20 世纪最后的几十年中，地理学家和其他社会学家一样，致力于研究差异的产生及其

[①] 译注：意指将日渐破败的街区改造为良好的中产阶级居住区。

空间影响,将假定的地方与身份之间的关系复杂化,阐明所有地方都既是唯一的也是有差异的。考虑差异的产生时,业已考虑到因资本主义生产方式、文化形态和行为的全球化而导致民族国日益容易穿过的边界,还要考虑到地方之间和地方之内产生的差异。为此,地理学家分析了当代的传奇故事,即常常把地方看成对抗全球化过程中同质化效应的壁垒(又见第九章)。对差异布局的研究表明,能够对抗权力和使权力转向的,不仅是权力对产生差异起作用的方式,而且还有差异在空间、地方、自然中如何配置。因此,差异的布局常常意味着对抗的布局。

如果说社会运作的一部分是建立和维持适当的行为规范并形成支撑这些规范的社会制度,而这些规范、价值观和社会关系普遍——而且不同步地——发挥作用保证社会的持续发展与更新,那么我们就可以预见因它们带来的不平等和不平衡的权力关系会导致对抗。很多地理学家把社会权力产生和强化的方式看成是空间性的,而且近来一些地理学家指出不平衡的权力关系受到多种方式的挑战和抵抗。这种研究以各种方式分析了霸权如何在空间中得到稳固——因而也会在空间方面被打破、被损害和被破坏,就如同在社会和政治层面上一样。

虽然直到最近地理学家更感兴趣于分析权力在空间内和通过空间的运作,而文化研究和其他领域的学者自 1970 年代以来就一直把物质社会实践的对抗作为他们研究的核心(Hall and Jefferson, 1976; Willis, 1977; Scott, 1990)。这一时期关于对抗兴趣的急剧增长似乎使之淡化为一种政治惯例和一种分析范畴。在太多的话题中,用格拉姆西(Gramsci,1971)的话说,任何一种"独立的首创精神",不论多么微小,都被理解为对统治性社会关系的对抗。同时,在这一时期,资本主义生产方式走向全球,几乎在所有地方,富国和穷国之间的差距、一个国家中富人与穷人之间的差距都加大了;从各种尺度上说,从个人和家庭直到国家和全世界,暴力行为都在扩大化且不断加剧;贫穷指标一直居高不下,无论在富国还是在穷国,很多年轻人好像得不到现代化的希望,这样的年轻人的数量还在不断增加。由于这些原因,对对抗进行解析,找出其更细微、更可操作的特性以理解其效应就是很重要的问题。

在我对苏丹农村社会再生产和全球经济重组的研究中,辨析了反弹、重建和对抗的含义,把它们看成理解日常生活中物质社会实践的方式,通过这种实践,人们面临并应对复杂多变的、占统治地位的社会关系及与之相连的全球经济重组、内战以及来自地方的对国家资助的农业开发项目的侵扰等(Katz,2001a、2003)。在我工作的村子里,森林被砍伐,草场退化,而且还限制在可耕种的土地上耕作,加上资助农业项目及其所产生的效果,这些问题都损害了居民留在村子里继续从事他们一向赖以为生的混合农林牧业的能力。我预测,年轻人成年以后,他们将不得不离乡进城,在城里他们还没有为找到能够谋生的工作而做好准备。可是与我的预测相反,当地人适应了这些戏剧性的变化,彻底扩大了他们的工作范围。在不到 20 年时间里,他们伐木、砍柴、放牧和耕种的土地扩大到了原来的 1 600 倍(Katz,2003)。通过这样一种弹性的空间战略,年轻人能够继续生活在村子里,他们偶尔也到附近的城镇里工作。另一方面,村子里的成年人看到这些变化,也看到了他们的孩子在这一过程中可能不具备专业技能,他们实施了一系列旨在增加入学率的自助行动,特别是让女孩受教育。通过安装手压水泵,节省了女孩花在取水上的大部分时间,建设了单独供女孩使用的教室,聘请女教师来教授这些女学生,还在村子里建立中学,入学率显著提高。这些重建措施显示了人们对他们的日常生活中变化了的环境条件反应的灵活性。最后,发生在村子里及更大范围的一些事件导致的一些举动可以被理解为对抗,因为他们是被有意识地指导着在改变他们看成压迫性的外界环境。例如,农业部最初要求农业开发项目中所有占地的农民都要无一例外地种植棉花和花生,禁止他们种植当地作为主食的庄稼高粱。在这个开发项目最初运作的十年中,高粱的价格上涨了2 000%,而棉花和花生的价格却相对不变。农民们组织起来派代表到农业部进行斗争,争取在开发项目用地上种植高粱的权利。他们最终取得了胜利,把分配他们种植花生的土地改种高粱。这个简短的介绍也许可以说明,在使人们能够在艰苦环境条件下生存的种种策略中,区分出哪些是重建危及他们生存条件的环境的,哪些是对剥削他们、压迫他们的权力有对抗关系的,能够让各种各样的物质社会实践在权力面前发挥作用的政治效果表现得更为清楚。更细致入微地理解这种效果能够帮助我们设计出纠正社会不公和经济剥削的政治策略。

六、结语

本章对几个相互关联的概念进行全面的评述,它们是社会、身份、差异、权力和对抗。在本章中,社会作为一个把人们划分为拥有某种兴趣和(或)身份的社会集团,因而任何特定社会的成员资格都同时带有并依赖于社会身份。身份同样被理解为一种社会构件,不依赖于某种生物性质或任何"天然的"特性。相反,身份揭示了的这样一些天然符咒,以社会为其核心,提出为何某些身份被昭显而另一些则被隐晦的问题。我认为用辩证的方法更有助于对身份的理解。它从(身份的)差异性中引出同一性。因此构建身份的同时也构建了差异性。关于差异性最惊人最具影响力的理论化著作之一是赛德的《东方文化》(*Orientalism*,1978)一书。赛德在这本极其出色的书中,阐明了"东方"不仅是西方想象的产物,而且也是通过形成这种想象使"西方"更了解自己。

如果社会的任何观念都含有特殊的身份和差异性的成分,正是在其形成、再生与转型的过程中,权力与抵抗得以体现。我提出了通过特殊差异性形式的产生运用权力,对于地理学家来说,特别重要的是要了解权力如何空间化。虽然权力可能通过空间得以强化,但也能够通过空间策略而得到调整。我引用了我对苏丹的研究来说明目前对抵抗的理解业已变得过于浅薄,并提供一种解析的响应,用顺应、修改乃至对抗的手段,应对各种统治和剥削的社会关系。

本章小结

- 所有社会都是有联系的,是通过不平等的社会关系而产生的,这种不平等的社会关系造就并维持种种特殊身份与差异的结构。这些身份和差异成为人们的集体形象以及人们对自己和他人了解的一部分。
- 身份是社会的构架,而不是自然的或生物学的本性。对身份的这种理解使主观性复杂化为固定的与非历史的概念。
- 认为我们是多重定位的这种认识引起了一场对压迫层级(压迫的形式至关重要)的辩论,并导致对多重压迫理论化的各种途径。
- 权力被当成一种扩散的、无法定位的力量,渗透到社会各个层面,以一种间接的常常是无规律的方式通过多方斡旋的网络得以再生。这种福柯主义(Foukaudian)思想的局限性因对特殊统治关系(诸如那些与资本主义、父权制度和种族主义有关的关系)如何造成了差异与不平等的分析而显得突出。
- 对抗是一个广阔的类别,直到最近,社会科学家将其用以描述任何形式的独立首创精神。现在它被用以强调诸如人们面对权力的反弹和改变压迫状态这样的要素。

进一步阅读文献

在研究同一性与差异性的时候,赛德的经典著作《东方文化》(Said 1978. *Orientalism*)是一个良好的出发点。基思和派尔主编的文集《地方和身份政治》(Keith and Pile 1993. *Place and the Politics of Identity*)阐明了身份既是空间构成的方式也是社会构成的方式,并对此进行辩论。关于性别、"种族"或性特征等身份特殊形式的书籍和期刊专号,不胜枚举,例如贝尔和瓦伦丁(Bell and Valentine,1995),WGSG(1997),德怀尔(Dwyer,1999),《职业地理学家》(*The Professional Geographer*,2002)等。夏普等的论文集《权力之累》(Sharp et al. 2002. *Entanglements of Power*)引用了各种各样的案例研究,探讨了统治与对抗的行为方式是不能够分开的,是构成所有权力运行方式整体的一部分。在一本类似的论文集——《对抗地理学》中,派尔和基思更密切地重点讨论了对抗的概念(Pile and Keith 1997. *Geography of Resistance*),而卡茨的《崩溃的发展》(Katz 2003. *Disintegrating Developments*)揭示了这个术语的各个组成部分。在布伦特和威尔斯(Blunt and Wills,2000)、瓦伦丁(Valentine,2001)等的一般人文地理学教科书中,对大多数这些术语也进行了讨论。

注:上述文献详见本章参考文献。

参考文献

Anderson, B. (1983) *Imagined Communities: Reflections on the Origin and Spread of Nationalism*. London: Verso.

Anderson, K. (1991) *Vancouver's Chinatown: Racial Discourse in Canada 1875-1980*. Montreal: McGill-Queens University Press.

Bell, D. and Valentine, G. (eds.) (1995) *Mapping Desire*. London: Routledge.

Blunt, A. and Wills, J. (2000) *Dissident Geographies*. Harlow: Pearson.

Bondi, L. (1993) 'Locating identity politics', in M. Keith and S. Pile (eds.) *Place and the Politics of Identity*. London and New York, NY: Routledge. pp. 84-101.

Clifford, J. (1988) 'Introduction: partial truths', in J. Clifford and G. E. Marcus (eds.) *Writing Culture: The Poetics of Ethnography*. Berkeley, CA: University of California Press, pp. 1-26.

Clifford, J. (1994) 'Diasporas', *Cultural Anthropology*, 9: 302-328.

Crenshaw, K. W. (1995) 'Mapping the margins: intersectionality, identity politics, and violence against women of color', in K. Crenshaw *et al.* (eds.) *Critical Race Theory: The Key Writings that Formed the Movement*. New York, NY: New Press, pp. 357-383.

Davis, M. (1990) *City of Quartz: Excavating the Future in Los Angeles*. London: Verso.

Dwyer, C. (1999) 'Contradictions of community: questions of identity for young British Muslim women', *Environment and Planning A*, 31: 53-68.

Foucault, M. (1977) *Discipline and Punish: The Birth of the Prison*. London: Penguin Books.

Fyfe, N. and Bannister, J. (1998) 'The eyes upon the street: closed circuit television surveillance and the city', in N. Fyfe (ed.) *Images of the Street*. London: Routledge, pp. 254-267.

Gilroy, P. (1993) *The Black Atlantic: Modernity and Double Consciousness*. Cambridge, MA: Harvard University Press.

Gramsci, A. (1971) *Selections from the Prison Notebooks* (eds. and trans. by Q. Hoare and G. N. Smith). New York, NY: International Publishers.

Hall, S. and Jefferson, T (eds.) (1976) *Resistance through Rituals: Youth Subcultures in Post-war Britain*. London: Unwin Hyman.

Haraway, D. (1985) 'A manifesto for cyborgs: science, technology and socialist feminism in the 1980s'. *Socialist Review*, 80: 65-107.

Harvey, D. (1982) *Limits to Capital* Oxford: Blackwell.

Harvey, D. (1992) 'Postmodern morality plays', *Antipode*, 24: 300-326.

Harvey, D. (1993) 'Class relations, social justice and the politics of difference', in M. Keith and S. Pile (eds.) *Place and the Politics of Identity*. London: Routledge, pp. 41-66.

Katz, C. (1993) 'All the world is staged: intellectuals and the projects of ethnography', *Environment and Planning D: Society and Space*, 10: 495-510.

Katz, C. (2001a) 'On the grounds of globalization: a topography for feminist political engagement', *Signs: Journal of Women in Culture and Society*, 26: 1213-1234.

Katz, C. (2001b) 'Hiding the target: social reproduction in the privatized urban environment', in C. Minca (ed.) *Postmodern Geography: Theory and Practice*. Oxford: Blackwell, pp. 93-110.

Katz, C. (2003) *Disintegrating Developments: Global Economic Restructuring and Children's Everyday Lives*. Minneapolis, MN: University of Minnesota Press.

Keith, M. and Pile, S. (1993) *Place and the Politics of Identity*. London and New York, NY: Routledge.

Kwong, P. (1987) *The New Chinatown*. New York, NY: Hill & Wang.

Lefebvre, H. (1991) *The Production of Space*. Oxford: Blackwell.

Marston, S. A. (1990) 'Who are "the people"?: Gender, citizenship, and the making of the American nation', *Environment and Planning D: Society and Space*, 8: 449-458.

Marston, S. A. (2000) 'The social construction of scale', *Progress in Human Geography*, 24: 219-242.

Massey, D. (1984) *Spatial Divisions of Labour: Social Structures and the Geography of Production*. London: Macmillan.

Mitchell, D. (1997) 'The annihilation of space by law: the roots and implications of anti-homeless laws in the United States', *Antipode*, 29: 303-335.

Mitchell, K. (1997a) Different diasporas and the hype of hybridity', *Environment and Planning D: Society and Space*, 15: 533-553.

Mitchell, K. (1997b) 'Conflicting geographies of democracy and the public sphere in Vancouver, BC', *Transactions, Institute of British Geographers*, 22: 162-179.

Mohanty, C. T. (1988) 'Feminist encounters: locating the politics of experience', *Copyright*, 1: 30-44.

Parenti, C. (1999) *Lockdown America: Police and Prisons in the Age of Crisis*. London and New York, NY: Verso.

Parr, H. (1997) 'Mental health, public space and the city: questions of individual and collective access', *Environment and Planning D: Society and Space*, 15: 435-454.

Pile, S. and Keith, M. (eds.) (1997) *Geographies of Resistance*. London: Routledge.

Pred, A. (1985) 'The social becomes the spatial, the spatial becomes the social: enclosure, social change and the becoming of places in the Swedish province of Skane', in D. Gregory and J. Urry (eds.) *Social Relations and Spatial Structures*. London: Macmillan, pp. 337-365.

Pred, A. (2000) *Even in Sweden: Racisms, Racialized Spaces, and the Popular Geographical Imagination*. Berkeley and Los Angeles, CA: University of California Press.

The Professional Geographer (2002) 54(1). Focus section on race, racism and geography.

Said, E. (1978) *Orientalism: Western Conceptions of the Orient*. Harmondsworth: Penguin Books.

Scott, J. C. (1990) *Domination and the Arts of Resistance: The Hidden Transcript*. New Haven, CT: Yale

University Press.

Sharp, J. P., Routledge, P., Philo, C. and Paddison, R. (eds.)(2000)*Entanglements of Power: Geographies of Domination and Resistance*. London: Routledge.

Sibley, D. (1995)*Geographies of Exclusion*. London: Routledge.

Smith, N. (1984)(2nd edn 1990)*Uneven Development: Nature, Capital and the Production of Space*. Oxford: Blackwell.

Smith, N. (1992)'Geography, difference and the politics of scale', in J. Doherty *et al.* (eds.) *Postmodernism and the Social Sciences*. London: Macmillan, pp. 57-79.

Smith, S. J. (1987)'Residential segregation: a geography of English racism?' in P. Jackson(ed.) *Race and Racism: Essays in Social Geography*. London: Allen & Unwin, pp. 25-49.

Swyngedouw, E. (1997)'Neither global nor local: "glocalization" and the politics of scale', in K. Cox(ed.), *Spaces of Globalization: Reasserting the Power of the Local*. New York, NY: Guilford, pp. 137-166.

Valentine, G. (1996)'Children should be seen and not heard? The role of children in public space', *Urban Geography*, 17: 205-220.

Valentine, G. (2001)*Social Geographies: Space and Society*. Harlow: Pearson.

Valentine, G. and Longstaff, B. (1998)'Doing porridge: food and social relations in a male prison', *Journal of Material Culture*, 3: 131-152.

Willis, P. (1977)*Learning to Labor: How Working Class Kids Get Working Class Jobs*. New York. NY: Columbia University Press.

Women and Geography Study Group(WGSG)(1997)*Feminist Geographies: Explorations in Diversity and Difference*. London: Longman.

第十四章 自然系统：环境系统与循环

芭芭拉·A. 肯尼迪（Barbara A. Kenedy）

本章内容界定

系统是物体及其属性的集合——例如，一个流域就是一个系统，由各种角度的山坡、土壤深度、植被覆盖和大大小小的河道组成。流域是一个开放系统，能量与物质在系统中流动：尽管地球本身与外部空间的物质交换如此微小，可以把它看成一个孤立系统，但是自然地理学中大多数系统属于开放系统。循环就是永远重复的事件或变化——例如，高潮低潮与季节。有些循环往复的周期可能以百万年计，有些则以日计。

一、导论

自然界有些最基本的问题显然是循环：日夜的交替，月相的变化，夜空中的星移斗转，以及在世界大部分地方，天空中太阳的运动和与之相关的温度、降水、动植物生活的季节性变化。直到1789年法国的惊人事件，此类过程被看成"革命性剧变"，在地球或行星系统中每次"革命"中都重复这种过程（Cohen, 1985）。近来，我们都倾向于认为许多基本循环现象理所当然：例如，人造光源的广泛使用使我们不甚关心昼夜循环的性质，然而白昼的长度对人类心理与动植物生理的控制依然十分重要。

每一种重要的循环现象都与一种可称之为"系统"的自然实体某个子集相联系：太阳系、地—月系统、地球本身（无论是否把它看成"盖娅"——见Lovelock, 2000）以及生物圈。我们能够而且确实把较小的成分界定为离散系统——流域、生态系统——虽然这些可能难以唯一地与肯定地予以界定。作为一个系统，如同霍尔和费根（Hall and Fagen, 1956）所定义的，它只不过是"一套物体及其属性"（见Huggett, 1980）。然后，必须明确指出何种物体会形成该子集，而且该子集将如何有别于其他物体——即用画界线的方法。一旦确定，就可能有三种系统：

第一，封闭系统。与环境既无物质交换也无能量交换的一套物体。对地理学家而言，自然系统中即使有某种封闭系统，也极少属于此类。

第二，孤立系统。与环境有能量交换而无物质交换的一套物体。地球本身就接近于这种情况,其他被认为实体的行星也是如此。

第三,开放系统。与环境既进行能量交换又进行物质交换的一套物体。在此意义上,自然地理中所有系统均属开放系统。

1950 年生物学家路德维希·伯特兰菲(Ludwig von Bertalanffy)提出,物理系统和生物系统具有共同的根本特征。他继续倡导他称之为通用系统理论(general system theory,GST)的发展,它具有五项主要目标(Ludwig von Bertalanffy,1956:2)。

第一,在自然科学与社会科学中鼓励走向综合的一般倾向;

第二,把这种综合置于系统通用理论的中心;

第三,表明这种理论在非自然科学中如何能对精确理论的发展给予重要支持;

第四,发展"垂直地"贯穿每个单独学科的统一原理;

第五,在关于科学的教学中鼓励实质性综合。

其中第四种想法特别重要,因为它强调任何一种自然系统的等级性和"嵌套"性(最明显的是细胞、器官、有机体、种群)。通用系统理论的基本信条是在每个等级中确定其水平的重要性,以及在各水平之间和同一水平内适当的控制机制(见当前的讨论,参考 Willis and Whittaker,2002,关于生物多样性的著述)。

伯特兰菲的思想被经济学家肯尼斯·博尔丁(Kenneth Boulding,1956)等人和地貌学家亚瑟·斯特拉勒(Arthur Strahler)接受。后者发表了一篇影响深远的论文,倡导"从清晰界定的开放系统角度对地貌过程进行分析"(Strahler,1952:923)。这种思想广为传播并被他的学生理查德·乔利(Richard Chorley)介绍到英国地貌学界[通过他的第一篇论文"地貌学与通用系统理论"(Geomorphology and general systems theory),随后从整体上对自然地理学进行更广泛的讨论,见 Chorley and Kennedy,1971]。因此,伯特兰菲所阐明的思想历经半个多世纪,使"系统"一词几乎无处不在:最晚近的表现是在地球表面系统的外观中(见 Allen,1997)。

为了了解我们所识别的系统,尤其是为了能够评估通过系统边界的能流与物流以及驱动系统内部运行的方式,至关重要的是能够界定那些边界。不幸的是,这一点被证明几乎是不可能的。甚至对地球本身,外逸层(大气圈最外层)进入星际空间的精确位置也是人为选定的。地球系统的对象并不以整齐离散的形式自我展示,这一事实使得我们想要评估其运行方式变得十分困难:有时确定性似乎小到毫不相干的地步。但是我们越是认为我们了解世界运行的方式,事情就变得越发清楚:能量与物质的微小变化能够对系统运行的方式产生戏剧性改变。这种变化被认为会驱动混沌行为(见 Gleick,1998),同时会推动通过边界的急剧变化(Schumm,1980;又见第七章)。因此系统"真实"边界的缺失表明,在我们假设自然界基本要素业已无疑地最终确定,以及在我们对因果关系的看法两方面,都应该格外谨慎。例如,我们研究一片山坡,可能从过度放牧这种特定的、确定性的观点看待沟蚀的开始。然而,如果你从一个流域的较大单元来看问题,我们所见到的却是坡面发育的一种综合的、根本上随机的机制。对前一种观点而言，沟蚀是可以避免的；而对后一种观点而言，沟蚀却是必然的。

当然，那就是循环过程——在系统边界模糊认识的极限之内，此类过程对自然界的运行至关重要。这些过程从天文循环延伸到基于行星的地质循环，到生物因素与非生物因素相结合的生物地球化学循环，直至动植物区系的"纯"生物学循环（关于这些环境圈层，详见第十章）。

二、天文循环

几个世纪以来，人们已经认识到以"太阳黑子"为特征的太阳活动的可变性与周期性，还有一种挥之不去的感觉，这些比较规则的 11 年和 22 年的周期，在地球气候的某些方面必定有所反映。业已证明要肯定这种看法是非常困难的。不过，自 19 世纪中叶以来，对作为一颗行星的地球的状态与其气候之间的联系，已经形成了一种更一般、更具说服力的见解。当然，还有先前已经认识并依然极其重要的驱动潮汐的地—月耦合。

（一）克罗尔—米兰科维奇周期

在 1830 年代瑞士人阿加西斯（Agassiz）对冰期的认识以后不久，人们提出了冰川覆盖面积大小之间的变化可能同地球对太阳周期性变化的天文学有关。1860 年代美国人詹姆斯·克罗尔（James Croll）总结了这种思想，然后到 1920 年代塞尔维亚物理学家米卢廷·米兰科维奇（Milutin Milankovitch）更正式地加以发挥和改进（Roberts，1998）。地球同太阳的关系中有三个关键要素：轨道，以 10 万年为周期由圆形变成近似椭圆形；近日点的时间（地球离太阳最近的瞬间），以 2.1 万年为周期发生变化，被称为二分点推移，是由地轴轻微颤动造成的；最后，地球轨道面与自转赤道（"椭圆倾角"）之间夹角的改变——周期为 4.1 万年（图 14.1）。

如同所有循环现象一样，这三种天文要素是相互重叠的，因此，有时三者同时起作用，而其他时候它们的效应接近相互抵消。由此可见，计算其影响绝不是轻而易举的（图 14.1b）。然而，由于一项有影响的研究表明，三个米兰科维奇强制功能（forcing functions）同得自深海钻芯的全球温度记录明显紧密拟合（Hays et al.，1976），于是有一种普遍的意见，认为太阳辐射变化的尺度可归于这些波动的可能性很小（北半球也许只有±10%），但是对于晚更新世（约 70 万年前）的冷—暖周期是一个关键。远不清楚的是这种联系能反推到多远——计算已经将其追溯到 250 万年以前（Allen，1997：81；Crowley，2002），或精确地说，辐射波动是如何转化为气候变化的。这些机制在我们的姊妹行星上也应该起作用，注意到这一点是很有趣的，最明显的是在火星上：火星极地冰盖的明显条带与天文学循环会有什么联系吗？这种联系将可能显示出米兰科维奇周期对地球重要性的有趣确认（Smith et al.，2001）。

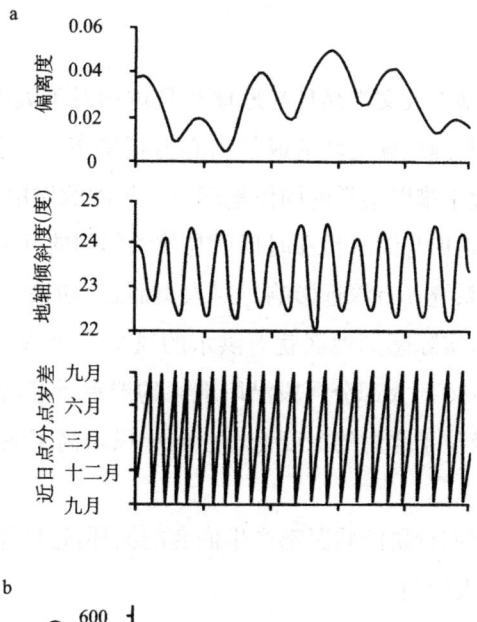

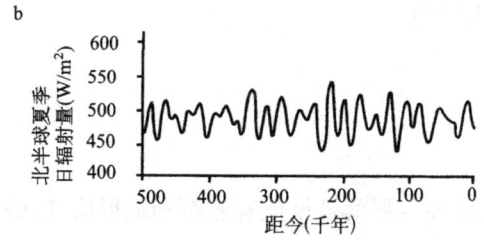

图 14.1　50 万年[①]来地球的米兰科维奇周期：a. 三种轨道要素的频率；b. 互相嵌套的循环的联合效应

资料来源：引自 Allen,1997：Figs 2.23 and 2.24。

（二）太阳辐射

所谓太阳常数，或太阳辐射的速率，就是地球处在日地平均距离时大气圈外部边界上接收到的太阳辐射，大约为 $1\,400\ Wm^{-2}$。事实上，即使在短期内，它也不是一个常数。据估算（Allen,1997:79），自地球与太阳形成的大约 45 亿年以来，太阳的发光度增加了 30%—40%。近期（Kerr,2001）又有一系列证据，把周期为大约 1 500 年的太阳辐射短期变化联系到至少在全新世实质性气候变迁。此外，这种变化如何影响气候仍未可知，一种意见是它们改变了平流层的循环，带着一种撞击效应影响对流层甚至海洋。显而易见的是所获得太阳活动的情况与历次变冷的证据拟合非常紧密。

---

① 译注：原文为 5 万年，但据横坐标应为 50 万年。

(三) 地月系统

一个具有极大影响的基本天文学循环与地球和月球相对于太阳的位置直接有关:作用于海洋的重力牵引——大体与因地球旋转造成的离心力相平衡——造成了每 24 小时海平面两次高潮和两次低潮(还有近乎难以察觉的固体地球与大气圈的作用)。任何地点所经历潮汐的具体性质都可能受到海岸地形与潮水暴涨时反射与放大作用的巨大影响(Puph, 2000)。潮汐循环对海岸和对海岸生态系统具有深远影响。对人类而言,如果每月循环的高位"春"潮与其他非周期性现象同时发生,实际感潮地区就有洪水的风险。1953 年春,泰晤士河口湾与肯特(Kent)河和埃塞克斯(Essex)河大部分河段沿岸地区的严重泛滥,就是因非常高水位的春潮、泰晤士河高水位径流,以及位于北海的深度低压使向岸风增高了潮水位同时壅堵住河口湾的河水而造成的。

在所有时空尺度上,我们行星的状况都产生嵌套的循环,这些循环具有而且已经造成了特别是对地球能量分布的重大影响。

三、地质循环

实际上只有一个"地质循环":那就是见证着岩石和地形构建、破坏与再构建的循环。就我们所能判断的范围内,自从地球形成以来大约 45 亿年的时间内,地球就处在无休止的运转之中。这种情况是 1785 年(1788 年出版其著作)苏格兰的詹姆斯·赫顿(James Hutton)博士首次确定的。他在一段著名的警句中得出如下的结论:"那么,对我们问题的答案就是,我们既看不到(侵蚀巡回、成岩作用与抬升,乃至地球的寿命)肇始之痕迹,也瞻望不到其结局。"

赫顿的观点得到一种相互矛盾的接受(见 Davis, 1969),这部分地由于人们感到他所提倡的不是一种无限的而是有限的地球历史的长度。他还受制于对那些过程描述的能力,经由这些过程,排放到海洋中的沉积物先转变成岩石,最后变成陆地。对赫顿关于地质循环永无休止和固有运转方式观点的辩护最后进入 21 世纪。首先,卢瑟福(Rutherford)把放射性的发现应用于测定行星的年龄,使之最后于 1940 年代被确定为广泛接受的 45 亿年这个数字(见 Burchfield, 1990)。其次,1960 年代大陆板块运动的证实[1915 年由德国人艾尔弗雷德·魏格纳(Alfred Wegener)首先提出]给出了一种陆壳既能被创造也能被破坏的明显机制。这种过程——尽管十分重要——似乎并没有对世界所有部分都进行改造:正如范·德·李(Van der Lee, 2001)指出,不仅加拿大北部有年龄超过 40 亿年的岩石,而且北美中北部大部分地区也有广大区域["劳伦"(Laurentia)]的岩石年龄超过 25 亿年,而且那里在那个时段内未曾受过板块运动的有效影响。

因此,地质循环运行的性质因时间与空间不同而在速率上和性质上有所变化。像劳伦这样的地区在体积上只经历过最低限度的变化;其他古老"地盾地区",如澳大利亚西部,也有同样的被动性质。但在板块碰撞的地方(如在印度亚大陆北部或新西兰),岩石上升伴随着同样强烈而急速的地面过程(冰川、河流与块体运动),其结果不仅对景观有影响,而且对大气圈也有影响,因为风化过程中有二氧化碳的固定和释放。即使板块只是相互滑过,所造成的地震格局——如北美西海岸——也能造成块体运动速率实质性的增加。

沉积过程本身以极大的时间尺度范围频频循环。成为全球煤炭量度标准的石炭纪宏大沉积是统称为旋回层规则岩床系列的极好例证(见 Woodcock and Strachan,2000);在较短的时间尺度上,许多湖泊每年的沉积循环——一个径流高峰时期过后继而为静水状态——产生了被称为纹泥的条带;而每一条冰川出口的河流都经历着水流与沉积物每日的循环,午后流量最高而清早流量很低或断流。

我们有充分理由提出,地质循环实质上贯穿于地球全部历史之中。然而,它的速度与性质在很大程度上因其与生物体的相互作用和由此所造成的生物地球化学循环而不同。

四、生物地球化学循环

虽然大约 30 亿年前的叠层石化石得到公认,但对最古老的化石仍有争论;不甚清楚的是微小生物的证据(同样的争论集中于对火星陨石"生命形式"的讨论)。能够确定的是,地球早期生命(尤其是细菌)发育与环境变化范围的证据暗示着地球物质循环中生物过程涵盖了地球历史的绝大部分(Gross,2001)。这些过程是否导致被称为"盖娅"(Gaia)(Lovelock,2000a、2000b)的实体出现仍有争论,"盖娅"以这样一种方式——维持地球表面处于狭窄变动范围的状态而有利于生命——起着控制地球物质循环的作用。但是魏格纳——以及赫顿——的观点在其提出之初也同样备受争议[现在拉甫洛克(Lovelock,2000b:15)对"盖娅"作如下定义:"最好将其想作一个超级生物。这是一些有界限的系统,部分由活有机体、部分由有结构的非生命物质组成。蜂房就是一个超级生物,就像超级生物'盖娅'一样,有着调节其温度的能力"]。

本章导论中指出,地球或多或少是一个孤立系统。如果要对能量输入不断作出反应,在这种状况下就要求元素和化合物的再循环——在生命形式一旦进入循环的情况下尤其如此,这与月球的状况截然不同。地球表面丝毫看不出其早期历史的情况。相反,月面大大小小的火山口则显示着陨星轰击的亘古证据,没有持续的能量输入以驱动地理过程,没有生命,月球确实是死的,没有循环。

相反,地球存在着所有化学元素与生死攸关的化合物——水或 H_2O——的循环,可以概括地认为这种循环给予我们的星球关键的特征。下列生物地球化学循环的特征是很重要的:首先,主要储库在何处? 其次,元素或化合物在储库之间移动是否容易? 再次,一种循环的运行如何与其他元素循环啮合？在水文循环的案例中，主要储库是海洋（97%），其余3%的淡水大部分保存在冰川、冰帽、冰盖与永冻层中。幸而，水十分自由地进出于循环的大气圈部分，而且仅需较有限的能量就能改变其状态：从液态到气态或相反。因此地球表面每年平均就有大约1 000 mm的水分降落，正是这些降水不仅驱动着风化与侵蚀等主要非生物动力（通过冰与流水），而且还为生物过程提供关键的输入（多数原生质的主要部分是H_2O）。水分循环几乎与所有其他生物地球化学循环相互作用：最明显的联系是与氧气运动的联系。如果水流停滞，氧气供应被切断，最后生物化学反应就从氧化转为还原：静水池塘中"臭鸡蛋"气味表示有机物的氧化分解被还原过程取代，作为副产物生成硫化氢。

多重联系的生物地球化学循环中一个特殊子集是火与自然（和人为管理）生态系统的联系。在自然界，森林、灌木和石楠群落频繁遇到由可燃性残落物堆积驱动的、有规律的林火周期。此类群落主要植物物种的繁殖（其中许多物种种子萌发需要火的帮助）与养分循环都依靠林火周期。人为地为这些自然群落放火就是对自然过程的摹仿。

生物地球化学循环之间的联系极其复杂。生态系统生产力似乎常因一些微量元素过多或缺少而受阻碍。19世纪德国化学家贾斯廷·李比西（Justin Liebig）提出生态系统生产力取决于最短缺的养分供应。现在李比西定律得到引申，说明生态系统生产力被生物化学循环中最具瓶颈效应的因素控制（Huggett，1995）。

五、生物循环

世界上很多地方，丰富的动植物显示出循环的格局。最显著的例子是植物每年生长开花的顺序以及像英国燕子那样的迁移。几个世纪以来，这些年复一年的事件的规律性或异常现象曾经是人们的谈资：18世纪伟大的英国博物学家吉尔伯特·怀特（Gilbert White）曾为塞尔伯恩（Selborne）燕子的行为所困惑（White，1789）。对动植物生命周期中每年关键事件发生时间的详细研究——物候学的主题——为气候变化的影响提供日益重要的证据（Fillella，2001）。

但是更具戏剧性的是由某些植物——每百年开花的"百年植物"或龙舌兰属植物，和许多动物——从荒漠蝗虫到旅鼠到猞猁，所见证的较长期、更神秘的循环。我们还应把带来某些疾病如麻疹等周期性爆发的传染性生物并列在此处（Haggett，1990）。在某些情况下，这些疾病的暴发被认为与林火周期十分相似：麻疹病得以流行之前需要有足够多"易受感染人群"的集结。至于荒漠蝗虫，似乎它与食料植物的周期性丰产有着相当直接的联系：每当食物资源缩减时，蝗虫就聚集到一起，最后经历以个体成群移动为特征的戏剧性生理变化（Evans，1970）。但是在北非小型哺乳动物——查尔斯·埃尔顿（Charles Elton，1942）经典研究中的野鼠、老鼠和旅鼠——5—7年周期的案例中，却证明很难建立与环境循环，特别是与食物供应的性质和丰富性的联系(详细评述见 Norrdahl,1995)。

对于有更长周期证据的地方——如在 1960 年代声名狼藉的食肉性海星(*Acanthaster planckii*)的案例中发现,其在澳大利亚大堡礁大规模群集时杀死了珊瑚——共同的困难在于,若没有良好的长期观测或详尽记录的代用数据,不仅可能把一次纯属自然的爆发(或消失)归咎于人类活动,而且还可能造成严重的误导——去试图改正实际情况。1960 年代作出炸毁大堡礁"海星突变"的建议几乎完全可以证明,那将是比海星本身大得多的灾难(这种干预不仅将摧毁部分珊瑚礁,而且还将改变沉积物与营养流,而对遏制海星成体或其幼体不起什么作用)。

最后,整个群落常常表现出物种丰度相当有规律的循环,称为种属循环(taxon cycles)(Brown and Lomolino, 1998)。和上述情况一样,罕见有足够长时期的直接观测来肯定所涉及的时间尺度,而这些循环常常是靠对空间上分散和假定能代表时间上不同阶段的生态系统或群落的对比来推断的。

生物循环在其运行中并非像钟表一般准确。周期性越强,它们对只有不完全记录的人类旁观者而言,就越显得神秘。当然,可以利用化石记录来获取可能非常长期的周期,尤其是那些主要的灭绝事件(Sepkoski and Raup, 1986),但是循环的现实依然处于高度争论之中(Lawton and May, 1995)。

六、结语

自然界——及其许多系统的许多方面都显示出某种形式的循环行为。要确定此类周期性绝非易事。在具有不同波长相互重叠的若干周期性成分的地方——比如带有若干环形格局的地方,即使完全确定了不可分割的因果机制,要鉴定这些格局也绝非易事。在只有波动和潜在因果关系力量过多的地方——如带有若干生态系统的地方——则几乎不可能说明那些循环,乃至确信那些波动确实是周期性的。

本章小结

- 封闭系统、孤立系统和开放系统需要边界界定,这难以做到。
- 在鉴定系统的关键组分与关键过程时因此需要谨慎。
- 天文周期对从冰期到潮汐之间一切尺度的陆地过程都有影响。
- 地质周期至少有 40 亿年,所以沉积过程都有循环的倾向。
- 地球化学循环可能超过 30 亿年。
- 拉甫洛克关于盖娅的概念把地球及其生物地球化学过程看成一个超级生物。

- 李比西的最小律认为生态系统生产力由有限的养分有效性控制,并因此是循环的。
- 一切尺度的生物循环均被确认为带有明显的衰减和灾害。
- 在循环机制未能很好地了解的任何系统中,需要有足够长期记录才能从个别事件中区别出真正的循环。

进一步阅读文献

我们推荐布里格斯等的《自然环境基础》(Briggs *et al*. 1997. *Fundamental of the Physical Environment*)作为一本综合性与表述良好的涵盖自然地理学基本系统与循环的著作;乔利和肯尼迪悉心完成的《自然地理学:系统方法》(Chorley and Kennedy 1971. *Physical Geography: A Systems Approach*)把前人大量工作纳入系统网络,可能是近日仅见的具有历史意义的著作;休格特的《地理学中的系统分析》(Huggett 1990. *Systems Analysis in Geography*)是一本较显浅的读物。科恩的《科学中的革命》(Cohen 1985. *Revolution in Science*),以及在地貌学中戴维斯的《地球在衰退》(Davis 1969. *The Earth in Decay*),均较好地描述了科学思想的变化。最近很可能给我们关于地球系统与循环的思想添彩的观点包含在下列著作中:《混沌:令人惊奇的未可预测的科学》(Gleick 1998. *Chaos: The Amazing Science of the Unpredictable*),《处于边缘的生命:繁衍于极端环境中令人惊奇的生物》(Gross 2001. *Life on the Edge: Amazing Creatures Thriving in Extreme Environments*)和拉甫洛克最近的著作(Lovelock, 2000a、2000b)。最后,《科学》(*Science*)期刊每周出版并对本章所涵盖的论题提供范围广泛可用的最新资料。

注:上述文献详见本章参考文献。

参考文献

Allen, P. A. (1997) *Earth Surface Processes*. Oxford: Blackwell.

Atkinson, B. W. (2000) 'Solar constant', in D. S. G. Thomas and A. Goudie (eds.) *The Dictionary of Physical Geography*. Oxford: Blackwell, p. 448.

Boulding, K. (1956) 'General systems theory—the skeleton of science', *General Systems Yearbook*, 1: 11-17.

Briggs, D., Smithson, P., Addison, K. and Atkinson, K. (1997) *Fundamentals of the Physical Environment* (2nd edn). London: Routledge.

Brown, J. H. and Lomolino, M. V. (1998) *Biogeography* (2nd edn). Sunderland, MA: Sinauer Associates.

Burchfield, J. D. (1990) *Lord Kelvin and the Age of the Earth*. London: University of Chicago Press.

Chorley, R. J. (1960) *Geomorphology and General Systems Theory*, US Geological Survey Professional Paper 500-B.

Chorley, R. J. and Kennedy, B. A. (1971) *Physical Geography: A Systems Approach*. London: Prentice Hall.

Cohen, I. B. (1985) *Revolution in Science*. London: Belknap Press.

Crowley, T. J. (2002) 'Cycles, cycles everywhere', *Science*, 295: 1473-1474.

Davies, G. L. (1969) *The Earth in Decay*. London: MacDonald Technical and Scientific.

Elton, C. S. (1942) *Voles, Mice and Lemmings: Problems in Population Dynamics*. London: Oxford University Press.

Evans, H. E. (1970) *Life on a Little Known Planet: A Journey in the Insect World*. London: Andre Deutsch.

Gleick, J. (1998) *Chaos: The Amazing Science of the Unpredictable*. London: Vintage.

Gross, M. (2001) *Life on the Edge: Amazing Creatures Thriving in Extreme Environments*. New York, NY: Plenum Press.

Haggett, P. (1990) *The Geographer's Art*. Oxford: Blackwell.

Hall, A. D. and Fagen, R. E. (1956) 'Definition of system', *General Systems Yearbook*, 1: 18-28.

Hays, J. D., Imbrie, J. and Shackleton, N. J. (1976) 'Variations in the earth's orbit: pacemaker of the ice ages', *Science*, 194: 1121-1132.

Huggett, R. (1980) *Systems Analysis in Geography*. Oxford: Clarendon Press.

Huggett, R. J. (1995) *Geoecology: An Evolutionary Approach*. London: Routledge.

Hutton, J. (1788) 'Theory of the earth; or an investigation of the laws observable in the composition, dissolution and restoration of land upon the globe', *Transactions of the Royal Society of Edinburgh*, I(II): 209-304.

Kerr, R. A. (2001) 'A variable sun paces millennial climate', *Science*, 294: 1432-1433.

Lawton, J. H. and May, R. M. (eds.) (1995) *Extinction Rates*. Oxford: Oxford University Press.

Lovelock, J. (2000a) *Gaia: A New Look at Life on Earth*. Oxford: Oxford University Press.

Lovelock, J. (2000b) *The Ages of Gaia*. Oxford: Oxford University Press.

Norrdahl, K. (1995) 'Population cycles in northern small mammals', *Biological Reviewes*, 70: 621-637.

Peñuelas, J. and Fillella, I. (2001) 'Responses to a warming world', *Science*, 294: 793-795.

Pugh, D. T. (2000) 'Tides', in D. S. G. Thomas and A. Goudie (eds.) *The Dictionary of Physical Geography*. Oxford: Blackwell, pp. 489-490.

Roberts, N. (1998) *The Holocene: An Environmental History* (2nd edn). Oxford: Blackwell.

Schumm, S. A. (1980) 'Some applications of the concept of geomorphic thresholds', in D. R. Coates and J. D. Vitek (eds.) *Thresholds in Geomorphology*. Boston, MA: George Allen & Unwin, pp. 473-485.

Sepkoski, J. J. and Raup, D. M. (1986) 'Periodicity of marine extinction events', in D. K. Elliott (ed.) *Dynamics of Extinction*. New York, NY: Wiley, pp. 3-36.

Smith, D. E., Zuber, M. T. and Neumann, G. A. (2001) 'Seasonal variations of snow depth on Mars', *Sci-

ence, 294: 2141-2146.

Strahler, A. N. (1952)'Dynamic basis of geomorphology', *Bulletin of the Geological Society of America*, 63: 923-938.

Van der Lee, S. (2001)'Deep below North America', *Science*, 294: 1297-1298.

Von Bertalanffy, L. (1950)'The theory of open systems in physics and biology', *Science*, 3: 23-29.

Von Bertalanffy, L. (1956)'General system theory', *General Systems Yearbook*, 1: 1-9.

White, G. (1789)*The Natural History and Antiquities of Selborne* (reprinted 1962). London: Folio Society.

Willis, K. J. and Whittaker, R. J. (2002)'Species diversity—scale matters', *Science*, 295: 1245-1248.

Woodcock, N. and Strachan, R. (2000)*Geological History of Britain and Ireland*. Oxford: Blackwell Science.

第十五章　景观与环境：生物物理过程、生物物理形态

尼克·斯佩丁（Nick Spedding）

本章内容界定

　　景观可定义为组成地球表面某部分的物体的组合。自然地理学主要研究景观的"自然"要素：地形、土壤、植被覆盖、动物生活和气象气候可见的状况。传统景观定义所优先考虑的是外观并强调其整体景色。然而，20世纪下半叶自然地理学的发展扩大了这个概念的范围，把塑造地表形状的各种生物物理过程结合进来。从而，当代对景观的理解倾向于把形态与过程、描述与解释、综合与分析结合起来。

一、导论：什么是景观？

　　本章讲述自然地理学家心目中景观是如何具体化的问题（对景观的另一些阐释见第十六章和第十七章）。景观是一个简明的词语，人人耳熟能详，但是它有着各种含义，对它有各种阐释。它被用作一个普通术语（"景观就是地理学家研究的对象"）并用以界定某些特定事物或属性（"这位地理学家研究那种特殊景观"）。景观同时是一种标签，一种事物或一种看待事物的方法。景观一词来自德语 *landschap*，原本被画家用以表示乡间景色或风景画。因此景观从其肇始就与绘画有着强烈的联系——这些对寻求把地理学确定为对地球表面进行科学研究的那些地理学家并不总是有利的。理查德·哈特向（Richard Hartshorne,1939）的论文"地理学的性质"（The nature of geography）试图清除景观的美学与心理的内涵，提出一种坚定的地理学家的途径，把景观作为地球表面（某部分）的形态（Hartshorne, 1939:325-350；Stamp, 1961）。

　　把景观作为地球表面形态核心的定义具有简明性的优点，但未能为自然地理学家之间在把景观用做一种理论工具的问题上提供一种观点不同的意识。有两个意义重大的观点曾经是而且今天依然是争论的热点。第一个集中于下述问题：组成景观的实体是什么——什么是"进"什么是"出"以及它们是如何相互联系的？一般把景观看成一些个体形态的组合——常常达到景观在一定程度上超过其各部分之和的程度。这是一种总体上的看法，其中各种目标之

间的关系特别重要。相反的观点反对目标之间关系的重要性,主张最好孤立地研究各个个体的形态。这是分析,不是综合。

第二个关键问题是:我们如何能够解释景观?这个问题与第一个问题密切相关。关于景观是什么的不同想法同关于适当的解释形式的不同想法有联系,包括它们对被认为重要的时间、空间、尺度和各种关系类型所选择的处理方法截然不同。这方面存在着两大学派。整体论学派把景观看成是在漫长时空中展开的各种事件系列的复杂产物。景观的形态——或构型——是偶发性的,或者是非本质的,因为不能直截了当地把它看成单一过程或法则的结果。相反,据此观点了解景观,就需要重建逐步地塑造景观形态影响其发展的事件的次序。据此,辛普森(Simpson,1963)将其描述为对科学"历史的"或"构型的"方法。与此相反的是"非历史的"或"主观的"(内在的)科学,即关于通用原理诸如独立于特定时空实例的物理定律的研究(Simpson,1963)。此处的重点是单个抽象过程的关系,诸如河流、风与坡面破坏的机制。这种分析有时用以研究一些伴随的个别形态,但是——准确地说是由于总体上景观并不是由一个单独的过程所产生的——对规模较大、较复杂现象的研究还很少见。

作为知识概念的景观,由于时而以这个学派时而以另一个学派为时尚,其地位波动颇大。历史科学与非历史科学之间的紧张关系能较好地解释景观变化不定的命运及其含义,并且为了解自19世纪末以来自然地理学的发展提供了一个框架。我试图在本章其余部分追溯一些最重要的辩论。然而,我希望介绍苏格兰凯恩戈姆斯(Cairngorms)"家乡"的景观,借以为下文"开路"。

二、凯恩戈姆斯

如同本节标题所示,我们要把有别于其他地区地表特定部分的独特景观面貌区别出来并予以命名。尽管对该地区的准确边界仍有争议,就如同把拟议中的国家公园界线应该画在何处的争论所表明的那样,地方、旅游与科研等部门都倾向于同意凯恩戈姆斯(苏格兰高地东北角的群山)代表着与众不同的自然遗产的独特景观(Murray, 1962; Gorden, 1993; Brazier et al., 1996; Glasser and Bennett, 1996; Watson, 1996; Scottish Natural Heritage, 2001)。

凯恩戈姆斯的地理地质核心是一个花岗岩体,大约4亿年以前加里东造山运动时深埋于地壳之下(Hall,1991)。随后的侵蚀作用揭开了底盘的顶盖,形成了现在边坡陡峭波状起伏的高原地表形态。高原面上覆盖着不规则低矮稀疏的极地或高山植被,点缀着一片片沙砾、漂砾,间或有壮观的突岩(tor),打破了本来一望无垠的地平线。海拔较低处常见石楠与毡状沼泽,谷底有残存古老的加里东松林。令人印象深刻的陡崖形成了延伸的谷壁,但山坡上到处散布着漂砾,刻着深深的线状疤痕,或有灰泥平滑地覆盖着破碎的岩屑。除了那些被深邃狭长的湖泊占据的地区以外,许多河流蜿蜒于碎石园丘与部分地占据着平坦宽谷底部的阶地之间。

第十五章　景观与环境：生物物理过程、生物物理形态　　223

图 15.1　凯恩戈姆斯景观外貌：a. 典型凯恩戈姆斯景色：从东北方看埃文湖（Loch Avon）和麦克迪山（Ben Macdui）

注：照片为作者所摄。

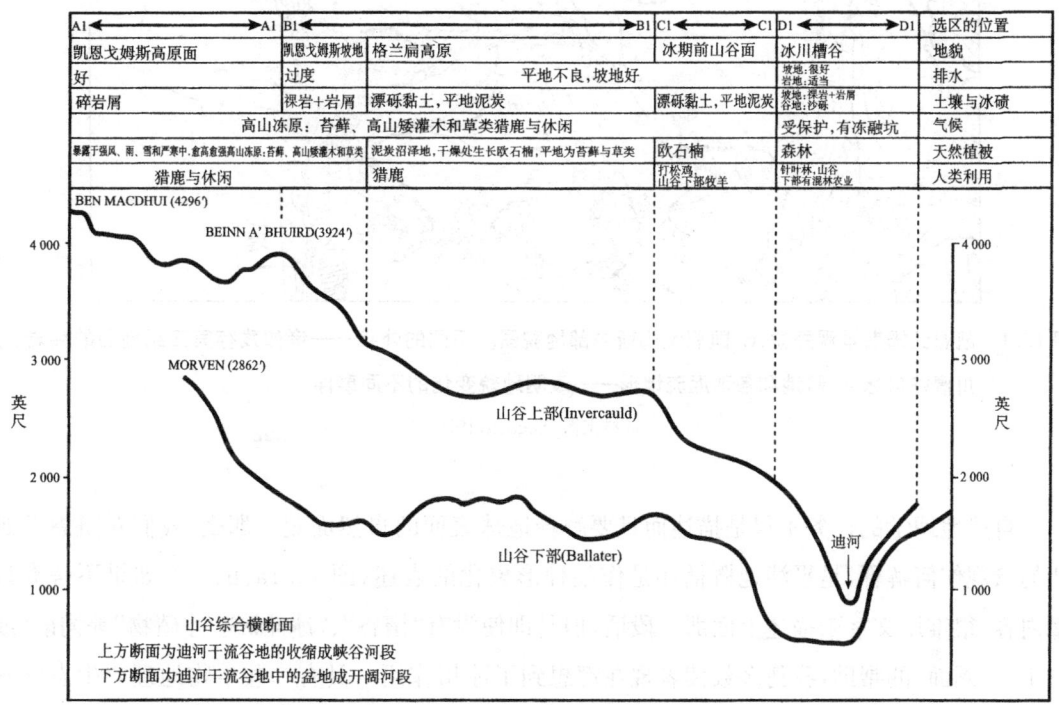

图 15.1　凯恩戈姆斯景观外貌：b. 对凯恩戈姆斯局部横断面的注释，表示地形、自然环境外貌与生物相应的关系

资料来源：据 Murray, 1950——这是区域论文类型极其出色的例子，把景观定义为物理过程、生物过程与人类作用的综合产物。

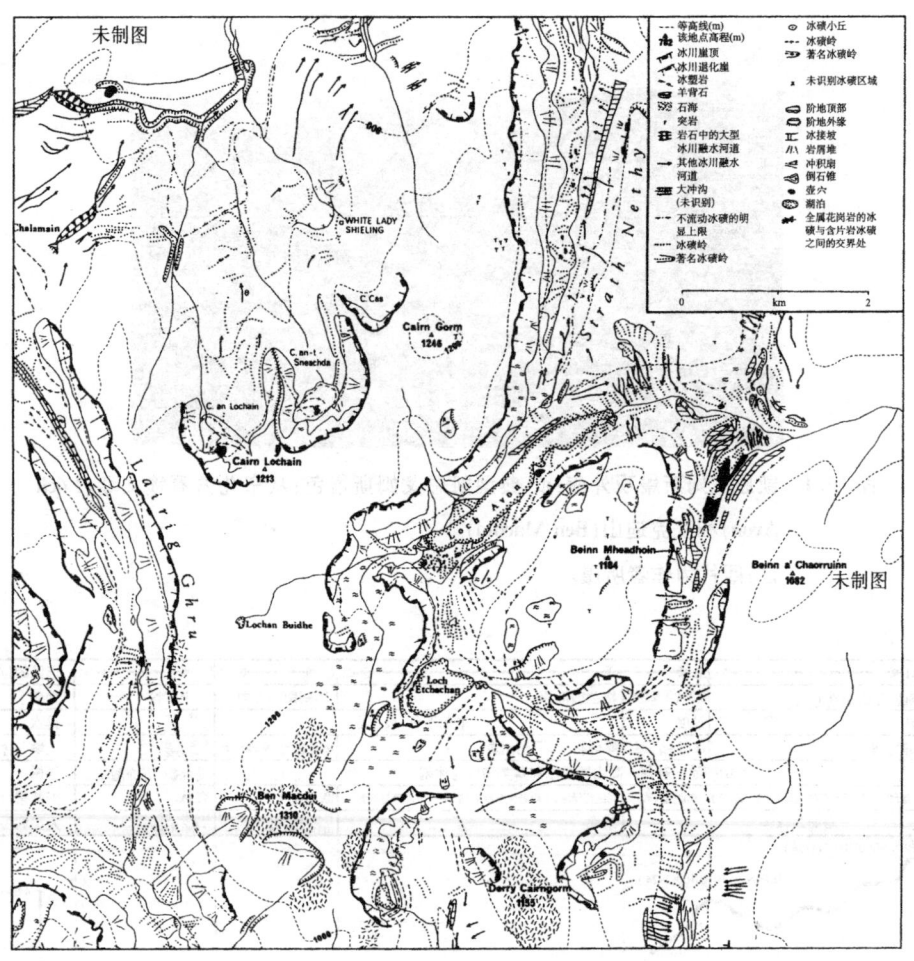

图 15.1 凯恩戈姆斯景观外貌：c. 凯恩戈姆斯中部地貌图。不同的外貌——诸如残存第三纪地面的突岩、冰川槽谷与冰斗、阶地和各种泥流地形——表明地貌变化的不同事件

资料来源：Sugden，1970。

自然地理学的任务不仅是描述而且要解释地球表面的自然面貌。那么，我们对凯恩戈姆斯的景观作何解释，是平淡地概括还是作某种形象化的表述（图 15.1a、b、c）？如果不舍弃许多内容，很难用文字来描述上面那一段话，但是即使没有"槽谷"、"冰斗"或"冰碛物"等词语（或图 15.1 画面）的帮助，我猜多数读者现在都想到了冰川作用。具有一些生物地理或生态学知识的读者还会找到花岗岩、高海拔、风、寒冷、雪、潮湿浅薄的酸性土壤等之间的联系，以此说明特征性的高山与冻原植被，森林何以下降到在土壤较厚、气候不甚严酷的地方。这些只是景观的两个方面。我们还能提出如下的许多其他"景观问题"：

- 过去高原面曾被冰川覆盖吗？如果是，为什么未见冰川侵蚀更广泛的证据？

- 突岩是如何形成的,其年龄是多少?
- 高原最初是如何形成的?
- 植被的分布从来就是这样的吗?
- 冰消融以后景观变化很大吗? 如果是,为何变化又如何变化?
- 如果气候继续变暖会发生什么变化?

我的目的不是在此回答这些问题——请你查阅参考文献中相关部分!相反,我希望强调景观林林总总的问题——因许多不同过程在很长历史时期中形成许多环节——以及地理学家试图回答这些问题所用的各种工具。全面回答"为什么凯恩戈姆斯景观会是这个样子?"需要极其丰富的知识,达到几乎不可能的程度。我们必须知道地质构造与气候变化的全部历史;控制花岗岩矿物风化的化学过程;过去冰川流动的物理过程,据此我们可以重建冰川侵蚀的过程、类型与速率;不同树种对不同气候因素的耐受能力,以及种内竞争的动力和影响等。要把这些都写下来,或为其建立一套合适的计算机模型,即使我们确实具有完备的知识与理解——我们当然不具备这些——要完成这些任务也确实难以想象。因此很显然,地理学家必须立刻只选取景观某些部分使景观研究较易进行。有些地理学家集中研究总体形态,有些研究隐含的过程,还有些则研究变化的历史。戴维斯(Davis)提供了后一主题最好的例证。

三、戴维斯与自然地理学

威廉·莫里斯·戴维斯(William Morris Davis,1850—1934)是19世纪晚期到20世纪初期最卓越的英裔美国自然地理学家。作为"地理循环"(Davis,1899)作者的戴维斯至今还广为人们铭记,地理循环是从作为清晰的区域实体景观的自然地理学中产生的第一个综合理论(Sparks,1986,较近期的论述见Summerfield,1991)。戴维斯的研究集中于地形和景观——就是我们现在所称的地貌学。这会给我们这样的印象:戴维斯对自然地理学持狭义的定义。但事实并非如此。他在本学科的各方面,无论在自然地理还是人文地理方面,均属出类拔萃。他1906年的论文"自然地理学内容的逻辑归纳研究"(Davis 1954a. An inductive study of the content of geography)把本学科的目的定义为对无机与有机(动植物和人类)现象之间无所不在的关系的研究——一种尽管有着强烈环境决定论元素的远见,领先于日后索尔关于景观的论文(Sauer,1925;见下文)。

戴维斯本人很少使用"景观"这个专门术语。在他写作的年代这个词在一定程度上仍属一个新词:在戴维斯有关"地理循环"(Davis,1899:486)的论文中该词仅出现两次,其首次使用——"视为此类景观"——展示了它的美学而非科学的起源。诸如"一个理想的地貌类型系统"(Davis,1954b:166)或"陆地形态学系统"等词语显示了空间排布意识,但是在我们今天使用"景观"的地方,戴维斯还是使用"地形"(land form)一词。景观个别形态与较广泛的集合之间的区别对戴维斯并不重要。然而此后的工作却强调多样性,把景观看成"历史的积淀"(起源于性质五花八门、形态相互重叠的拼缀物),戴维斯的循环把一致性强加于地球表面上。虽然戴维斯确实承认地质差异,但他的基本模式假定气候与过程的永恒性,因而陆地表面的外貌就被视为其年龄的简单函数。

人们在 2002 年(或 1952 年)写作的时候不难挑剔戴维斯关于地形/景观和自然地理学概念的错误。用更现代的术语来说,他对地貌学给予过分的重视,对水文学注意不足,而且往往忽略生物地理学与气候学。循环的严格性并未给物质、形态与历史多样性留下多少余地,今天我们用诸如尺度和敏感性等概念连接起来的景观问题莫不如此(见下文)。戴维斯对景观形成过程的处理同样是有限制的。虽然他对"地理循环"的首次诠释清楚地指出地形是构造、过程与时间的函数,但在他的工作中对过程并未进行过详尽的研究。何以如此仍是一个未解之谜。在戴维斯时代的水文学和地貌学研究中,理论物理学和实验方法必须支持过程研究,这已属确定无疑。例如,库洛姆(Coulomb,1776)的土壤强度方程、19 世纪中叶福布斯和廷德耳(Forbes and Tyndall)①关于冰川移动的工作(Clake,1987),可以追溯到 1856 年的关于孔隙水流动的达西定律,或者杜·博伊(du Boy)出版于 1879 年关于河流底质运移的剩余牵引力公式等。生态学与气象学对过程的研究起步较晚(详见 Bowler,1992:361-378 和 394-397)。乔利(Chorley,1965)将戴维斯把时间作为景观形态的决定性控制因素——达到把时间本身也变成一种过程的程度——归咎于当时流行的关于发育的教条(又见 Osterkamp and Hupp,1996)。然而,我们必须考虑戴维斯自己作为一位地理学家的形象以及他把地理学作为一门合理学科的观点。据此观点,重要的是与空间连贯性有关的各种地表现象同历史变化之间的联系。个别机制的抽象分析也因此留给了其他学科。

戴维斯同时代人的工作

1890 年前后至 1920 年前后戴维斯对自然地理学的绝对控制是如此强有力,以至于历史记录几乎忽略了其他人的贡献。与其同时代地质学家吉尔伯特(Gilbert)的工作今天享有崇高声誉,但这是由于他被 1950 年代和 1960 年代的地貌学家视为拆除戴维斯主义大厦的祖传斗士(例如,Chorley,1962)。在吉尔伯特自己的时代,他是一个有点"不合时宜的家伙"(Sherman,1996:107)。

马尔把他的《风景的科学研究》(Marr,1900. *The Scientific Study of Scenery*)一书描述为一本"地貌学导论",但寻求囊括"地球、天空、海洋所存在的一切……(这些)涵盖了自然地理学领域的大部分"。值得注意的是题目中"科学"与"风景"的结合。尽管书中大部分是由地质

---

① 译注:John Tyndall(1820—1893),英国物理学家。

学与地貌学中为人熟知的材料构成（如果按今天的标准算,是比较过时的）,但是其导言一章还是偏重于景观（或风景）的美学方面,即景观的大小、形状、特征、表面、颜色和运动。如果读者还不相信,马尔建议他或她查阅一下19世纪有关本主题最大的权威：诗人威廉·华兹华斯（William Wordsworth）[①]和文艺批评家约翰·罗斯金（John Ruskin）[②]的著作!

尽管赫胥黎（Huxley）的《地文学》（*Physiography*,1877年初版）的影响不及戴维斯地理循环影响之深远,但也必须列为塑造自然地理学面貌的关键文献（Stoddart,1986）。赫胥黎和戴维斯一样不能忍受死记硬背"岬角与海湾"地理特征的地方事实,决心从地表研究的根本上证实"因果关系"。然而对戴维斯而言,原因主要是时间因素,赫胥黎则偏爱把因果关系确定为自然科学的机械原理,并提出这些原理必须用学生本地的方法表现出来。在一段较短时期内这种思维方式对地理学极其重要。例如,麦金德（Mackinder 1887. Scope and methods）在其著名论文"范围与方法"中,以对"牛顿定律"的理解开始解释印度地理。不过,地文学强调使科学原理恢复其原貌。这些地理学家说,自然科学难以应用到区域地理学和人文地理学中,而且它本身不是地理学。与此同时,自然科学作为中学和大学课程,其力量与声望均有所增强,无须把本土景观作为一种阐释的载体。戴维斯是地文学禅让的主要受益者（Stoddart,1986）,但是,由于他想把过程研究和对区域的理解进行综合,也许赫胥黎才是更有远见的景观倡导者。不过,正是索尔（Sauer 1925. The morphology of landscape）关于"景观形态"的论文获得了把"景观"的正式概念引进英语地理学界的荣誉——而索尔关于什么对景观最重要的想法与赫胥黎的想法大相径庭。

四、索尔、景观与自然地理学

索尔和哈特向一起,从1920年前后到1960年前后,主宰了美国地理学的历史（见Livingstone,1992;或Johnston,1997;又见第十七章）。今天索尔作为一位历史地理和文化地理的倡导者与环境主义先锋而为人所铭记（Leighly,1963）。虽然气候变化与植被类型分布构成指导索尔对"大地与生命"研究的主题,但是他热衷于进行自然地理学研究,那时自然地理学在总体上得不到足够重视（Stoddart,1997）。然而,如果我们要理解两次世界大战之间地理学科如何发展与为何得以发展,以及从地球与环境科学的角度对景观的了解会带来什么结果,了解索尔的观点是有帮助的。

景观形态学

索尔于1923年被任命为伯克利加州大学地理系主任之后不久,就撰写了"景观形态学"一

[①] 译注：William Wordsworth(1770—1850),英国诗人。
[②] 译注：John Ruskin(1819—1900),英国作家、评论家、艺术家。

文。他打算以此抗衡其强大的地质系同僚潜在的敌意(Stoddart,1997)。他在文章中陈述科学地理学的身份、方法与研究对象(很像14年后哈特向在《地理学的性质》中所做的那样)。从法国尤其是从德国地理学家汲取大量经验的同时,区域地理学以景观理论为其核心就是一项宣言——虽然必须记住索尔对"宏大理论"持怀疑态度,如同他不喜欢侵蚀循环以及对环境决定论所表现的更绝对的方式一样。这里对索尔的景观问题应予以认真思考的是其整体性、其缺乏专一性及其与因果过程的关系。这些方面都很重要,因为索尔相信,这些方面的结合,会确立地理学作为一项受人尊重的、为科学呕心沥血的探索者的地位。

索尔的景观是整体性的,因为它是一个和谐关系的实体。地理事实(注意对经验的重视)是"地方的事实",而这些事实——或用索尔所说的"形态学外形"——之间的关系构成景观。索尔坚信景观不是唯一的——"景观不仅仅是观察者所见的一幅真实场景"(Sauer,1925：322),而是具有"普遍内涵"的。据此他认为地理学的任务不是描述单个地区以识别某种景观类型。在这个分类过程中注重技巧与科学的重要性。按照索尔的说法,瑞士阿尔卑斯山某处的景色——比如高踞于泽马特(Zermatt)之上的马特霍恩峰(Matterhorn)——就不是景观,而可看成界定高山景观景色的组合(试想一下刃脊、金字塔状山峰、冰斗和槽谷等块状立体图)。尽管索尔感到地理学只有包括人文地理才是完善的,但是他的确承认自然景观与文化景观之间的差别,而"景观形态学"也确实对前者进行冗长的讨论。这种提法并非首创,但是的确有助于把自然景观确立为一种正式的概念(图15.2)。他认为是气候与地表物质相互作用造成了构成景观的地表面貌("形态"),这是一个比形态更大的总体,因此,在某种程度上,索尔的看法超过了戴维斯。除了地形的空间排布外,气象与气候、土壤与植被都囊括在内(相当重要的原因是这些要素决定了采集或种植粮食的潜力,这是人类占有的基本成分),而这个整体有一部发展史。图15.2所引用的地貌类型简图只抓住了这个景观的一部分。要追溯它在时空总体上复杂的关系网,散文——最好是多彩而煽情的——就是要选择的技术。

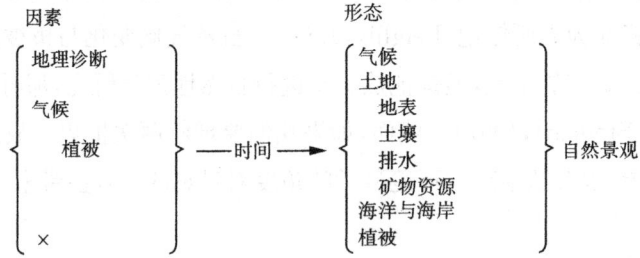

图15.2 索尔关于自然景观形态学的简图,他用"地理诊断"(geognosy)一词来说明地质上与岩石物料的类型、性质与地表分布有关的非历史性部分

资料来源:据Sauer,1925。

也许索尔关于景观思想中最引人注目的——至少回想起来是这样——是他对过程公然的漠视。据他看来,地理学的任务是讲述各种形态——或分布——的相互关系。地理学是一种现象科学(*phenomenologic science*)(他的意思是"研究那里所见到的是什么")而不是一种发生科学(*genetic science*)。他的确认识到塑造景观面貌的一般"因素",但地理学无须顾及事物如何与为何成为现在这种样子:"在地理学上重要得多的问题是在各气候区建立自然景观综合体,而不是追求单个过程的机制,这种过程很少在任何规模的地形上单独地表现出来"(Sauer,1925;Leighly 再版,1962:336)。对索尔来说,赫胥黎的地文学就是物理学的应用。索尔说,它当然不是地理学,对过程感兴趣的科学家好像最好在动力地质系任职。索尔的看法迅速被赶区域地理时髦的人采纳。例如,英国地理学家和戴维斯主义地貌学家伍德里奇在一篇文章中缅怀索尔的"形态学",他写道:地理学方法是"有意地固执地采用非专家的"方法(Wooldridge,1956[1945]:8-9),继而傲慢地承认,"在从气象服务部门回归地理学领域的年轻朋友们中至多不过是一种'并不强烈的兴趣'……假定一种比较专注的姿态并抱着以天气的或动态的面貌重塑整个气象学领域"。强调这一点十分重要,即索尔、伍德里奇、哈特向和许多地理学家坚信他们对景观的综合研究是科学的。然而,1950 年代初,有些地理学家和广大科技界与社会上普遍不同意这种看法。我们可以从这种不尽如人意的状况追溯"科学的"自然地理学的兴起(尽管其从业者并非总是职业地理学家),这种科学自然地理学强调数字和地表过程,大大削弱原先对景观的理解。

五、对景观研究的反作用

在 1950 年代,大部分学院派地理学,无论是自然地理还是区域地理或者二者兼而有之,都具有历史地和全面地看问题的观点,对文字和图画有着强烈的偏爱。索尔的同事约翰·莱利(John Leighly,1963)谈及"景观形态学"的"正效应……令人遗憾的是,在随后的 20 年中鼓励对较小地区详细描述的泛滥,这种描述无论在学术上还是在实践上均毫无价值"。他还在较早的一篇文章里痛惜他所见的自然地理学的萧条,将其归咎于索尔对合理解释自然形态的反对意见,把索尔和戴维斯一起视为罪魁祸首,认为他们所持哲学方法论陈述的局限性,铲除了自然地理学的科学之根(Leighly,1955)。

莱利的批判较之来自某些地质学家的言辞还相当含蓄。麦金(Mackin,1963)谈及他的一些同事时,把他们看成"先锋派","对数量化有一种近乎新教徒般的狂热",把戴维斯视为"对景色有着蝴蝶迷般兴趣的老糊涂"。这批人的首领(或"时髦的花花公子"头目,Sherman,1996)是亚瑟·斯特拉勒(Arthur Strahler)。1950 年他关于戴维斯坡面发育研究的论文在对戴维斯进行攻击的同时,又告诫地质学家接受评判地貌学科所必需的数学、统计学与物理学技术,把地貌学重新定义为"一门近乎复杂得吓人的地球物理科学"。斯特拉勒进一步谈道,"地理学家要继续进行这项(深入的科学训练)计划似乎是不可能的"(Strahler,1950:210)。

假如说斯特拉勒等对传统景观研究和对从事研究的人员持轻蔑态度,那么这场辩论毫无谦和有礼可言就毫不令人惊讶了(例如,见 Beckinsale,1997:6)。但是,尖刻的语言却从部分改革者的真诚愿望中泉涌而出,他们想把地貌学变成适合 20 世纪下半叶真正"科学的"学科,他们之中很多人有能力处理数学问题,实现自然地理学总体上的大改革。当地理学在其疆域以外寻找思想与技术,而综合让路于分析时,区域例外论(regional exceptionalism)内视的(inward-looking)实践开始崩溃。景观是数量化的第一个受害者。从经典物理学产生的还原论侧重于研究单个的、据信是基本的过程,例如河水的紊流(Strahler,1952)。像水力几何学(hydraulic geometry)把河流宽度、深度或流速与流量联系到一起的那些回归方程,概括了某些景观特征的经验关系。新的数量方法,包括推理性和经验性两方面的方法,完全不适用于景观形态多样的组合与伴随的过程——因此,正是景观被推到了一边。霍顿(Horton)赞美流域分析堪与戴维斯的坡面侵蚀轮回相匹敌,声称几个方程和一些简洁的半对数图表就抓住了流域的本质特征(Chorley,1995),但是这些并未能传达有关景观的大小、形态、性质、表面、颜色与运动等方面的综合信息,而这些综合信息是马尔(Marr,1900)借以界定景观的一些参数。

六、景观研究的复兴

自然地理学简史给我们这样的印象:在 1960 年代、1970 年代和 1980 年代,自然地理学只在过程方面进行工作。情况并非如此。那时候提出了更复杂的模型以解释长期的景观发育,包括对什么是自然地理学应该解决的问题的更广泛的理解。例如,沃尔顿(Walton,1968a)提出一个案例,对戴维斯主义的框架进行修正而不是彻底反对。该案例基于对地质构造、气候变化与生态学如气候、植被和土壤等方面的理解——戴维斯对所有这些均未予重视——这些方面被视为控制着侵蚀、搬运与堆积过程,因而也控制着景观的形态。有些地方例如东欧,数量化影响甚小,"传统的"区域地貌学在地理学中的核心地位未受到挑战(例如,见 Simandan,2002)。但是,那个时代地理学家日益选择较小的分析尺度,偏爱过程而不是形态,而且向物理学与统计学寻求灵感。那个时期科学研究也变得更加专门化,以致水文学、生物地理学,尤其是气象气候学的许多主题输给了专门的科系,如计算机科学、生态学、工程学和物理学等。这种倾向与环境科学总体上转向技术与数学方法密切相关,这使人联想到,斯特拉勒关于地理学家能力有限的刻薄评论不无道理。如果这种流失持续下去,英国地理学就变得日益为地貌学所左右,而这几乎完全是由于力求将其作为一门纯粹的还原性科学而造成的(Newson,1992)。北美许多地理系也失去了自然地理专业,包括地貌学(Johnston,1997:50-51)。自然地理学教学常限于作为入门课程的一部分——这证明了索尔的影响——描述各区域的地形、气候与植被,尽管研究工作倾向于采用纯科学的孤立、专门定量的方法,就像在英国那样(例如,见

Graf,1996:444)。

但是,1990年代以来,景观研究在某种程度上得到复兴。虽然原先以科学和过程为一方,以景观和环境为另一方,看来似乎相互排斥,但是今天这四方面再次被视为共同努力的组成部分。之所以如此,是由于下述三方面的进展:

第一,对作为科学典范的物理学核心哲学与方法的重新思考,使许多学科逐渐做好准备,对什么是正确的科学实践进行更灵活的界定。

第二,对空间信息处理的新技术。

第三,环境主义与对话提上研究日程日显重要,以及由此激发的对交叉学科工作的热情。

所有这三方面最近都被提出来作为自然地理学与人文地理学业已分散的子学科重新结合起来的手段(见Massey,1999;Openshaw,1991;Newson,1992)。

(一) 对科学的重新思考

常常发生这样的争论:环境科学受"羡慕物理学"之害,使它盲目摹仿物理学的核心部分,尽管事实上这些部分并不一定适合于环境科学(Frodeman,1995;Massey,1999)。物理学就其经典的实证主义外貌而言是坚定的还原主义:它每次只选取一个据信是基本的过程。它还反对事物的前后联系:依靠简单的严格受控的系统——实验室,或者在纸上,或者在计算机上——这就排除了时间和空间的影响。真实世界要比这难以对付得多,物理学技术不一定能够处理真实世界的情况。科学家一旦走出实验室面对外部环境,置身于时间与空间之中,就立即失去了控制。众多的物体、过程与相互作用并不轻易接受孤立、观测或定量化。这就是说,环境科学必须采取更灵活、更现实的研究标准(又见第二章)。

地质学与环境科学回归解释性与叙述性方法的呼声代表了这种新思想路线的一个方面(Frodeman,1995;Harrison,1999;Baker,2000)。实证主义物理学核心传统的严肃面孔——控制、可重复性和定量化——让位于讲述景观变化令人信服的故事的需要,完全不需要疯狂的绘图仪等零碎材料。这很好地体现了辛普森(Simpson,1963)历史科学思想的复活;在一定程度上也延伸到戴维斯对景观解释风格的回归。然而,现在我们和戴维斯不同,对地表过程、机制与气候变化格局(如Alley,2000)以及各种地质构造框架(如Summerfield,2000)有了深入得多的全面了解。对于这些因素,我们还可以加上像景观敏感性这样有力的概念,那是景观面貌一部分——地形、土壤或植被——易受影响程度的量度(Brunsden and Thornes,1979;Thomas,2001)。此类创新增强了我们的推理力量并减轻了我们讲述神话故事的负担。即使我们有了关于过去环境变化事件的过程、顺序、长度与强度等方面的知识,即使我们能把这些和敏感性的波动联系起来,我们对景观的了解(无可否认绝大部分是定量化的)依然与其本来面貌相去甚远。

对科学重新思考的第二个重要方面是对物理学本身的重新思考。经典物理学是坚定与自豪的还原主义与宿命论者,但在最近20年间这些信条业已遭到突创论、非线性行为、混沌与复杂的攻击(Phillips,1999a;Harrison,2001;Manson,2001)。这些都与系统、格局形成和时空变换的传输有关,因此,有些地理学家急于查阅词典就毫不令人惊讶了。然而,远未清楚的是这些思想是否如其倡导者所说的那样重要。例如,很难真切地想象是何种机制把河网性质同地震分布、股市浮动、交通阻塞联系起来(见Bak,1997)。有些评论家提出,这些新奇的性质与原理都是模式规范的典型产物,而不是真实世界的面貌。另有一些人虽然接受了这些思想的正确性与潜力,但是仍然主张必须进行深入研究,把这些思想同对过程与对经验性问题的了解联系起来。

(二) 新的空间技术

尽管随着对过程研究热情的上升,地图的重要性降低了,但在传统上,地图曾经是地理学与景观关系的核心。在本学科的某些角落里,地图由于"纯粹的描述"而被视为一种时代性错误的废物而同区域文章放在一起。许多实证主义地理学家至今仍然持这种观点,他们用一种不安的、厌恶的、不理解的复杂心情注视着地图技术的复兴。新的地理信息技术结合了各种技术,包括遥感、全球定位系统(GPS)、数字化高程模型和地理信息系统(GIS)。这些技术使我们的能力得到巨大的增长,不仅能对地球表面进行制图,而且能够以各种方式展示那些信息,并能研究组成地球表面各种现象之间的关系。例如,有些GIS系统在计算机上按动一个键就能把传统地图上的景观转换为三维透视图,还可以通过对地表色彩与质地进行逼真的艺术处理和"飞越"的动画镜头,使之进一步加强(图15.3)。空间叠加技术可用以研究不同景观特征之间的关系,帮助我们识别所进行过程的类型。

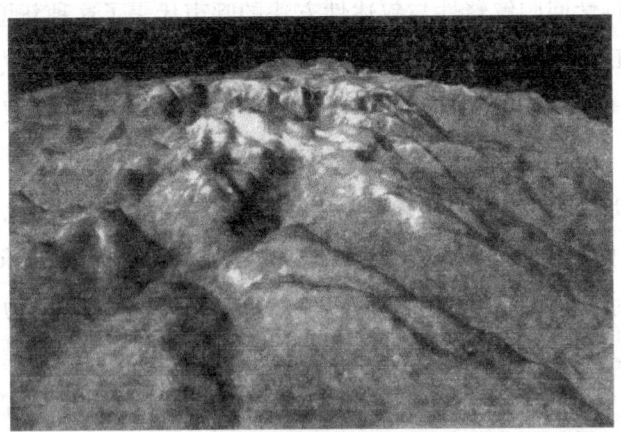

图15.3 凯恩戈姆斯部分地区的数字化高程模型:"飞越"动画镜头片断

资料来源:阿伯丁大学地理与环境科学系。

对所有这些新技术的影响仍有争论。批评者认为这些技术的扩散只不过意味着我们能够更快地产出更多数据，他们愿意强调其反面——诸如其在军事方面的应用。但是，还有许多正面的东西，其中之一是对景观概念给予重大的推动作用。精确的拓扑学与数字化技术富有吸引力的结合取代了随意的、凭印象的散文式臆断，赋予了区域研究科学可信性，这是戴维斯、索尔和哈特向等所渴望得到的。例如，休格特和奇斯曼(Huggett and Cheesman, 2002)的教科书《地貌学与环境》表明，数字化高程模型是如何能够使关于地形与气候、水文、土壤、动植物与人类之间关系的研究重新获得活力。他们提出的"处于土壤圈、大气圈与水圈"界面上，并代表着"地球自然土地表层"的"地形圈"(toposphere)的概念(Huggett and Cheesman, 2002：9)，与索尔关于自然景观的概念非常一致(又见第一章关于环境圈层的论述)。

(三) 环境保护运动与自然保护运动的促进

索尔留给地理学的遗产还强烈地体现在号召"建立自然科学传统与社会科学传统之间的联系；建立区域分析与全球分析的成就同它专注于把地球作为全新世与当代时间尺度上人类家园之间的联系，在这个过程中恢复地理学传统的活力"(Slaymaker and Spencer, 1998；又见 Stoddart, 1987)。全球环境变化带来的威胁日益被援引为地理学存在的理由，同时带来了采用整体性方法的必要性(见 Newson, 1992; Slaymaker and Spencer, 1998; Crofts, 1999; Gregory, 2000)。坊间传言，如果地理学家不被还原主义过程引入歧途，那么今天他们早已走上解开当前谜团的坦途。现在许多地理学家对景观的推崇完全是由于环境保护与自然保护列入了议程。这些日形重要的情况最初于 1960 年代出现在英国地理学界。早期工作的态度非常客观，或者说是实证主义的，地形被保留在景观的核心地位(见 Linton, 1968; Walton, 1968b)。较近期的工作倾向于更平和地对待景观所具有的价值。对景观的这种新理解与地形的定义关系不大。相反，其观点更是生态学的，尽管这是一种人类中心论的生态学。生态学与地理信息科学形成了强有力的伙伴关系(见 Haggett and Cheesman, 2002)。这就对"自然"界、科研机构的工作同广义的社区之间的关系提出了重大问题(见 Frodeman, 2000)。在全球性(如生物多样性损失)与本土性(如适用于凯恩戈姆斯的土地利用政策类型)两方面的问题上，关键性争论是关于权力以及事实的问题。"自然"科学被认为是根据事实而赢得权威，但重要的是不要忽视像某人计算机的大小或者他所认识的人们等方面的因素。景观与环境的研究，即使对地理学家而言，也日益变得不再仅是自然过程的问题。必须牢牢抓住文化、伦理与政治考虑等方面的问题。

七、结语

景观是一些大型的复杂系统，不能彻底地了解其全部。物质景观因各种生物物理过程对其内外的作用而随时间变化。我们心中景观的表象也随之发生变化。历史上的考察表明，力图获得景观真谛的自然地理学已经产生了彼此差别很大的各种模型，试图以种种方式界定与解释景观。其中有三种影响尤其重要：

第一，新发现。例如，气候变化、冰川侵蚀作用、构造抬升与大陆漂移，这些因素都强有力地塑造着凯恩戈姆斯的景观发展史，但是19世纪中叶人们只接受这些因素的头两个，而后两个到20世纪中叶才被接受。

第二，科学时尚(Sherman, 1996)。

第三，自我维护。地理学家往往遭受一种无穷的焦虑，担心地理学即将被竞争对手"鲸吞"，由此感到必须确证自己学科的独特身份。

在上述因素的影响下，景观成为一种难以限定的灵活概念。不同自然地理学家对景观给出的和继续给出的解释都是针对特定时间和空间的。然而，这种多样化无碍于景观的概念继续作为本学科思想中心的特征。开始使景观历史地理学(historical geography of landscape)作为一种思想变得有意义，这朝着对自然地理学发展的全面了解迈出了重要的一步。

本章小结

- 景观的概念不是固定不变的，而是在不同时间不同地方有着不同的解释。传统上对它的解释偏重于地表各种物体的相互作用，这种看法往往具有描述性、历史性和整体性。持此种想法的评论家则更愿意把景观分割为其组成部分，强调单个过程分析的说服力。
- 19世纪晚期戴维斯提出的地理循环，虽然集中于地貌学，而且偏爱使用时间而不是地表过程的作用作为其主要因果营力，但这是在自然地理领域内首次提出的、广为流传的景观理论。
- 1920年代索尔的著作普及了景观的思想，宣传景观是不同地表形态的时间与空间相互作用产生的综合实体，但是他的思想也往往忽视地表过程的作用，因此缺乏说服力。
- 第二次世界大战后把景观作为整体性实体的传统理解因其不具备充分的科学性而招致许多批评。对数学方法的新热情、更广泛地使用物理学和对单个过程的分析削弱了把景观研究作为自然地理学核心的地位。
- 近几年来景观作为一种历史性与空间性复杂实体的思想在一定程度上得到复苏。对此有着贡献的重要主题包括重新思考何种科学最适合于自然地理学研究、空间新技术发展和环境与保育运动的开展。

进一步阅读文献

戴维斯在《地理学论文集》(Davis 1954c. *Geographical Essey*)中的文章和索尔在《大地与生命》(*Land and Life*)(Leighly,1963)中的文章展示了大约1950年以前有关景观意义和重要性的一些最重要的思想。莱利在"自然地理学发生了什么?"(Leighly 1955. What has happened to geography)一文中,对19世纪中叶作为一门科学的景观研究的地位提供了有益的评述,并预期对过程分析的狂热将会迅速把对景观传统的理解边缘化。若要了解近期景观思想复苏的某些重要主题,可参阅哈里森的论文"景观问题"(Harrison 1999. The problem with landscape)和两本书《地表系统:复杂、秩序与尺度》(Phillips 1999b. *Earth Surface System: Complexity, Order and Scale*)和《地形与环境》(Haggett and Cheesman 2002. *Topography and Environment*)。哈里森(Harrison)考察了对景观变化历史故事的回归,菲利普斯(Phillips)研究了引自"新物理学"的某些思想如何能用以帮助我们对景观的理解,而休格特和奇斯曼(Huggett and Cheesman,2002)则展示了新技术——尤其是数字化地形模型——对景观作为不同对象与过程之间相互作用产物这一传统思想的帮助。关于凯恩戈姆斯景观各种问题进一步的信息,无论是主题方面还是研究技术方面的问题,均可浏览麦康奈尔和康罗伊客座主编的《苏格兰生物学杂志》(McConnell and Conroy 1996. *Botanical Journal of Scotland*)专刊。

注:上述文献详见本章参考文献。

参考文献

Alley, R. B. (2000) *The Two-Mile Time Machine*. Princeton, NJ: Princeton University Press.

Bak, P. (1997) *How Nature Works: The Science of Self-organised Criticality*. Oxford: Oxford University Press.

Baker, V. R. (2000) 'Conversing with the earth: the geological approach to understanding', in R. Frodeman (ed.) *Earth Matters: The Earth Sciences, Philosophy and the Claims of Community*. Englewood Cliffs, NJ: Prentice Hall, pp. 2-10.

Barry, R. G. and Chorley, R. J. (1998) *Atmosphere, Weather and Climate* (7th edn). London: Routledge.

Bauer, B. O. (1996) 'Geomorphology, geography and science', in B. L. Rhoads and C. E. Thorn (eds.) *The Scientific Nature of Geomorphology*. Chichester: Wiley, pp. 381-413.

Beckinsale, R. P. (1997) 'Richard J. Chorley: a reformer with a cause', in D. R. Stoddart (ed.) *Process and Form in Geomorphology*. Routledge: London, pp. 3-12.

Bowler, P. J. (1992) *The Fontana History of the Environmental Sciences*. London: Fontana.

Brazier, V., Gordon, J. E., Hubbard, A. and Sugden, D. E. (1996) 'The geomorphological evolution of a dynamic landscape: the Cairngorm Mountains, Scotland', *Botanical Journal of Scotland*, 48: 13-30.

Brunsden, D. and Thornes, J. B. (1979) 'Landscape sensitivity and change', *Transactions, Institute of British Geographers*, 4: 463-484.

Chorley, R. J. (1962) *Geomorphology and General Systems Theory*. US Geological Survey Professional Paper 500B.

Chorley, R. J. (1965) 'A re-evaluation of the geomorphic system of W. M. Davis', in R. J. Chorley and P. Haggett(eds.) *Frontiers in Geographical Teaching*. London: Methuen, pp. 21-38.

Chorley, R. J. (1995) 'Classics in physical geography revisited: Horton, R. E. 1945: Erosional development of streams and their drainage basins: hydrophysical approach to quantitative morphology. BGSA, 56, 275-370', *Progress in Physical Geography*, 19: 533-554.

Clarke, G. K. C. (1987) 'A short history of scientific investigations on glaciers', *Journal of Glaciology* (special issue), 4-24.

Crofts, R. (1999) 'Geography matters for the environment of the twenty-first century', *Geography*, 84: 345-353.

Davis, W. M. (1899) 'The geographical cycle', *The Geographical Journal*, 14: 481-504.

Davis, W. M. (1954a)[1906] 'An inductive study of the content of geography', in *Geographical Essays*. New York, NY: Dover, pp. 3-22.

Davis, W. M. (1954b) [1894] 'Physical geography as a university study', in *Geographical Essays*. New York, NY: Dover, pp. 165-192.

Davis, W. M. (1954c) *Geographical Essays*. New York, NY: Dover.

Frodeman, R. (1995) 'Geological reasoning: Geology as a historical and interpretive science', *Bulletin of the Geological Society of America*, 107: 960-968.

Frodeman, R. (ed.) (2000) *Earth Matters: The Earth Sciences, Philosophy and the Claims of Community*. Englewood Cliffs, NJ: Prentice Hall.

Glasser, N. F and Bennett, M. R. (eds.)(1996) *The Quaternary of the Cairngorms: Field Guide*. London: Quaternary Research Association.

Graf, W. L. (1996) 'Geomorphology and policy for restoration of impounded American rivers: what is "natural"?' in B. L. Rhoads and C. E. Thorn(eds.) *The Scientific Nature of Geomorphology*. Chichester: Wiley, pp. 443-73.

Gregory, K. J. (2000) *The Changing Nature of Physical Geography*. London: Arnold.

Hall, A. M. (1991) 'Pre-Quaternary landscape evolution in the Scottish Highlands', *Transactions of the Royal Society of Edinburgh: Earth Sciences*, 82: 1-26.

Harrison, S. (1999) 'The problem with landscape', *Geography*, 84: 355-363.

Harrison, S. (2001) 'On reductionism and emergence in geomorphology', *Transactions, Institute of British*

Geographers, 26: 327-339.

Hartshorne, R. (1939) 'The nature of geography', *Annals of the Association of American Geographers*, 39: 173-658.

Huggett, R. and Cheesman, J. (2002) *Topography and the Environment*. Harlow: Prentice Hall.

Johnston, R. J. (1997) *Geography and Geographers: Anglo-American Human Geography since 1945* (5th edn). London: Arnold.

Leighly, J. (1955) 'What has happened to physical geography?' *Annals of the Association of American Geographers*, 45: 309-318.

Leighly, J. (1963) 'Introduction', in *Land and Life*. Berkeley and Los Angeles, CA: University of California Press, pp. 1-8.

Linton, D. L. (1968) 'The assessment of scenery as a natural resource', *Scottish Geographical Magazine*, 84: 219-238.

Livingstone, D. N. (1992) *The Geographical Tradition*. Oxford: Blackwell.

Mackin, J. H. (1963) 'Rational and empirical methods of investigation in geology', in C. C. Albritton (ed.) *The Fabric of Geology*. Reading, MA: Addison-Wesley, pp. 135-163.

Mackinder, H. J. (1887) 'On the scope and methods of geography', *Proceedings of the Royal Geographical Society*, 9: 141-160.

Manson, S. M (2001) 'Simplifying complexity: a review of complexity theory', *Geoforum*, 32: 405-414.

Marr, J. E. (1900) *The Scientific Study of Scenery*. London: Methuen.

Massey, D. (1999) 'Space-time, "science" and the relationship between physical geography and human geography', *Transactions, Institute of British Geographers*, 24: 261-276.

McConnell, J. and Conroy, J. W. H. (eds.) (1996) 'Environmental history of the Cairngorms', *Botanical Journal of Scotland*, 48.

Murray, R. M. (1950) 'Upper Deeside: A Regional Study'. Unpublished Honours thesis, Department of Geography, University of Aberdeen.

Murray, W. H. (1962) *Highland Landscape: A Survey*. Aberdeen: Aberdeen University Press.

Newson, M. (1992) 'Twenty years of systematic physical geography: issues for a "new environmental age"', *Progress in Physical Geography*, 16: 209-221.

Openshaw, S. (1991) 'A view on the GIS crisis in geography: or, using GIS to put Humpty Dumpty together again', *Environment and Planning A*, 23: 621-628.

Osterkamp, W. R. and Hupp, C. R. (1996) 'The evolution of geomorphology, ecology and other composite sciences', in B. L. Rhoads and C. E. Thorn (eds) *The Scientific Nature of Geomorphology*. Chichester: Wiley, pp. 415-441.

Phillips, J. D. (1999a) 'Divergence, convergence and self-organisation in landscapes', *Annals of the Association of American Geographers*, 89: 466-488.

Phillips, J. D. (1999b) *Earth Surface Systems: Complexity, Order and Scale*. Oxford: Blackwell.

Sauer, C. O. (1925)'The morphology of landscape', *University of California Publications in Geography*, 2: 19-54 (reprinted in Leighly, J. (1963) *Land and Life*. Berkeley and Los Angeles, CA: University of California Press.

Scottish Natural Heritage (2001)*Report on the Proposal for a National Park in the Cairngorms*. Edinburgh: Scottish Natural Heritage.

Sherman, D. J. (1996)'Fashion in geomorphology', in B. L. Rhoads and C. E. Thorn (eds.) *The Scientific Nature of Geomorphology*. Chichester: Wiley, pp. 87-114.

Simandan, D. (2002)'On what it takes to be a good geographer', *Area* 34, 3: 284-293.

Simpson, G. G. (1963)'Historical science', in C. C. Albritton(ed.) *The Fabric of Geology*. Reading, MA: Addison-Wesley, pp. 24-28.

Slaymaker, O. and Spencer, T. (1998)*Physical Geography and Global Environmental Change*. Harlow: Longman.

Sparks, B. W. (1986)*Geomorphology* (3rd edn). London: Longman.

Stamp, L. D. (1961)'Landscape', in *A Glossary of Geographical Terms*. London: Longman, pp. 287-8.

Stoddart, D. R. (1986)'That Victorian science', in *On Geography*. Oxford: Blackwell, pp. 180-218.

Stoddart, D, R. (1987)'To claim the high ground: geography for the end of the century', *Transactions, Institute of British Geographers*, 12: 327-336.

Stoddart, D. R. (1997)'Carl Sauer: geomorphologist', in D. R. Stoddart(ed.)*Process and Form in Geomorphology*. London: Routledge, pp. 340-379.

Strahler, A. N. (1950)'Davis' concepts of slope development viewed in the light of recent quantitative investigations', *Annals of the Association of American Geographers*, 40: 209-213.

Strahler, A. N. (1952)'The dynamic basis of geomorphology', *Bulletin of the Geological Society of America*, 63: 923-938.

Sugden, D. E. (1970)'Landforms of deglaciation in the Cairngorm Mountains, Scotland', *Transactions, Institute of British Geographers*, 201-219.

Summerfield, M. A. (1991)*Global Geomorphology*. Harlow: Longman.

Summerfield, M. A. (ed.)(2000)*Geomorphology and Global Tectonics*. Chichester: Wiley.

Thomas, M. F. (2001)'Landscape sensitivity in time and space—an introduction', *Catena*, 42: 83-98.

Walton, K. (1968a)'The unity of the physical environment', *Scottish Geographical Magazine*, 84: 5-14.

Walton, K. (1968b) 'The approach of the physical geographer to the countryside', *Scottish Geographical Magazine*, 84: 212-218.

Watson, A. (1996)'Internationally important environmental features of the Cairngorms: research, and main-research needs', *Botancal Journal of Scotland*, 48: 1-12.

Wooldridge, S. W. (1956)[1945]'The geographer as scientist', in *The Geographer as Scientist: Essays on the Scope and Nature of Geography*. Edinburgh: Thomas Nelson, pp. 7-25.

第十六章 景观与环境:自然资源与社会发展

伊恩·G. 西蒙斯(Ian G. Simmons)

本章内容界定

人类已经基本上改变了地球上的生物成分与物理成分。人类导致的变化可以用他们获取体力以外能源的种类划分为不同的时代:采猎时代、以太阳能为动力的农业时代、以化石燃料为动力的工业时代与"后工业"时代。对这些变化至关重要的是技术的作用。

一、导论:不同时间、不同观点

本章标题词汇很丰富,但不一定被人认可。"景观"可以被看成必定是人性的:我们怎样"看待"周围的世界,评价其含义与价值,然后采取行动。相映成趣的是,"环境"有时被理解为用以表示地球上人类以外的物理成分与生物成分。业已存在着杂交形式的困难:博德猎狐犬显然不是人,但是它作为一个杂交种是由于19世纪人类的行动。因此这两个词都包括生物物理与社会两方面,而本章标题下的任何讨论都必须致力于物质世界和思想领域两方面。

过去1万年来每一个人类社会都留下了种种痕迹,包括它同世界上非人类成分关系信息的痕迹(Glacken,1967;Simmons,1996)。有些是以神话形式口口相传,有些是以物质或生物遗存的形式,还有一些埋藏在文字以外大量的谷物和木材中,进而作为科学数据储存在印刷品或电子媒体中。大多数痕迹是我们从地球上非人类物质的使用中产生的,我们把这些物质用作一种资源,或者用以产生各种非物质利益,例如欣赏美景或观察野生动物。一个社会一旦以农业为其生存方式,这个社会与自然的关系就变得不平等,因为那时人类社会就表达出驾驭环境的要求,要在那些被循环的物种中培育新的遗传类型。在较大的空间尺度上,社会创造新的生态系统,有时是经过深思熟虑的,例如砍伐森林以开辟农田;有时却是无意的,例如童山秃岭排水迅速造成局部河流泛滥。只有一些采猎社会才有人类与动物之间某种平等关系的证据——例如,人们相信他们和动物具有同等价值而不是居支配地位。

人类表达控制自然愿望的方式形形色色、各不相同,可见于各时期的艺术中。例如,从欧洲南部旧石器时代的岩洞画到安·戈兹沃西(Andy Goldsworthy)昙花一现的"雕塑"[1]。19世纪以来,人们找到了一种科学范例[1]并在生态学领域中得到表现:从业者谈及"生态优势种人类"时,就如同他们描述落叶林中橡树形成树冠层一样。虽然许多社会以这样那样的形式记录他们与环境的交往和对环境的改变,但千百年来这都是一些地方性知识。直到19世纪才收集到全球的信息,或者通过便宜的印刷术,或者比较容易地去到新的知识宝库,例如柏林或伦敦的自然历史博物馆,能够使用由此得到的知识。出现了世界性知识的编撰者如亚历山大·洪堡(Alexander von Humboldt,1769—1859),其1845—1862年的多卷本著作就命名为《宇宙》(Kosmos),又如美国外交官兼学者乔治·珀金斯·马什(George Perkins Marsh,1801—1882),收集了许多人造生态系统及其后果的实例(见Glacken,1967;Goudie and Viles,1997)。他开始进行某种概括,包括不得不对人类愚昧的承认,成为今天研究人类影响的基础。

即使这些旅行家和学者开始灌输这样的思想,即有广泛的证据说明人类介入景观的塑造在任何意义上都随处可见,但是总有这样的感觉,还是有一些地方和环境未受人类的影响。其中两个显著的例子是大气圈和海洋,还可以加上像喜马拉雅山和安第斯山这样的崇山峻岭,以及像撒哈拉和阿塔卡马[2]这样的荒漠。拜伦(Byron,1788—1824)可以这样描述海洋:人类的"控制止于海岸",而1883年英国皇家学会主席在谈及北海和挪威海时宣称:"我们的所作所为不会影响鱼类的数目。"然而到了2000年,在那些海域里许多地方已经禁渔,因为鳕鱼存活量已经锐减。由于19世纪学者与作家的开拓性工作、科学上的成就,以及通过日常的实践,几乎处处都能感受到人类的影响,而大气圈现在已被广泛理解为受人类影响威胁最大的对象之一。在认识变化这一"事实"的同时伴随着意义重大的观念改变,这是本章的重点。

二、人类导致变化的深度与强度以及相应的概念

由于有些变化引起了人们的忧虑,因此对此类变化的历史进行了大量研究,尤其是在有定量化数据的时候,例如,关于能够收集到森林砍伐或沙漠扩张数据的时候。学者们对人类关于自然与环境理念的历史也进行了大量研究(Glacken,1967)。但这两方面少有结合,因为存在着一种诱惑——必要时是抵制——用因果关系把它们联系到一起。这里,人类与其环境之间物质关系的主要变化被新出现的某些重要的概念性理解夸大了。

(一) 猎人与采集者

公元前8000年之前,人类一直是彻底的采猎者。的确,人类进化史中90%以上的时间花

---

① 译注:安迪·戈兹沃西(Andy Goldsworthy)是一位环境雕塑家,利用各种天然材料进行创作,如树叶、花草、石头、木头、沙砾、黏土和冰雪等。

② 译注:阿塔卡马沙漠(Desert Atacama)在智利北部。

在食物收集上而不是在生产上,作为粮秣征集者而不是作为农民。这种低密度的社会人口,结合着某些族群"环境柔弱性"信仰模式的实例,使得把采猎者视为伊甸园居民或自然之子的思想得到发展,他们只靠地球的使用权[2]为生,像血球在血管里流动那样通过生态系统,不干扰有机体发育所产生的平衡。然而,研究表明,情况常常不是如此。无情地或漫不经心地榨取地球资源的基础与持续地改变环境的例子比比皆是(Simmons, 1979; Roberts, 1998)。对每一个居留在猎鹿或猎海狸地区的族群,其中总有一个把所有动物杀光。几千年前,猎人们用火管理森林和萨瓦纳,以最大限度地获取猎物,由于并非所有植物都能够耐受反复地焚烧,整个地区的生态系统随之而改变。因此,总的说来,1970年代关于"我们"全体必须更好地向"他们"看齐的想法导致这样的修正,即今天依然存在的任何社会应该如何受到优势政治集团的对待,但是这种修正根本与我们大多数人无关。

(二) 前工业化时期的农业

大约公元前7000年至公元1750年,随着猎人被农业劳动者取代,猎人数目明显减少(Simmons, 1996),他们中有些人种植农作物,有些人饲养牲畜。在今天化石燃料与机械无处不在的情况出现之前很久,地球表面就已经受到粮食与纤维生产十分明显的影响。然而,前工业化时期的农业是以太阳能为动力的:它完全依赖于通过光合作用捕获太阳能。这并不意味着它效率低,因为很多地区的产出还有盈余,尤其是在生长季能够延长以及水分管理较为可靠的地方。因此,除了供农牧民进行土壤、植被与动物群落的改良改造以外,盈余的农牧产出使水土资源可用于非粮食生产。资源的这些用途常常是被社会上强力集团左右的。一个例子就是把大片土地划作贵族政府的猎场,对他们说来这种运动是他们身份不可或缺的部分:从美索不达米亚(约公元前4000年)到中世纪直到现代早期的英国都充满这样的例子。另有一些例子可能是创建了一些花园,通常是娱乐与粮食、花卉与药材生产并存。

如果存在着对粮食与劳动的控制,所产生的盈余就使规模宏大的工程得以实现。如果没有对尼罗河的控制使小麦生产有盈余,就不会有埃及的金字塔;约克郡西多教堂的僧侣知道如何生产足够的谷物和肉类供修建喷泉和里瓦拉克斯(Rievalux)教堂的劳工食用。粮食远销到农场大门以外的地方供挖掘岩盐的矿工食用,使萨尔茨堡的大主教富有到足以雇佣莫扎特,或者供巴赫拥有股份的图林根煤矿的工人食用。盈余需要经营管理,于是发明了书写。虽然哲学烤不出面包,但烤出了面包却使哲学家有时间进行思考与写作。而且,如果没有乡村的盈余,就不可能有城市的产生。

(三) 工业化

煤炭是一种密集型能源,一旦实现了能在受控条件下释放,同时通过粮食增产有了更多的能量盈余,对环境的控制就有了空前的飞跃。实际上,煤炭(随之是石油和天然气)的开采对太阳能的收集提供了巨大的补助,为机器的发明与制造提供了资本,这些构成了无数活动的正反馈循环。

因此前文所述的非必要性活动成十倍百倍地增加。富裕的世界可以吃肉和使用发动机。人们能够拥有各种各样的物质财富,这些物质财富一旦过时人们就将其丢弃。原先不能进入的各种环境也能到达:深井采矿、到偏远地区远足度假,甚至达到为了仅仅3小时的度假就乘喷气飞机去一些阳光海滩的程度。因此,比如说人类在公元1750年所定型的地球地图,如果公元2000年重绘,那么二者看起来就差别很大。不仅是人口增长量巨大,而且人类制造活动的幅度,如同其中一些活动的强度一样也增长了。此外,科学家的活动不仅使地球上能流与物流改向成为可能,而且能够使人们在空间旅行中逃避这一切;引进自然界根本不存在的物质,如药品和生物杀灭剂中的某些化合物;以及直接干预活体生物的基因组成。所有这些活动都具有生态上与社会上无法预期的后果。

非物质生产的重要性也像农业一样提高了。粮食生产的集约化[3]意味着现在只需少数人就足以进行种植和饲养牲畜,使更多人可从事各种制造业(随着自动化程度增加,制造业本身也减轻了劳动)与提供服务。如果现在大学的教职员必须自己生产粮食、开采燃料、抄写他们要求学生阅读的书本,大学就无法开办下去。社交生活变成专门的事情[正如约翰·多恩(John Donne)在1611年预言的,"因为人人自己都想/成为人上人,还想那样就会/不再是他从属的那类人,而是他自己"],而且显然不能把信息转化为有组织的知识,更遑论成为智慧了。

(四) 后工业世界

1945年,俄罗斯生物学家V. I. 维尔纳茨基(V. I. Vernadsky)为人类思想之网创建了一个专门名词——"智能圈",终有一天像大气圈、岩石圈和生物圈一样把世界网罗在内(见第十章与Pepper,1996)。我们可能想到,有了瞬间电子通信尤其是通过互联网,最近业已实现了这一点。这种技术本身在物质上并非十分重要(例如同铁路或公路系统相比较),但其效能十分卓越。在先前的年代,资本往往紧随着贸易之后,即在物质与能量运动之后才能形成。现在,一条数字化数据带飞绕着全球,只要是有信用能最后回笼资金的地方,就能传送大量资本,把资金投给煤矿、飞机、名胜、军队,即使那种回笼本身只不过是一些电子数字。有一点和先前时代是共同的:它同样造成相当大的不平等。在工业化条件下世界上大约20%的人拥有种种选择,但其余的80%除了有权选择那些人桌子上的面包屑以外,不大可能得到任何东西。

从环境上看,从贫穷地区受控于外部压力的情况可以看到这一点。在像哥伦比亚这样的国家,为欧洲市场生产诸如鲜花之类的商品作物会造成社会动乱和环境退化,大型矿山(见任何一张布干维尔①地图)或者接受原产地不能接受的有毒废物也会造成类似结果。通过世界

---

① 译注:Bougainville,在巴布亚新几内亚。

贸易组织(WTO)的安排,发达国家可以产生足够的现金对任何地方施加影响。甚至有可能有足够的资金用以预防因消费化石烃类化合物造成的难以预测的气候变化,但是不要打赌说气候变化只能是一种平缓的转变而不能从一种气候状态"翻转"到另一种状态。

(五) 成果的分量

1960年代以来,对人类活动给世界带来实质性变化的方式与范围出现了全球范围的关切。这导致像联合国环境计划署一类全球性组织的形成,以及在1992年里约峰会上围绕气候变化问题的国际性协商(近期评估见 UNEP,1999)。此类活动多受人类对地球表面影响研究的推动。其中有些问题比较简单,如大气圈中 CO_2 浓度的增加,而其他问题则较复杂,如试图测量这种变化的数量,或"生态足迹"的权重(Chambers et al.,2000),或生活方式对非再生资源依赖的程度等。

从这些努力中出现了两个概念。第一个是这些问题是可以解决的。洪堡的继承人已经从多种来源得到几十亿数据:官方统计、样本调查、科学研究、旅行家的故事以及卫星影像等,不胜枚举。但是我们具有了用一些从前绝无可能的方式描绘地球状态的潜力。第二个是新的研究成果引起了这样的关切:虽然这些成果不会陷入彻底的信息真空,但是常会落实到决策之中。其反应罕有世界性的,但常常延伸到国界之外:亚马孙的卫星影像业已唤起远在巴西之外的许多国家的关切。维尔纳茨基的"智能圈"之网可能比它刚出现时更加强大。

三、正在形成的联系时间与空间的概念

上述材料大体上具有一种时间序列,我们现在转而考虑从这个序列中出现的概念,这个序列不是摆脱时间与空间,而是一个联系着另一个。由于地球形态的塑造联系着社会与自然两方面,下面将重点讨论围绕这两方面的思想,最后以这样的问题结束本文的讨论:所讨论的思想是否有意义、对谁有意义、有什么样的意义。

(一) 技术的作用

使用技术从环境中获取物料,这种行为即使不比人类社会更古老,也似乎和人类社会一样古老(Smith and Marx,1994)。技术在人类事务中的作用有所争论,因为有一个学派谈到社会"为了人类的福祉掌控着技术",就好像购买和使用家用吸尘器一样。相反,我们发现那些相信技术决定论的人认为,社会是由技术造成的,而且社会只不过是技术的响应——其贬义词可能是"奴隶"。林林总总的技术,从旧石器时代对火的掌握到今天的电子奇迹,此处无须一一列举。这些技术的共同点是包含大量能量。我的计算机操作并不需要大量电力,但其制造、包装和运输都需要消耗能量。大学里的计算机房可能需要24小时的照明和空调;化学系的排风扇

用电量可能和整个学院的用电量一样多。因此社会实践与对地球的利用是和能量的取得联系起来的,尤其是碳流可以追溯这些联系。

上文反复提及一些概念。例如,西方社会似乎预先设定了接受技术革新的程序:有这样一种固有的认同,即新技术就是进步的同义词,对新技术的抵制简直就是反动。物质财富不仅能用人均 GNP 衡量,而且能用人均商业能耗衡量,后者可视为社会财富对环境冲击的代用品。这些量度通常排除了像薪柴与动物粪便之类(因为其消费量难以测量)的生物体能量,因此在某种程度上是不完全的。然而由于我们能够计算自然界的能量(从火山与地震直至从蚁冢放出的热量,以及人类的能耗),因此就有一种语言把二者联系起来并能告诉我们二者中任意一方的某些东西。不过由于忽略了较贫穷国家的生物体能量,又有谁能说是能量而不是物资的产出与废物的产生划定了生活质量(这个术语本身就是一个困难的概念)的界线?何况在能量获取与婴儿死亡率降低之间似乎有着相关关系。无论如何,能量获取无疑是西方世界观的促进剂,当能量(例如石油)作为一切冲突——从局部的封锁到地区战争——的根源时,也就不足为奇了(Klare,2001)。

(二) 分裂与联合

我们对采猎社会的了解使我们认为人类常常生活在一种单一神话[4]的庇护之下,它把人、动物、气候和宇宙联系到一起。一旦农业获得成功,就出现了一个不同的世界,这个世界首先分成阶层,此后分裂则成为常态。从长期看,在欧洲大多数文化中,当封建领主和贵妇人从大厅退居露天平台后面的阳光中的时候,当走廊允许一个阶级与世隔绝的时候,当公开处死最后走向监狱大墙里面的时候,我们就可以看到社会分裂为阶级。在 19 世纪,当原子被标绘出来的时候,当绘画成为一系列光点的时候,当动画以每秒钟若干帧魔法般显示的时候,甚至把不喜欢的人关在篱笆后面的集中营(始自布尔战争与西班牙古巴)的时候,世界的分裂就好像是很自然的事情。20 世纪的例子更比比皆是,以个人的立体声系统最为明显。身份是与个性密不可分的:拥有变成了追求的目标。在社会与政治领域,个人权利与集体责任之间存在着一种相伴的紧张关系。

与此同时,世界及其人民又更紧密地联系在一起。贸易重叠的网络使我们能够想象威尔士的珍宝可能是公元 400 年从日本拿来的。此类向内压迫跟随着探险与帝国的对外扩张,又被蒸汽船与铁路强化。印刷术使知识传遍各地,而当代电子技术的迅猛发展可视为这种趋势的强化。个性和麦当劳一个分店联系在一起,二者都一样"酷"。

自然界的改变还经历了一些平行的过程。农业的发展分离出一个特殊的土地阶级,但是猎场和园地有了壕沟、篱笆与围墙。设立了边界以划定资源丰富的地区;一些国家进行战争以获取更大的生存空间。甚至大片海域也被划定,鼓励某种拥有权以避免生物资源耗竭。明显的旷野同样被辟为国家公园、自然保护区之类,其中有些被完全围封起来。另一方面,联合也影响着人类以外的世界。新技术被销往国外,或被盗至国外。贸易带来新的经济品种:马匹被带到美洲,番茄被带到欧洲。贸易也带来了有害的移居者,可能在新环境中爆发,如地中海与美洲的藻类和英国河流中的小龙虾。也许最令人瞩目的是疾病的传播,例如黑死病和第一次世界大战后流感的流行。当前关切事项名单最前面的是大气圈上层"温室气体"增加对全球影响的方式,这是人人有份的,不能归咎于任何一个排放者:谁也不能拥有温室气体。在一个物种分布不断变化、生态系统万花筒般重组的世界上,我们可能怀疑"可持续性"是何含义。这两种过程之间紧张关系的物质后果因空间尺度而异;此外,相互作用是如此复杂、如此容易受偶然性与协同作用的支配,以至于根本不可能预测。一种转基因作物可能在实验室中被小心修整,但在田间却要服从生物发育的可能性。

(三) 这有关系吗?

我们大家往往特别介意个人空间:在拥挤的电梯中尽量站直;如果多数学生患有感冒,出自实际的理由,教师就保持免于传染的距离。显而易见,我们容易遭受信息超载与关心地球过分疲劳之苦:"我难以有所作为。"的确,阅读半科普性周刊就可能使我们生活在一个永恒痛苦的世界中。

总而言之,这些观察合起来成了既不新鲜也不激进的思想,即地球对于我们大多数人至关重要:毕竟,它是我们的家。事情似乎很清楚,人类意识随着采用农业而改变,因为无论对社会还是自然界,控制变得很重要,尤其是当结合各种手段对自然界一部分进行改造,把一种文化形象分赋予它的时候,更是如此。我们还应认真思考今天所发生的某些情况是否和19世纪后期的情况相似,尽管相似度不那么明显。我们无法避免面对这样的概念,即我们对待环境的行为中,通常都有一种"应该":有种种正当的方式对待地球上其他成分。这就是涉及道德的问题(Elliot,1991)。

关于改变世界的是非之争还会进行下去,或者在美学的较浅层面上、在人的尊严的较深层面上进行(例如,这些人营养不良或者被剥削而向我们提供速溶咖啡),或者在更根本的水平上(例如,探讨过去和最近将来的侵权行为是否会产生某些不可预料的不稳定性,对全人类并很可能在更大程度上对大自然产生影响)。这场辩论几乎没有什么可确定的东西:其一是某些昆虫和啮齿类似乎比谁都活得更长久;其二似乎是一个更古怪的命题——我们人类注定永存不灭,而不必遵循通常焰火演化的轨迹。我们是生活在一个间冰期中吗?把像在最后一次冰期最盛期留下的100亿人口发射到空间去的想法似乎缺乏吸引力。

这样我们就得出像一个水印一样隐藏在本章每一段后面的问题。追踪上文,其关键词正是达尔文所描述的"那个专横的小词'应该'"。我们应该关心非洲裂谷生物多样性的损失吗?应该关心印度尼西亚森林的砍伐吗?应该关心地震对萨尔瓦多聚落的影响吗?如果答案是像吉姆·罗伊尔(Jim Royle)[5]所说的那样"我不受愚弄",那就立即改变行动方向:地理学将使你的神经剧痛。如果答案为"对……但是我能从哪里开始",那就从上述关于个性的讨论中振作起来:无须强求一致。我们都能够从各种来源获取业已经过某种同行评议的信息,我们都能够和朋友进行讨论并采取行动;考虑一下如果英语世界每一个大学生都只饮用公平贸易的咖啡会有什么效果。最重要的是,要记住联合。作为个人,我们的边界不再是近在咫尺的地方,它是全球的,而且关怀和责任与它同在。

四、元概念?

讨论总是意味着思想越来越复杂化,往往匪夷所思地陷入实例与细节的泥潭。让我们就此终止对几种重要思想的简化、对此类词语所固有的普遍性程度的意识的讨论。首先,我们注意到能量获取是塑造地球面貌的关键:起初是通过火,然后在技术引导下通过化石燃料(和原子能)点燃的火,向大气圈排放一种重要废气——二氧化碳(Smil,1994)。其次,当技术成为变革的手段时,有一种解释说,其目的是对非人类的控制。再次,至少在西方,个人主义的发展赋予人们一种能力,对评估中的各种变化和对非人类世界的各种含义进行研究。最后,自然与社会系统的复杂性意味着它们之间的相互作用永远无法预测:虽然物理学定律提供了一个外壳,但是能够得到的至多也只是一些可能性。1913年西班牙诗人安东尼奥·梅查多(Antonio Machado)的诗句可以总结:

旅人:你的脚步
    就是道路——别无其他。

本章小结

- 本章的讨论环绕着地球的生物组分和物理组分,以及人类思想与行动的社会问题和哲学问题。
- 能量的获取,无论在物质上还是通过知识,都是塑造地球形态的关键;能量的获取使西方的物质经济及其思维模式得以存在。能量流是沟通生态学与社会福利的语言。
- 前工业时代农业的盈余为较广泛地进行土地和水的操控提供了可能性,同时把一些人从亲自生产粮食与其他必需品中解放出来,也为思想界的发展提供了可能性。城市是非物质世界的关键所在地,也是这种关系的具体表达。
- "智能圈"对物质的使用可能并不多,但其影响却很大,对发达国家通信内向爆炸长期后果的评说为时尚早。
- 有一种全新想法,即现在能够收集到全世界环境方面的可比数据,这些数据的使用有可能使对其成果的响应全球化。

- 我们不能置身于地球的过程之外，这意味着要反省我们的行为。自然与社会系统的复杂性意味着它们之间的相互作用绝不能真正预测：尽管物理学定律提供了一种外包装，但是能够得到的至多只是一些可能性。塑造地球面貌具有一种"正确"行为的元素。这意味着对环境伦理含义的一种理解。

进一步阅读文献

要获取当前人类与地球物质相互作用的事实，世界资源研究所（华盛顿特区）的众多出版物是丰富的资源。他们每年出版《世情报告》(State of the World)、《世界资源》(World Resources)等专题小册子。其中有些最新出版物名单与目录可从 www.wri.org 网站上查阅。联合国环境规划署（例如 1999 年）定期出版多卷数据，其千年评估《2000 年全球环境展望》(Global Environment Outlook 2000)可从 www.unep.org 网站上查阅。对于人类与环境关系的历史性—经验性解释有如汗牛充栋，其中西蒙斯的《变化中的地球面貌》(Simmons 1996. Changing the Face of the Earth)较之大多数著作毫不逊色。充满思想的解释要少得多，学生们应该记住并浏览一下格拉肯的《罗得岛海岸遗迹》(Glaken 1967. Traces on the Rhodian Shore)，就可见伟大的学者能达到何等的成就。把能源作为一种优势媒介处理得最好的是斯米尔的几本书，其中《世界史中的能源》(Smil 1994. Energy in the World History)最切此题。对技术与社会这个主题有趣的作品是史密斯和马克思的《技术推动历史?》(Smith and Marx 1994. Does Technology Drive History)。我们对地球印象的衡量是钱伯斯等的《分享大自然的利益，生态足迹作为可持续性的指标》(Chambers et al. 2000. Sharing Nature's Interest. Ecological Footprints as an Indicator of Sustainability)一书的主题。对缺乏西方哲学知识的那些人而言，对环境伦理不存在简明的指导，但是辛格的《与伦理学同行》(Singer 1991. A Companion to Ethics)一书中埃利奥特的论文《环境伦理学》(Elliot 1991. Environmental Ethics)可以作为一块儿敲门砖。

注：上述文献详见本章参考文献。

注释

[1] 范例就是思想和实践出现在一个理论框架之内的地方。科学上，该理论假定宇宙具有可用具体词语说明的规律性。

[2] 享用一种产物而不破坏其来源。

[3] 集约化是指单位面积单位时间生产更多的产品。

[4] 一种诗意的、往往是虚构的故事，其中一般体现为一种一致的世界观与行为。

[5] 21世纪初英国电视喜剧头牌明星,其惰性虽不及其女儿,但确实达到国际水平。

参考文献

Chambers, N., Simmons, C. and Wackernagel, M. (2000) *Sharing Nature's Interest. Ecological Footprints as an Indicator of Sustainability* London: Earthscan.

Elliot, R. (1991) 'Environmental ethics', in P. Singer(ed.) *A Companion to Ethics*. Oxford: Blackwell, pp. 284-294.

Glacken, C. J. (1967) *Traces on the Rhodian Shore*. Berkeley. CA: University of California Press.

Goudie, A. and Viles, H. (1997) *The Earth Transformed: An Introduction to Human Impacts on the Environment*. Oxford: Blackwell.

Klare, T. (2001) *Resource Wars: The New Landscape of Global Conflict*. New York: Metropolitan Books.

Pepper, D. (1996) *Modern Environmentalism*. London: Routledge.

Roberts, N. (1998) *The Holocene: An Environmental History* (2nd edn). Oxford: Blackwell.

Simmons, I. G. (1979) *Biogeography: Natural and Cultural*. London: Edward Arnold.

Simmons, I. G. (1996) *Changing the Face of the Earth* (2nd edn). Oxford: Blackwell.

Smil, V. (1994) *Energy in World History*. Boulder, CO: Westview Press.

Smith, M. R. and Marx, L. (eds.) (1994) *Does Technology Drive History?* London and Cambridge, MA: MIT Press.

United Nations Environment Programme (1999) *Global Environmental Outlook 2000*. London: Earthscan.

第十七章　景观与环境：对世界的描述与解释

卡伦·M. 莫林（Karen M. Morin）

本章内容界定

在以英语为母语①的文化地理中，景观往往是指从某处看得见的一个自然区域，以及一种有助于产生或挑战现存社会实践、生活关系和社会身份的意识形态过程或社会过程。用图画、电影、广告和无数其他媒体对景观原原本本的描述是了解这些过程的关键，正是这些过程使社会实践与景观相互交织。

一、导论

"景观"是英语国家文化地理的一个基本组织概念，但是在艺术、建筑、环境主义、规划以及无数地球科学等领域中同样是一个基本概念。本章仅侧重于20世纪内英语国家——即北美、英国和其他英语国家——文化地理学家对该词汇使用的几种方式（对于景观概念的其他用法，见第十五章和第十六章）。因此这里呈现的景观研究的历史就如同景观研究的地理一样。而且虽然我们必须记住景观传统因学科与地方而有所不同，即使在英语国家的文化地理学中，景观的概念也带有很大的含糊性与复杂性，可能有着几百种细微差别。此外，对景观的争论不仅仅停留在景观是什么的问题上，而且还涉及景观在做什么的问题——它是如何产生的以及它在社会实践中是如何起作用的。其中的一个基本问题是——正如本章题目所暗示的那样——景观总是带有一套"描述常规"。这是指人们如何把他们周围的世界视为、解释与描述为景观，以及被描述的景观如何反映了而且真正帮助产生了一系列正在"现场"发生的曾经存在的关系。

本章从英语国家文化地理中景观概念的历史谈起，然后展示景观概念在研究社会和文化冲突（或舆论）如何兴起与流行时的实用性，最后研究地理学对景观与景观表述问题的争论，围绕着勉强将其归类为马克思主义和女性主义为何物的问题进行讨论。总的说来，本章要点就是展示景观、景观表述与社会实践之间互相组构的功能。

从一开始就应注意到"景观"一词（令人不解地）同区域、地区、自然界、地方、风景（特别是

---

① 译注：Anglophone，母语是英语者，尤其是在使用两种或多种语言的国家里讲英语的人。为简明起见，下文均译为英语国家。

乡村风景)、地貌或地形,以及环境等其他地理范畴纠缠不清。无论如何,文化地理学家在采用景观一词时往往强调自然界可视的一面。因此,要把景观同这些地理范畴区分开的有效方法就是把景观看成一个观察者从一个特定位置或区位所看到地球的可见部分——特别是能够一览无遗的部分(当然,观察者的位置或区位——无论是物理上的位置还是社会上的地位——绝不是空洞的,下文将予以讨论)。景观作为能够被"一览无遗"的空间知识的一种特别视觉形式,其内涵源自16世纪德国的景观画。

这样就可能把第一个实例中的景观想象成一件"事物"——一个地区和一个地区的外观,以及造成这种外观的该地区各组成部分特别的安排方式。从这种有利地位我们就能够谈论"农业景观"、"城市景观"、"景观消费"、"现代"和"后现代"景观、"象征性景观"、"一般景观"和"传统景观",等等。

在开始讨论这个问题的时候我们还应注意到景观具有物质和观念两个维度。景观具有自然的、物质的形式和"形态",完全是通过劳动和其他曾经存在的关系产生的(Mitchell,1996)。但是景观也是由各种媒体(电影、绘画、广告)所表现的,其本身就是曾经存在的关系的代表。特别是近20年来,英语国家文化地理学家已经认识到,具象派的实践对景观的产生,并因此对社会关系和社会结构来说何等重要(Cosgrove,1984;Duncan,1990;Rose,1993)。

重要的是,景观不仅仅是一种"事物",而且必须看成一种意识形态的或象征主义的过程,具有积极地形成人与人之间、人与其物质世界之间关系的力量。就这种意义上说,景观带有象征主义或意识形态的意义,它反映了并帮助产生社会实践、曾经存在的关系和社会身份,而且变成对一个地区要求或竞争其权限的场地。因此社会实践与景观相互构成了正在流行的另一种风格。例如,纪念碑建筑常常带有对战争英雄和军事征服的赞扬性信息。社会活动家网络(历史协会、城市规划师、老战士小组)与社会实践产生了此类景观,但是纪念碑所展示的信息——例如,过去赞美大男子主义价值的特殊形象——积极地再造着今天的那些价值,并由此规范着社会实践(如通过再造一种战争文化)。当然,此类价值远不是毋庸置疑的,可能被无数种方式损害。例如,华盛顿特区的越南战争纪念碑就变成了对战争赞美进行争论的场所,因为它突出了战争的痛苦和损失而不是成功的征服。

二、历史的轨迹

景观研究在1920年代由卡尔·索尔(Carl Sauer)介绍到美国地理学界,特别是通过他的"景观形态学"(The morphology of landscape,1925[1963])一文。受奥托·施吕特(Otto Schluter)等德国地理学家和景观学派影响的索尔,在他的时代里反对环境决定论,主张人类对自然景观的改变产生了他所称的"文化景观"(见第十五章关于索尔的工作在自然地理学中应用方式的分析)。索尔对地理学家研究景观50多年(至少是在美国)的显著影响不容低估。

虽然索尔本人更关心人类导致的物理过程和生物过程,这些过程产生了农业实践与农业格局,但是更长远的是他对与"伯克利学派"有联系的一整代文化地理学家的影响,他们使用他的实验观察方法研究作为文化差异证据的景观的地貌形态。例如,他的追随者往往研究房屋类型和谷仓类型之类的文化产物来追溯文化核心区以及文化族群的扩散(见 Lewis,1975)。

20 世纪中叶地理学中的景观研究还深受历史学家和地理学家的影响,例如,英国历史学家霍斯金斯主张对景观历史进行详细研究(Hoskins,1995),美国地理学家杰克逊通过美国西南部拖车营地之类的本地景观对通俗文化进行研究(Jackson,1990)。杰克逊是通俗杂志《景观》(*Landscape*)的创始人,该杂志从 1951 年开始发行了 17 年。1979 年唐纳德·迈尼希(Donald Meinig)编辑出版了一本文集《常见景观的解释》(*The Interpretation of Ordinary Landscapes*),撰稿人都是一批当时最经常被引用的作者——他本人和杰克逊(Jackson)、皮尔斯·刘易斯(Peirce Lewis)、戴维·洛温塔尔(David Lowenthal)、马文·赛明斯(Marwyn Samuels)、戴维·索弗(David Sopher)和段义孚(Yi-Fu Tuan)。该文集展示了英语国家文化地理学对"常见的"、日常的景观(如教堂和房舍)以及对景观如何揭示社会与个人口味、志向与意识形态的持续的兴趣。对迈尼希而言,景观本身可看成集体的社会意识形态和过程:"一种文化的价值、主流思想与背后的哲学符号"(Meinig,1979:6)。

《常见景观的解释》一书也展示了景观研究中最持久、最具争议的隐喻之一的使用,即把景观当成"课本"来"阅读"和解释。正如一本书(课本)是由许多含有各种意思的词句按特定次序排列供我们阅读的,景观也是由一些要素按特定次序排列而成,我们可以把它翻译成语言,掌握它的意思,进行"阅读"。例如,对作为人类与其环境之间象征性相互作用的建筑形式及其安排(例如摩天大楼的高度作为权力、时髦、公众保护者等的象征)的解释在 1980 年代和 1990 年代以多种方式构成了对景观的辩论。

20 世纪最后 20 年间,行文上的隐喻不仅在景观是什么而且在景观如何调停社会关系等无数新问题上帮助了使用者。熟悉重要社会理论的地理学家首先挑战前辈们的理论,这种理论假定文化族群"集体"造就了景观并以同样的方式"阅读"景观。相反,这些地理学家坚持认为社会组织的级序性格局和过程是所观察到的形态特征的主要原因。因此景观研究开始重视不平等的社会、政治与文化权力关系,而它们又与历史上的和当代的行动主体所造就的景观以及(反过来)所造就的社会差异有关。例如,丹尼斯·科斯格罗夫在其《社会形态与符号景观》(*Social Formation and Symbolic Landscapes*)一书中把景观界定为与资本主义财产关系出现有关的一种"看法"(Denis Cosgrove,1984:13)。他认为景观概念能够通过像地主及其乡间财产一类风景画的媒体抹杀阶级差别。

詹姆斯·邓肯(James Duncan,1990、1992)的著作有助于澄清景观对不同观察者所含有不同意义的程度,也有助于澄清他们是如何充当"互文性"[①]媒体的,各种相互对抗的解释、说教和知识常常贯穿于这些媒体之中。其他地理学家如米歇尔(Don Michell,1996)认为景观研究过分依赖于可视性,他提倡侧重于隐藏不见的东西,比如劳工的历史,他们的工作真正产生了景观。

最后,地理学家开始消除景观分析方面长期存在的基本障碍——主体与客体之间的,即观察者与被观察事物之间的障碍。早期景观研究中的陈述假定在做过经验性观察的景观中能够检测到某些未经传播的、明晰的现实。较近期的研究则强调在进行描述的人与被描述对象之间存在着内在的不可分割的关系。因此,无论是作为地理学家、公司主管还是街道画艺术家,我们所描述的世界无不反映我们自己的地位、价值观、利益、动机和背景。

2001年对纽约市世界贸易大厦的攻击,突出了攻击"之前"和"之后"该公司在无数尺度与位置上为观察者所展示的景观的极其不同的意义:从作为精巧技术设计、现代化、全世界资本主义的成就、爱国主义与民族主义的象征,到更偏离中心的理解——美国政治与经济的脆弱性、反对资本主义、发动对美国的"圣战"、对不公正的美国外交政策与霸权主义的"应得的餐后甜点"或"叫醒电话"、对纽约地区亲朋好友的伤亡和哀悼,等等。这些不同意义与解释同时存在的事实使我们不得不承认同样的景观对不同观察者不仅有极其不同的意义,而且景观本身也是国内外更广泛社会关系的证明,我们必须予以注意和仔细研究。

女性主义景观评论家曾经帮助揭露与前二元论思想(例如存在于观察者与被观察对象之间一种未经传播的"明晰的"现实)相关的问题。地理学家把自己深深卷入对景观过程的解释与分析成为20世纪晚期地理研究的中心,女性主义者如吉莉恩·罗斯(Gillian Rose,1983)等对许多景观地理学(landscape geography)的大男子主义凝视提出挑战。20世纪晚期景观描述研究的进展保证了更详尽的分析,这在以下两节中将要述及。

三、景观政治

景观描述可以采取多种形式——记叙性描写、绘画、地图、规划文件、雕刻、照片和电影等。特雷弗·巴恩斯(Trevor Barnes)和詹姆斯·邓肯(James Duncan)主编的文集《写作天地:景观描述中的讲稿、本文和隐喻》(Trevor Barnes and James Duncan 1992. *Writing World: Discourse, Text and Metaphor in the Representation of Landscape*)中考察了无数景观描述的形式。这些作者断言,景观描述与解释需要作者与读者的语境化(textualization),需要采用修辞与比喻(演说的形象)的概述来传达意思,还需要对过程的分析,使读者相信所传达的意思是世间事物的"自然"秩序。

---

① 译注:intertextuality,互文性,指任何本文(文学本文、艺术本文、哲学本文、历史本文)都是对其他本文的吸收与转化。

文化地理学家通常所称的"地方的政治"就是以景观分析为中心。1980年代和1990年代英语国家文化地理学家强调景观是社会的产物，是人们——尤其是优势族群——基于他们自己的世界观以及他们与其他人的关系，对景观如何创造、表述与解释的结果。虽然权威性取决于能够"把景观作为财富来创建"（米歇尔语）以及掌握其描述的那些人，但是仍然存在与权威争议的空间。在这种意义上，最近的景观研究包括一种确实无疑地属于政治方面的要素，因为这些研究突出了社会与文化的冲突与关系，尤其是基于种族或民族的、阶级的、性别与性特征等方面的不平等权力关系，这些都包含在景观的创建、描述与解释之中。

例如，街道画景观突出了霸权者与颠覆分子二者对景观的描述和解释。强势群体或霸权者对街道画的解读，例如市长办公室或交通运输当局所表达的，可能将其说成完全是对财产的破坏，是对城市的"犯罪"。但是对没有权力占据一席之地的那些人则把街道画理解为一种手段，或是用绘画的方式为那些在城市里处于边缘化地位的"另类们"提供一种挑战现行社会秩序的手段。对景观永远存在着不同的解读，而景观也总是能够用种种没有某种意图的方式来解读。例如蒂姆·克里斯韦尔（Tim Cresswell）表明，许多街道画绘制者自认为在进行艺术创作——街道画景观背后几乎不为强有力的声音所承认的一种意图。

目前大多数景观分析方面的社会学理论都在研究一种三和弦现象之间的关系：意识形态的社会结构（权力、思想与价值），反映那些意识形态的某些景观类型的创建，以及涉及那些景观创建、描述与解释的演讲或语言与文字著述系统。此类分析中这个三和弦的每个部分都可视为一种本文——具有重要意义的文化景观、社会景观和看得见的景观，因而是一些有隐喻性的本文，以及书写的和口头的关于该景观话语的真正本文。邓肯（Duncan,1990）把思想从一种媒体传播到另一种媒体称为景观的"互文性"。因此适合于任何本文的语境就是另一些本文。这种思维方式为一群现象——社会结构，社会实践（尤其是各种权力的行使），自然景观，以及景观描述——之间的概念化关系提供了一个框架，这些现象都发生作用，使得彼此以一种正在进行的方式相互产生和再产生。

如同上文所讨论的，批判性的社会理论家往往突出包含在景观及其解释（例如摩天大楼和街道画）中多重解释或多层含义的程度。由于作为挑战强势社会秩序斗争场地的景观常常有赖于有效的解释——被地理学家或其他人解释，指出这一点是很重要的——因此，似乎必须认识到那些含义并非具体事物或自然界所固有，而是被社会将其归属到这些事物上并随时间而改变，而且还带有观察者的特殊视角与社会地位。因此每一种景观不仅可能有多重解读，而且是由多种行动主体造成的，对这些行动主体而言，谁也不能推断他们有何种意图。如同邓肯（Duncan,1990:12-13）所解释的：

> 描述并非镜子的反映，它们是在语言和进行描述的那些人智力框架限度内所构成的必要性……只有在这样的语境中描述才有意义……（而且）此外，我们也不能观察或体验每一件具有因果力量的事物。

景观含有多层意义的这种可能性受到挑战(见下文)。此处只需说出这一点就足够了:如果对景观貌似有理的解读的数量只受潜在读者数量的制约,就应注意并非所有景观解释都是一样的;既有好的解释也有坏的解释。"好的解释"把社会关系与惯例——观察者和被观察对象二者的关系与惯例——的语境化理解同现场的物理形态联系起来,表明它们是如何相互产生和再产生的。

社会意识形态与社会实践如何造就、表述和再产生景观的一种有说服力的模式,是邓肯(Duncan,1992)对加拿大不列颠哥伦比亚省温哥华附近肖弗内锡(Shaughnessy)高地再开发的研究。邓肯讨论了1980年代一群拥有公寓住宅家庭的精英分子把邻近地区交还给原先加拿大太平洋铁路公司,改建为优雅、如画般的英国式乡间房舍和花园(相对于多家庭的单元与"筒子楼")。这些房产主把自身的优势和下列利益主体联系起来——城市委员会与规划委员会参与绿地和历史建筑的保护以及邻里的自主抉择。令人惊讶的是,邓肯还发现,温哥华工人阶级的最大利益似乎不会因这种精英景观的保护而得到好处,但是他们也支持这项变革。对他们而言,那里代表所有温哥华人引为自豪的美丽地方,同时充满向上的希望。邓肯在这项工作中有效地表明,景观描述不仅是如何观看世界的方式,而且也是"建造世界"的方式。

四、意义重大的辩论

人们可以猜想,英语国家景观研究最重要的进展是1980年代由"新"文化地理学家所提倡的途径,这是在一个正在出现的文化研究范例影响下首先从欧洲开始的转变。这次讨论所采用的形式,不太像两种不同途径之间的对话,不像过去新学派拥护者片面反对旧学派(如索尔的伯克利学派)那样费尽口舌。尽管许多地理学家继续以老传统研究景观,但随后新学派似乎并未遇到阻力。可是,后来在文化地理学内部另外两个方面发生了更加激烈的辩论。第一个可标志为"想象与现实"的辩论,第二个是由女性主义者提出的,他们对许多景观研究中表面上顽固的大男子主义感到不满。

第一次对话的根源是看法上的差异:景观究竟是否有或者在何等意义上有些言过其实?近年来许多基于新马克思主义立场(例如Cosgrove,1984)的景观方面的工作突显了具体的、物理上的、物质的世界——景观的形态方面——与其描述之间确实的关系是什么的问题。像米歇尔这样的地理学家担心,如果景观研究只醉心于描述(例如Barnes and Duncan,1992)似乎会把作为研究目标景观的生产与再生产模式的"真实世界"置于不顾。在这种思维方式中,从语言、本文、演说、图解与符号体系中并通过它们产生的意义忽略了景观"严酷的真实性",因此代表一种"危险的政治"(Mitchell,1996:27)。

像米歇尔的研究方法之类的唯物主义方法强调,语言描述是景观的重要方面,但是景观根本不是语言表达或描述的实体;强调在语言以外有一个体验(如果不是"看")得到的世界并履行着不同于描述的功能。朱迪·沃尔顿(Judy Walton)、唐·米歇尔(Don Mitchell)和理查德·皮特(Richard Peet)刊登于《职业地理学家》(*The Professional Geography*)的一篇辩论性文章中力主这个论点,按米歇尔的释义,"景观形态,无论怎样描述",在社会生活中都有一定功能(Mitchell,1996:99,原著重点)。他在其他文章中还认为,如果景观"确实是一种权力关系",对它就不能有多重解释,因为那将挫败其意识形态功能——即依赖强迫接受占优势的社会秩序的功能(Mitchell,1996:27)。米歇尔的《土地的假象》(*The Lie of the Land*,1996)一书提出了一个有关劳动力在加利福尼亚圣华金谷地资本主义经济扩展中作用的重要论点。他以此为例表明生产关系是怎样介入任何景观塑造的。事实上,我们必须注意景观是如何"被制造",随后又如何作为景观而被描述的。在加利福尼亚南部这个案例中,那种描述是对繁荣的农业给予美学的、田园牧歌式的描述,而繁荣的农业乃是劳动(否则就是看不见的开发)的产物(Mitchell,1996:16)。

"描述与现实"之争的部分问题是基于双重的二元论思维之上的,结果达不到预期目标。沃尔顿(Walton,1996:99)在《职业地理学家》的辩论中提出这样的问题:"在我们的描述以外何处是一个对象(或景观)纯粹的物质性或实体特性?"换言之,对她而言,客观现实总是经过文化过滤的过程才通过语言传达给我们的。因此,我们只有通过对景观的解读才能了解它们。与其建立一套虚假的二元论,似乎还不如专注于研究物质世界不可避免地杂乱无章的组成。于是,描述就不是某些实际存在的、事先有了解释的实体的反映或扭曲的形象。因此"实体"不能和它的描述分开,在此意义上,更为重要的问题是描述是如何产生与引起争论的。

这就引起了出现在地理学景观描述讨论中最后的关键性辩论。1970年代以来有关"有性别的景观"(gendered landscapes)——从住宅到市中心,到郊区,到大型购物中心,到工作场所,到国家纪念碑,到自然环境的讨论,虽然不是地理学景观研究的主流,但仍然吸引了英语国家女性主义地理学家的注意。多数女性主义地理学家的工作集中在景观如何构筑、使其合法化、再产生和争论性别与有性别特征的身份,以及妇女与景观的关系(在其描述与解释两方面)如何有别于男性。其他方面的研究更明确地关心描述本身的政治策略,尤其是试图直面观察者与被观察对象的关系(其中有些问题可参阅第四章)。

文献中出现了对美国西部景观描述与解释中性别差异的若干分析。贾尼斯·蒙克和薇拉·诺伍德编著的《沙漠不是一位女士》(Janice Monk and Vera Norwood 1987. *The Desert is No Lady*)一书首次试图抵消地理学中大男子主义景观传统的影响。本书和这个时期其他著作与流派引述了安妮特·科洛德尼(Annette Kolodny,1984)的基础工作,科氏讨论了美国在北美洲的扩张主义,认为男人和原野是一种统治与征服的关系,而妇女则倾向于以一种"理想化家庭生活"的方式与原野相联系,把住宅安置在像花园与野花之类的景观围绕之中。

在《沙漠不是一位女士》一书出现以前,美国西部大多数有关景观解释的著作都强调19世纪男性殖民者、企业家、政治家、军事人员和铁路支持者的观点。这样的男人要么把西部景观看成"大男人冒险故事"的场景，要么看成大规模主宰与征服土地积累财富的舞台。蒙克和诺伍德表明，妇女不一定同意大男子主义(与男性主义者)对西南部荒漠景观的看法，并质疑这些形象对妇女的适宜性。她们的文集表明，西班牙妇女、美洲本土妇女和英裔北美妇女是如何以一种既不同于男人而且彼此也颇不相同的方式想象美国西南部的。妇女作家、摄影家和艺术家不是把荒漠土地看成可开发的物质资源、一片等待被践踏的土地，而是看成一个强悍的、不能被征服的妇女。妇女艺术家的比喻变成了性的形象(就像男人那样)，尽管它不是采取主宰或压迫的方式，而是以一种亲密与联系的方式，以与地球生产和再生产能量相联合的方式。

近期美国西部女性主义景观研究在其对妇女景观描述的评价中，把性别形象分析与无数其他人的社会身份之斧结合起来。例如，珍妮·凯·戈尔克(Jeanne Kay Guelke,1997)表明，作为忠实信徒的妇女，在参与犹他州边境摩门教"天国"重建时，如何密切地与当地经济发展融为一体。对戈尔克(Guelke,1997:362)而言，宗教建筑用女性身体取代了自然的遐想，这种想法已流行为对景观最普通的隐喻：土地是伟大的母亲、迷人的妖妇、危险的或不可控制的女巫或复仇女神，等等。因此许多摩门教妇女把自己看成是征服与战胜自然、把原始景观变成高产农业景观的自愿而积极的参与者。卡伦·莫林(Karen Morin)关于英国维多利亚时代妇女旅行家对美国西部同一景观某些部分描述的研究表明，对运输模式、土地租约形式、国内与帝国社会的关系，以及对浪漫文学传统手法的注意，所有这一切汇聚到一起，使她们在19世纪晚期旅行的时候产生了对该地区负面的描述。

一个进入了人文地理学主流的女性主义批评是吉莉恩·罗斯(Gillian Rose,1993)对地理学传统野外工作与景观分析的研究。罗斯从一本大型女性主义者文集获取信息，这本文集强调处于某种境地的不完整知识以及对人、物与景观的研究者(或观察者)的地位等方面，她认为通过野外工作与景观分析的地理描述揭示了深藏其中的大男子主义文化价值与知识。

对罗斯而言，地理学传统包括一种大男子主义观看景观的方式，那不仅仅是一种掌握与支配的关系，而且是在观看被作为女性而建造的景观时一种(白人的、布尔乔亚式的、异性恋的)喜悦。她的部分评论围绕着科斯格罗夫在其研究(Cosgrove,1984)中分析过的同一幅画——庚斯博罗(Thomas Gainsborough)[①]的"安德鲁先生和夫人"(约1748年)，形成了看待土地的一种方式，帮助接受与赞美资本主义资产以及拥有者的权利(图17.1)。然而，罗斯公正地断言，科斯格罗夫的解释未能理解男人和女人与周围景观有着不同的关系；这幅图画提醒我们，图上唯一的男人是土地拥有者，而妇女的角色主要是繁衍后代(Rose,1993:92-93)。在这幅画和其他景观画中，妇女是被动或屈从的，就像男性凝视下的日用品一样。不仅是此类景观形象本身以一种女性化景观和妇女相联系，而且，如同罗斯指出的那样，地理学家也在景观描述中无意地强化了性别角色与关系中的性别歧视和大男子主义。大多数爱挑剔的理论家会同意，

---

① 译注：英国画家,1727—1788年。

图 17.1　庚斯博罗："安德鲁先生和夫人"(约 1748 年)

这些都不是"无知的"、无关的描述，而是折射与强化了有生命的性别角色与关系。

还有女性主义地理学家提出了其他类型的对景观所持的同性爱与女性异性爱凝视的可能性。例如，凯瑟琳·纳什(Catherine Nash,1996)研究了黛安娜·贝利斯(Diane Baylis)的摄影"海外"，把它作为美学性质的男性身体的表现。罗斯较全面的观察仍然是正确的；地理学家一般都不会把自己当成景观描述与解释的"有问题的"作者。由于在景观描述情景化方面取得的成就，例如巴恩斯和邓肯(Barnes and Duncan,1992)的工作，地理学家本身未受到注意并与实际相脱离。对罗斯而言(Rose,1993:112)，对看问题这种霸权方式的"女性的"反抗是必要的。这种反抗预期：

"消除这种未受注意的、单一的、冷淡的、大男子主义观众的假象，允许表达妇女间各种不同的看法……要挑战地理学科中凝视的特殊结构，区位、尺度与碎裂化的策略都至关重要。"(Rose,1993:112)

虽然许多女性主义者的工作表明了有性别的景观和妇女的性别身份是相互交织的(如Morin,1998)，但是景观研究中最近的倾向是对男人、大男子主义与景观之间相互关系的关注。例如，雷切尔·伍德沃德(Rachel Woodward,2000)研究了一些军事上的大男子主义与英国乡村景观相互交织的过程。伍德沃德考察了五种信息源——军需品、一般公众信息、基本培训信息与视频信息、有关军事冒险的畅销书以及有关军事生活的电视片。她的研究表明，乡土风俗特殊结构本身对于造就"战斗英雄"是何等重要——它是危险、粗野与有害的。军队文件中的乡村并非田园诗般的社区，与大自然相和睦，而是一种严酷的有威胁的景观，新兵在其中挣扎，而通过它的"征服"，就会出现新兵军需品的物理属性与精神属性(图 17.2)。因此，乡村景观的描述服务于双重目的:用语言表达一种军人男子汉的霸权类型并使之合法化,以及把乡村本身构建为一个合法驻军的场所。

图 17.2　军人男子汉与景观

五、结语

今天学习景观的学生可能认为自己有幸享受前人工作的成果。"传统"景观地理学家对普通的"日常的"景观的注意,尤其是对其形态学方面的注意,最终无可非议地得以持续下去。景观研究方面 1990 年代风行一时的唯物主义者—后结构主义者的辩论至今似乎已不甚令人忧虑。唯物主义者似乎更适合研究"现实"构筑中景观描述的重要性,那些曾热衷于景观描述语言分析或推理分析的人今天似乎也更致力于研究什么是"手头上问题"。他们之间的辩论是富有成果的。业已证明把注意力集中于较少视觉导向的描述模式是值得的(如 Mitchell,1996),整本文集把在描述实践方面的争论看成是挑战现存社会秩序的关键(如 Duncan,1992;Cresswell,1996)。女性主义阵线的形势令人鼓舞,当然仍有许多工作要做。对产生各种大男子主义的有性景观的关注似乎是一个成功的方向,正如对各种各样方法的关注一样,景观有助于产生与调解民族的、种族的和性别的差异。

本章小结

- 景观问题有物质与意识形态两个维度;景观具有物理上的物质形式,被各种媒体描述,其本身也是对曾经存在的各种关系的描述。
- 景观含有反映并有助于产生各种社会实践、生活关系和社会身份的符号含义与意识形态含义,同时也成为向地区当局维权与抗争的场所。
- 虽然19世纪初期英语国家景观研究更着重形态学特征与通过景观解读出来的文化差异,但是后来的研究则认为景观不是由一些文化族群"集体"产生的,而是作为互文性媒体起作用,相互竞争的判例、解释、本文与知识通过景观交相辉映。
- 对景观观察者而言,承认自然与社会地位极其重要。所观察的事物与观察者是不可分的。
- 对许多文化地理学家而言,了解景观的力量对挑战或推翻现存社会秩序至关重要。
- 地理学景观研究中出现两种关键性批评:马克思主义和女性主义。马克思主义采取唯物主义导向,认为许多地理学家过分强调景观描述而不甚注意形态学方面的损失——一种伪二分法本身似乎无视描述实质上构成"实体"的事实。女性主义持续时间更长,集中于向景观研究中的大男子主义发起挑战。该领域业已取得重大进展,但仍有许多工作有待完成。

进一步阅读文献

索尔的论文"景观形态学"(Sauer, 1963[1925]. The morphology of landscape)是美国文化地理学的基本宣言。论文赞成进行经验性观察,以研究作为文化差异证据的景观形态学特征。继而,地理学的马克思主义、后结构主义和女性主义方法导致各种各样了解景观方法的出现。英语国家地理学中首次把马克思主义敏感性导向景观艺术描述的是科斯格罗夫的《社会形态与符号景观》(Cosgrove 1984. *Social Formation and Symbolic Landscapes*)。他在该书中把景观理解为与资本主义财产增长相伴的"看问题的方法"。邓肯的《作为教科书的城市》(Duncan 1990. *The City as Text*)以后结构主义语言学理论,通过对斯里兰卡后殖民时代坎迪安王朝(Kandyan kingdom)城市景观创建的分析,帮助使用者进入地理学景观研究。该书关注景观含义的层次、修辞方法、权力关系和互文性。罗斯的《女性主义与地理学》(Rose 1993. *Feminism and Geography*)对地理学史和地理知识中的大男子主义基础提出挑战,包括对包含在景观研究中"大男子主义凝视"的批评。看待景观这些不同方法之间一些紧张关系见于《职业地理学家》专刊(*The Professional Geography*, 1996),其中朱迪·沃尔顿(Judy Walton, 1996)、唐·米歇尔(Don Mitchell, 1996)和理查德·皮特(Richard Peet, 1996)对景观的唯物主义与后结构主义解释的进展关系进行了辩论。

注:上述文献详见本章参考文献。

参考文献

Barnes, T. and Duncan, J. (1992)*Writing Worlds: Discourse, Text and Metaphor in the Representation of*

Landscape. London: Routledge.

Cosgrove, D. (1984) *Social Formation and Symbolic Landscapes*. London: Croom Helm.

Cresswell, T. (1996) *In Place/Out of Place: Geography, Ideology, and Transgression*. Minneapolis, MN: University of Minnesota Press.

Duncan, J. (1990) *The City as Text: The Politics of Landscape Interpretation in the Kandyan Kingdom*. Cambridge: Cambridge University Press.

Duncan, J. (1992) 'Élite landscapes as cultural(re)productions: the case of Shaughnessy Heights', in K. Anderson and F. Gale(eds.) *Inventing Places*. Melbourne: Addison Wesley Longman, pp. 53-69.

Hoskins, W. G. (1955) *The Making of the English Landscape*. London: Hodder & Stoughton.

Jackson, J. B. (1990) 'The house in the vernacular landscape', in M. Conzen(ed.) *The Making of the American Landscape*. Boston, MA: Unwin Hyman, pp. 355-359.

Kay Guelke, J. (1997) 'Sweet surrender, but what's the gender? Nature and the body in the writings of nineteenth-century Mormon women', in J. P. Jones et al. (eds.) *Thresholds in Feminist Geography: Difference, Methodology, and Representation*. Lanham, MD: Rowman & Littlefield, pp. 361-82.

Kolodny, A. (1984) *The Land before Her: Fantasy and Experience of the American Frontier, 630-1860*. Chapel Hill, NC: University of North Carolina Press.

Lewis, P. (1975) 'Common houses, cultural spoor', *Landscape*, 19: 1-22.

Meinig, D. W. (ed.) (1979) *The Interpretation of Ordinary Landscapes: Geographical Essays*. New York, NY: Oxford University Press.

Mitchell, D. (1996) *The Lie of the Land: Migrant Workers and the California Landscape*. Minneapolis, MN: University of Minnesota Press.

Monk, J. and Norwood, V. (eds.)(1987) *The Desert is No Lady: Southwestern Landscapes in Women's Writing and Art*. New Haven, CT: Yale University Press.

Morin, K. M. (1998) 'Trains through the plains: the Great Plains landscape of Victorian women travelers', *Great Plains Quarterly*, 18: 235-256.

Nash, C. (1996) 'Reclaiming vision: looking at landscape and the body', *Gender, Place and Culture*, 3: 149-169.

The Professional Geographer (1996) Special issue on landscape, 48: 94-100.

Rose, G. (1993) *Feminism and Geography: The Limits of Geographical Knowledge*. Minneapolis, MN: University of Minnesota Press.

Sauer, C. (1963) 'The morphology of landscape [1925]', in J. Leighly (ed.) *Land and Life: A Selection of the Writings of Carl Ortwin Sauer*. Berkeley, CA: University of California Press, pp. 315-350.

Woodward, R. (2000) 'Warrior heroes and little green men: soldiers, military training, and the construction of rural masculinities', *Rural Sociology*, 65: 640-657.

主题词对照表

absolute space 绝对空间
accuracy 准确度
Ackerman, E. A. E. A. 阿克曼
actor-network theory 行为主体—网络理论
adaptive change 适应性变化
adaptive cycles 适应性循环
aerial photography 航空摄影
Agnew, John 约翰·阿格纽
agriculture 农业
    preindustrial 前工业社会农业
    zonal organization 农业分区组织
air masses and fronts 气团和锋
American Academy of Arts and Sciences 美国文理科学院
analysis of variance (ANOVA) 方差分析
Anderson, Benedict 本尼迪克·安德森
anthropology 人类学
areal differentiation 区域分异
Association for Promoting the Discovery of the Interior Parts of Africa 发现非洲内陆促进协会
astronomical cycles 天文循环
attention, image space 对图像空间的注意力

Benks, Sir Joseph 约瑟夫·班克斯爵士
Baskirteff, Marie 玛丽·巴斯克杰夫
Baylis, Diane 黛安娜·贝利斯
behavioural geography 行为地理学
Berghaus, Heinrich 海因里希·伯格豪斯
biodiversity, scale 生物多样性、尺度
biogeochemical cycles 生物地球化学循环
biogeocoenosis 生物地理群落
biography 生物地理学
    niches 生态位
    place 地方
    spatial reawakening 空间复苏

biological cycles 生物循环
biophysical process and forms 生物物理过程与形态
biotopes 群落生境
boundaries 界限、界线、边界
    connections 联系
    mapping 制图
    recognition 识别
    systems 系统
Bowman, Isaiah 以赛亚·鲍曼
Braudel, F. F. 布劳德尔
British Academy 英国科学院
British Sociological Association 英国社会学会
Buache, Jean-Nicolas 琼-尼古拉斯·布阿奇
Butterfly Effect 蝴蝶效应

Cairngorms 凯恩戈姆斯
Cardiff, Janet 珍妮特·卡迪夫
carrying capacity 承载力
cartography 地图学
    see also maps 又见地图
    European exploration 欧洲人的探险
case studies 案例研究
Cassatt, Mary 玛丽·卡萨特
Castells, M. M. 卡斯特尔斯
catastrophe theory 突变论
Catchment Hydrology and Sustainable Management (CHASM) 流域水文与可持续管理
catchments 流域
catenas 土链
casuality 因果关系
    Huxley's work 赫胥黎的工作
    scale link 尺度联系
cellular automata 细胞自控
central place theory 中心地理论
chaos 混沌

Christaller, Walter 沃尔特·卡斯特尔斯
circulation dynamics 循环动力学
city regions 城市区域
classification, physical environment 分类, 自然环境
Clements, F. E. F. E. 克莱门茨
climate 气候
 change 气候变化
 global approach 全球性途径、气候
climatology 气候学
climax 顶极
closed systems 封闭系统
coalescence 联合
commodity chains 商品链
communities 共同体、群落
 imagined 想象出来的共同体
 plants 植物群落
configurational approach 构型法
conservation 保育
continuity-discontinuity debate 连续性与不连续性之争
Cook, Ian 伊恩·库克
Cook, James 詹姆斯·库克
correlation 相关性
Cosgrove, Danis 丹尼斯·科斯格罗夫
Countryside Information System (CIS) 乡村信息系统
Cox, Kevin 凯文·考克斯
Cresswell, Tim 蒂姆·克里斯韦尔
critical geopolitics 激进派地缘政治学
critical rationalism 激进理性主义
critical realism 激进现实主义
Croll-Milankovitch cycles 克罗尔—米兰柯维奇周期
cultural geography 文化地理学
 landscape 文化地理景观
 masculinist gaze 男性主义的凝视
 place 地方
cultural practices 文化实践
cultural studies 文化研究
cycles 周期、循环
 adaptive 适应周期
 astronomical 天文周期
 biogeochemical 生物地球化学循环
 biological 生物循环
 Croll-Milankovitch 克罗尔—米兰科维奇周期
 earth 地球周期
 erosion 侵蚀循环
 fire 火灾周期
 geographical 地理循环
 hegemonic 帝国周期
 K K 循环
 physical systems 自然系统循环
 sun 太阳周期
 water 水循环

Daniels, Stephen 斯蒂芬·丹尼尔斯
Darcy's Law 达西定律
Darwin, Charles 查尔斯·达尔文
dating methods 定年方法, 断代方法
Davis, William Morris 威廉·莫里斯
development planning 发展计划
diasporic identity 流散身份
Dickinson, Robert 罗伯特·迪金森
difference, social formations 差异、社会结构
digital terrain models 数字土地模型
distance 距离
 ecological 生态学距离
 space 空间距离
domination 统治、控制
drainage basin 流域
Duncan, James 詹姆斯·邓肯
Duncan, Nancy 南希·邓肯
dynamic equilibrium 动态平衡
dynamic models 动力学模型

earth 地球
 cycles 地球循环
 earth-moon system 地—月系统
 spheres 地球圈层
ecological distance 生态学距离
ecology 生态学
 landscape 景观生态学
 spatial reawakening 空间复苏
economics 生态经济学
 least-cost location 最小费用区位

neoclassical 新古典主义生态经济学
planning 生态经济规划
ecosystems 生态系统
El Niño Southern Oscilation (ENSO) 厄尔尼诺南方涛动
embodiment 具体化
emergent behaviour 应激行为
energy budget approach 能量预算法
Enlightenment geography 启蒙地理学
environment 环境
 change 环境变化
 landscape 景观
Environmental Change Network (ECN) 环境变化网络
environmental design 环境设计
environmental determinism 环境决定论
environmental movement 环境运动
environmental science 环境科学
environmental systems 环境系统
epistemology 认识论
equilibrium 平衡
ergodic hypothesis 遍历假说
erosion cycle 侵蚀循环
Euclidean distance 欧几里得距离
evolutionary geomorphology 演化地貌学
exclusion 排除、排斥
experimentation 实验

feminist geography 女性主义地理学
 gaze 凝视
 humanistic geography 人本主义地理学
 identity 身份
 landscape 景观
 power 权力
 sociology 社会学
 space 空间
 writing 著作
filtering 滤波
fire cycle 火灾周期
Fisher, Ronald 罗纳德·费希尔
flooding, earth-moon system 洪水、地—月系统
floodplains 泛滥平原

flow 流
 models 模型
 space 空间
fossils 化石
Foucault 福柯
fragmentation 碎裂化
functional theories 功能理论

Gaia 盖娅
Gas Laws 气体定律
Gaze 凝视
Geddes, Patrick 帕特里克·格迪斯
gender 性别
 see also feminist geography 又见女性主义地理学
 domination 统治
 identity 身份
 landscape 景观
 sociology 社会学
general circulation models 通用循环模式
general system theory 普通系统论
genetic resources 遗传资源
geodesy 大地测量学、测地学
Geographical Association 地理联合会
geographical cycles 地理循环
geographical information systems (GIS) 地理信息系统
 geomorphology 地貌学
 landscape 景观
 landscape ecology 景观生态学
 land-system approach 土地系统途径
 space 空间
geological cycle 地质循环
geomorphology 地貌学
 see also landscape 又见景观
 Davis' work 戴维斯的工作
 evolutionary 地貌演化
 hillslope 山坡地貌
 regional 区域地貌
 scale 地貌尺度
 systems 地貌系统
 time 时间

geopolitics 地缘政治学
Gesellschaft für Erdkunde zu Berlin (GEB) 柏林地球科学协会
Gibson-Graham 吉布森-格雷厄姆
Gilbert, G. K. G. K. 吉尔伯特
GIS *see* geographical information systems GIS 见地理信息系统
glacers 冰川
global approach, climate 全球性途径、气候
global change, time 全球变化、时间
global closure 世界封闭
globalization 全球化
    place 地方
    time and space 时间和空间
global positioning systems（GPS）全球定位系统
    geomorphology 地貌学
    landscape 景观
    land-system approach 土地系统方法
global scale 全球尺度
global warming 全球变暖
graffiti 地方志
Gregory, Derek 德里克·格雷戈里
Grosz, Elizabeth 伊丽莎白·格罗斯
Guyot, Arnold 阿诺德·盖约特

habitats 生境
Hägerstrand, T. T. 哈格斯特朗
Hall, Edwards 爱德华·霍尔
Harré, R. R. 哈里
Hart, John Fraser 约翰·弗雷泽·哈特
Hartshorne, Richard 理查德·哈特向
Hartshornian orthodoxy 哈特向正统论
Harvey, David 戴维·哈维
Haushofer, Karl 卡尔·豪斯霍弗
hegemonic cycles 霸权周期
Hicks, George Elgar 乔治·埃尔加·希克斯
hillslope geomorphology 山坡地貌学
hillslope models 山坡模式
historical biogeography 历史生物地理学
historical geography 历史地理学
history of geography 地理学史
holism 整体论

landscape 景观
Sauer's work 索尔的工作
holistic dynamic management 整体动态管理
Holling, C. S. C. S. 霍林
Hoskins, W. G. W. G. 霍斯金斯
human geography 人文地理学
    humanities 人本主义
    place 地方
    social sciences 社会科学
    space 空间
    time 时间
humanistic geography 人本主义地理学
humanities 人本主义
hunter-gatherers 采猎者
Hutton, James 詹姆斯·赫顿
Huxley, T. H. T. H. 赫胥黎
hydrology 水文学
hyper-coordination 超级协调
hypothesis testing 假设检验

idealism 理想主义
identity 身份
    diasporic 流散身份
    local 地方身份
    national 民族身份
    social formation 社会结构
image space 图像空间
immanent science 主观(内在)科学
industrialization 工业化
Institute of British Geographers 英国地理学家协会
interpretation, landscape 景观解释
intersectionality 交叉性
intertexuality 互文性
interview, semi-structured 半组织性访谈
island biogeography 内陆生物地理学
isolated systems 孤立系统

Jackson, J. B. 杰克逊
Janelle, D. D. 贾内尔
Johnston, Sir Harry H. 哈里·H. 约翰斯顿爵士

Kantian idealism 康德理想主义

Kay Guelke, Jeanne 珍妮·凯
K cycle K循环
Kolodny, Annette 安妮特·科洛德尼
Kropotkin, Peter 彼得·克罗帕特金

land capability analysis 土地容量分析
landscape 景观
 environment 环境
 evaluation 景观评估
 gender 性别
 image space 图像空间
 metaphors 隐喻
 natural resources 自然资源
 politics 政治学
 power 权力
 representation and interpretation 描述与解释
 social development 社会发展
 as text 景观作为本文
landscape ecology 景观生态学
land-surface model 地表模型
land-system approach 土地系统方法
Land Utilisation Survey 土地利用调查
language, scale metaphors 语言、尺度隐喻
Latour, Bruno 布鲁诺·拉图尔
least-cost locations 最小费用区位
least effort principle 最省力原理
Le Chatalier's principle 勒查特利尔原理
Leighly, John 约翰·莱利
Lewis, Pierce 皮尔斯·刘易斯
Leibig's law 李比西定律
literature 文献
local identity 本地身份
localities projects 地方性项目
local scale 本地尺度
location-allocation models 区位—配置模式
logical empiricism 逻辑经验主义
Lorez, Edward 爱德华·洛伦茨
Lovelock, James 詹姆斯·拉甫洛克
Lyde, L. W. L. W. 莱德

McHarg, Ian 伊恩·麦克哈格
Mackinder, Halford 哈尔福德·麦金德

Macconochie, Captain 麦科诺基上校
macroecology 宏观生态学
Malte-Brun, Conrad 康拉德·马尔特-布龙
mapping 制图
 boundaries 边界、界限
 individual species 单个物种制图
 physical environment 自然环境制图
 space 空间
maps 地图
 see also cartography 又见地图学
 landscape 景观图
 social construction 社会结构地图
Marr, J. E. J. E. 马尔
Marsh, George Perkins 乔治·珀金斯·马什
Marxism 马克思主义
 place 地方
 scale 尺度
 space 空间
Massey, Doreen 多琳·马西
Matless, David 戴维·马特勒斯
meaning 含义
measurement 量度、测量
mediation, image space 斡旋、图像空间
Meinig, D. W. D. W. 迈尼希
metapopulation ecology 元种群生态学
meteorology 气象学
military masculinity 军人男子汉
Michell, Don 唐·米歇尔
Mobius strip trajectory 麦比乌斯带轨迹
modernism 现代主义
modernity, time 现代性、时间
Monk, Janice 贾尼丝·蒙克
monogenesis 单元发生论
moon 月球
Morin, Karen 卡伦·莫林
Morisot, Berthe 伯思·莫里索特
 See also geomorphology 又见地貌学
 landscape 景观
 rivers 河流
 time 时间
mosaic view 马赛克观点
Murchison, Sir Roderick 罗德里克·默奇森爵士

Nash, Catherine 凯瑟琳·纳什
National Academy of Science 国家科学院
national identity 民族身份
national scale 国家尺度
National Vegetation Classification (NVC) 全国植被分类
nations 民族、国家
nation-states 民族国
natural capital 自然资本
nationalism 民族主义、国家主义
natural selection 自然选择
Nazi Germany 纳粹德国
nested experiments 嵌套试验
nested sampling design 嵌套采样设计
nested systems 嵌套系统
networks, global and local 全球性和本地性网络
Newtonian gravity model 牛顿重力模型
niches 生态位
non-linearity 非线性
non-representational theory 非代表性理论
noosphere 智能圈
Norwood, Vera 维拉·诺伍德

observation 观测
Olsson, Gunnar 冈纳·奥尔森
ontology 存在论
open systems 开放系统
ordinary modernity 常规现代性
ordination techniques 分类技术
Orientalism 东方学、东方文化
Other 他者

panarchy paradigm 攀级
patch dynamics 斑块动态
pattern 格局
    analysis 格局分析
    physical geography 自然地理格局
pedogeomorphic research 土壤地貌学研究
pedology 土壤学
pedon 单个土体
Peet, Richad 理查德·皮特
Penck, Albrecht 阿尔布雷克特·彭克

performativity 可操作性
Phillips, D. G. D. G. 菲利普斯
physical geography 自然地理学
    cycles 自然地理循环
    environmental systems 环境系统
    landscape 景观
    place 地方
    scale 尺度
    space 空间
    specialization 专门化
    time 时间
physical sciences tradition 自然科学传统
pilot-scale studies 试验性尺度研究
Pinder, David 戴维·平德
place 地方
    connections and boundaries 联系与分界
    humanistic geography 人本主义地理学
    integrated 综合的地方
    as locale 地方作为场地
    as location 地方作为位置
    sense of 地方的意义
    social sciences 社会科学
    space 空间
    sustainable physical environments 可持续自然环境
planning 规划
    morphologies of time 时间形态学
    spatial organization 空间组织
plate movements 板块运动
political science 政治科学
Political Studies Association 政治研究协会
Politics 政治学、政纲、政见
    geopolitics 地缘政治学
    identity 身份
    landscape 景观
    of scale 尺度政治
Pollock, Griselda 格丽塞尔达·波洛克
polygenesis 多元发生
positionality 地位
positivism 实证主义
postcolonialism 后殖民主义
post-industrial world 后工业世界

postmodernism 后现代主义
postpositivism 后实证主义
poststructuralism 后结构主义
power 权力
    global 全球
    landscape 景观
    social formations 社会结构
    space 空间
precision 精密度
Pred, Allan 阿兰·普雷德
prisons 囚犯
probability theory 概率论
problem recognition 问题识别
process, physical geography 过程、自然地理
psychology 心理学

quantitative methods 定量方法
quaternary biogeography 第四纪生物地理学
questionaries, random sampling 问卷、随机采样

race 种族
    difference 种族差异
    domination 种族统治
    identity 种族身份
racism 种族主义
radio frequency identifier tags (RFID) 射频鉴定器
rainfall-runoff dodelling 降雨—径流建模
Ratzel, Friedrich 弗里德利克·拉采尔
realism 现实主义
reality, landscape 实体、景观
Reclus, Elisée 埃莉斯·雷克勒斯
recontextualization 语境化
reductionism 简化论、还原论
regional geography 区域地理学
regional geomorphology 区域地貌学
regional physical geography 区域自然地理学
regional scale 区域尺度
    development 区域开发
    sampling 区域尺度采样
regional science 区域科学
relative space 相对空间
Relph, Edward 爱德华·雷尔夫

remote sensing 遥感
    landscape ecology 景观生态学
    land-systems mapping 土地系统制图
    resolution 分辨率
Rennell, Major James 詹姆斯·伦尼尔
replication 复制
    landscape 景观复制
    space 空间
    visual 视觉
residual analysis 残差分析
resilience 弹性、适应性
resistance, social formations 对抗、社会结构
resolution 分辨率
restoration ecology 恢复生态学
rhythms, place space 韵律、地方空间
Ritter, Carl 卡尔·李特尔
rivers 河流
    flow control 流量控制
    morphology 地貌学
    stormflow 暴雨径流
    velocity 流速
Roletto, Giorgio 乔治·罗莱托
Rose, Gillian 吉莉恩·罗斯
Royal Geographical Society (RGS) 皇家地理学会

Sacks, Shelley 谢利·萨克斯
Said, Edwards 爱德华·赛德
Sampling 采样
Sauer, Carl 卡尔·索尔
Scale 尺度
    difference 差异
    downscaling 尺度缩小
    local and global 本地尺度和全球尺度
    metaphors 尺度隐喻
    politics of 尺度政治
    upscaling 尺度放大
scientific racism 科学种族主义
sediment delivery 泥沙输移
self 自我
semi-structured interviews 半组织性访谈
sensitivity-to-initial conditions 初始状态灵敏度
sensual geographies 感觉地理学

Smith, Neil 尼尔·史密斯
social change 社会变革
social development, landscape 社会发展, 景观
social formations 社会结构
social fragmentation 社会分裂
social practices, scale 社会实践、尺度
Social Science Research Council (SSRC) 社会科学研究理事会
social sciences 社会科学
social space 社会空间
social time 社会时间
Société de Géographie de Paris (SGP) 巴黎地理学会
society 社会
　　definition 定义
　　same and other 相同与相异
soil 土壤
　　classification 土壤分类
　　erosion 土壤侵蚀
　　profiles 土壤剖面
　　USLE 通用水土流失方程
　　water flow velocity 土壤水流速
solar emissions 太阳辐射
space 空间
　　empirical constructions 经验性诠释
　　globalization 全球化
　　image 影像
　　Marxist geography 马克思主义地理学
　　physical geography 自然地理学
　　place 地方
　　power 权力
　　time 时间
　　unblocking 开敞空间
spaces of dependence 依赖空间
spaces of engagement 啮合空间
spatial analysis 空间分析
spatial autocorrelation 空间自相关
spatiality 空间性
spatial organization 空间组织
spatial pattern analysis 空间格局分析
spatial scales 空间尺度
spatial synthesis 空间综合
spatial turn 空间禀赋

spectral resolution 光谱分辨率
Stamp, Dudley 达德利·斯坦普
standardization, measurement 量度、标准化
steady-state equilibrium 稳态平衡
Stoddart, David 戴维·斯托达特
stormflow analysis 暴雨流量分析
structuration 结构化
suburbs 郊区
succession 演替
sun 太阳
　　cycles 太阳周期
　　solar emissions 太阳辐射
sustainable physical environments 可持续自然环境
system models 系统模型

Taylor, Eva 埃娃·泰勒
Taylor, Peter 彼得·泰勒
technological determinism 技术决定论
technology 技术
temporal scales 时间尺度
terrain evaluation 土地评估
text 本文、行文
textual metaphor 行文上的隐喻
thick description 浓墨重彩的描述
Thrift, Negel 尼格尔·思里夫特
tides 潮汐
time 时间
　　biogeography 生物地理学
　　change and stability 变化与稳定性
　　human geography 人文地理学
　　physical geography 自然地理学
　　standardization 标准化
time-distances 时间距离
time-geography 时间地理学
time-series analysis 时间序列分析
TimeSpace 时空
time-space compression 时空压缩
time-space convergence 时空收敛
time-space paths 时空路径
toposequence 地形序列
troposphere 对流层

town and country planning 城乡规划
trade 贸易
trend-surface analysis 趋势面分析
triangulation 三角测量
Turner, Frederick Jackson 弗雷德里克·杰克逊·特纳
Type I and II errors I型误差与II型误差

Underwood, A. J. A. J. 安德伍德
UN Environmental Programme 联合国环境计划署
Universal Soil Loss Equation (USLE) 通用水土流失模型
urban planning 城市规划

validity 有效性，正确性
vegetation shifts 植被移动
Vernadsky, V. I. V. I. 维尔纳茨基
Vidal de la Blache, Paul 保罗·维达尔-白兰士
visual arts 视觉艺术
visual representation 图像表示法
von Bertalanffy, Ludwig 路德维希·伯特兰菲

von Humboldt, Alexander 亚历山大·洪堡
von Humbolt, William 威廉·洪堡
von Thünen 杜能

Wallerstein, I. I. 沃勒斯坦
Walton 沃尔顿
water cycle 水循环
weather maps 气候图
Westphalia Treaty 威斯特伐利亚条约
White, Gilbert 吉尔伯特·怀特
Woodward, Rachel 雷切尔·伍德沃德
Wooldridge, S. W. S. W. 伍德里奇
Woolgar, S. S. 伍尔加
world-systems analysis 世界系统分析
World Trade Center attacks 袭击世界贸易中心
World War I 第一次世界大战
World War II 第二次世界大战
writing 著作
Wylie, John 约翰·伍德里奇

zonal organization 分区组织

译 者 后 记

在本书完稿之际,译者再次打破自己的惯例,撰写这篇译者后记。因为有些话不得不向读者交代,又有太多的人需要感谢。

2005 年,时任商务印书馆编辑的朱竞梅女士约我翻译新出版的 *Key Concepts in Geography* 一书。出于对本书内容的兴趣,也出于对商务印书馆的景仰,我欣然接受了这项任务。

从本书的目录看,所列的地理学史、地理学的自然科学、社会科学与人文科学传统、空间、地方、景观、环境、系统、尺度和时间等,无一不是地理学的基本概念。译者自 1955 年开始学习地理学,迄今已逾半个世纪,自问对这些概念有所了解,而且书中提到的英美学者,译者同其中一些人也曾有过直接、间接的交往,本书的翻译应该没有太大的困难。

孰料动笔之后,才发现国外地理学发展之迅速、涉及范围之广、所引用文献之新(其中有些文献出自本书出版同一年的 2003 年),远远超乎译者的想象。书中许多专业术语,也是首次见到,国内尚无相应的词汇。例如"攀级"(panarchy)、"音响步道"(audio walk)、"全球本土化"(glocalization)等;有些词汇属于文史哲等社会学的范畴,也超出译者的专业范围,例如"移情作用"(empathy)、"生活世界"(lifeworld)、"恋地情结"(topophilia)、"互文性"(intertextuality)等;有些自然科学方面的词汇,如"遍历假说"(ergodic hypothesis)和"薛定谔的猫"(Schroedinger's Cat)等,也是译者所不熟悉的。这些难题使译者痛感自己知识准备之不足,又一次有了"书到用时方恨少"的慨叹!幸而译者所在的北京大学不乏各专业的学者,不难向他们请教,而且还有互联网可供查询,这些困难才得以一一克服。这些词汇,大多反映在页脚的译注中,以期对读者有些帮助。其中有些译者自拟的译法,定有不当之处,对有些问题的理解也不无偏差,敬希读者不吝赐正。这绝非译者例行的自谦之词,如果读者带着批判性的眼光阅读本书的译文,一定能够更正确地把握作者的原意。

本书翻译过程中在语言方面和专业知识方面得到北京大学外语学院王逢鑫教授,城市与环境学院王恩涌教授、胡兆量教授、王缉慈教授、周力平教授、崔海廷教授、刘鸿雁教授、郑成洋博士以及中国科学院地理科学与资源研究所尤联元教授的帮助。其中王逢鑫教授通过电子邮件和电话不厌其烦地多次解答英语方面的疑难,王恩涌教授和胡兆量教授在百忙中审阅了全部或部分译稿,王恩涌教授还为这个中译本撰写了序言,从一位资深地理学家的视角对本书内容做了客观的述评,相信对年轻读者大有裨益。他们的无私帮助从多方面提高了译稿的质量,译者谨向他们致以诚挚的谢忱。同时，由于译者的时间和精力所限，北京联合大学应用文理学院城市科学系孙颖讲师应邀翻译了第八章、第十一章、第十二章、第十三章和第九章（部分），使本书翻译得以按期完成。

感谢商务印书馆的编辑张春梅女士、朱竞梅女士为本书编辑、出版做了大量工作，感谢李平主任对译者的理解和宽容，使本书的翻译最终得以完成。

黄润华
2007年6月
于北京大学燕北园甲希庐

图书在版编目(CIP)数据

当代地理学要义:概念、思维与方法/〔英〕萨拉·L.霍洛韦等编;黄润华等译.—北京:商务印书馆,2008(2024.6重印)

(当代地理科学译丛·大学教材系列)

ISBN 978-7-100-05699-1

Ⅰ.①当… Ⅱ.①霍…②黄… Ⅲ.地理学-高等学校-教材 Ⅳ.K90

中国版本图书馆 CIP 数据核字(2007)第 189380 号

权利保留,侵权必究。

当代地理学要义
——概念、思维与方法

〔英〕萨拉·L.霍洛韦 斯蒂芬·P.赖斯 吉尔·瓦伦丁 编
黄润华 孙 颖 译

商 务 印 书 馆 出 版
(北京王府井大街36号 邮政编码100710)
商 务 印 书 馆 发 行
北京捷迅佳彩印刷有限公司印刷
ISBN 978-7-100-05699-1

2008年7月第1版　　开本 787×1092 1/16
2024年6月北京第3次印刷　印张 18½
定价:96.00元